E.G. WHITE

BILDER VOM REICHE GOTTES

ADVENT-VERLAG

Titel der amerikanischen Originalausgabe: Christ's Object Lessons

Projektleitung: Elí Diez
Übersetzung: E.-L. Hoffmann, Ursula Weigert
Korrektorat: Wolfgang Andersch, Heinz Hopf, Erika Schultz, Reinhard Thäder
Einbandgestaltung: Studio A Design GmbH, Hamburg
Titelfoto: MEV
Satz: EDP

Die Bibelzitate sind – falls nichts anderes vermerkt – der Bibelübersetzung von Martin Luther (Revision 1984) entnommen.
Ansonsten bedeutet

EB = Elberfelder Bibel
Hfa = Hoffnung für alle
GN = Die Gute Nachricht

3., verbesserte Auflage

Internet: www.advent-verlag.de, E-Mail: info@advent-verlag.de
Gesamtherstellung: Grindeldruck GmbH, D-20144 Hamburg

ISBN 3-8150-1838-2

Inhalt

Vorwort

Einen bedeutenden Teil seiner Unterweisungen vermittelte Jesus seinen Jüngern, wenn er mit ihnen durch die Hügellandschaft Palästinas wanderte, am Jordan weilte oder am See Genezareth rastete. Dabei veranschaulichte er ihnen die göttliche Wahrheit durch Erfahrungen und Begebenheiten aus dem Leben der Hirten, Baumeister, Bauern, Reisenden oder dem eines Hausvaters. So verknüpfte er den Alltag mit dem Ideengut des Evangeliums: mit der Liebe und Güte Gottes zu uns, mit der Dankbarkeit und Ehre, die wir dem Allmächtigen schulden, und mit der Verantwortung, die wir füreinander empfinden sollten. Auf diese Weise brachte er seinen Zuhörern die göttliche Lebensweisheit eindrucksvoll und überzeugend nahe.

Die Absichten Gottes mit Welt und Menschen erschließen sich uns am besten aus seinem Wort, aus der Art, wie er uns anspricht und uns sagt, was er mit uns vorhat. Und er spricht zu uns in Gleichnissen, die auch heute noch dem Verständnis jedes Menschen zugänglich sind. Der verlorene Sohn und die Arbeit im Weinberg werden zu einem Beispiel für die unendliche Liebe und Barmherzigkeit Gottes gegenüber den Menschen.

Das vorliegende Buch fasst die Gleichnisreden Jesu thematisch zusammen. Wie aber sind diese Gleichnisse zu deuten? Was haben sie uns zu sagen? Welche praktischen Weisungen, welche Tröstungen und welche Verheißungen gibt uns der Herr darin? Das sind die Fragen, die die Urgemeinde nicht weniger beschäftigten als uns heute.

Die Verfasserin erschließt uns auf einfühlsame Weise die Gedankenwelt des großen Nazareners, der sich in seinen Reden an das lauschende Volk immer wieder der Bilder aus der Natur und aus den Alltagserfahrungen seiner Zuhörer bediente, um geistliche Wahrheiten zu vermitteln. Jesus ist nicht müde geworden, die zentralen Gedanken seiner Botschaft in immer neuen Bildern einzuprägen. Dabei erkennen wir, dass seine Botschaft nicht nur Heilsverkündigung ist, sondern auch Weisung und Aufruf zur Buße angesichts des Ernstes der Stunde.

Welcher Beliebtheit sich dieses Buch erfreut, beweisen die Übersetzungen in fast alle Kultursprachen der Welt und die seit Jahrzehnten immer wieder erfolgten Neuauflagen.

Seit den Tagen, da Jesus in solchen Gleichnissen zu den Menschen redete, haben sich zwar in allen Bereichen des menschlichen Lebens grundlegende Wandlungen vollzogen; die eigentlichen Probleme und Nöte des Menschen jedoch haben sich kaum verändert. Nach wie vor sind sie eine Folge seines gestörten Verhältnisses zu Gott, dem Schöpfer und Erhalter aller Dinge, bei dem Geborgenheit findet, wer immer sie sucht.

Dieses Buch, das nun in einer neuen Übersetzung vorliegt, zeigt uns gleichnishaft an vielen Beispielen, wie wir auch heute als Nachfolger Jesu leben können.

Teil I

Vom Natürlichen zum Geistlichen

„Die Weisheit, die wir verkündigen,
ist Gottes Weisheit.
Sie bleibt ein Geheimnis
und vor den Augen der Welt verborgen.
Und doch hat Gott, noch ehe er die Welt schuf,
in seiner Weisheit beschlossen,
uns an seiner Herrlichkeit teilhaben zu lassen.“
1. Korinther 2,7 Hfa

Kapitel 1

Jesus redete in Gleichnissen

In den Gleichnissen, die Christus bei seiner Verkündigung verwendete, erkennen wir den gleichen Grundgedanken wie bei seiner Menschwerdung: Damit wir sein göttliches Wesen und Leben begreifen, ist Christus in unsere Wirklichkeit gekommen und hat sich den irdischen Lebensbedingungen unterworfen. Die Gottheit offenbarte sich im Menschen, die unsichtbare Herrlichkeit in der sichtbaren menschlichen Gestalt. So lernten die Menschen mit Hilfe von Bekanntem das Unbekannte begreifen; himmlische Wirklichkeiten wurden ihnen durch die Einkleidung in Irdisches nahe gebracht: Gott selbst zeigte sich in menschlicher Gestalt. Den gleichen Grundsatz finden wir in der Art, wie Christus das Volk gelehrt hat: Er veranschaulichte das Unbekannte durch Bekanntes und göttliche Wahrheiten durch Beispiele aus dem Alltag seiner Zuhörer.

In der Heiligen Schrift heißt es: „Das alles redete Jesus in Gleichnissen zu dem Volk, und ohne Gleichnis redete er nichts zu ihnen, damit erfüllt würde, was gesagt ist durch den Propheten, der da spricht: Ich will meinen Mund auftun in Gleichnissen und will aussprechen, was verborgen war vom Anfang der Welt an.“ (Matthäus 13,34.35) Christus benutzte Bilder aus der Natur, um durch sie geistliche Wahrheiten zu vermitteln. Er verknüpfte Naturgeschehen und Alltagserfahrungen seiner Zuhörer mit den Wahrheiten der Schrift. Auf diese Weise führen die Gleichnisse Christi vom Reich der Natur in das Reich des Geistes und sind damit Glieder einer Kette der Wahrheit, die den Menschen mit Gott und die Erde mit dem Himmel verbindet.

Wenn er Gleichnisse aus der Natur benutzte, sprach Christus von Dingen, die er selbst erschaffen, selbst mit Eigenschaften und Kräften ausgestattet hatte. In ihrer ursprünglichen Vollkommenheit war die ganze Schöpfung ein Ausdruck göttlicher Gedanken gewesen. Im Paradies fanden Adam und Eva überall in der Natur reiche Gotteserkenntnis und göttliche Belehrung. Sie sahen die Weisheit Gottes mit eigenen Augen und ließen sie zu ihren Herzen sprechen; durch seine Schöpfung waren sie in unmittelbarer Verbindung mit Gott. Sobald das erste Menschenpaar jedoch das Gesetz des Allerhöchsten übertreten hatte, verlor die Natur den Glanz vom Antlitz Gottes. Seitdem ist die Erde durch die Sünde entstellt und befleckt. Doch selbst in ihrem verdorbenen Zustand hat sie noch viel von ihrer ursprünglichen Schönheit bewahren können. Die Natur hat an Aussagekraft nichts verloren. Wer sich bemüht, sie zu verstehen, dem erzählt sie auch heute noch von ihrem Schöpfer.

All dies war zur Zeit Jesu in Vergessenheit geraten. Die Menschen hatten es fast verlernt, Gott in seinen Werken zu erkennen. Ihre Sünde verdeckte wie ein Leichentuch das Antlitz der Schöpfung, und statt wie früher Gott zu offenbaren, waren seine Werke nun eher zu einem Hindernis für die Erkenntnis des Ewigen geworden. Die Menschen haben „das Geschöpf verehrt und ihm gedient statt dem Schöpfer"; sie „sind dem Nichtigen verfallen in ihren Gedanken, und ihr unverständiges Herz ist verfinstert" (Römer 1,25.21). Auch in Israel waren Menschengebote an die Stelle der göttlichen Lehre getreten. Nicht nur die Schöpfung, sondern auch der Opferdienst und die heiligen Schriften selbst waren so entstellt, dass sie Gott verbargen, statt ihn, wie es ursprünglich ihre Bestimmung gewesen war, zu offenbaren.

Christus wollte alles beseitigen, was die Wahrheit verdunkelte. Er kam, um die Natur vom Schleier der menschlichen Schuld zu befreien und so erneut die geistliche Herrlichkeit sichtbar zu machen, die eigentlich alles Geschaffene widerspiegeln sollte. Mit dem, was er sagte, rückte er die Lehren der Natur und der Schrift in ein neues Licht und machte sie zu Quellen neuer Offenbarung.

So pflückte Jesus einmal eine Lilie und zeigte sie Kindern und jungen Leuten. Sein jugendliches Gesicht erstrahlte im Glanz seines göttlichen Vaters, als er ihnen erklärte: „Schaut die Lilien auf dem Feld an, wie sie wachsen: sie arbeiten nicht, auch spinnen sie nicht. Ich sage euch, dass auch Salomo in aller seiner Herrlichkeit nicht gekleidet gewesen ist wie eine von ihnen.“ Dann folgte die wunderbare Verheißung und wichtige Lehre: „Wenn nun Gott das Gras auf dem Feld so kleidet, das doch heute steht und morgen in den Ofen geworfen wird: sollte er das nicht viel mehr für euch tun, ihr Kleingläubigen?“ (Matthäus 6,28-30)

Diese Worte der Bergpredigt galten nicht nur Kindern und jungen Leuten, sondern allen Zuhörern: Männern und Frauen, die ratlos und niedergedrückt waren von Sorgen und Enttäuschungen. Jesus fuhr fort: „Darum sollt ihr nicht sorgen und sagen: Was werden wir essen? Was werden wir trinken? Womit werden wir uns kleiden? Nach dem allen trachten die Heiden. Denn euer himmlischer Vater weiß, dass ihr all dessen bedürft.“ Dann sprach er, seine Arme den Zuhörern entgegenstreckend: „Trachtet zuerst nach dem Reich Gottes und nach seiner Gerechtigkeit, so wird euch das alles zufallen.“ (Matthäus 6,31-33)

Christus machte so die Botschaft verständlich, die er selbst als Schöpfer in die Lilien und Gräser des Feldes hineingelegt hatte und die wir in jeder Lilie und jedem Grashalm erkennen sollen. Seine Worte sind voller Verheißungen und wollen unser Vertrauen auf Gott stärken.

So umfassend verstand Christus die Wahrheit, dass er zur Veranschaulichung seiner Botschaft Beispiele aus der Natur in all ihren Erscheinungsformen verwendete. Die Schauplätze des Alltagslebens brachte er in Verbindung mit geistlichen Wahrheiten, sodass uns die Natur bis heute an die Gleichnisse des Meisters erinnert.

In der ersten Zeit seiner Verkündigung hatte Christus zu den Menschen in so einfacher und klarer Weise gesprochen, dass eigentlich jeder die Wahrheit, die zur Erlösung führt, hätte erfassen müssen. Aber in vielen Herzen konnte die Botschaft dennoch keine Wurzeln schlagen und geriet schnell wieder in Vergessenheit. „Darum rede ich zu ihnen in Gleichnissen“, sagte Jesus einmal. „Denn mit sehenden Augen sehen sie nicht und mit hörenden Ohren hören sie nicht ... Denn das Herz dieses Volkes ist verstockt: ihre Ohren hören schwer, und ihre Augen sind geschlossen.“ (Matthäus 13,13.15)

Jesus wollte die Menschen zu selbstständigem Fragen und Nachdenken anregen; er versuchte alle, die gedankenlos in den Tag hineinlebten, aufzurütteln und ihr Herz der Wahrheit zu öffnen. In Gleichnissen zu reden war damals beliebt und trug unweigerlich dazu bei, die Aufmerksamkeit und Wertschätzung der Zuhörer zu gewinnen – nicht nur bei den Juden, sondern auch bei anderen Völkern. Jesus hätte damals keine wirkungsvollere Lehrmethode wählen können. Wer unter seinen Zuhörern den aufrichtigen Wunsch nach geistlicher Erkenntnis hatte, der konnte seine Worte auch verstehen; Jesus war ja immer gern bereit, dem ehrlich Fragenden eine Antwort zu geben.

Christus hatte aber auch Wahrheiten zu verkündigen, die das Volk noch nicht aufnehmen, geschweige denn verstehen konnte. Dies ist ein weiterer Grund, warum er in Gleichnissen predigte. Dadurch, dass er seine Botschaft mit Beispielen aus dem Alltagsleben, der Natur und dem Erfahrungsbereich seiner Zuhörer verknüpfte, sicherte er sich ihre Aufmerksamkeit und konnte so ihr Herz erreichen. Sahen die Menschen später einmal das, woran Jesus seine Botschaft veranschaulicht hatte, so fielen ihnen die Worte des göttlichen Lehrers wieder ein. Wer dann dem Heiligen Geist sein Herz öffnete, der verstand die Lehre des Heilands bald immer besser. Unbegreifliches wurde ihm klar und manches leicht verständlich, was vorher so schwer zu verstehen gewesen war.

Jesus suchte Zugang zu jedem Herzen. Wenn er in seinen Predigten eine ganze Vielfalt von Bildern verwendete, so zeigte er uns dadurch nicht nur die Wahrheit in ihren verschiedenartigen Erscheinungsformen, sondern wollte damit auch unterschiedliche Gruppen von Zuhörern ansprechen. Durch Beispiele aus ihrem vertrauten Lebenskreis konnte er ihre Aufmerksamkeit gewinnen. So brauchte keiner das Gefühl zu haben, vom Heiland übergangen oder vergessen worden zu sein. Die Geringsten und Sündigsten hörten aus seinen Worten, wie viel Verständnis und Mitgefühl er ihnen entgegenbrachte.

Jesus hatte aber noch einen anderen Grund dafür, in Gleichnissen zu reden. Unter seinen Zuhörern waren auch Priester und

Rabbis, Schriftgelehrte und Älteste, Herodianer und Oberste – weltliebende, scheinheilige und ehrgeizige Männer, die keinen größeren Wunsch hatten, als ihn vor Gericht bringen zu können. Ihre Spione belauerten ihn ständig, um aus seinem Munde etwas zu hören, was zu einer Verurteilung hätte Anlass geben können. Sie wollten den zum Schweigen bringen, der die ganze Welt für sich zu gewinnen schien.

Der Heiland durchschaute diese Männer, und so bot er die Wahrheit in einer Weise dar, die keinen Grund zur Anklage vor dem Hohen Rat hätte geben können. In Gleichnissen verurteilte er die Heuchelei und Schlechtigkeit der hohen Amtsträger. Hätte er diese harten Wahrheiten unverhohlen ausgesprochen, statt sie in bildhafte Sprache zu kleiden, dann hätte man seinen Worten erst gar nicht zugehört, sondern seinem Wirken sofort ein Ende gesetzt. Aber auf diese Weise gelang es ihm, den Spionen zu entgehen und dennoch die Wahrheit so klar darzustellen, dass jeder Irrtum bloßgelegt wurde und alle Aufrichtigen aus seinen Worten lernen konnten. Die Weisheit und unendliche Gnade Gottes wurden durch Bilder aus der Schöpfung nahe gebracht; aus Natur und Lebenserfahrung lernten sie etwas über Gott: „Denn Gottes unsichtbares Wesen, das ist seine ewige Kraft und Gottheit, wird seit der Schöpfung der Welt ersehen aus seinen Werken, wenn man sie wahrnimmt, so dass sie keine Entschuldigung haben.“ (Römer 1,20)

Die Gleichnislehren des Heilandes machen deutlich, was echte „höhere Bildung“ ist. Christus hätte den Menschen wertvolle wissenschaftliche Erkenntnisse vermitteln und Geheimnisse offenbaren können, zu deren Ergründung viele Jahrhunderte mühseliger Forschung nötig gewesen sind. Er hätte ihnen gelehrte Hinweise geben und so bis zum Ende aller Tage das naturwissenschaftliche Denken und den Erfindergeist des Menschen maßgeblich befruchten können. Aber Christus ging es nicht darum, bloßen Wissensdurst zu befriedigen oder menschlichem Ehrgeiz zu weltlichem Ruhm zu verhelfen. Vielmehr brachte er durch seine Verkündigung den Geist des Menschen mit dem Geist des Unendlichen in Berührung. So empfahl er seinen Zuhörern nicht, irdische Theorien über Gott, sein Wort und Werk zu studieren, sondern forderte alle dazu auf, die Gegenwart Gottes in seiner Schöpfung, seinem Wort und fürsorglichen Wirken zu erkennen.

Christus vermittelte also keine graue Theorie, sondern das, was den Charakter bildet, unsere Gotteserkenntnis vertieft und uns dazu befähigt, immer mehr Gutes zu tun. Er sprach über Wahrheiten, die die praktische Lebensführung ebenso berühren wie die Ewigkeit.

Christus selbst hatte bereits die Erziehung des Volkes Israel geleitet. Über die Gebote und Anweisungen, die Mose von ihm erhalten hatte, sagte er: „... und sollst sie deinen Kindern einschärfen und davon reden, wenn du in deinem Hause sitzt oder unterwegs bist, wenn du dich niederlegst oder aufstehst. Und du sollst sie binden zum Zeichen auf deine Hand, und sie sollen dir ein Merkzeichen zwischen deinen Augen sein, und du sollst sie schreiben auf die Pfosten deines Hauses und an die Tore." (5. Mose 6,7-9) Als er dann auf dieser Erde lebte, zeigte Jesus in seinen Predigten, wie diese Anweisung auszuführen ist – wie man die Gesetze und Regeln des Reiches Gottes so darstellen kann, dass sie ihre Schönheit und Kostbarkeit entfalten. Gott hatte Israel dazu ausersehen, in ganz besonderer Weise sein Wesen darzustellen, und ihm deshalb eine Heimat inmitten von Tälern und Hügeln geschenkt. Im Alltagsleben wie im Gottesdienst wurden die Menschen ständig in Berührung mit der Natur und dem Wort Gottes gebracht. So lehrte auch Jesus seine Jünger dort, wo die Natur selbst reiches Anschauungsmaterial bot: am See oder am Berghang, auf den Feldern und in den Hainen. Was die Jünger dabei von Christus lernten, wandten sie später im Dienst praktisch an.

Auch wir sollen durch die Schöpfung den Schöpfer kennen lernen. Die Natur ist ein großes Lehrbuch, das wir zusammen mit der Heiligen Schrift dazu benutzen sollen, anderen Menschen das Wesen Gottes zu verdeutlichen und verlorene Schafe zur Herde Gottes zurückzuführen. Wer sich in Gottes Werke vertieft, dem schenkt der Heilige Geist eine Gewissheit, die durch kein logisches Denken gewonnen werden kann. Wenn der menschliche Geist noch nicht zu abgestumpft ist, um Gott zu erkennen, wenn das Auge noch nicht zu trüb ist, um ihn zu sehen, das Ohr noch nicht zu taub, um seine Stimme zu hören, dann wird eine tiefere Bedeutung erfasst, und die hohen geistlichen Wahrheiten prägen sich ins Herz ein.

Die Lehren, die unmittelbar der Natur entnommen sind, besitzen in ihrer Einfachheit und Reinheit höchsten Wert. Jeder braucht den Unterricht aus dieser Quelle. Schon durch ihre Schönheit führt die Natur das Gemüt weg von Sünde und weltlichen Verlockungen hin zu Reinheit und Frieden, zu Gott. Allzu oft sind Schüler und Studenten voll gestopft mit Theorien und Spekulationen, die den Namen Wissenschaft oder Philosophie zu Unrecht tragen. Diese jungen Menschen brauchen dringend wieder eine unmittelbare Begegnung mit der Natur. Sie müssen lernen, dass die Schöpfung und das Christentum ein und denselben Gott haben, dass Natürliches und Geistliches in Harmonie verbunden sind. Alles, was sie sehen oder in Händen halten, kann eine Lehre für ihre Charakterbildung enthalten. Auf diese Weise wird ihr Denkvermögen gestärkt, ihr Wesen reifer und ihr ganzes Leben veredelt.

Mit seinen Gleichnissen hatte Jesus eine ähnliche Absicht wie mit der Einsetzung des Sabbats. Gott gab uns diesen Gedenktag seiner Schöpferkraft, damit wir ihn in seinen Werken erkennen. Der Sabbat lädt uns dazu ein, die Herrlichkeit des Schöpfers im Geschaffenen zu entdecken. Aus diesem Grund hat Christus seine wichtigen Lehren mit der Schönheit der Natur verbunden. Am heiligen Ruhetag sollen wir uns mehr als an allen anderen Tagen in die Botschaften vertiefen, die Gott in das Buch der Natur niedergeschrieben hat. Wir sollen dort über die Gleichnisse des Heilandes nachdenken, wo er sie verkündigt hat: in den Feldern und Hainen, unter freiem Himmel, inmitten von Wiesen und Blumen. Wenn wir dem Herzen der Natur nahe sind, spüren wir deutlich, wie Christus uns nahe kommt und zu unserem Herzen von seinem Frieden und seiner Liebe spricht.

Christus hat seine Botschaft aber nicht nur mit dem Ruhetag, sondern ebenso mit der Arbeitswoche verbunden. Er hat dem, der pflügt, und dem, der sät, Wichtiges zu sagen: im Pflügen und Säen, im Ackern und Ernten zeigt er uns, wie seine Gnade am Menschenherzen arbeitet. Er möchte gern, dass wir in jeder nützlichen Arbeit, in allen Lebensumständen ein Stück der göttlichen Wahrheit entdecken. Tun wir das, dann wird die tägliche Arbeit nicht länger unsere Aufmerksamkeit von Gott ablenken, sondern sie wird uns an unseren Schöpfer und Erlöser erinnern. Trotz aller Sorgen und Mühen wird so der Gedanke an Gott wie ein goldener Faden unseren Alltag durchziehen.

Die Natur strahlt für uns wieder den Glanz seines Angesichtes aus; wir dringen tiefer und tiefer in die göttliche Wahrheit ein und wachsen so zum Ebenbild seiner Reinheit heran. Auf diese Weise werden wir „Jünger des Herrn“ (Jesaja 54,13) und gehorchen seinem Rat: „Ihr alle, Brüder und Schwestern, sollt also an dem Platz bleiben, an dem ihr wart, als Gott euch berief, und ihr sollt diesen Platz so ausfüllen, wie es Gott gefällt.“ (1. Korinther 7,24 GN)

Teil II

Die Aussaat des Samens

„Ihr seid doch als neue Menschen
wiedergeboren worden,
aber diesmal nicht gezeugt
durch den Samen von sterblichen Menschen,
sondern durch das Wort Gottes,
das lebt und für immer bestehen bleibt."
1. Petrus 1,23 GN

Kapitel 2

„Es ging ein Sämann aus, zu säen“

„An demselben Tage ging Jesus aus dem Hause und setzte sich an den See. Und es versammelte sich eine große Menge bei ihm, sodass er in ein Boot stieg und sich setzte, und alles Volk stand am Ufer. Und er redete vieles zu ihnen in Gleichnissen und sprach:

Siehe, es ging ein Sämann aus, zu säen. Und indem er säte, fiel einiges auf den Weg; da kamen die Vögel und fraßen's auf. Einiges fiel auf felsigen Boden, wo es nicht viel Erde hatte, und ging bald auf, weil es keine tiefe Erde hatte. Als aber die Sonne aufging, verwelkte es, und weil es keine Wurzel hatte, verdorrte es. Einiges fiel unter die Dornen; und die Dornen wuchsen empor und erstickten's. Einiges fiel auf gutes Land und trug Frucht, einiges hundertfach, einiges sechzigfach, einiges dreißigfach …

Wenn jemand das Wort von dem Reich hört und nicht versteht, so kommt der Böse und reißt hinweg, was in sein Herz gesät ist; das ist der, bei dem an den Weg gesät ist. Bei dem aber auf felsigen Boden gesät ist, das ist, der das Wort hört und es gleich mit Freuden aufnimmt; aber er hat keine Wurzel in sich, sondern er ist wetterwendisch; wenn sich Bedrängnis oder Verfolgung erhebt um des Wortes willen, so fällt er gleich ab. Bei dem aber unter die Dornen gesät ist, das ist, der das Wort hört, und die Sorge der Welt und der betrügerische Reichtum ersticken das Wort, und er bringt keine Frucht. Bei dem aber auf gutes Land gesät ist, das ist, der das Wort hört und versteht und dann auch Frucht bringt; und der eine trägt hundertfach, der andere sechzigfach, der dritte dreißigfach.“ (Matthäus 13,1-9.19-23)

Der Sämann und der Same

Mit diesem Gleichnis vom Sämann veranschaulicht Christus das Wesen des Himmelreiches und das Wirken Gottes für sein Volk. Wie ein Sämann auf sein Feld geht, so kam Jesus, um den Samen der Wahrheit auszustreuen. Seine Gleichnisse waren das Saatgut, mit dem er die wunderbare Wahrheit seiner Gnade verbreitete. Weil es so einfach ist, hat gerade das Gleichnis vom Sämann noch nicht die Beachtung gefunden, die es verdient. Christus möchte mit ihm unsere Gedanken vom natürlichen Samen, der auf den Acker gestreut wird, auf den Samen des Evangeliums lenken, dessen Aussaat den Menschen wieder dazu bringen soll, sich auf Gottes Seite zu stellen. Kein anderer als der Herr des Himmels lehrt durch das Gleichnis vom kleinen Samenkorn, dass für das Gedeihen der Saat auf dem Feld und der Saat der Wahrheit dieselben Gesetze gelten.

Am See Genezareth hatte sich eine ungeduldige, erwartungsvolle Menschenmenge versammelt, um Jesus zu sehen und zu hören. Kranke lagen auf ihren Matten in der Hoffnung, den Heiland auf ihr Leiden aufmerksam machen zu können. Christus war ja von Gott dazu ausersehen, dem sündigen Menschengeschlecht Heil zu bringen, und so half er nun den Kranken und verbreitete um sich her Leben, Gesundheit und Frieden.

Die Menge wuchs immer mehr an und bedrängte Christus schließlich von allen Seiten. Deshalb rief er den Fischern in ihren Booten ein paar Worte zu, trat in den Kahn, der ihn über den See bringen sollte, und bat die Jünger, ein wenig vom Ufer abzustoßen. So konnte er besser zu den Menschen sprechen.

Am See erstreckte sich die liebliche Ebene Genezareth mit Bergen im Hintergrund. Überall waren die Bauern dabei, Saat auszustreuen oder frühes Getreide zu ernten. Dieses Bild hatte Christus vor Augen, als er sagte:

„Siehe, es ging ein Sämann aus, zu säen. Und indem er säte, fiel einiges auf den Weg; da kamen die Vögel und fraßen's auf.

Einiges fiel auf felsigen Boden, wo es nicht viel Erde hatte, und ging bald auf, weil es keine tiefe Erde hatte. Als aber die Sonne aufging, verwelkte es, und weil es keine Wurzel hatte, verdorrte es. Einiges fiel unter die Dornen; und die Dornen wuchsen empor und erstickten's. Einiges fiel auf gutes Land und trug Frucht, einiges hundertfach, einiges sechzigfach, einiges dreißigfach.“ (Matthäus 13,3-8)

Die Menschen damals verstanden den Auftrag Christi nicht; die Art, wie er in diese Welt kam, entsprach nicht ihren Erwartungen. Zwar stand das gesamte jüdische Kultsystem in unmittelbarem Bezug zum kommenden Erlöser; Gott selbst hatte ja die eindrucksvollen gottesdienstlichen Einrichtungen gestiftet, weil das Volk durch sie lernen sollte, dass zur festgesetzten Zeit der Eine kommen würde, auf den all die heiligen Dienste hinwiesen. Doch die Juden hatten Form und Ritus so überhöht, dass sie deren eigentlichen Sinn aus den Augen verloren. Überlieferung und von Menschen festgesetzte Regeln verhüllten geradezu, was Gott ihnen doch eigentlich klar zeigen wollte.

Die vielen zusätzlichen Vorschriften und Traditionen hinderten den Einzelnen daran, eine echte Beziehung zu Gott zu finden und zu pflegen. Als mit Christus dann die Erfüllung all der Symbole erschien, erkannten die Juden in ihm nicht die Verwirklichung der irdischen Schattenbilder. Sie verwarfen die Erfüllung und hielten stattdessen an ihren Vorbildern und nutzlosen Zeremonien fest.

Obwohl der Sohn Gottes gekommen war, baten sie weiterhin um Zeichen. Ihre Antwort auf die Botschaft: „Tut Buße, denn das Himmelreich ist nahe herbeigekommen!“ (Matthäus 3,2) war, ein Wunder zu fordern.

Das Evangelium Christi musste für sie ein Stein des Anstoßes sein, weil sie nach Zeichen statt nach einem Erlöser fragten. Sie erwarteten, dass der Messias die Rechtmäßigkeit seiner Ansprüche durch gewaltige Eroberungen beweisen und sein Reich auf den Trümmern irdischer Mächte errichten werde. Als Erwiderung auf diese falschen Vorstellungen erzählte Jesus das Gleichnis vom Sämann. Weder durch Waffen noch durch andere Gewaltmittel sollte das Reich Gottes den Sieg davontragen, sondern dadurch, dass ein neuer Grundsatz in die Herzen der Menschen eingepflanzt wurde.

„Der Menschensohn ist's, der den guten Samen sät." (Matthäus 13,37) Nicht als König, sondern als Sämann war Christus gekommen. Er wollte keine Königreiche stürzen, sondern guten Samen streuen. Er hatte auch nicht die Absicht, seine Nachfolger zu weltlichem Ruhm und nationaler Größe zu führen, sondern er wollte sie für eine Ernte begeistern, die in geduldiger Arbeit unter Verlusten und Enttäuschungen eingebracht werden sollte.

Die Pharisäer erfassten den Sinn des Gleichnisses sehr wohl. Aber die Lehre war ihnen unbequem, und so nahmen sie sich vor, überhaupt nichts zu verstehen. Vollkommen rätselhaft war dagegen der Masse des Volkes, welche Absicht der neue Lehrer verfolgte, der mit seinen Worten einerseits ihr Herz eigentümlich bewegte, aber andererseits ihre ehrgeizigen Bestrebungen bitter enttäuschte. Nicht einmal die Jünger begriffen das Gleichnis. Doch sie wollten gern mehr wissen, und so traten sie später an Jesus heran und baten ihn, das Gleichnis zu erklären.

Genau dies hatte Christus beabsichtigt; er wollte die Wissbegier der Jünger wecken, um sie eingehender unterrichten zu können. So erklärte er ihnen den Sinn des Gleichnisses, wie er noch heute sein Wort jedem gern auslegt, der ihn aufrichtig darum bittet. Wer beim Bibelstudium sein Herz offen hält für die Erleuchtung durch den Heiligen Geist, der wird das Wort Gottes auch verstehen können. „Wenn jemand dessen Willen tun will", sagte Jesus, „wird er innewerden, ob diese Lehre von Gott ist oder ob ich von mir selbst aus rede." (Johannes 7,17) Alle, die zu Christus kommen, um ein klareres Verständnis der Wahrheit zu empfangen, werden es auch erhalten. Ihnen erschließt er die Geheimnisse des Himmelreiches, die nur der erfassen kann, der sich von ganzem Herzen nach Erkenntnis der Wahrheit sehnt. Ein solcher Mensch wird von himmlischem Licht erfüllt werden und dadurch für andere wie eine helle Lampe auf einem dunklen Pfad sein.

„Es ging ein Sämann aus, zu säen." Im Orient waren die Verhältnisse damals äußerst unsicher. Weil sie ständig von Gewalttaten bedroht war, hielt sich die Bevölkerung meist in den befestigten Städten auf. Die Bauern aber mussten täglich hinausgehen, um außerhalb der Stadtmauern ihre Felder zu bestellen. So ging auch Christus, der himmlische Sämann, aus, um zu säen. Er verließ seine sichere, friedliche Wohnung und die Herrlichkeit, die er bei seinem Vater schon vor der Erschaffung der Welt gehabt hatte; er gab seine Herrscherstellung auf dem Thron des Weltalls auf. Als leidender, angefochtener Mensch ging er einsam hinaus, um für eine verlorene Welt unter Tränen den Samen des Lebens zu säen und mit seinem Blut zu begießen.

In gleicher Weise sollen auch seine Helfer hinausgehen, um zu säen. So erhielt Abraham einst den Ruf, den Samen der Wahrheit auszustreuen: „Geh aus deinem Vaterland und von deiner Verwandtschaft und aus deines Vaters Hause in ein Land, das ich dir zeigen will.“ (1. Mose 12,1) „Er zog aus und wusste nicht, wo er hinkäme.“ (Hebräer 11,8) Ebenso bekam der Apostel Paulus, als er im Tempel in Jerusalem betete, von Gott den Auftrag: „Geh hin; denn ich will dich in die Ferne zu den Heiden senden!“ (Apostelgeschichte 22,21) Wer gerufen wird, mit Christus zusammenzuarbeiten, muss alles verlassen und ihm nachfolgen. Er muss alte Beziehungen abbrechen, Zukunftspläne begraben, irdische Hoffnungen aufgeben; er muss mühsam und allein den Samen ausstreuen, unter Opfer und Tränen.

„Der Sämann sät das Wort.“ Christus kam, um in der Welt die Wahrheit auszusäen. Seit dem Sündenfall streut Satan ununterbrochen den Samen des Irrtums. Durch eine Lüge gewann er zum ersten Mal Macht über die Menschen, und so versucht er bis heute auf die gleiche Weise, Gottes Reich auf dieser Erde zu stürzen und die Menschen unter seine Herrschaft zu bringen. Doch Christus kam als Sämann aus einer höheren Welt, um den Samen der Wahrheit auszustreuen. Als Gottes Sohn, der an den göttlichen Ratschlüssen mitgewirkt und im Allerheiligsten des Ewigen gelebt hatte, konnte er den Menschen die Wahrheit unverfälscht verkünden. Seit dem Sündenfall hat Christus der Welt die Wahrheit offenbart. Durch ihn gelangt der unvergängliche Same, das lebendige, unwandelbare „Wort Gottes, das da bleibt“ (1. Petrus 1,23), zu den Menschen. Schon mit der ersten Verheißung, die er dem gefallenen Menschengeschlecht im Garten Eden gab, streute Christus solchen Evangeliumssamen. Das Gleichnis vom Sämann bezieht sich jedoch besonders auf sein Wirken als Mensch unter Menschen, und auf das Werk, das er unter ihnen begründete.

„Der Same ist das Wort Gottes." Jedes Samenkorn besitzt einen Keim, der das Leben der zukünftigen Pflanze in sich birgt. Ebenso ist auch das Wort Gottes von Leben erfüllt. Christus sagt: „Die Worte, die ich zu euch geredet habe, die sind Geist und sind Leben." (Johannes 6,63) „Wer mein Wort hört und glaubt dem, der mich gesandt hat, der hat das ewige Leben." (Johannes 5,24) Alle Gebote und alle Verheißungen Gottes enthalten göttliche Kraft und göttliches Leben – die Voraussetzung für ihre Erfüllung. Wer Gottes Wort gläubig annimmt, empfängt das Leben und das Wesen Gottes selbst.

Jedes Samenkorn bringt eine Frucht hervor, die seiner Art entspricht. Sät man es unter den richtigen Bedingungen aus, dann entwickelt es als Pflanze ein eigenständiges Leben. Nimmt ein Mensch den unvergänglichen Samen des Wortes gläubig auf, so wird durch die Frucht, die daraus wächst, sein Wesen und Leben Gott immer ähnlicher werden.

Da die Rabbis, die Lehrer Israels, den Samen des Wortes Gottes nicht säten, stellte sich Christus als Verkündiger der Wahrheit in scharfen Gegensatz zu ihnen, die den Nachdruck auf Traditionen, menschliche Lehrmeinungen und unbewiesene Vermutungen legten. Vielfach ersetzten sie das Wort Gottes sogar ganz durch das, was Menschen darüber gelehrt und geschrieben hatten. Darum konnte ihre Lehre auch keinen geistlichen Durst stillen.

Christus dagegen lehrte und predigte nichts als das Wort Gottes. Stellte jemand ihm eine Frage, so antwortete er: „Es steht geschrieben …" (Matthäus 4,4) „Habt ihr nie gelesen in der Schrift …?" (Matthäus 21,42) „Wie liest du?" (Lukas 10,26) Ob sein Gesprächspartner ihm nun freundlich oder feindlich gesinnt war – wo er Interesse bemerkte, säte Jesus bei jeder Gelegenheit den Samen des Wortes. Er, der Weg, die Wahrheit und das Leben, ja das lebendige Wort selbst, verweist auf die Heilige Schrift: „Sie ist's, die von mir zeugt." (Johannes 5,39) Und für die Jünger von Emmaus begann er „bei Mose und allen Propheten und legte ihnen aus, was in der ganzen Schrift von ihm gesagt war.“ (Lukas 24,27)

Wer Christus nachfolgt, sollte das Gleiche tun. Wie damals ersetzt man ja auch in unseren Tagen die lebendigen Wahrheiten des Wortes Gottes durch menschliche Lehren und Vermutungen. Viele so genannte Prediger des Evangeliums erkennen nicht die ganze Bibel als inspiriertes Wort an: ein Gelehrter verwirft diesen, der andere bezweifelt jenen Teil. Sie stellen ihr eigenes Urteilsvermögen über das Wort Gottes, berufen sich bei dem, was sie lehren, auf ihre eigene Autorität und untergraben dadurch den Glauben an den göttlichen Ursprung der Heiligen Schrift. So säen sie überall den Samen des Unglaubens. Die Menschen werden verwirrt und wissen nicht mehr, was sie glauben sollen. So kommt es zu Auffassungen, die jeder biblischen Grundlage entbehren.

In den Tagen Jesu versahen die Rabbis viele Passagen der heiligen Schriften mit einer künstlich zurechtgezimmerten, geheimnisvollen Auslegung. Weil die klaren Aussagen in Gottes Wort ihre eigenen Praktiken verurteilten, versuchten sie es in seiner Kraft zu schwächen. Das Gleiche geschieht auch heute noch. Man möchte vertuschen, dass das Gesetz übertreten wird, und stellt deshalb das Wort Gottes als geheimnisvoll und unverständlich hin. Christus entlarvte zu seiner Zeit solch ein Verhalten. Er sagte deutlich, dass Gottes Wort von allen Menschen verstanden werden soll, und betonte die unbestreitbare Autorität der heiligen Schriften. Auch wir sollen zeigen, dass die Bibel als das Wort des ewigen Gottes alle Streitgespräche beenden kann und Grundlage allen Glaubens ist.

Die Bibel ist ihrer Kraft beraubt worden, und infolgedessen verkümmert das geistliche Leben. Den Predigten, die man heute von vielen Kanzeln hört, fehlt es meist an jener göttlichen Kraft, die das Gewissen weckt und der Seele Leben gibt. Die Zuhörer können dann nicht sagen: „Brannte nicht unser Herz in uns, als er mit uns redete auf dem Wege und uns die Schrift öffnete?“ (Lukas 24,32) Viele rufen nach dem lebendigen Gott und sehnen sich nach seiner Gegenwart. Aber weder philosophische Abhandlungen noch schöngeistige Aufsätze – so bestechend sie auch sein mögen – können das Herz befriedigen. Nichts von dem, was Menschen erdenken und an Meinungen vertreten, vermag hier zu helfen. Lasst darum das Wort Gottes selbst zu den Leuten sprechen! Wer bisher nur mit überlieferten Anschauungen, mit menschlichen Lehren und Maßstäben abgespeist wurde, muss endlich die Stimme dessen hören können, der durch sein Wort die Wiedergeburt zum ewigen Leben schenken möchte.

Christus sprach am liebsten über die väterliche Liebe und überreiche Gnade Gottes, und er zeigte ausführlich die Heiligkeit seines Wesens und Gesetzes. Er selbst wollte für die Menschen der Weg, die Wahrheit und das Leben sein. Diese Themen sollten auch heute von jedem Prediger dargeboten werden. Verkündigt die Wahrheit, wie sie sich in Christus offenbart! Macht allen die Bedeutung von Gesetz und Evangelium klar! Erzählt den Menschen, welchen Weg der Selbstverleugnung und Aufopferung Christus gegangen ist, erzählt ihnen von seiner Erniedrigung und seinem Tod, von seiner Auferstehung und Himmelfahrt, von seiner Fürsprache für sie bei Gott und von seiner Verheißung: „So will ich wieder kommen und euch zu mir nehmen." (Johannes 14,3)

Statt über falsche Lehren zu streiten oder Gegner des Evangeliums widerlegen zu wollen, sollten wir lieber dem Beispiel Christi folgen und aus Gottes Schatzkammer helle Wahrheiten ins Leben strahlen lassen. „Predige das Wort ... es sei zur Zeit oder zur Unzeit." (2. Timotheus 4,2) „Wohl euch, die ihr säen könnt an allen Wassern." (Jesaja 32,20) „Wer aber mein Wort hat, der predige mein Wort recht. Wie reimen sich Stroh und Weizen zusammen? spricht der Herr." (Jeremia 23,28) „Alle Worte Gottes sind durchläutert ... Tu nichts zu seinen Worten hinzu, dass er dich nicht zur Rechenschaft ziehe und du als Lügner dastehst." (Sprüche 30,5.6)

„Der Sämann sät das Wort." Das ist die Grundlage für alle echte Pädagogik. „Der Same ist das Wort Gottes." Aber in allzu vielen Schulen wird das Wort Gottes heute beiseite geschoben. Andere Themen stehen im Vordergrund. Die Beschäftigung mit den Werken ungläubiger Schriftsteller nimmt im Unterricht einen breiten Raum ein; die Schulbücher wecken Zweifel an Gottes

Wort. Oft führt die wissenschaftliche Forschung in die Irre, weil man Entdeckungen missdeutet und entstellt wiedergibt. Man vergleicht das Wort Gottes mit gewissen Hypothesen der Wissenschaft und stellt es als unsicher und nicht vertrauenswürdig hin. So wird schon jungen Menschen die Saat des Zweifels eingepflanzt, die dann in Zeiten der Versuchung aufgeht. Ohne Glauben an das Wort Gottes aber hat der Mensch keine geistliche Führung und keinen Schutz mehr. Gerade junge Leute lassen sich dann leicht auf Wege locken, die von Gott und dem ewigen Leben fortführen.

Dieser Haltung ist auch weitgehend die allgemein verbreitete Gottlosigkeit unserer Tage zuzuschreiben. Wer das Wort Gottes abtut, verschmäht die ihm innewohnende Kraft, die bösen Triebe und die Lebensgier des natürlichen Herzens zu zügeln. Die Menschen verlassen sich auf ihre eigenen Maßstäbe und Kräfte und ernten den Tod.

Hier liegt außerdem die Hauptursache geistiger Schwäche und Unfähigkeit. Wer sich von Gottes Wort abwendet und sein Denken von den Schriften ungläubiger Menschen prägen lässt, der verkümmert geistig und wird anspruchslos, weil er den Bezug zu den tiefen und umfassenden Grundsätzen der ewigen Wahrheit verliert. Das Fassungsvermögen des Verstandes passt sich dem an, womit er sich vorzugsweise beschäftigt; sind es vergängliche Dinge, so wird er geschwächt und mit der Zeit unfähig, größere geistliche Zusammenhänge zu erfassen.

Deshalb ist eine solche Erziehung falsch. Jeder Lehrer sollte es sich zur Aufgabe machen, seinen Schülern die großartigen Wahrheiten des Wortes Gottes nahe zu bringen. Das ist die einzige Erziehung, die lebenstüchtig macht für Zeit und Ewigkeit. Sie wird auch durchaus nicht dem wissenschaftlichen Denken im Wege stehen oder einen niedrigen Bildungsstand zur Folge haben.

Die Erkenntnis Gottes ist ja so hoch wie der Himmel und so weit wie das All. Nichts veredelt den Menschen so sehr, und nichts ist so anregend für ihn wie die Beschäftigung mit allem, was das ewige Leben berührt. Gerade für junge Leute ist es deshalb gut, wenn sie sich bemühen, die göttlichen Wahrheiten zu verstehen. Ihr geistiges Fassungsvermögen wird dabei wachsen und stark werden. Alle, die Gottes Wort fleißig lesen und ihr Leben danach gestalten, werden ihren geistigen Horizont erweitern und wertvolle Erkenntnis gewinnen, die unvergänglich ist.

Durch das Studium der Bibel wird uns Bildung vermittelt; wir verstehen dann aus eigener Erfahrung den Erlösungsplan. Auf diese Weise entsteht in uns wieder das Ebenbild Gottes; unser Denken wird stark genug, Versuchungen abzuwehren, und schon der junge Mensch wird so befähigt, mit Christus in dem Gnadenwerk für die Welt zu arbeiten. So werden wir alle Mitglieder der himmlischen Familie und darauf vorbereitet, einmal am Erbteil der Heiligen in Gottes Licht teilzuhaben.

Ein Lehrer der göttlichen Wahrheit kann allerdings nur das vermitteln, was er selbst aus eigener Erfahrung weiß. „Es ging ein Sämann aus, zu säen seinen Samen.“ (Lukas 8,5) Christus konnte die reine Wahrheit lehren, weil er selbst die Wahrheit ist. Sein Denken, Wesen und Lebensstil kamen in seiner Verkündigung zum Ausdruck.

So soll es auch bei seinen Mitarbeitern sein: Wer das Wort Gottes weitergeben will, muss es sich durch persönliche Erfahrung zu Eigen machen und wissen, was es bedeutet, dass Christus in die Welt gekommen ist, um uns Weisheit, Gerechtigkeit, Heiligung und Erlösung zu schenken. (1. Korinther 1,30) Nie dürfen wir das Wort Gottes als eine Möglichkeit unter vielen darstellen, vielmehr sollten wir mit dem Apostel Petrus bekennen: „Denn wir sind nicht ausgeklügelten Fabeln gefolgt, als wir euch kundgetan haben die Kraft und das Kommen unsers Herrn Jesus Christus; sondern wir haben seine Herrlichkeit selber gesehen.“ (2. Petrus 1,16)

Jeder Prediger und jeder Lehrer Christi sollte mit dem Lieblingsjünger Johannes bekennen können: „Was von Anfang an war, was wir gehört haben, was wir gesehen haben mit unsern Augen, was wir betrachtet haben und unsre Hände betastet haben, vom Wort des Lebens – und das Leben ist erschienen, und wir haben gesehen und bezeugen und verkündigen euch das Leben, das ewig ist, das beim Vater war und uns erschienen ist.“ (1. Johannes 1,1.2)

An den Weg gesät

Das Gleichnis vom Sämann befasst sich hauptsächlich damit, wie entscheidend wichtig die Beschaffenheit des Bodens für das Gedeihen der ausgestreuten Saat ist. Christus sagte seinen Zuhörern damit ungefähr Folgendes: Ihr schadet euch selbst, wenn ihr nur als Kritiker meiner Arbeit auftretet oder in eurer Enttäuschung verharrt, weil das, was ich tue, nicht euren Erwartungen entspricht. Entscheidend wichtig ist für euch, ob ihr meine Botschaft annehmt oder ablehnt, denn davon hängt euer ewiges Schicksal ab.

Den Samen, der an den Wegrand fiel, deutete er so: „Wenn jemand das Wort von dem Reich hört und nicht versteht, so kommt der Böse und reißt hinweg, was in sein Herz gesät ist.“ (Matthäus 13,19)

Dieser auf den Weg gefallene Same steht also für das Wort Gottes, das ins Herz eines unaufmerksamen Zuhörers fällt. Wie ein Weg von Menschen und Tieren festgetreten wird, so verhärtet sich das Herz, das zur Landstraße für die Welt mit ihren Freuden und Sünden geworden ist. Verstrickt in Selbstsucht und Nachsicht gegenüber eigenen Fehlern, wird die Seele verstockt „durch den Betrug der Sünde“ (Hebräer 3,13). Lähmung befällt die geistlichen Fähigkeiten solcher Menschen; sie hören das Wort, ohne es zu verstehen, und merken gar nicht, wie sehr es gerade ihnen gilt. Sie erkennen ihre eigene Not und Gefahr, in der sie schweben, nicht. Die Liebe Christi nehmen sie nicht wahr, und seine Gnadenbotschaft lassen sie wie etwas vollkommen Uninteressantes an sich vorübergehen.

Wie die Vögel nur darauf warten, den Samen am Weg aufzupicken, so lauert auch Satan darauf, den Samen der göttlichen Wahrheit vom Boden der Seele wieder wegzunehmen. Er fürchtet, dass Gottes Wort die Sorglosen wachrütteln und ihr verhärtetes Herz beeindrucken könnte. Darum sind Satan und seine Engel überall zu finden, wo das Evangelium gepredigt wird. Aber während die Engel des Himmels das menschliche Herz mit Gottes Wort erfüllen wollen, bemüht sich der Böse, es wirkungslos zu machen. Mit einem Eifer, dem nur seine Bosheit gleichkommt, versucht er dem Einfluss des Geistes Gottes entgegenzuarbeiten. Immer wenn ein Mensch sich von der Liebe Christi angezogen fühlt und den Heiland suchen möchte, tut Satan alles, um ihn daran zu hindern. Er lenkt seine Gedanken auf weltliche Dinge, stachelt ihn zur Kritik an oder weckt bei ihm Zweifel und Unglauben. Dann gefällt dem Zuhörer plötzlich die Ausdrucksweise oder das Auftreten des Predigers nicht mehr, und er beschäftigt sich nur noch mit dessen Fehlern. Dadurch fühlt er sich so gestört, dass die Wahrheit, die er so dringend brauchte und die Gott ihm in seiner Gnade gesandt hat, keinen bleibenden Eindruck hinterlässt.

Satan hat viele Helfer. Nicht wenige geben vor, Christen zu sein, und unterstützen dabei die Bemühungen des Versuchers, den Samen der Wahrheit in den Herzen der Menschen zu vernichten. Viele hören sich die Predigt des Wortes Gottes an und kritisieren sie dann zu Hause heftig. Sie sitzen über die Worte eines Predigers zu Gericht wie über die Ausführungen eines Dozenten oder Politikers und erkennen die Botschaft nicht als das Wort des Herrn an sie. Sie machen Witze darüber oder kommentieren sie sarkastisch. Charakter, Beweggründe und Handlungsweise des Predigers werden ebenso zum beliebten Gesprächsstoff wie das Verhalten anderer Gemeindeglieder. Sogar vor den Ohren Unbekehrter richtet man über die Gläubigen und verbreitet Klatsch und üble Nachrede. Oft sprechen Eltern in dieser Weise in Gegenwart ihrer Kinder und zerstören so die Achtung vor den Mitarbeitern Gottes und dem, was sie zu sagen haben. Die Folge davon ist, dass sich diese Geringschätzung nicht selten sogar auf das Wort Gottes selbst überträgt.

So wird in den Heimen vieler vorgeblicher Christen die Jugend zum Unglauben erzogen. Und die Eltern fragen sich dann, warum ihre Kinder so wenig Interesse am Evangelium, dafür aber umso bereitwilliger Zweifel an der Wahrheit der Bibel zeigen. Sie möchten gerne wissen, weshalb sie sittlichen und religiösen Einflüssen so schwer zugänglich sind. Sie können nicht einsehen, dass es ihr eigenes Vorbild war, welches die Herzen ihrer Kinder abstumpfte. Der gute Same fand keinen Raum zum Wurzeln und Satan riss ihn hinweg.

Auf felsigen Boden gesät

„Bei dem aber auf felsigen Boden gesät ist, das ist, der das Wort hört und es gleich mit Freuden aufnimmt; aber er hat keine Wurzel in sich, sondern er ist wetterwendisch; wenn sich Bedrängnis oder Verfolgung erhebt um des Wortes willen, so fällt er gleich ab.“ (Matthäus 13,20.21)

Auf felsigem Grund findet der Same nur wenig Erde. Die Pflanze schießt zwar schnell auf, doch kann sie mit ihrer Wurzel nicht durch den Fels dringen, um die nötigen Nährstoffe zu erlangen, und stirbt so bald ab. Viele, die sich Christen nennen, sind nur an der Oberfläche für Gottes Wort empfänglich. Unter allen guten Wünschen und Zielen liegt bei ihnen die Selbstsucht des natürlichen Herzens wie felsiger Grund unter einer dünnen Humusschicht. Sie sind von Eigenliebe erfüllt und haben das wahre Wesen der Sünde noch nicht erkannt; daher ist ihr Herz auch nicht vom Bewusstsein der Schuld überwältigt. Solche Menschen lassen sich zunächst leicht überzeugen und sind dann scheinbar bekehrt, doch in Wirklichkeit ist ihr Glaube nicht echt.

Sie fallen nicht deshalb von Gott wieder ab, weil sie das Wort zu schnell annehmen oder sich zu sehr darüber freuen – auch Matthäus folgte ja sofort dem Ruf des Heilandes, verließ alles und wurde sein Jünger. Gott möchte, dass wir sein Wort annehmen, sobald es unser Herz erreicht, und wir dürfen uns darüber freuen. „So wird auch Freude im Himmel sein über einen Sünder, der Buße tut.“ (Lukas 15,7) Wer an Christus glaubt, ist von Freude erfüllt. Bei den Menschen jedoch, von denen das Gleichnis sagt, dass sie das Wort schnell aufnehmen, verhält es sich anders: Sie machen sich nicht klar, welche Verpflichtungen sie eingehen und was das Wort Gottes von ihnen verlangt. Sie stellen das Wort nicht allen ihren Lebensgewohnheiten gegenüber und geben sich Christus nicht ganz in die Hand.

Wurzeln dringen tief ins Erdreich ein und nähren dort die Pflanze. So ist es auch beim Christen: seine unsichtbare Verbindung mit Jesus durch den Glauben nährt das geistliche Leben. Wo das Wort auf felsigen Grund fällt, da vertraut man nicht auf Christus, sondern auf die eigene Kraft, die eigenen guten Werke und Regungen. Man verlässt sich auf die eigene Gerechtigkeit, nicht auf die Macht und Stärke des Herrn. Ein solcher Mensch „hat nicht Wurzel in sich“, weil ihm die Verbindung zu Christus fehlt.

Die heiße Sommersonne stärkt die kräftigen Halme und lässt sie reifen; die Pflanzen, die keine tiefe Wurzel haben, vertrocknen dagegen in der Hitze. So ist es auch mit dem Menschen, der „keine Wurzel hat“: „Er ist wetterwendisch“, und „wenn sich Bedrängnis oder Verfolgung erhebt um des Wortes willen, so fällt er gleich ab“. Viele nehmen das Evangelium an, weil sie vor Not und Leid bewahrt sein wollen, und nicht, um von der Sünde erlöst zu werden. Sie sind eine Zeit lang fröhlich in der Annahme, der Glaube werde sie vor Schwierigkeiten und Prüfungen verschonen. Solange in ihrem Leben alles glatt geht, scheinen sie treue Christen zu sein. In der Feuerprobe der Versuchung jedoch zeigt es sich, dass sie nicht ertragen können, um ihres Glaubens willen gesellschaftliche Nachteile und Verachtung zu erfahren. Wenn das Wort Gottes sie auf eine ihrer Lieblingssünden aufmerksam macht oder Opfer von ihnen verlangt, ärgern sie sich, denn eine radikale Änderung ihres Lebens ist ihnen zu unbequem. Angesichts ihrer gegenwärtigen Probleme und Prüfungen vergessen sie die ewige Wirklichkeit. Wie die Jünger, die Jesus verließen, sagen sie allzu leicht: „Das ist eine harte Rede; wer kann sie hören?“ (Johannes 6,60)

Viele geben vor, Gott zu dienen, haben ihn aber nicht durch persönliche Erfahrung kennen gelernt. Nicht, weil der Heilige Geist ihnen etwa eine tiefe Überzeugung geschenkt hätte, sondern aus eigener Neigung heraus wollen sie Gottes Willen tun. Ihr Leben steht nicht in Einklang mit den Forderungen von Gottes Gesetz. Zwar bekennen sie Christus als ihren Erlöser, glauben aber nicht, dass er ihnen die Kraft geben wird, ihre Sünden zu überwinden. Sie finden keine persönliche Beziehung zum lebendigen Heiland und haben nicht nur angeborene, sondern auch durch ihren Lebenswandel erworbene Charakterschwächen.

Es ist ein großer Unterschied, ob man die Kraft des Heiligen Geistes nur ganz allgemein anerkennt oder ob man seine zurechtweisende Kraft, die zur Buße drängt, selbst gespürt hat. Viele fühlen sich Gott entfremdet. Sie merken, wie sehr sie Knechte der Sünde und ihres eigenen Ichs sind. Aber sie unternehmen keinerlei Anstrengung, sich zu ändern, kreuzigen ihr Ich nicht, geben sich nicht ganz in die Hand Christi und bitten nicht um die göttliche Kraft, seinen Willen zu tun. Ihnen fehlt die Bereitschaft, sich nach dem göttlichen Bild umformen zu lassen. Im Großen und Ganzen geben sie zwar zu, unvollkommen zu sein, aber ihre ganz konkreten Sünden wollen sie nicht ablegen. Dabei wird mit jedem neuen Verstoß gegen Gottes Gebote ihre alte, selbstsüchtige Natur nur noch stärker.

Die einzige Hoffnung für solche Menschen besteht darin, an sich selbst die Wahrheit dessen zu erfahren, was Christus zu Nikodemus gesagt hat: „Ihr müsst von neuem geboren werden.“ (Johannes 3,7) „Es sei denn, dass jemand von neuem geboren werde, so kann er das Reich Gottes nicht sehen.“ (Johannes 3,3)

Nur der ungeteilte Dienst für Gott zeugt von echter Heiligung und ist die Voraussetzung für ein wahrhaft christliches Leben. Christus fordert uneingeschränkte Hingabe und den ganzen Einsatz des Herzens, des Verstandes, der Seele und aller Kräfte. Wer sein eigenes Ich über alles liebt und nur für sich selbst lebt, ist kein Christ.

Liebe muss die Triebfeder von allem sein, was wir tun. Nach dem Grundsatz der Liebe regiert Gott Himmel und Erde; in ihr soll auch das Wesen des Christen seinen festen Grund haben. Nur sie kann ihm Standhaftigkeit geben und die Fähigkeit, Schwierigkeiten zu überwinden und Versuchungen zu widerstehen.

Echte Liebe wird sich in der Fähigkeit zum Opfer zeigen. Der Erlösungsplan beruht auf einem Opfer – einem unermesslichen, unvorstellbar großen Opfer. Christus gab alles für uns dahin, und wer ihn annimmt, wird auch seinerseits bereit sein, dem Erlöser alles zu opfern. Der Wunsch, ihn zu ehren und zu verherrlichen, steht dann über allem.

Wenn wir Jesus lieben, werden wir gern für ihn leben, arbeiten und Opfer unserer Dankbarkeit bringen. Selbst die schwerste Arbeit wird uns leicht fallen. Schmerz, Mühe und Entbehrungen seinetwegen werden wir freudig begrüßen und wie er keinen größeren Wunsch haben, als dass Menschen die Erlösung von Sünde und Schuld erfahren.

All dies gehört zum Wesen des christlichen Glaubens. Wo etwas davon fehlt, ist es Täuschung. Weder die theoretische Wahrheit noch das rein formale Bekenntnis, Jesus nachzufolgen, kann uns erretten. Wir gehören Christus entweder ganz oder gar nicht. Durch Halbherzigkeit im Glaubensleben werden wir willensschwach und wankelmütig. Wer gleichzeitig seinem Ich und Christus dienen will, der ist ein Hörer des Wortes mit steinigem Boden und wird nicht standhalten können zur Zeit der Prüfung.

Unter Dornen gesät

„Bei dem aber unter die Dornen gesät ist, das ist, der das Wort hört, und die Sorge der Welt und der betrügerische Reichtum ersticken das Wort, und er bringt keine Frucht." (Matthäus 13,22)

Der Same des Evangeliums fällt oft unter Dornengestrüpp und Unkraut. Wenn keine sittliche Umwandlung des Herzens stattfindet, wenn schlechte Gewohnheiten und das alte Leben in der Sünde nicht aufgegeben werden, wenn das Wesen Satans nicht aus der Seele vertrieben wird, dann erstickt der Weizen, und Dornen wachsen zur Ernte auf.

Die Gnade kann nur in einem Herzen gedeihen, das für den Samen der Wahrheit offen gehalten wird. Die Dornen der Sünde wachsen auf jedem Boden, ohne dass man sich besonders darum zu kümmern braucht; die Gnade Gottes aber benötigt sorgfältige Pflege. Dornen und Disteln schießen jederzeit schnell auf; deshalb muss das Feld ständig von ihnen gesäubert werden. Solange das Herz nicht unter Gottes Führung steht und der Heilige Geist nicht unaufhörlich unser Wesen umformt, gewinnen immer wieder alte Gewohnheiten die Oberhand. Jemand mag sich zum Evangelium bekehren, wenn er aber keine Umwandlung erlebt, so nützt ihm das gar nichts.

Wer die Sünde nicht besiegt, muss ihr unweigerlich unterliegen. Dornengestrüpp, das nur abgehauen und nicht mit der Wurzel ausgerottet wurde, schießt rasch wieder auf, bis es die Seele überwuchert hat.

Christus legte im Einzelnen dar, was dem Menschen gefährlich werden kann: Markus erwähnt die Sorgen dieser Welt, den betrügerischen Reichtum und „die Begierden nach allem andern" (Markus 4,19), Lukas nennt „Sorgen, Reichtum und Freuden des Lebens" (Lukas 8,14). Dies alles erstickt den keimenden geistlichen Samen, sodass die Verbindung zu Christus reißt und das geistliche Leben abstirbt.

„Die Sorge der Welt." (Matthäus 13,22) Keine Gesellschaftsschicht bleibt von der Versuchung durch weltliche Sorgen verschont: der Arme leidet unter harter Arbeit, Entbehrung und Furcht vor Not, der Reiche hat Angst um seinen Besitz und wird ebenfalls von mancherlei Sorgen gequält. Viele Nachfolger Christi vergessen die Lehre, die uns der Meister am Beispiel der Feldblumen vermitteln wollte, und vertrauen nicht auf seine beständige Fürsorge. (Matthäus 6,28-33) Christus kann ihre Last nicht tragen, weil sie diese gar nicht auf ihn legen. Auf diese Weise entfremden die Sorgen solche Menschen vom Heiland, statt sie zu ihm als ihrem Helfer und Tröster hinzuführen.

Viele könnten im Werk Gottes wertvolle Arbeit leisten. Stattdessen verwenden sie ihre ganze Kraft darauf, Besitz anzuhäufen, sie haben nur noch Zeit für geschäftliche Unternehmungen und sehen sich deshalb gezwungen, ihr geistliches Wachstum zu vernachlässigen. Durch eigene Schuld verlieren sie die Verbindung zu Gott. Gewiss, die Bibel ermahnt uns: „Seid nicht träge in dem, was ihr tun sollt." (Römer 12,11) Aber damit meint sie, dass wir arbeiten sollen, um Menschen in Not helfen zu können.

Jeder Christ muss einer Arbeit nachgehen; auch als Geschäftsmann braucht man keineswegs vor Gott schuldig zu werden. Leider jedoch gehen viele in ihrem Beruf so auf, dass ihnen keine Zeit bleibt für Gebet und Bibelstudium, keine Zeit, um Gott zu suchen und ihm zu dienen. Dann und wann haben sie wohl ein Bedürfnis nach geistlichen Dingen und ewigem Glück, doch sie nehmen sich nie die Zeit, der lärmenden Welt den Rücken zu kehren und einmal nur auf die machtvolle Stimme des Geistes Gottes zu hören.

Was für die Ewigkeit wichtig wäre, wird den Erfordernissen des irdischen Lebens untergeordnet. Der Same des Wortes kann keine Frucht bringen, weil die Lebenskraft damit vergeudet wird, das Dornengestrüpp der Weltlichkeit zu nähren.

Auch wer eine ganz andere Arbeit tut, verfällt oft dem gleichen Irrtum. Im Dienst für den Nächsten lässt sich mancher wegen dringender Pflichten und seiner großen Verantwortung die Zeit zur Andacht rauben. Die Beziehung zu Gott und das Bibelstudium werden vernachlässigt und das Wort Christi vergessen: „Ohne mich könnt ihr nichts tun." (Johannes 15,5) Wo aber Christus nicht im Mittelpunkt des Lebens steht, da kann auch seine Gnade nicht wirksam werden, und man sieht deutlich die Merkmale der Selbstsucht. Der Dienst am Nächsten wird fragwürdig durch die harten, lieblosen Züge eines unbußfertigen Herzens und das Bestreben, sich vor anderen hervorzutun. Hier liegt eine der Hauptursachen dafür, dass die Arbeit für Christus so oft misslingt oder nur geringen Erfolg hat.

„Der betrügerische Reichtum." (Matthäus 13,22) Die Liebe zum Reichtum ist von verblendender, täuschender Macht. Oft vergessen die Begüterten, dass sie nur deshalb Wohlstand erwerben konnten, weil Gott ihnen die Kraft dazu geschenkt hat. Stattdessen sagen sie: „Meine Kräfte und meiner Hände Stärke haben mir diesen Reichtum gewonnen." (5. Mose 8,17) Ihr Besitz stimmt sie nicht dankbar Gott gegenüber, sondern verleitet sie dazu, sich selbst zu überschätzen. Allmählich verlieren sie das Bewusstsein, von Gott abhängig und ihren Mitmenschen verpflichtet zu sein. Statt ihren Reichtum als anvertrautes Gut zu betrachten, mit dem sie Gott ehren und ihren Mitmenschen helfen können, denken sie nur an ihre eigenen Wünsche und Bedürfnisse. Auf diese Weise aber kommen im Menschen nicht die göttlichen, sondern satanische Eigenschaften zur Entfaltung, und Dornengestrüpp erstickt den Samen des Wortes Gottes.

„Die Freuden des Lebens." (Lukas 8,14) Vergnügungssucht ist gefährlich. Alle Gewohnheiten, die den Körper schwächen, den Verstand trüben und die geistliche Aufnahmefähigkeit beeinträchtigen, erweisen sich als Eigensucht und Begierde, „die gegen die Seele streiten" (1. Petrus 2,11).

„Die Begierden nach allem andern." (Markus 4,19) Das müssen nicht unbedingt Wünsche sein, die von vornherein sündig sind; vielmehr sind es Dinge, die jemandem wichtiger werden als das Reich Gottes. Alles, was unsere Aufmerksamkeit von Gott und unsere Zuneigung von Christus wegzieht, schadet der Seele.

In jungen Jahren, wenn der Geist besonders lebhaft arbeitet und sich rasch entwickelt, ist die Versuchung groß, nur an sich selbst und seine ehrgeizigen Ziele zu denken. Erfolg in der Welt führt leicht dazu, nicht mehr auf das Gewissen zu hören, sodass schließlich das Bewusstsein darüber verloren geht, auf welche Charaktereigenschaften es wirklich ankommt. Wird diese Entwicklung durch die Umstände auch noch begünstigt, dann führt sie bald in eine Richtung, die mit dem Wort Gottes unvereinbar ist.

Die Eltern tragen große Verantwortung in dieser Zeit, in der ihre Kinder besonders leicht beeinflussbar sind. Sie sollten alles tun, um für die jungen Leute eine Umgebung zu schaffen, die ihnen die richtige Lebenseinstellung vermittelt und ihnen zeigt, was wahrer Erfolg ist. Wie viele Eltern jedoch halten es für ihre wichtigste Aufgabe, für das weltliche Glück ihrer Kinder zu sorgen! Nach diesem Gesichtspunkt wählen sie ihren Bekanntenkreis aus und lassen sich oft in der Großstadt nieder, um dort ihre Kinder in die vornehme Gesellschaft einführen zu können. Sie umgeben sie mit Einflüssen, die Weltlichkeit und Stolz fördern. In einer solchen Atmosphäre verkümmert der innere Mensch, und hohe Lebensziele geraten in Vergessenheit. Das Vorrecht, Kinder Gottes und Erben seines Reiches zu sein, wird gegen irdischen Gewinn eingetauscht.

Viele Eltern glauben, zum Glück ihrer Kinder beizutragen, wenn sie ihnen erlauben, an seichten Vergnügungen teilzunehmen, den Sport an die erste Stelle zu setzen, ihren Spaß bei Partys zu suchen und ihnen auch noch Geld geben für allen möglichen Flitterkram und für Genussmittel. Je mehr man jedoch der Vergnügungssucht nachgibt, desto stärker wird sie. Solche jungen Leute haben schließlich nichts anderes mehr im Sinn als oberflächliche Zerstreuung, in der sie den Hauptzweck ihres Lebens sehen. Sie gewöhnen sich an Müßiggang und daran, dass alle ihre Wünsche möglichst schnell befriedigt werden, das macht es für sie fast unmöglich, jemals standhafte Christen zu werden.

Selbst die Kirche, die doch der Grundpfeiler der Wahrheit sein sollte, fördert oft noch die selbstsüchtige Neigung zum Vergnügen. Was tun denn viele Kirchengemeinschaften, um Geld für religiöse Zwecke aufzubringen? Sie veranstalten Basare, Festessen, ja sogar Lotterien und Ähnliches. Dabei wird der Ort, der der Anbetung Gottes vorbehalten sein sollte, entweiht durch Essen und Trinken, Geschäftemacherei und vielerlei Belustigungen. So verlieren junge Menschen die Achtung vor Gottes Haus und dem Gottesdienst; ihre Fähigkeit zur Selbstbeherrschung wird geschwächt. Egoismus, Lebensgier und der Wunsch, sich zur Schau zu stellen, erwachen und werden umso stärker, je mehr man ihnen nachgibt.

Die Jagd nach Genuss und Vergnügen konzentriert sich hauptsächlich auf die Großstädte. Viele Eltern ziehen dorthin, weil sie meinen, ihre Kinder hätten Vorteile davon. Oft bereuen sie später bitter enttäuscht ihren Irrtum. Denn die modernen Großstädte entwickeln sich rasch zu Hochburgen des Lasters wie Sodom und Gomorra. Die vielen freien Tage begünstigen Müßiggang und aufregende Zerstreuungen wie Sportbesessenheit, Theaterbesuche, Pferderennen, Glücksspiele, Trinkgelage und nächtelange Partys. So wird die Lebensgier angestachelt und kann sich voll entfalten.

Der Strom der Zeit reißt die Jugend mit. Wer sich daran gewöhnt, im oberflächlichen Vergnügen den höchsten Sinn seines Lebens zu sehen, öffnet einer Flut von Versuchungen die Tür. Solche jungen Leute gehen vollkommen auf in geselligen Festen und geistloser Heiterkeit. Der Umgang mit lebenshungrigen Freunden wirkt auf sie berauschend. Bald lassen sie sich von einer Form der Ausschweifung zu einer anderen verleiten und verlieren so schließlich den Wunsch und auch die Fähigkeit, ein nützliches Leben zu führen. Ihr Verlangen nach Gott schwindet, ihr geistliches Leben stirbt ab. Alle edleren Regungen in ihnen und alles, was den Menschen mit der höheren Welt verbindet, verlieren für sie an Wert und werden herabgewürdigt.

Gewiss, manche sehen vielleicht eines Tages ihre Torheit ein und bereuen sie. Dann vergibt Gott ihnen. Aber weil sie ihre Seele so nachhaltig verwundet haben, sind sie ihr Leben lang einer großen Gefahr ausgesetzt. Das Unterscheidungsvermögen ihres Gewissens, das doch immer wach und empfindsam sein sollte, ist bei ihnen in hohem Maß beeinträchtigt, sodass sie Mühe haben, die Stimme des Heiligen Geistes zu vernehmen und die Listen Satans zu durchschauen. Nur zu leicht erliegen sie aufs Neue der Versuchung. Wenn sie dabei wieder ganz von Gott wegkommen, endet ihr vergnügungssüchtiges Leben schließlich im Verderben, und sie sind für diese und die zukünftige Welt verloren.

Sorgen, Reichtum, Vergnügen – das sind die Einsätze Satans bei seinem Spiel um die Menschenseele. Darum die Warnung: „Habt nicht lieb die Welt noch was in der Welt ist. Wenn jemand die Welt lieb hat, in dem ist nicht die Liebe des Vaters. Denn alles, was in der Welt ist, des Fleisches Lust und der Augen Lust und hoffärtiges Leben, ist nicht vom Vater, sondern von der Welt.“ (1. Johannes 2,15.16)

Er, der das Herz jedes Menschen liest wie ein aufgeschlagenes Buch, sagt: „Hütet euch aber, dass eure Herzen nicht beschwert werden mit Fressen und Saufen und mit täglichen Sorgen.“ (Lukas 21,34) Und der Apostel Paulus schreibt, erfüllt vom Heiligen Geist: „Denn die reich werden wollen, die fallen in Versuchung und Verstrickung und in viele törichte und schädliche Begierden, welche die Menschen versinken lassen in Verderben und Verdammnis. Denn Geldgier ist eine Wurzel alles Übels; danach hat einige gelüstet, und sie sind vom Glauben abgeirrt und machen sich selbst viel Schmerzen.“ (1. Timotheus 6,9.10)

Die Vorbereitung des Bodens

Immer wieder weist Christus im Gleichnis vom Sämann darauf hin, dass die unterschiedlichen Ernteerträge von der Beschaffenheit des Bodens abhängen: Sämann und Same sind ja in allen Fällen dieselben. Jesus lehrt also, dass die Ursache in uns selbst liegt, wenn das Wort Gottes in unserem Herzen und Leben nichts ausrichtet. Dabei haben wir durchaus die Möglichkeit, den Ernteertrag mitzubestimmen. Gewiss, wir können uns nicht aus eigener Kraft ändern, aber immerhin haben wir die Möglichkeit der Wahl. Es liegt an unserer Entscheidung, was aus uns schließlich wird. Niemand braucht ein Hörer mit Weg-, Stein- oder Dornengrund zu bleiben. Der Heilige Geist versucht ständig, die Menschen aus der Verblendung zu reißen, die sie in weltlichen Dingen gefangen hält, und das Verlangen nach unvergänglichem Reichtum in ihnen zu wecken. Wer sich allerdings dem Wirken des Heiligen Geistes widersetzt, wird dem Wort Gottes gegenüber gleichgültig und nachlässig; er verschuldet dann selbst die Verhärtung seines Herzens, in dem der gute Same keine Wurzel fassen kann, dafür aber das erstickende Unkraut umso wilder wuchert.

Der Garten des Herzens braucht Pflege. Sein Boden muss in tiefer Reue über die Sünde umgegraben, Giftkräuter und Satanspflanzen müssen mit der Wurzel ausgerissen werden. Wie ein dornenüberwucherter Boden nur durch harte Arbeit wieder nutzbar gemacht werden kann, so lassen sich auch die bösen Neigungen des natürlichen Herzens nur durch wirklich ernsthaftes Bemühen im Namen Jesu und in seiner Kraft überwinden. Der Herr fordert uns durch seinen Propheten auf: „Pflüget ein Neues und säet nicht unter die Dornen!“ (Jeremia 4,3) „Säet Gerechtigkeit und erntet nach dem Maße der Liebe!“ (Hosea 10,12) Gott selbst möchte dies für uns tun und bittet uns, mit ihm zusammenzuarbeiten.

Gottes Säleute haben die Aufgabe, den Herzensboden ihrer Zuhörer für die Aufnahme des Evangeliums vorzubereiten. Bei der Verkündigung des Wortes wird oft zu viel pastorenhaft gepredigt und zu wenig Wert auf die Begegnung mit dem Einzelnen gelegt. Dabei ist der persönliche Einsatz für die Verlorenen gerade besonders wichtig. Wie Christus sollen wir uns mit Einfühlungsvermögen und Liebe um die Menschen einzeln bemühen und versuchen, ihre Aufmerksamkeit für die großartigen Wahrheiten des ewigen Lebens zu gewinnen. Dabei mögen wir auf manches Herz treffen, das so hart ist wie die festgetretene Landstraße, sodass es völlig sinnlos erscheint, ihm den Heiland nahe bringen zu wollen. Vielleicht ist mit Logik und Vernunftgründen tatsächlich nichts zu erreichen. Doch wo die Liebe Christi im persönlichen Dienst sichtbar wird, vermag sie das härteste Herz zu erweichen, sodass die Saat der Wahrheit Wurzel fassen kann.

Der Sämann kann also durchaus etwas dagegen unternehmen, dass die Saat unter Dornen erstickt oder auf allzu hartem Boden nicht aufgeht. Zu Beginn seines neuen Lebens mit Christus sollte jeder Gläubige grundlegend darin unterwiesen werden, dass die Erlösung durch den Opfertod Christi für ihn auch bedeutet, in Leben und Wesen dem Sohn Gottes immer ähnlicher zu werden. Jeder muss sich darüber klar sein, dass er mit Schwierigkeiten zu kämpfen und natürliche Neigungen zu überwinden haben wird. Jeder soll aber auch erfahren, welcher Segen darin liegt, für Christus zu arbeiten, ihm in Selbstverleugnung nachzufolgen und als Streiter Gottes Schwierigkeiten auf sich zu nehmen.

Lehrt diese Menschen, der Liebe Christi zu vertrauen und ihre Sorgen auf ihn abzuladen. Lasst sie das Glück auskosten, Menschen für ihn zu gewinnen. Dann werden sie über der Liebe zu den Verlorenen und ihrem Eifer, jenen zu helfen, ihr eigenes Ich zurückstellen können. Die Freuden der Welt verlieren ihre Anziehungskraft, und keine irdische Last kann sie entmutigen, denn der Pflug der Wahrheit bricht den harten Boden von Grund auf um. Dabei werden die Dornen nicht nur abgeschnitten, sondern mitsamt der Wurzel ausgerottet.

Auf gutes Land gesät

Der Sämann erntet keineswegs nur Enttäuschung. Über die Saat, die auf gutes Land fiel, sagte der Heiland: „Bei dem aber auf gutes Land gesät ist, das ist, der das Wort hört und versteht und dann auch Frucht bringt; und der eine trägt hundertfach, der andere sechzigfach, der dritte dreißigfach.“ (Matthäus 13,23) „Das aber auf dem guten Land sind die, die das Wort hören und behalten in einem feinen, guten Herzen und bringen Frucht in Geduld.“ (Lukas 8,15)

Das „feine, gute“ Herz, von dem das Gleichnis spricht, ist kein sündloses Herz; das Evangelium soll ja denen gepredigt werden, die verloren sind. Christus sagte: „Ich bin gekommen die Sünder zu rufen und nicht die Gerechten.“ (Markus 2,17) Ein „feines“ Herz hat der Mensch, der sich vom Heiligen Geist überzeugen lässt, seine Schuld bekennt und fühlt, wie sehr er die Gnade und die Liebe Gottes braucht. Er sucht aufrichtig nach der Wahrheit und will Gottes Gebote halten. Ein „gutes“ Herz ist gläubig und voll Vertrauen auf das Wort Gottes. Ohne Glauben ist es unmöglich, das Wort Gottes als solches anzunehmen; „denn wer zu Gott kommen will, der muss glauben, dass er ist und dass er denen, die ihn suchen, ihren Lohn gibt“ (Hebräer 11,6).

„Das ist, der das Wort hört und versteht.“ (Matthäus 12,23) Die Pharisäer zur Zeit Christi verschlossen Augen und Ohren, um nicht sehen und hören zu müssen; deshalb konnte die Wahrheit ihr Herz nicht erreichen. Sie mussten die Strafe für ihre vorsätzliche Unwissenheit und selbstverschuldete Blindheit erleiden. Christus lehrte seine Jünger dagegen, gern zu lernen und zu glauben. Er pries sie selig, weil sie mit gläubigen Augen und Ohren sahen und hörten.

Der Hörer, bei dem der Same auf gutes Land fiel, nimmt das Wort auf – nicht „als Menschenwort, sondern als das, was es in Wahrheit ist, als Gottes Wort“ (1. Thessalonicher 2,13). Nur wer die Bibel als die Stimme Gottes betrachtet, die zu ihm spricht, kann wirklich etwas für die Ewigkeit lernen. Er hat Ehrfurcht vor dem Wort, weil es für ihn die lebendige Wahrheit ist, und nimmt es in Geist und Herz auf. Solche Hörer waren Kornelius und seine Freunde, die zum Apostel Petrus sagten: „Nun sind wir alle hier vor Gott zugegen, um alles zu hören, was dir vom Herrn befohlen ist.“ (Apostelgeschichte 10,33)

Die Erkenntnis der Wahrheit ist weniger eine Frage der Intelligenz als vielmehr der Aufrichtigkeit und des einfachen vertrauensvollen Glaubens. Wer demütig um göttliche Führung bittet, dem helfen die Engel des Herrn, und der Heilige Geist enthüllt ihm die reichen Schätze der Wahrheit.

Solche Hörer bewahren das Wort in ihrem Herzen. Satan und sein Heer können es ihnen nicht wieder entreißen.

Es genügt nicht, das Wort lediglich zu hören oder zu lesen. Wer aus ihm lernen will, muss sich in seine Wahrheit vertiefen, muss unter Gebet und mit größter Aufmerksamkeit die Bedeutung des Wortes Gottes erforschen und den Inhalt der heiligen Offenbarungen ganz in sich aufnehmen.

Gott fordert uns auf, uns mit großartigen und reinen Gedanken zu beschäftigen. Er möchte, dass wir über seine Liebe und Gnade nachdenken und uns sein wunderbares Wirken im Erlösungsplan bewusst machen. Immer klarer werden wir dann die Wahrheit erkennen. Immer brennender und inbrünstiger wird unser Wunsch nach einem reinen Herzen und vollkommenen Verständnis werden. Der Mensch, der sich in der reinen Atmosphäre geheiligter Gedanken bewegt, wird durch die Beschäftigung mit dem Wort und durch Gottes Nahesein umgewandelt werden.

„... und bringen Frucht in Geduld.“ (Lukas 8,15) Die das Wort hören und bewahren, bringen in Gehorsam Frucht. Ob das Wort Gottes im Herzen aufgegangen ist, zeigt sich an guten Werken, die das veränderte Wesen und Leben in Christus hervorbringt. Christus konnte von sich sagen: „Deinen Willen, mein Gott, tue ich gern, und dein Gesetz hab ich in meinem Herzen.“ (Psalm 40,9) „Ich suche nicht meinen Willen, sondern den Willen dessen, der mich gesandt hat.“ (Johannes 5,30) Und die Schrift sagt: „Wer da sagt, dass er in ihm bleibt, der soll auch leben, wie er gelebt hat.“ (1. Johannes 2,6)

Das Wort Gottes verurteilt oft bestimmte ererbte und erworbene Charakterzüge und Gewohnheiten eines Menschen. Der Hörer jedoch, dessen Herz wie guter Boden ist, nimmt das Wort mit all seinen Bedingungen und Forderungen an und unterwirft ihm rückhaltlos alles, was er tut. Die Vorschriften und Gesetze sterblicher, irrender Menschen verlieren für ihn im Vergleich zum Wort des ewigen Gottes an Bedeutung. Von ganzem Herzen und mit ungeteilter Willenskraft sucht er das ewige Leben; Verlust, Verfolgung, ja selbst der Tod können ihn nicht davon abbringen, der Wahrheit gehorsam zu sein.

Er bringt Frucht „in Geduld“. Niemand, der das Wort Gottes annimmt, bleibt von Schwierigkeiten und Prüfungen verschont; doch die Anfechtung kann den wahren Christen nicht beunruhigen oder gar entmutigen. Auch wenn wir nicht erkennen können, wie eine Sache ausgehen wird oder was Gott mit uns vorhat, sollen wir doch unser Vertrauen nicht wegwerfen, sondern uns an die Liebe und Gnade unseres Herrn erinnern, unsere Sorgen bei ihm abladen und geduldig auf sein Heil warten. Das geistliche Leben wird durch Kampf stark. Bewährung in der Anfechtung festigt den Charakter und schenkt uns wertvolle geistliche Gaben. Die Frucht des Glaubens, der Sanftmut und der Liebe reift oft am besten in stürmischen und dunklen Tagen.

„Siehe, der Bauer wartet auf die kostbare Frucht der Erde und ist dabei geduldig, bis sie empfange den Frühregen und Spätregen.“ (Jakobus 5,7) So soll auch der Christ geduldig darauf warten, dass das Wort Gottes in seinem Leben Frucht bringt. Gott beantwortet unsere Bitte um geistliche Gaben oft dadurch, dass er uns in Lebenslagen bringt, in denen solche Früchte reifen können; aber manchmal verstehen wir seine Absicht mit uns nicht und stellen ängstliche Fragen. Geistliche Gnadengaben können sich jedoch nur durch Wachstum und Fruchttragen entwickeln. Unsere Aufgabe dabei ist es, das Wort Gottes anzunehmen, es zu bewahren und ihm zu gehorchen. Nur dann wird es in uns seinen Zweck erfüllen.

„Wer mich liebt, der wird mein Wort halten“, sagt Jesus, „und mein Vater wird ihn lieben, und wir werden zu ihm kommen und Wohnung bei ihm nehmen.“ (Johannes 14,23) Ein stärkerer, vollkommener Wille wird uns regieren, denn wir sind in lebendiger Verbindung mit der Quelle, die uns für alle Belastungen die nötige Kraft spendet. Unser Leben steht unter der Herrschaft Jesu Christi. Wir leben nicht länger, wie allgemein üblich, mit selbstsüchtigen Zielen, sondern Christus lebt in uns. Sein Charakter offenbart sich in unserem Wesen, und wir bringen die Früchte des Heiligen Geistes: „Der eine trägt hundertfach, der andere sechzigfach, der dritte dreißigfach.“

Kapitel 3

„Zuerst den Halm, danach die Ähre“

Das Gleichnis vom Sämann hatte viele Fragen aufgeworfen. Einige Zuhörer schlossen aus ihm, dass Christus kein irdisches Reich errichten wollte; viele waren verwirrt und hätten gern noch mehr erfahren. Weil Christus das sah, versuchte er mit weiteren Bildern ihre Gedanken von dem erhofften weltlichen Reich auf das Wirken der Gnade Gottes im Menschen hinzulenken.

„Und er sprach: Mit dem Reich Gottes ist es so, wie wenn ein Mensch Samen aufs Land wirft und schläft und aufsteht, Nacht und Tag; und der Same geht auf und wächst – er weiß nicht, wie. Denn von selbst bringt die Erde Frucht, zuerst den Halm, danach die Ähre, danach den vollen Weizen in der Ähre. Wenn sie aber die Frucht gebracht hat, so schickt er alsbald die Sichel hin; denn die Ernte ist da.“ (Markus 4,26-29)

Der Landmann, der mit der Sichel auf sein Feld geht, weil die Ernte da ist, kann niemand anders als Christus sein. Er ist es, der an jenem letzten großen Tag die Ernte der Welt einbringen wird. Dagegen steht der Sämann für all jene, die für Christus den Samen ausstreuen. Vom Samen heißt es, dass er wächst, und der Sämann „weiß nicht, wie“. Das trifft auf den Sohn Gottes nicht zu. Christus schläft über dem ihm Anvertrauten nicht ein, sondern wacht Tag und Nacht. Deshalb merkt er auch, wie der Same wächst.

Das Gleichnis vom Samen zeigt Gottes Wirken in der Natur. Er hat in das Samenkorn einen Lebenskeim hineingelegt; doch wenn der Same sich selbst überlassen bliebe, hätte er nicht die Kraft, aufzugehen. Der Mensch muss seinen Teil dazu beitragen, damit das Getreidekorn wächst: Er muss den Boden vorbereiten, ihn düngen und schließlich die Aussaat vornehmen; auch danach muss er das Feld regelmäßig bearbeiten. Einen Punkt gibt es, über den hinaus er nichts mehr ausrichten kann: Keine menschliche Macht und Weisheit vermag aus dem Samen die lebendige Pflanze keimen zu lassen. Wenn der Mensch alles getan hat, was in seiner Kraft steht, muss er doch das eigentlich Entscheidende dem überlassen, der Säen und Ernten durch seine göttliche Allmacht in wunderbarer Weise miteinander verbunden hat.

Im Samenkorn steckt Leben, und Stärke in der Erde. Aber wenn nicht darüber hinaus tagaus, tagein eine unermessliche Kraft wirkte, dann könnte der Same keine Frucht hervorbringen. Regen muss auf die durstigen Felder fallen, die Sonne muss sie wärmen, und alle geheimen Kräfte der Natur müssen auf den Samen einwirken. Nur der Schöpfer kann das Leben, das er gegeben hat, zur Entfaltung bringen. Jeder Same keimt, jede Pflanze wächst allein durch die Kraft Gottes.

„Denn gleichwie Gewächs aus der Erde wächst und Same im Garten aufgeht, so lässt Gott der Herr Gerechtigkeit aufgehen und Ruhm vor allen Heidenvölkern.“ (Jesaja 61,11) Wie beim natürlichen, so ist es auch beim geistlichen Säen: der Lehrer der Weisheit muss sich bemühen, den Herzensboden vorzubereiten, und die Aussaat vornehmen; doch die Leben spendende Kraft kann nur von Gott kommen. Jenseits einer gewissen Grenze ist menschliches Bemühen zwecklos. Wir sollen zwar das Evangelium predigen, doch die Kraft, die dem inneren Menschen echtes Leben schenkt, ihn gerecht macht und dazu veranlasst, Gott zu loben, können wir nicht geben. Bei der Verkündigung des Wortes muss also eine Macht mitwirken, die unsere menschlichen Fähigkeiten übersteigt. Nur durch den Geist Gottes wird das Wort so lebendig und mächtig, dass es die Seele zum ewigen Leben erneuern kann. Diese Erkenntnis wollte Christus seinen Jüngern einprägen; dass sie aus sich selbst heraus nicht erfolgreich arbeiten konnten, sondern allein die wunderbare Macht Gottes seinem Wort Wirkung verleiht.

Der Sämann leistet ein Werk des Glaubens, denn verstehen kann er das Geheimnis des Keimens und Wachsens nicht. Er vertraut der göttlichen Kraft, die die Pflanzen gedeihen lässt. Beim Säen wirft er wertvolles Korn scheinbar achtlos fort, das seiner Familie als Nahrung dienen könnte. In Wirklichkeit gibt er aber nur einen Teil seines Besitzes auf, um später eine viel größere Menge zurückzubekommen. Er streut den Samen aus in der Erwartung, ein Vielfaches davon zu ernten. So sollen auch die Diener Christi voller Hoffnung auf eine gute Ernte den Samen des Wortes Gottes ausstreuen.

Der gute Same mag eine Zeit lang unbeachtet in einem kalten, selbstsüchtigen, weltlichen Herzen liegen bleiben und scheinbar keine Wurzeln schlagen. Wenn aber der Geist Gottes später einmal die Seele anrührt, geht der verborgene Same auf und bringt Frucht zu Gottes Ehre. Wir können nie voraussehen, was in unserer Arbeit für Gott uns einmal „Erfolg“ bescheren wird. Doch damit brauchen wir uns auch gar nicht zu beschäftigen; wir sollen unsere Arbeit tun und Gott für das Ergebnis sorgen lassen. „Am Morgen säe deinen Samen, und lass deine Hand bis zum Abend nicht ruhen.“ (Prediger 11,6) Gott hat uns das Versprechen gegeben: „Solange die Erde steht, soll nicht aufhören Saat und Ernte.“ (1. Mose 8,22) Im Vertrauen auf diese Verheißung pflügt und sät der Bauer. Genauso zuversichtlich sollen wir unseren geistlichen Samen streuen, denn Gott versichert uns: „So soll das Wort, das aus meinem Munde geht, auch sein: Es wird nicht wieder leer zu mir zurückkommen, sondern wird tun, was mir gefällt, und ihm wird gelingen, wozu ich es sende.“ (Jesaja 55,11) „Die mit Tränen säen, werden mit Freuden ernten. Sie gehen hin und weinen und streuen ihren Samen und kommen mit Freuden und bringen ihre Garben.“ (Psalm 126,5.6)

Der keimende Same ist ein Sinnbild für den Anfang des geistlichen Lebens; die Entfaltung der Pflanze steht für das christliche Wachstum. Wie in der Natur, so ist auch im Reich Gottes ein Leben ohne Wachstum unmöglich. Eine Pflanze muss entweder wachsen oder sterben. Wie sie entfaltet sich auch das christliche Leben still und unmerklich, aber stetig. Es mag auf jeder seiner Stufen vollkommen sein, doch ist es Gottes Wille, dass es stetig weitere Fortschritte macht. Heiligung ist ein Vorgang, der das ganze Leben andauert. Mit neuen Gelegenheiten wächst unsere Erfahrung und Erkenntnis. So werden wir schließlich stark genug, um Verantwortung tragen zu können, und dem Grad unserer Reife entsprechend, werden wir Gottes Segen verspüren.

Eine Pflanze wächst durch das, was Gott ihr zum Leben bestimmt hat. Sie wurzelt tief in der Erde, und gleichzeitig nimmt sie Sonne, Tau, Regen und die für sie lebenswichtigen Bestandteile der Luft auf. Genauso soll auch der Christ, unterstützt von der Kraft Gottes, wachsen. Gerade wenn wir die eigene Hilflosigkeit fühlen, sollen wir jede Gelegenheit nutzen, um unsere Glaubenserfahrung zu vertiefen. Wie die Pflanze im Boden, so sollen wir in Christus wurzeln; wie jene Sonne, Tau und Regen aufnimmt, so sollen wir uns seinem Geist öffnen. Dieses Werk „soll nicht durch Heer oder Kraft, sondern durch meinen Geist geschehen, spricht der Herr Zebaoth“ (Sacharja 4,6). Bleiben unsere Gedanken auf Christus gerichtet, so wird er „zu uns kommen wie ein Regen, wie ein Spätregen, der das Land feuchtet“ (Hosea 6,3). Er wird über uns aufgehen als „die Sonne der Gerechtigkeit“, als das „Heil unter ihren Flügeln“ (Maleachi 3,20), und wir werden „blühen … wie eine Lilie“, „von Korn“ werden wir uns „nähren und blühen wie ein Weinstock“ (Hosea 14,6.8). Wenn wir Christus als unserem Heiland immer vertrauen, werden wir „wachsen in allen Stücken zu dem hin, der das Haupt ist, Christus“ (Epheser 4,15).

Weizen entwickelt „zuerst den Halm, danach die Ähre, danach den vollen Weizen in der Ähre“ (Markus 4,28). Der Landmann streut den Samen aus und pflegt die heranwachsende Pflanze, weil er einmal Korn ernten will. Er braucht Brot, um den Hunger zu stillen, und neuen Samen für künftige Ernten. Ebenso erwartet der göttliche Landmann eine Ernte als Lohn für seine Mühen und Opfer. Christus möchte in den Herzen der Menschen immer neu Gestalt gewinnen. Dies gelingt ihm bei allen, die an ihn glauben. Die Frucht als Ertrag christlichen Lebens besteht darin, dass sich das Wesen Christi im Gläubigen entfaltet und so wiederum andere Menschen prägen kann.

Die Pflanze keimt, wächst und bringt Frucht nicht für sich selbst. „Der Regen … macht sie [die Erde] fruchtbar und lässt wachsen, dass sie gibt Samen, zu säen, und Brot, zu essen.“ (Jesaja 55,10) Auch für uns Menschen soll das Leben nicht Selbstzweck sein. Der Christ lebt in dieser Zeit als Beauftragter Jesu, um anderen Menschen die Frohe Botschaft zu bringen.

In einem Leben, bei dem das eigene Ich im Mittelpunkt steht, kann es weder Wachstum noch Frucht geben. Wer aber Christus als seinen persönlichen Heiland angenommen hat, wird anderen helfen wollen und sich selbst deshalb nicht mehr so wichtig nehmen. Sprich deshalb von der Liebe Christi und von seiner Güte! Schrick vor keiner Aufgabe, die sich dir stellt, zurück! Fühle eine Last für Menschen, die noch nicht erlöst sind, auf deiner Seele, und setze alles, was in deinen Kräften steht, ein, um Verlorene zu retten. In dem Maße, in dem du den Geist Christi empfängst – den Geist selbstloser Liebe und Arbeit für den Nächsten –, wirst du wachsen und Frucht bringen. Die Gnadengaben des Heiligen Geistes werden in deinem Charakter voll zur Entfaltung kommen. Dein Glaube wird wachsen, deine Überzeugung fester werden, deine Liebe vollkommen. So wird alles Reine und Edle an dir das Bild Christi immer klarer widerspiegeln.

„Die Frucht aber des Geistes ist Liebe, Freude, Friede, Geduld, Freundlichkeit, Güte, Treue, Sanftmut, Keuschheit.“ (Galater 5,22) Diese Frucht kann nie vergehen; sie wird nach ihrer Art eine Ernte zum ewigen Leben hervorbringen. „Wenn sie [die Erde] aber die Frucht gebracht hat, so schickt er alsbald die Sichel hin; denn die Ernte ist da.“ (Markus 4,29) Christus wartet voll Sehnsucht darauf, dass er in seiner Gemeinde Gestalt gewinnen kann. Wenn der Charakter Christi zum Wesensmerkmal seines Volkes geworden ist, wird er wieder kommen und es zu sich nehmen.

Jeder Christ darf die Wiederkunft seines Herrn nicht nur freudig erwarten, sondern kann sie sogar beschleunigen. (2. Petrus 3,12 EB) Trügen alle, die seinen Namen bekennen, auch Frucht zu seiner Ehre, dann könnte auf der ganzen Welt in Windeseile der Same des Evangeliums ausgestreut werden. In Kürze wäre dann die große Ernte reif, und Christus käme, um den kostbaren Weizen einzubringen.

Kapitel 4

Das Unkraut

„Er legte ihnen ein anderes Gleichnis vor und sprach: Das Himmelreich gleicht einem Menschen, der guten Samen auf seinen Acker säte. Als aber die Leute schliefen, kam sein Feind und säte Unkraut zwischen den Weizen und ging davon. Als nun die Saat wuchs und Frucht brachte, da fand sich auch das Unkraut.“ (Matthäus 13,24-26)

„Der Acker ist die Welt“ (Matthäus 13,38), sagte Christus. Dabei sollten wir verstehen, dass er damit das Wirken seiner Gemeinde in dieser Welt veranschaulichen wollte. Das Gleichnis beschreibt das Reich Gottes und sein Wirken zur Erlösung der Menschen; dieses Wirken geschieht durch die Gemeinde. Zwar bewegt der Heilige Geist überall in der Welt die Menschenherzen, doch ist die Gemeinde der Ort, wo wir wachsen und reifen sollen für die Ewigkeit.

„Des Menschen Sohn ist's, der den guten Samen sät … Der gute Same sind die Kinder des Reichs. Das Unkraut sind die Kinder des Bösen.“ (Matthäus 13,37.38) Der gute Same steht also für alle Menschen, die aus der Wahrheit des Wortes Gottes geboren sind. Das Unkraut dagegen versinnbildlicht jene, die Irrtum und falsche Grundsätze verkörpern oder eine Frucht davon sind. „Der Feind, der es sät, ist der Teufel.“ (Matthäus 13,39) Weder Gott noch seine Engel haben jemals ein Samenkorn gesät, das Unkraut hervorgebracht hätte: Unkraut im geistlichen Sinn kommt allein von Satan, dem Feind Gottes und der Menschen.

Im Orient nahm man an einem Feind gern dadurch Rache, dass man ihm auf seine frisch bestellten Felder den Samen eines

Unkrauts säte, das während des Wachstums dem Weizen sehr ähnlich sah, aber den Ernteertrag erheblich beeinträchtigte und dem Besitzer des Ackers Mühe und Verlust brachte. So streut auch Satan, der Feind Christi, schlechten Samen unter die gute Saat des Himmelreichs und möchte dann den Sohn Gottes für die bösen Früchte, die daraus hervorgehen, verantwortlich machen. Er bringt Menschen in die Gemeinde, die sich zwar Christen nennen, aber in ihrem Wesen unbekehrt geblieben sind. Damit erreicht er, dass Gott entehrt, das Erlösungswerk falsch dargestellt und Menschen geistlich gefährdet werden.

Gottes Mitarbeiter sehen nur ungern Gläubige und Scheingläubige in der Gemeinde nebeneinander. Sie würden die Gemeinde am liebsten reinigen. Wie die Knechte des Landbesitzers im Gleichnis wollen sie die „schädlichen Pflanzen" ausreißen. Christus jedoch sagt ihnen mit Nachdruck: „Nein! auf dass ihr nicht zugleich den Weizen mit ausraufet, wenn ihr das Unkraut ausjätet. Lasset beides miteinander wachsen bis zur Ernte." (Matthäus 13,29.30) Christus hat zwar deutlich angeordnet, dass Menschen, die offen in Sünde beharren, aus der Gemeinde ausgeschlossen werden sollen, aber er hat uns nicht dazu beauftragt, über Charakterzüge und Beweggründe eines Gemeindegliedes zu Gericht zu sitzen. Er kennt unsere Natur viel zu gut, als dass er uns diese schwere Aufgabe anvertraut hätte. Wenn wir uns daranmachen würden, alle aus der Gemeinde auszuschließen, die wir für schlechte Christen halten, so begingen wir dabei sicherlich Fehler.

Oft halten wir genau jene für hoffnungslose Fälle, die Christus gerade zu sich zieht. Sollten wir mit unserem unvollkommenen Urteilsvermögen über ihr Schicksal entscheiden, so würde vielleicht ihr letzter Hoffnungsschimmer zunichte gemacht. Viele, die sich selbst für vorzügliche Christen halten, werden einmal als zu leicht erfunden werden. Und auf der neuen Erde werden viele zu finden sein, von denen es ihre Mitmenschen nie für möglich gehalten hätten. Der Mensch urteilt nach dem, „was vor Augen ist; der Herr aber sieht das Herz an" (1. Samuel 16,7). Unkraut und Weizen sollen bis zur Ernte gemeinsam wachsen – bis zum Ende der Bewährungszeit.

Das Gleichnis des Heilandes will uns aber noch etwas anderes vermitteln: seine wunderbare Geduld und mitfühlende Liebe. Wie sich die Wurzeln des Unkrauts und des Getreides ineinander verschlingen, so können auch die falschen Christen in der Gemeinde eng mit aufrichtigen Nachfolgern Christi verbunden sein. Würde man nun die Scheingläubigen, deren wahrer Charakter nicht klar zu Tage tritt, aus der Gemeinde ausschließen, so könnten dadurch andere zu Fall gebracht werden, die in diesen eine Stütze gesehen haben.

Nach dem in diesem Gleichnis gezeigten Grundsatz behandelt auch Gott Menschen und Engel. Als Satan, der Betrüger, im Himmel sündigte, durchschauten selbst die Engel auf Gottes Seite nicht völlig seinen schlechten Charakter. Deshalb vernichtete Gott ihn nicht sofort; die heiligen Engel hätten sonst seine Beweggründe nicht verstanden und an seiner Gerechtigkeit und Liebe gezweifelt. Das wäre eine üble Saat gewesen, die als bittere Frucht Sünde und Leid hervorgebracht hätte. Deshalb verschonte Gott den Urheber des Bösen, damit sein Charakter für alle offenbar werden konnte.

Seit Jahrtausenden sieht Gott in schmerzlicher Trauer dem Wirken des Bösen zu. Er hat das unermessliche Opfer auf Golgatha gebracht, damit niemand durch die Verleumdungen Satans verführt werden muss. Das Unkraut konnte ja unmöglich ausgerissen werden, ohne dabei die wertvollen Getreidepflanzen zu gefährden. Sollten wir also nicht ebenso geduldig gegenüber unseren Mitmenschen sein wie der Herr des Himmels und der Erde gegenüber Satan?

Die Welt hat kein Recht, an der Wahrheit der christlichen Botschaft zu zweifeln, nur weil es Gemeindeglieder gibt, die nicht ihrem Glauben entsprechend leben. Ebenso wenig sollten wir Christen uns wegen dieser falschen Geschwister entmutigen lassen. Wie war es denn in der Urgemeinde? Ananias und Saphira gehörten dem Kreis der ersten Christen an; Simon, der Zauberer, war getauft; Demas, der Paulus im Stich ließ, hatte als gläubig gegolten; Judas Ischariot zählte zu Jesu Jüngern. – Der Erlöser möchte keine einzige Seele verloren gehen lassen. Seine Erfahrung mit Judas ist überliefert worden, um seine große Geduld mit der verdorbenen Natur der Menschen zu zeigen. Er fordert uns auf, die gleiche Nachsicht zu üben, denn wir wissen ja, dass es bis zum Ende der Zeiten falsche Glieder in der Gemeinde geben wird.

Trotz der Warnung Christi haben die Menschen immer wieder versucht, das Unkraut auszureißen. Die Kirche bediente sich der Staatsgewalt, um vermeintliche Ketzer zu bestrafen. Wer von ihrer Lehre abwich, lief Gefahr, Kerker, Folter und Tod erdulden zu müssen, und das auf das Betreiben von Männern, die behaupteten, von Christus dazu ermächtigt worden zu sein. In Wirklichkeit ist es der Geist Satans, der solche Taten veranlasst, und niemals der Geist Christi. Auf diese Art versucht der Teufel, die Welt unter seine Herrschaft zu bekommen. Durch die Art, wie die Kirche mit vermeintlichen Ketzern umgegangen ist, hat sie Gott in ein falsches Licht gesetzt.

Mit dem Gleichnis vom Unkraut im Weizen will Christus uns also sagen, dass wir andere Menschen weder richten noch verdammen, sondern in Demut unserer eigenen Urteilskraft misstrauen sollen. Nicht alles, was auf den Acker gesät wurde, ist gutes Korn und die Zugehörigkeit zur Gemeinde noch kein Beweis dafür, dass jemand wirklich gläubig ist.

Solange die Halme noch grün waren, sah das Unkraut dem Weizen sehr ähnlich. Doch als das Feld reif zur Ernte wurde, hatte das wertlose Unkraut mit dem Weizen, der sich unter dem Gewicht der vollen Ähren nieder bog, nichts mehr gemein. Unbekehrte Menschen, die sich fromm geben, mischen sich eine Zeit lang unter die wahren Nachfolger Christi; ihr Scheinchristentum vermag viele zu täuschen. Doch bei der großen Ernte der Welt wird es zwischen Gut und Böse keinerlei Ähnlichkeit mehr geben. Dann werden alle entlarvt, die zwar der Gemeinde, nicht aber Christus angehört haben.

Das Unkraut darf gemeinsam mit dem Weizen aufwachsen und mit ihm an Regen und Sonnenschein teilhaben. Doch zur Zeit der Ernte wird man erkennen, „was für ein Unterschied ist zwischen dem … der Gott dient, und dem, der ihm nicht dient" (Maleachi 3,18). Christus selbst wird entscheiden, wer würdig ist, bei der himmlischen Familie zu wohnen. Er wird jeden Menschen nach seinen Worten und Werken richten. Ein scheinbares Bekenntnis zu Gott hat dann kein Gewicht mehr; ausschlaggebend für das Schicksal in der Ewigkeit ist allein der wahre Charakter.

Der Heiland hat nicht vorausgesagt, dass das Unkraut irgendwann Weizen sein wird. Beides wächst zusammen auf bis zur Ernte, dem Ende der Welt. Dann aber wird das Unkraut gebündelt und verbrannt, während der Weizen in die Scheunen Gottes eingebracht wird. „Dann werden die Gerechten leuchten wie die Sonne in ihres Vaters Reich." (Matthäus 13,43) Dann wird der Menschensohn „seine Engel senden, und sie werden sammeln aus seinem Reich alles, was zum Abfall verführt und die da Unrecht tun, und werden sie in den Feuerofen werfen; da wird Heulen und Zähneklappern sein" (Matthäus 13,41.42).

Kapitel 5

„Wie ein Senfkorn“

Unter der Menschenmenge, die Christus zuhörte, waren auch viele Pharisäer, die voller Verachtung feststellten, dass nur wenige ihn als den Messias anerkannten. Sie fragten sich, wie dieser unscheinbare Lehrer eigentlich Israel zur Weltherrschaft führen wollte. Wie sollte er ohne Geld, Macht und Ansehen ein neues Reich aufrichten? Christus las ihre Gedanken und antwortete:

„Womit wollen wir das Reich Gottes vergleichen, und durch welches Gleichnis wollen wir es abbilden?“ (Markus 4,30) Mit irdischen Reichen war und ist es nicht vergleichbar; keine Staatsform kann als Modell zu seiner Veranschaulichung dienen. „Es ist“, fuhr Christus fort, „wie ein Senfkorn: Wenn es gesät wird aufs Land, so ist's das kleinste unter allen Samenkörnern auf Erden; und wenn es gesät ist, so geht es auf und wird größer als alle Kräuter und treibt große Zweige, sodass die Vögel unter dem Himmel unter seinem Schatten wohnen können.“ (Markus 4,31.32)

Der Same keimt dadurch, dass sich die Lebenskraft entfaltet, die Gott in ihn gelegt hat. Menschliche Macht hat darauf keinen Einfluss. So ist auch das Reich Christi eine neue Schöpfung. Die Grundsätze, nach denen es sich entwickelt, sind denen entgegengesetzt, die für die Reiche dieser Welt gelten. Irdische Regierungen herrschen durch Machtausübung und behaupten sich durch Krieg. Der Gründer des neuen Reiches dagegen ist der Friedefürst. Die Heilige Schrift symbolisiert weltliche Reiche durch Raubtiere; Christus dagegen bezeichnet sie als „Gottes Lamm, das der Welt Sünde trägt“ (Johannes 1,29). Sein Regierungsprogramm kennt keine Anwendung nackter Gewalt, um das Gewissen zu beherrschen. Die Juden erwarteten, dass das Reich Gottes auf die gleiche Art entstehen werde wie die Reiche dieser Welt. Durch äußerliche Maßnahmen wollten sie der Gerechtigkeit zum Sieg verhelfen und erdachten zu diesem Zweck allerlei Methoden und Pläne. Aber Christus wirkt gegen Irrtum und Sünde, indem er den Grundsatz der Wahrheit und Gerechtigkeit in unser Herz pflanzt.

Als Jesus das Gleichnis erzählte, konnte man überall Senfpflanzen sehen; sie überragten Gras und Getreide und wiegten ihre Zweige im Wind. Diese Riesenpflanzen stammen aus winzigsten Samenkörnern. Zuerst waren nur zarte Schösslinge aufgekeimt, die aber bereits große Lebenskraft in sich hatten. Sie wuchsen und gediehen, bis die Pflanzen ihre volle Größe erreicht hatten und Vögel zwischen ihrem Blattwerk singen und von Zweig zu Zweig flattern konnten. Auch das Reich Christi sah anfangs bescheiden und unbedeutend aus. Im Vergleich mit Reichen dieser Welt schien es das allergeringste zu sein. Für die Mächtigen dieser Erde war der Anspruch Christi, ein König zu sein, geradezu lächerlich. Doch das Reich des Evangeliums barg mit den mächtigen Wahrheiten, die der Herr seinen Nachfolgern anvertraut hatte, göttliche Lebenskraft in sich. Wie schnell wuchs es! Wie schnell gewann es an Einfluss!

Als Christus das Gleichnis erzählte, bestand sein neues Reich erst aus wenigen galiläischen Fischern, die auf Grund ihrer Armut, Einfalt und geringen Zahl von den meisten gemieden wurden. Dennoch sollte das Senfkorn wachsen und mit seinen Zweigen schließlich die ganze Welt bedecken. Wenn die irdischen Reiche, die die Menschen damals ehrfürchtig bewunderten, längst untergegangen sein würden, sollte das Reich Christi als gewaltige, weit reichende Macht fortbestehen.

Auch das Wirken der Gnade beginnt an unserem Herzen zunächst ganz schwach: Wir hören ein Wort, ein Lichtstrahl erreicht unsere Seele, ein Einfluss wird spürbar. Das ist der Beginn eines neuen Lebens, dessen Folgen kein Mensch ermessen kann.

Das Gleichnis vom Senfkorn veranschaulicht nicht nur das Wachstum des Reiches Christi insgesamt, sondern auch jede seiner einzelnen Wachstumsstufen. Gott hat für jede Generation seiner Gemeinde eine neue, besondere Wahrheit und Aufgabe. Diese Wahrheit bleibt den Klugen und Weltweisen verborgen, eröffnet sich aber den kindlich Demütigen. Sie verlangt von uns Selbstaufgabe und kämpferischen Einsatz. Zuerst findet sie stets nur wenige, die für sie eintreten. Ihnen wird von den Mächtigen dieser Erde und von einer verweltlichten Kirche Widerstand und Verachtung entgegengebracht. So prangerte zum Beispiel Johannes der Täufer, der Wegbereiter Christi, als Einziger den Stolz der Juden und ihr Formenwesen an.

Oder denken wir an die Apostel, die als Erste das Christentum nach Europa brachten! Völlig aussichtslos erschien das Unternehmen der beiden Zeltmacher Paulus und Silas, als sie sich mit ihren Begleitern in Troas nach Philippi einschifften. Denken wir an den betagten Paulus, der in der Festung des römischen Kaisers trotz seiner Ketten Christus verkündigte! Welchen Kampf führten nur die kleinen Sklaven- und Landarbeitergemeinden mit der heidnischen Weltmacht Rom! Und wie leistete Martin Luther der mächtigen Kirche, dem Meisterwerk weltlicher Weisheit, Widerstand und erklärte, gegen Kaiser und Papst auf Gottes Wort gestützt: „Hier stehe ich. Ich kann nicht anders! Gott helfe mir! Amen.“

Oder denken wir an John Wesley, der inmitten von Formalismus, Sittenlosigkeit und Unglauben Christus und seine Gerechtigkeit predigte! Versetzen wir uns in die Lage eines Mannes, den die Not der Heiden wie eine eigene Last drückt und der deshalb um das Vorrecht bittet, ihnen die Botschaft von der Liebe Christi bringen zu dürfen; von der Geistlichkeit erhält er die Antwort: „Ruhig Blut, junger Mann! Wenn Gott die Heiden bekehren will, so wird er es ohne Ihre und meine Hilfe tun.“

Heute loben unsere großen religiösen Denker jene Männer in den höchsten Tönen, die vor Jahrhunderten die Saat der Wahrheit streuten, und setzen ihnen Denkmäler. Aber ist es nicht so, dass viele sich von diesem Werk abwenden und das niedertrampeln wollen, was auch heute noch aus derselben Saat aufkeimt? So wiederholt sich der alte Ruf: „Wir wissen, dass Gott mit Mose geredet hat; woher aber dieser [Christus in Gestalt des von ihm gesandten Boten] ist, wissen wir nicht.“ (Johannes 9,29) Wie früher sind auch in unserer Zeit die aktuellen Wahrheiten nicht bei den großen Kirchenführern zu finden, sondern bei Männern und Frauen, die weder zu gelehrt noch zu arrogant sind, um an das Wort Gottes zu glauben.

„Seht doch, liebe Brüder, auf eure Berufung. Nicht viele Weise nach dem Fleisch, nicht viele Mächtige, nicht viele Angesehene sind berufen. Sondern was töricht ist vor der Welt, das hat Gott erwählt, damit er die Weisen zuschanden mache; und was schwach ist vor der Welt, das hat Gott erwählt, damit er zuschanden mache, was stark ist; und das Geringe vor der Welt und das Verachtete hat Gott erwählt, das, was nichts ist, damit er zunichte mache, was etwas ist ... damit euer Glaube nicht stehe auf Menschenweisheit, sondern auf Gottes Kraft.“ (1. Korinther 1,26-28; 2,5)

In unserer Generation der Endzeit soll das Gleichnis vom Senfkorn eine bemerkenswerte und ruhmreiche Erfüllung finden. Das kleine Samenkorn wird zu einem großen Baum heranwachsen. Die letzte Warnungs- und Gnadenbotschaft (Offenbarung 14,6-14) soll allen verkündigt werden, „die auf Erden wohnen, allen Nationen und Stämmen und Sprachen und Völkern“, um aus den Heiden „ein Volk für seinen Namen“ (Apostelgeschichte 15,14) zu gewinnen. Und die Erde soll von Gottes Glanz erleuchtet werden. (Offenbarung 18,1)

Kapitel 6

Andere Lehren vom Säen des Samens

Die Aussaat und das Wachstum der Pflanzen aus dem Samen bilden einen hervorragenden Anschauungsunterricht für Familie und Schule. Lehrt die jungen Leute, in der Natur das Wirken göttlicher Kräfte zu erkennen! Dadurch werden sie fähig, unsichtbare Segnungen im Glauben zu erfassen. Je mehr sie verstehen lernen, wie wunderbar Gott für seine Kinder sorgt und wie wir mit ihm zusammenarbeiten sollen, umso größer wird ihr Vertrauen zu Gott und umso stärker spüren sie seinen Einfluss in ihrem täglichen Leben.

Gott schuf den Samen, wie die Erde, durch sein Wort. Auf die gleiche Weise gab er ihm Kraft, zu wachsen und sich zu vermehren. Er sagte: Es lasse die Erde aufgehen Gras und Kraut, das Samen bringe, und fruchtbare Bäume auf Erden, die ein jeder nach seiner Art Früchte tragen, in denen ihr Same ist. Und es geschah so … Und Gott sah, dass es gut war." (1. Mose 1,11.12) Auf Grund dieses Wortes keimt noch heute die Saat. Jedes Samenkorn, aus dem ein Halm zum Sonnenlicht emporwächst, bezeugt die wunderbare Macht jenes Wortes. Von dem, der es sprach, heißt es: „Denn wenn er spricht, so geschieht's; wenn er gebietet, so steht's da." (Psalm 33,9)

Christus lehrte seine Jünger zu beten: „Unser tägliches Brot gib uns heute." (Matthäus 6,11) Er deutete auf die Blumen und versicherte: „Wenn nun Gott das Gras auf dem Felde so kleidet … sollte er das nicht viel mehr für euch tun … ?" (Matthäus 6,30) Christus ist immer bereit, unser Gebet zu erhören und seine Verheißung zu erfüllen. Ständig wirkt eine unsichtbare Macht zum Wohl des Menschen, um ihn zu ernähren und zu kleiden. Der Herr setzt viele Kräfte ein, um den scheinbar achtlos weggeworfenen Samen zu einer lebendigen Pflanze werden zu lassen, die er dann ausreichend mit allem versorgt, damit sie bis zur Erntezeit reifen kann. In poetischen Worten drückt der Psalmist diesen Gedanken aus:

„Du sorgst für das Land, du machst es reich und fruchtbar:
So lässt du das Korn für die Menschen wachsen.
Gott, deine Bäche sind immer voll Wasser;
du feuchtest die Furchen und ebnest die Schollen,
du tränkst die Felder mit Regengüssen
und segnest, was auf ihnen sprießt.
Mit guten Gaben krönst du das Jahr,
in deinen Spuren lässt du Überfluss zurück.“
(Psalm 65,10-12 GN)

Die materielle Welt steht unter Gottes Herrschaft. Die Natur gehorcht den Naturgesetzen. Alles verkündet und tut den Willen des Schöpfers. Wolken und Sonnenschein, Tau und Regen, Wind und Sturm – alles unterliegt der Aufsicht Gottes und leistet ihm unbedingten Gehorsam. Weil er dem Gesetz Gottes gehorcht, bricht der Getreidekeim durch den Erdboden und bringt „zuerst den Halm, danach die Ähre, danach den vollen Weizen in der Ähre“ (Markus 4,28) hervor. Alles entwickelt sich zur richtigen Zeit, weil es sich dem Wirken des Herrn nicht widersetzt. Sollte da der Mensch, den Gott nach seinem Ebenbild geschaffen und mit Verstand und Sprache ausgestattet hat, allein die Gaben des Schöpfers nicht wertschätzen und seinem Willen nicht gehorsam sein? Sollten gerade wir vernunftbegabte Wesen in dieser Welt nur Verwirrung stiften?

In allem, was zur Erhaltung unseres Lebens dient, muss göttliches und menschliches Bemühen zusammenwirken. Es gibt keine Ernte, wenn der Mensch nicht sät. Doch ohne die Einwirkung Gottes, der Sonnenschein und Regen, Tau und Wolken schickt, wächst keine Pflanze. Dieses Gesetz gilt überall: im Geschäftsleben, auf allen Gebieten von Forschung und Wissenschaft, im geistlichen Bereich, für die Charakterbildung und jedes christliche Wirken. Wir müssen zwar das Unsere tun, doch wenn wir die Kraft Gottes nicht mit unserem Bemühen zusammenwirken lassen, richten wir nichts aus.

Wann immer der Mensch Erfolg hat – sei es im geistlichen oder im weltlichen Bereich –, sollte er deshalb bedenken, dass er ihn der Mithilfe seines Schöpfers verdankt. Es ist so wichtig, dass wir uns der Abhängigkeit von Gott immer wieder bewusst werden. Wir bauen zu oft auf Menschen und verlassen uns zu häufig genug auf menschlichen Erfindungsgeist; dabei haben wir zu wenig Vertrauen zu der Kraft, die Gott uns gern geben möchte. „Wir sind Gottes Mitarbeiter." (1. Korinther 3,9) So geringfügig die menschliche Kraft auch ist, mit Gottes Hilfe vermag der Mensch alles durch die Kraft, die Christus ihm vermittelt.

Das allmähliche Wachstum der Pflanze aus dem Samenkorn bietet gutes Anschauungsmaterial für die Kindererziehung. Man sieht „zuerst den Halm, danach die Ähre, danach den vollen Weizen in der Ähre" (Markus 4,28). Der Urheber dieses Gleichnisses schuf das winzige Samenkorn, gab ihm Lebensfähigkeit und bestimmte die Gesetze, die sein Wachstum regieren. In seinem eigenen Leben verwirklichte er, was das Gleichnis lehrt: Im körperlichen wie im geistlichen Bereich folgte er den göttlichen Wachstumsregeln, nach denen sich auch die Pflanze richtet. Sein Wunsch ist es, dass alle jungen Menschen das Gleiche tun. Er, der König des Himmels und der Herrlichkeit, wurde in Bethlehem als kleines, hilfloses Kind, das völlig auf die Mutter angewiesen ist, geboren. Er war ein gehorsames Kind, redete und handelte wie ein Kind und nicht wie ein Mann; er ehrte seine Eltern und erfüllte hilfsbereit ihre Wünsche, so gut ein Kind es kann. Doch auf jeder Stufe seiner Entwicklung war er vollkommen und zeigte die angenehme Wesensart, die ein sündloses Leben verleiht. Die Bibel sagt: „Das Kind aber wuchs und wurde stark, voller Weisheit, und Gottes Gnade war bei ihm." Und über seine Jugend heißt es: „Und Jesus nahm zu an Weisheit, Alter und Gnade bei Gott und den Menschen." (Lukas 2,40.52)

Hier werden Eltern und Lehrer auf ihre Aufgabe angesprochen: Sie sollen die Anlagen der jungen Menschen so fördern und lenken, dass in jedem Lebensabschnitt die natürlichen Qualitäten zur Entfaltung kommen können, wie sie der jeweiligen Entwicklungsphase entsprechen. Dieser Prozess soll so natürlich sein wie das Wachstum der Pflanzen im Garten.

Kinder mit natürlichem, ungekünsteltem Wesen gefallen uns am besten. Es ist aber unklug, ihnen deshalb übertriebene Beachtung zu schenken oder gar ihre altklugen Aussprüche in ihrem Beisein entzückt zu wiederholen. Wer ein Kind wegen seines Aussehens, einer Leistung oder eines Ausspruches allzu sehr in den Himmel hebt, weckt bei ihm eine falsche Eitelkeit. Ebenso verkehrt ist es, Kinder mit teurer und auffallender Kleidung herauszuputzen; das macht sie nur eingebildet und ihre Spielkameraden neidisch.

Man sollte die Kinder in kindgemäßer Einfachheit erziehen; dann haben sie Freude an den kleinen Hilfsdiensten, Vergnügungen und Erfahrungen, die ihrem Alter angemessen sind. Der Kindheit entspricht in unserem Gleichnis der Halm, der eine Schönheit eigener Art besitzt. Es ist nicht recht, Kindern eine verfrühte Reife aufzwingen zu wollen; sie sollen die Frische und Anmut ihrer frühen Lebensjahre möglichst lange behalten dürfen.

Auch kleine Kinder können schon Christen sein. Sie haben dann die Glaubenserfahrung, die ihrem inneren Entwicklungsstand entspricht. Mehr erwartet Gott nicht von ihnen. Sie brauchen in geistlichen Dingen eine gute Führung: Die Eltern müssen ihnen in jeder Weise dabei helfen, ihr Wesen nach dem Vorbild Christi zu formen.

In Gottes Naturgesetzen folgt der Ursache mit unfehlbarer Sicherheit die Wirkung. Wer nachlässig war, wird durch das Ergebnis seiner eigenen Arbeit verurteilt. Die Ernte zeigt an, wie die Aussaat war. So ist es auch im geistlichen Bereich! Den treuen Arbeiter erkennt man am Ergebnis seines Schaffens. Die Ernte zeigt, ob er fleißig oder achtlos gearbeitet hat. Auf diese Weise entscheidet sich sein Schicksal für die Ewigkeit.

Jede ausgestreute Saat bringt eine Ernte nach ihrer Art hervor. So ist es auch im menschlichen Leben. Wir alle müssen Samen der Anteilnahme, der Zuneigung und Liebe säen, um Gutes zu ernten. Jede schlechte Eigenschaft, wie Selbstsucht, Eigenliebe oder Überheblichkeit, jede egoistische Tat bringt eine üble Ernte. Wer nur an sich denkt, sät „auf sein Fleisch" und „wird von dem Fleisch das Verderben ernten" (Galater 6,8).

Gott vernichtet keinen Menschen. Jeder, der zugrunde geht, hat sich selbst vernichtet, denn wer die Stimme seines Gewissens erstickt, sät den Samen des Unglaubens, und dieser Same wird ganz gewiss seine Frucht tragen. Als Pharao damals die erste Warnung Gottes verwarf, säte er den Samen der Halsstarrigkeit und erntete deshalb auch Halsstarrigkeit. Nicht Gott trieb ihn zum Unglauben, sondern der von Pharao selbst gesäte Same des Unglaubens brachte die entsprechende Ernte hervor. Er trotzte Gott, bis sein Land verwüstet war, bis er die leblosen Körper seines Erstgeborenen und all der anderen Erstgeborenen seines Hauses und der übrigen Familien seines Reiches erblicken musste, ja, bis die Fluten des Meeres über seinen Pferden, Wagen und Kriegern zusammenschlugen. In seinem Schicksal bewahrheiteten sich furchtbar die Worte: „Denn was der Mensch sät, das wird er ernten." (Galater 6,7) Wenn doch die Menschen dies erkennen würden! Wie viel sorgfältiger achteten sie dann darauf, was für Samen sie säen!

Dadurch, dass die Saat Frucht bringt, ein Teil der Ernte aber wieder ausgesät wird, vervielfacht sich der Ertrag. Dieses Gesetz gilt auch für die zwischenmenschlichen Beziehungen. Jede Tat und jedes Wort sind Same, der Frucht tragen wird. Jede hilfsbereite Zuvorkommenheit, jede Tat des Gehorsams und der Selbstverleugnung pflanzt sich im Mitmenschen fort und wirkt von ihm auf andere. Genauso ist jede Tat des Neides, der Bosheit oder Zwietracht ein Same, aus dem eine „bittere Wurzel" (Hebräer 12,15) hervorgehen wird, die viele verderben kann. Und wie viele andere können durch diese vielen wiederum vergiftet werden! Gute und schlechte Saat pflanzen sich also fort in Zeit und Ewigkeit.

Das Gleichnis vom ausgestreuten Samen lehrt uns, in irdischen und geistlichen Dingen freigebig zu sein. Der Herr sagt: „Wohl euch, die ihr säen könnt an allen Wassern." (Jesaja 32,20) „Ich meine aber das: Wer da kärglich sät, der wird auch kärglich ernten; und wer da sät im Segen, der wird auch ernten im Segen." (2. Korinther 9,6) An allen Wassern säen zu können, das bedeutet, ununterbrochen Gottes Gnadengaben weiterzugeben, sie dort auszuteilen, wo immer die Sache Gottes oder menschliche Not unseren Einsatz verlangt. Das macht uns nicht arm: „Wer da sät im Segen, der wird auch ernten im Segen." Der Sämann vermehrt die Saat, indem er sie fortwirft, und wer die Gaben Gottes treu austeilt, empfängt selbst vermehrten Segen. Gott hat versprochen, ihn so reichlich zu versorgen, dass er auch weiterhin anderen abgeben kann. „Gebt, so wird euch gegeben. Ein volles, gedrücktes, gerütteltes und überfließendes Maß wird man in euren Schoß geben; denn eben mit dem Maß, mit dem ihr messt, wird man euch wieder messen." (Lukas 6,38)

Das Bild vom Säen und Ernten schließt jedoch noch mehr ein. Wenn wir Gottes zeitliche Segnungen weitergeben, dann erweckt dieser Beweis unserer Liebe und Anteilnahme beim Empfänger Dankbarkeit gegen Gott, und sein Herzensboden wird für die Saat der geistlichen Wahrheit vorbereitet. Gott, der dem Sämann den Samen gab, wird dann die Saat keimen und Frucht für das ewige Leben tragen lassen.

Am Bild des Samens, der in den Boden gestreut wird, stellt Christus sein eigenes Opfer für unsere Erlösung dar. „Wenn das Weizenkorn nicht in die Erde fällt und erstirbt", sagte er, „bleibt es allein; wenn es aber erstirbt, bringt es viel Frucht" (Johannes 12,24). Auch der Tod Christi wird Frucht für das Reich Gottes tragen. In Übereinstimmung mit den Gesetzen des Pflanzenreiches wird neues Leben das Ergebnis seines Todes sein.

Wer immer als Mitarbeiter Christi Frucht bringen will, muss zuerst einmal seinem Ich absterben; er muss sein Leben in die Furchen menschlicher Not werfen, muss Eigenliebe und Selbstsucht begraben. Doch dem Naturgesetz entsprechend bedeutet Selbstaufopferung zugleich Selbsterhaltung. Saat, die in der Erde begraben wurde, bringt Frucht. Wird diese wieder ausgesät, so vervielfacht sich die Ernte. Der Landmann bewahrt sich sein Getreide dadurch, dass er es wegwirft. Auch für uns Menschen bedeutet Geben Leben. Wer sein Leben freiwillig in den Dienst für Gott und für den Nächsten stellt, wird es erhalten können. Wer sein Leben für Christus in dieser Welt opfert, erhält es für die Ewigkeit.

Das Samenkorn stirbt, um zu neuem Leben aufzusprossen. Dies sagt uns etwas für die Auferstehung: Alle, die Gott lieben, werden einmal im himmlischen Paradies leben. Vom menschlichen Leib, der im Grab verwest, sagt Gott: „Es wird gesät verweslich und wird auferstehen unverweslich. Es wird gesät in Niedrigkeit und wird auferstehen in Herrlichkeit. Es wird gesät in Armseligkeit und wird auferstehen in Kraft.“ (1. Korinther 15,42.43)

Dies sind nur einige der vielen Lehren, die die Natur in dem anschaulichen Gleichnis vom Sämann und vom Samen vermittelt. Eltern und Erzieher können diese Erkenntnisse am besten durch das praktische Beispiel weitergeben. Kinder sollen ruhig selbst ein Stück Land bearbeiten und besäen. Dabei können ihnen Eltern und Erzieher vom Garten des Herzens erzählen, in dem guter und schlechter Same ausgesät wird. Sie können den Kindern klarmachen, dass auch das Herz für die Saat der Wahrheit vorbereitet werden muss wie der natürliche Garten für den natürlichen Samen. Wenn die Kinder die Saat ausstreuen, bietet sich eine gute Gelegenheit, ihnen von Christi Opfertod zu erzählen; wenn dann der Halm erscheint, können sie von der Auferstehung Jesu erfahren. Das Wachstum der Pflanze schließlich ermöglicht immer wieder Vergleiche zwischen dem natürlichen und dem geistlichen Samen.

Die Heranwachsenden kann man in ähnlicher Weise belehren, indem man sie zur Arbeit auf dem Feld anhält. Es wäre deshalb begrüßenswert, wenn zu jeder Schule ein Stück Ackerland gehörte. Solche Ländereien könnten geradezu als Klassenzimmer Gottes betrachtet werden. Man sollte überhaupt die ganze Natur als ein Lehrbuch für Gottes Kinder ansehen, aus dem man lernen kann, wie die Seele für den Samen der Wahrheit vorbereitet werden muss.

Das Pflügen und Bestellen des Landes bietet einen fortwährenden Anschauungsunterricht. Niemand, der sich auf einem völlig verwilderten Stück Land ansiedelt, erwartet gleich eine Ernte. Er muss vielmehr Fleiß, Sorgfalt und große Anstrengung darauf verwenden, den Boden für die Saat vorzubereiten. Das Gleiche gilt für die geistliche Arbeit am Menschenherzen: Wer die Saat des Evangeliums auf fruchtbaren Boden streuen möchte, muss selbst das Wort Gottes im Herzen tragen; dann wird er erfahren, wie der überwältigende Einfluss des Heiligen Geistes Herzensneuland urbar macht. Ohne harte Arbeit gibt es keine Ernte. So muss auch in den Herzen der Menschen erst der Geist Gottes wirken, sie veredeln und reinigen, ehe sie zur Ehre Gottes Frucht bringen können.

Kein Boden, der nur hin und wieder nach Lust und Laune bestellt wird, bringt eine reiche Ernte hervor; er verlangt vielmehr sorgfältige, ununterbrochene Aufmerksamkeit, muss oft und tief gepflügt und von Unkraut frei gehalten werden, das dem guten Samen die Nährstoffe raubt. Durch Pflügen und Säen wird so die Ernte vorbereitet. Niemand braucht auf dem Feld mit gescheiterten Hoffnungen zu stehen.

Der Herr segnet den, der auf diese Weise sein Feld bestellt und dabei geistliche Lehren aus der Natur zieht. Wer auf dem Acker arbeitet, ahnt gar nicht, welche Schätze er dort finden kann. Während er die Ratschläge erfahrener Fachleute nicht in den Wind schlagen sollte, ist es doch auch wichtig für seine Ausbildung, dass er selbst neue Erkenntnisse gewinnt. Die Arbeit auf dem Feld erweist sich so als Erziehungsmittel für den inneren Menschen.

Der König des Himmels, der den Samen aufgehen lässt, ihn Tag und Nacht behütet und ihm Kraft zum Wachsen gibt, ist auch der Urheber unseres Daseins. Für seine Kinder sorgt er mit noch größerer Hingabe als für die Pflanzen. Während der Bauer Samen sät, um irdisches Leben zu erhalten, senkt der göttliche Sämann Samen in die Seele, der Frucht bringt zum ewigen Leben.

Teil III

Aus dem täglichen Leben

„Glücklich der Mensch, der auf mich hört,
indem er wacht an meinen Türen Tag für Tag,
die Pfosten meiner Tore hütet!
Denn wer mich findet, hat Leben gefunden …“
Sprüche 8,34.35 EB

Kapitel 7

„Einem Sauerteig gleich“

Viele gebildete und einflussreiche Männer waren gekommen, um den Propheten aus Galiläa zu hören. Einige von ihnen musterten neugierig die große Menge, die sich um Christus versammelt hatte, als er am See predigte. Da waren alle Gesellschaftsschichten vertreten: Arme, Ungebildete, in Lumpen gehüllte Bettler, Räuber, deren Gesichtsausdruck ihr schuldiges Gewissen widerspiegelte, Krüppel, Verschwender, Kaufleute und Müßiggänger, Vornehme und Verachtete. Arme und Reiche – alle drängten sich zusammen, um einen günstigen Platz zu haben und Jesus hören zu können.

Als die Gebildeten diese seltsame Versammlung betrachteten, fragten sie sich, ob das Reich Gottes wohl wirklich aus solchen Menschen bestünde. Wieder gab der Heiland ihnen seine Antwort mit einem Gleichnis: „Das Himmelreich gleicht einem Sauerteig, den eine Frau nahm und unter einen halben Zentner Mehl mengte, bis es ganz durchsäuert war.“ (Matthäus 13,33)

Ein Sinnbild für die Gnade Gottes

Bei den Juden galt der Sauerteig mitunter als ein Symbol der Sünde. So mussten sie zur Zeit des Passahfestes allen Sauerteig aus ihren Häusern, wie die Sünde aus ihren Herzen, entfernen. Christus warnte seine Jünger: „Hütet euch vor dem Sauerteig der Pharisäer, das ist die Heuchelei.“ (Lukas 12,1) Und der Apostel Paulus spricht von dem „Sauerteig der Bosheit und Schlechtigkeit“ (1. Korinther 5,8). Im Gleichnis des Heilandes jedoch soll der Sauerteig das Reich Gottes darstellen. Er ist dort ein Bild für die erneuernde, umgestaltende Kraft der göttlichen Gnade.

Niemand ist zu niederträchtig, niemand zu tief gesunken, als dass diese mächtige Kraft ihn nicht mehr erreichen könnte: Jedem, der sich der Führung des Heiligen Geistes anvertraut, wird ein neuer Lebenskeim eingepflanzt. Gott möchte die Menschen ja wieder zu seinem Ebenbild machen.

Der Mensch ist nicht im Stande, sich aus eigener Willensanstrengung heraus von Grund auf zu ändern, denn dazu reicht seine Kraft nicht aus. Bevor das Mehl in der gewünschten Weise verändert werden kann, muss man Sauerteig hinzufügen – also etwas, das völlig von außen kommt. Genauso muss der Sünder die Gnade Gottes in sich aufnehmen, wenn er für das Reich der Herrlichkeit geeignet werden möchte. Alle Erziehung und Bildung, die die Welt vermitteln kann, wird versagen, wenn es darum geht, einen in Sünde verstrickten Menschen in ein Kind Gottes umzugestalten. Die erneuernde Kraft muss von Gott ausgehen. Nur der Heilige Geist kann eine derartige Wandlung vollbringen. Jeder, der gerettet werden will – er sei vornehm oder verachtet, arm oder reich –, muss sich dem Wirken dieser Macht aussetzen.

Die Wandlung des Herzens

Wenn der Sauerteig mit dem Mehl vermengt ist, wirkt er von innen nach außen. So beginnt auch die Gnade Gottes unser Leben zu verändern, indem sie das Herz erneuert. Eine rein äußerliche Wandlung genügt nicht, wenn wir wieder in Harmonie mit Gott kommen möchten. Viele versuchen sich zu ändern, indem sie die eine oder andere schlechte Gewohnheit ablegen, in der Hoffnung, auf diese Weise Christen zu werden. Doch sie setzen an der falschen Stelle an: Man muss damit am Herzen beginnen.

Es ist ein Unterschied, ob man sich nur mit schönen Worten zu Christus bekennt oder ob man die Wahrheit mit ganzer Seele aufgenommen hat. Es genügt nicht, die Wahrheit nur zu kennen. Wir können sie besitzen, ohne dass sich dadurch unser Denken ändert. Das Herz selbst muss bekehrt und geheiligt werden.

Wer versucht, die Gebote nur aus Pflichtgefühl zu halten, weil es eben von ihm verlangt wird, der wird nie die Freude erleben, die rechter Gehorsam mit sich bringt. In Wirklichkeit gehorcht er ja gar nicht. Solange wir die Forderungen Gottes als eine Last empfinden, weil sie unseren menschlichen Neigungen zuwiderlaufen, sind wir noch keine echten Christen. Wahrer Gehorsam ist das äußerliche Zeichen für einen inneren Zustand. Er entspringt der Liebe zur Gerechtigkeit und zum Gesetz Gottes. Wahre Gerechtigkeit zeigt sich in der Treue zu unserem Erlöser. Sie wird uns dazu veranlassen, das Rechte um seiner selbst willen zu tun, weil Gott Freude daran hat.

Die großartige Wahrheit, dass der Heilige Geist das Herz bekehren kann, hat Christus im Gespräch mit Nikodemus so ausgedrückt: „Wahrlich, wahrlich, ich sage dir: Es sei denn, dass jemand geboren werde aus Wasser und Geist, so kann er nicht in das Reich Gottes kommen. Was vom Fleisch geboren ist, das ist Fleisch; und was vom Geist geboren ist, das ist Geist. Wundere dich nicht, dass ich dir gesagt habe: Ihr müsst von neuem geboren werden. Der Wind bläst, wo er will, und du hörst sein Sausen wohl; aber du weißt nicht, woher er kommt und wohin er fährt. So ist es bei jedem, der aus dem Geist geboren ist.“ (Johannes 3,6-8)

Der Apostel Paulus sagte, vom Heiligen Geist erfüllt: „Aber Gott, der reich ist an Barmherzigkeit, hat in seiner großen Liebe, mit der er uns geliebt hat, auch uns, die wir tot waren in den Sünden, mit Christus lebendig gemacht – aus Gnade seid ihr selig geworden –; und er hat uns mit auferweckt und mit eingesetzt im Himmel in Christus Jesus, damit er in den kommenden Zeiten erzeige den überschwänglichen Reichtum seiner Gnade durch seine Güte gegen uns in Christus Jesus. Denn aus Gnade seid ihr selig geworden durch Glauben, und das nicht aus euch: Gottes Gabe ist es.“ (Epheser 2,4-8)

Der im Mehl verborgene Sauerteig wirkt unsichtbar, um schließlich den ganzen Teig zu durchsäuern. Genauso unmerklich, still und stetig formt der Sauerteig der Wahrheit das Innere des Menschen um. Unter seinem Einfluss werden die natürlichen Neigungen abgeschwächt und bezwungen, werden neue Gedanken, neue Empfindungen und neue Beweggründe eingepflanzt.

Das Leben Christi ist von nun an Vorbild für die eigene Charakterbildung. Eine veränderte Denkweise setzt sich durch; unsere Fähigkeiten werden in neue Bahnen gelenkt. Wir erhalten zwar keine neuen Fähigkeiten, doch werden die vorhandenen geheiligt. Das Gewissen erwacht. Wir bekommen Charakterkräfte, die uns befähigen, Gott in der rechten Weise zu dienen.

Oft wird die Frage laut: Warum gibt es so viele Menschen, die sich zu Gottes Wort bekennen und dennoch in ihrem Reden, ihrer Geisteshaltung und ihrem Charakter keine umgestaltende Kraft erkennen lassen? Warum können so viele es nicht ertragen, wenn ihren Absichten und Plänen widersprochen wird? Warum legen so viele eine ganz und gar unheilige Gereiztheit an den Tag und gebrauchen verletzende, unüberlegt gesprochene Worte? In ihrem Leben offenbart sich der gleiche Egoismus, der gleiche vorherrschende Drang nach eigener Bedürfnisbefriedigung, die gleiche aufbrausende und unüberlegte Art zu sprechen wie bei den Menschen, die ohne Gott leben. Sie sind genauso empfindlich stolz und lassen ihren natürlichen Neigungen genauso freien Lauf, als hätten sie die Wahrheit noch nie gehört. Die Antwort darauf kann nur lauten: Diese Menschen sind nicht bekehrt. Sie haben den Sauerteig der Wahrheit nicht in ihr Herz aufgenommen, ihm keine Gelegenheit zu wirken gegeben und erst recht nicht ihre angeborenen und durch Gewohnheit erworbenen schlechten Neigungen seiner umformenden Kraft unterworfen. In ihrem Leben fehlt ganz offensichtlich das Wirken der Gnade Christi und der Glaube an die göttliche Macht, den Charakter zu erneuern.

„So kommt der Glaube aus der Predigt, das Predigen aber durch das Wort Christi." (Römer 10,17) Das Studium der Heiligen Schrift ist eine entscheidende Hilfe für die Umwandlung des Charakters. Christus betete: „Heilige sie in der Wahrheit; dein Wort ist die Wahrheit." (Johannes 17,17) Wenn das Wort Gottes recht gelesen und auch befolgt wird, kann es am menschlichen Herzen arbeiten und alle Eigenschaften in den Griff bekommen, die in unheiliger Weise entartet sind. Dann macht uns der Heilige Geist auf unsere Sünden aufmerksam, und Glaube keimt im Herzen auf, der uns – durch die Liebe zu Christus – unserem Herrn in unserer ganzen Lebensart immer ähnlicher werden lässt. Nun kann Gott uns dazu benutzen, seinen Willen zu tun. Die Kraft, die wir empfangen, wirkt von innen nach außen und veranlasst uns, die Wahrheit, die wir erfahren haben, anderen mitzuteilen.

Die Wahrheiten, die das Wort Gottes enthält, geben Antwort auf die Frage, was der Mensch wirklich braucht: Bekehrung durch den Glauben. Diese großartigen Grundwahrheiten sind keineswegs zu rein oder zu heilig, um sich im Alltag verwirklichen zu lassen. Zwar sind sie so hoch wie der Himmel und führen uns zum ewigen Leben, doch sollen wir ihren überaus wichtigen Einfluss gerade im Alltag erfahren lernen und alle großen und kleinen Dinge unseres Lebens von ihnen durchdringen lassen.

Ist der Sauerteig der Wahrheit ins Herz gelangt, dann lenkt er die Wünsche, läutert die Gedanken und veredelt das Wesen. Geisteskraft und Seelenstärke werden belebt, und die Fähigkeit wächst, mitzufühlen und zu lieben.

Für ungläubige Menschen ist jemand, den solche Kraft erfüllt, ein Rätsel. Der geldgierige Ich-Mensch sieht seinen Lebensinhalt nur darin, sich möglichst viel an Reichtum, Ehre und weltlichem Genuss zu sichern. An die Ewigkeit denkt er dabei nicht. Ein Nachfolger Christi hingegen geht nicht vollkommen im Irdischen auf. Er arbeitet für Christus und stellt seine eigenen Interessen zurück, denn er möchte mithelfen, Menschen zu retten, die ohne Christus und ohne Hoffnung leben. Die Ungläubigen können ihn nicht verstehen, weil er den Blick auf die ewige Wirklichkeit gerichtet hält. Die Liebe Christi mit ihrer erlösenden Kraft ist in sein Herz eingedrungen, beherrscht alle seine Beweggründe und hebt ihn hoch über den verderblichen Einfluss der Welt.

Wandlung auch nach außen hin

Das Studium des Wortes Gottes soll sich auch positiv auf den Umgang mit unseren Mitmenschen auswirken. Der Sauerteig der Wahrheit wird keine Eifersucht, kein Streben nach Ehre und Macht erzeugen. Wahre, von Gott geschenkte Liebe sucht nicht den eigenen Vorteil; sie ist weder von Launen noch von menschlichem Lob abhängig. Wer die Gnade Gottes annimmt, dessen Herz fließt über von Liebe zu Gott und zu denen, für die Christus starb. Er zeigt kein übertriebenes Geltungsbedürfnis mehr. Seine Mitmenschen liebt er nicht nur, weil sie ihn lieben und ihm gefallen oder weil sie große Stücke auf ihn halten, sondern weil Christus sie zu seinem erkauften Eigentum gemacht hat. Er ist nicht beleidigt, wenn seine Beweggründe und das, was er sagt oder tut, missverstanden oder falsch dargestellt werden, sondern geht unbeirrt seinen Weg. Er hat ein freundliches und rücksichtsvolles Wesen, denkt bescheiden von sich und ist doch voller Hoffnung, weil er auf die Gnade und Liebe Gottes vertraut.

Der Apostel ermahnt uns: „Wie der, der euch berufen hat, heilig ist, sollt auch ihr heilig sein in eurem Wandel. Denn es steht geschrieben: ‚Ihr sollt heilig sein, denn ich bin heilig.'" (1. Petrus 1,15.16) Die Gnade Christi soll in unserem Wesen und in dem, was wir sagen, zum Ausdruck kommen: Sie zeigt sich in Höflichkeit und Rücksichtnahme gegenüber unseren Mitmenschen, in freundlichen Worten der Ermutigung. Mit ihr sind Engel im Haus, und unser ganzes Leben wird zu einem Dankopfer für Gott werden. Unsere Liebe zu ihm zeigt sich in Freundlichkeit, Güte, Nachsicht und Geduld gegenüber unseren Mitmenschen.

Auch die äußere Erscheinung des Menschen ändert sich: Wer Christus im Herzen hat, ihn liebt und seine Gebote hält, dessen Gesicht strahlt einen tiefen Glauben aus. Es ist geprägt von Aufrichtigkeit, Frieden mit Gott, einer selbstverständlichen Güte und von Liebe, die keinen menschlichen Ursprung hat.

Der Sauerteig der Wahrheit verändert den ganzen Menschen: Er veredelt das Wesen des Grobschlächtigen, macht den Schroffen freundlich, den Egoisten freigebig und veranlasst jeden, der mit Sünde befleckt ist, sich im Blut des Lammes reinzuwaschen. Sein Leben spendendes Wirken bringt Geist, Seele und alle Kräfte des Leibes in Einklang mit dem Göttlichen. Der Mensch erhält Anteil am göttlichen Wesen und entwickelt zur Ehre Christi einen vortrefflichen, vollkommenen Charakter. Angesichts solcher Veränderungen stimmen die Engel ein Loblied an. Gott und Christus freuen sich über alle Menschen, die sich nach dem göttlichen Ebenbild umgestalten lassen.

Kapitel 8

Der verborgene Schatz

„Das Himmelreich gleicht einem Schatz, verborgen im Acker, den ein Mensch fand und verbarg; und in seiner Freude ging er hin und verkaufte alles, was er hatte, und kaufte den Acker." (Matthäus 13,44)

Im Altertum war es gang und gäbe, kostbaren Besitz in der Erde zu vergraben. Raub und Diebstahl kamen häufig vor, und bei jedem Regierungswechsel mussten die Reichen damit rechnen, dass man ihnen hohe Abgaben auferlegte. Außerdem war das Land ständig durch Überfälle plündernder Regimenter gefährdet. Infolgedessen bemühten sich die Reichen, ihren Besitz zu verstecken, um ihn zu erhalten, und als sicherer Ort dafür galt die Erde. Oft allerdings geriet das Versteck in Vergessenheit, entweder weil der Eigentümer starb oder durch Gefangenschaft oder Verbannung von seinem Besitz getrennt wurde. Dann wartete der so sorgfältig versteckte Schatz auf den glücklichen Finder. Zur Zeit Christi war es durchaus nichts Ungewöhnliches, auf brachliegendem Land alte Münzen oder Gold- und Silberschmuck zu entdecken.

Jemand hat Land gepachtet, um es zu bewirtschaften. Als seine Ochsen es umpflügen, kommt ein vergrabener Schatz zu Tage. Der Mann sieht sofort, dass hier ein Vermögen liegen muss. Deshalb legt er das Gold in sein Versteck zurück, eilt nach Haus und verkauft alles, was er besitzt, um das Feld, auf dem der Schatz vergraben ist, zu erwerben. Seine Familie und seine Nachbarn halten ihn für verrückt; ihnen erscheint das Stück Land durchaus nicht wertvoll. Doch der Mann weiß genau, was er tut. Sobald ihm der Acker überschrieben ist, durchsucht er ihn Stück für Stück, bis er den Schatz, der nun ihm gehört, findet.

Dieses Gleichnis will uns zeigen, wie wertvoll der himmlische Schatz ist und wie sehr wir uns darum bemühen sollten, in seinen Besitz zu gelangen. Der Mann, der den Schatz im Acker fand, war bereit, sich von allem, was er besaß, zu trennen und unermüdlich zu arbeiten, um die versteckten Wertgegenstände zu erwerben. In gleicher Weise wird dem, der um den himmlischen Schatz weiß, keine Arbeit zu schwer und kein Opfer zu groß sein, wenn es darum geht, die Reichtümer der Wahrheit zu gewinnen.

Der Acker im Gleichnis steht für die Heilige Schrift; der Schatz ist die Frohe Botschaft. In der ganzen Erde gibt es nicht so viele Goldadern und verborgene Schätze wie im Wort Gottes.

Wie ist der Schatz verborgen?

Das Gleichnis sagt uns, dass die Schätze des Evangeliums verborgen sind. Wer sich selbst für klug hält, wer aufgeblasen ist von den Lehren eitler Menschenweisheit, kann die Schönheit, die Kraft und das Geheimnis des Erlösungsplanes nicht erkennen. Viele haben Augen und sehen nicht, Ohren und hören nicht, Verstand und erkennen doch nicht die verborgenen Schätze der Wahrheit.

Über die Stelle, an der ein kostbarer Schatz verborgen liegt, mag ein Mensch achtlos hinweggehen. Vielleicht setzt er sich, der in äußerster Armut lebt, sogar unter einen Baum, um auszuruhen, ohne zu ahnen, dass an den Wurzeln ein Vermögen ruht. So erging es dem jüdischen Volk. Wie ein goldener Schatz war ihm die Wahrheit anvertraut worden. Christus selbst hatte den jüdischen Gottesdienst eingesetzt, der daher das Zeichen des Göttlichen trug.

Vorbilder und Symbole stellten die großen Erlösungswahrheiten gleichsam verschleiert dar. Doch als Christus kam, erkannten die Juden in ihm nicht den, auf den all diese Sinnbilder hinwiesen. Zwar war ihnen das Wort Gottes in die Hand gegeben worden; aber die Überlieferungen, die von Generation zu Generation weitergegeben worden waren, und die auf menschlicher Meinung beruhenden Auslegungen der heiligen Schriften verbargen ihnen die große Wahrheit, wie sie sich in Jesus offenbart. Die geistliche Bedeutung der heiligen Schriften war in Vergessenheit geraten; die Schatzkammer der Erkenntnis stand ihnen offen, aber sie sahen dies nicht.

Gott verbirgt seine Wahrheit nicht; die Menschen selbst verdunkeln sie durch ihr Handeln. Christus gab dem jüdischen Volk genügend Beweise dafür, dass er der Messias war; doch in seinen Lehren forderte er die Menschen zu einer grundlegenden Änderung ihres Lebenswandels auf. Die Zuhörer erkannten, dass sie ihnen lieb gewordene Gewohnheiten und Vorstellungen, selbstsüchtige und gottlose Praktiken aufgeben müssten, wenn sie Christus als die unveränderliche, ewige Wahrheit annahmen. Dieses Opfer wollten sie nicht bringen, deshalb verwarfen sie auch die schlüssigsten Beweise, mit denen Gott ihren Glauben an Christus wecken wollte. Sie bekannten sich zwar zu den Lehren des Alten Testaments, weigerten sich aber, die in ihm enthaltenen Hinweise auf das Leben und Wesen Christi anzuerkennen. Sie hatten Angst davor, sich überzeugen zu lassen, weil sie dann ihr Leben hätten ändern und ihre vorgefassten Absichten hätten aufgeben müssen. Der Schatz des Evangeliums – der Weg, die Wahrheit und das Leben – war mitten unter ihnen; sie aber wiesen diese größte Gabe, die der Himmel anbieten konnte, zurück.

„Doch auch von den Oberen glaubten viele an ihn“, lesen wir, „aber um der Pharisäer willen bekannten sie es nicht, um nicht aus der Synagoge ausgestoßen zu werden.“ (Johannes 12,42) Sie waren überzeugt, dass Jesus der Sohn Gottes sei, doch es passte nicht in ihre ehrgeizigen Pläne, sich zu ihm zu bekennen. Ihnen fehlte jenes gläubige Vertrauen, das ihnen den himmlischen Schatz gesichert hätte. Stattdessen suchten sie weltlichen Reichtum.

Auch heute sind die Menschen auf der Jagd nach materiellen Gütern, erfüllt von selbstsüchtigem, ehrgeizigem Streben. Wenn es um weltlichen Reichtum, Ehre oder Macht geht, sind sie gern bereit, den Wertvorstellungen, Bräuchen und Erwartungen der Menschen den Vorrang vor den Geboten Gottes einzuräumen. Die Kostbarkeiten seines Wortes bleiben ihnen deshalb verborgen.

„Der Mensch kann von sich aus, mit seinen natürlichen Fähigkeiten, nicht erfassen, was Gottes Geist sagt. Für ihn ist das alles Unsinn, denn Gottes Geheimnisse erschließen sich nur durch Gottes Geist." (1. Korinther 2,14 Hfa) „Die Botschaft, dass Jesus Christus unsere Rettung ist, bleibt nur für die dunkel, die verloren sind. Diese Ungläubigen hat der Satan so verblendet, dass sie das helle Licht des Evangeliums und damit die Herrlichkeit Christi nicht sehen können. Und doch erkennen wir Gott selbst nur durch Christus." (2. Korinther 4,3.4 Hfa)

Der Wert des Schatzes

Der Heiland sah, dass die Menschen vollkommen damit beschäftigt waren, nach Geld und Gut zu trachten, und dabei die Wirklichkeit des Ewigen aus den Augen verloren. Hier wollte er Abhilfe schaffen. Um den betörenden Bann zu brechen, der sie gefangen hielt, rief er laut: „Was hülfe es dem Menschen, wenn er die ganze Welt gewönne und nähme doch Schaden an seiner Seele? Oder was kann der Mensch geben, womit er seine Seele auslöse?" (Matthäus 16,26) Die gefallene Menschheit weist er auf eine vergessene, bessere Welt hin, um ihr die Ewigkeit als eine unzweifelhafte Wirklichkeit zu zeigen. Er führt die Menschen zur Schwelle des Ewigen, die von der unsagbaren Herrlichkeit Gottes umstrahlt wird, und zeigt ihnen den Schatz, der dort liegt und wertvoller ist als Gold und Silber, neben dem aller Reichtum der Erde verblasst.

„Die Tiefe spricht: ‚In mir ist sie nicht'; und das Meer spricht: ‚Bei mir ist sie auch nicht.' Man kann nicht Gold für sie geben noch Silber darwägen, sie zu bezahlen. Ihr gleicht nicht Gold von Ophir oder kostbarer Onyx und Saphir. Gold und edles Glas kann man ihr nicht gleichachten noch sie eintauschen um güldnes Kleinod. Korallen und Kristall achtet man gegen sie nicht; wer Weisheit erwirbt, hat mehr als Perlen." (Hiob 28,14-18)

Dieser Schatz ist in der Heiligen Schrift zu finden. Sie ist Gottes großes Lehrbuch und Erziehungsmittel. Die Bibel enthält die Grundlagen aller wahren Wissenschaft. Ihr Studium kann uns jeden Erkenntnisbereich zugänglich machen. Der Hauptinhalt des göttlichen Wortes jedoch ist die höchste aller Wissenschaften: die Wissenschaft von der Erlösung. Die Bibel ist gleichsam das Bergwerk des unerforschlichen Reichtums Christi.

Wahre höhere Bildung erlangt man, wenn man das Wort Gottes studiert und befolgt. Legt man es aber beiseite und greift zu Büchern, die nicht zu Gott und seinem Reich führen, dann erwirbt man eine Bildung, die eigentlich diesen Namen nicht verdient.

Die Natur – Erde, Meer und Himmel – ist voll wunderbarer Wahrheiten. Von ihr sollen wir lernen. Sie unterrichtet uns in himmlischer Weisheit und ewiger Wahrheit. Der gefallene Mensch jedoch will das nicht verstehen. Die Sünde hat seine Auffassungsgabe derart getrübt, dass er die Natur höher als Gott stellt, wenn er sie zu verstehen sucht. Selbst richtige Erkenntnisse, die ihm die Natur vermittelt, bleiben ohne Einfluss auf den, der Gottes Wort verachtet, und er verdreht sie so, dass sie vom Schöpfer fortführen.

Für viele steht menschliche Weisheit höher als die des göttlichen Lehrers. Gottes Lehrbuch betrachten sie als veraltet und uninteressant. Wer dagegen vom Heiligen Geist erfüllt ist, erkennt den wertvollen Schatz und ist bereit, alles zu verkaufen, um den Acker zu erwerben, in dem er vergraben ist. Nicht die philosophischen Abhandlungen so genannter berühmter Autoren beschäftigen ihn, sondern das Wort dessen, der der bedeutendste Autor und Lehrer aller Zeiten ist und der sein Leben für uns gab, damit wir durch ihn ewiges Leben finden können.

Wenn man den Schatz verachtet

Satan tut alles, um den Menschen einzureden, dass man auch ohne Gott wertvolles Wissen erlangen kann. Durch irreführendes Argumentieren brachte er Adam und Eva dazu, Gottes Wort anzuzweifeln und es durch eine Theorie zu ersetzen, die zum Ungehorsam führte. Noch heute hat seine spitzfindige Wortklauberei die gleiche Wirkung wie damals im Garten Eden. Wenn zum Beispiel Lehrer in ihrem Unterricht die Ideen ungläubiger Autoren einfließen lassen, bringen sie den jungen Leuten ein Denken bei, das zum Misstrauen Gott gegenüber und zur Übertretung seiner Gesetze führt. Sie ahnen gar nicht, was sie damit anrichten und welch schlimme Folgen ihre Arbeit haben wird.

Ein junger Mensch mag die beste Schul- und Universitätsausbildung erhalten, die es heute gibt, und alles daransetzen, um sich so viel Wissen wie möglich anzueignen; wenn er aber Gott nicht erkennt und seinen Gesetzen nicht gehorcht, dann zerstört er sich selbst. Eine falsche Lebensweise raubt ihm das Gefühl für den eigenen Wert sowie die Fähigkeit zur Selbstbeherrschung. Auch bei Angelegenheiten, die ihn ganz persönlich betreffen, fehlt ihm das rechte Urteilsvermögen. Er lebt ohne Rücksicht auf sein seelisches und körperliches Wohlbefinden und macht sich so selbst zum Wrack. Wirklich glücklich kann er nicht sein. Weil er sich nicht darum bemüht, nach reinen, gesunden Grundsätzen zu leben, wird er abhängig von Gewohnheiten, die ihm den inneren Frieden rauben. Alle Jahre angestrengten Studiums sind umsonst, weil er mit seinen körperlichen und geistigen Kräften Raubbau getrieben und den Tempel seines Leibes zerstört hat. Er hat sich selbst für dieses und das zukünftige Leben ruiniert. Er wollte, indem er nach irdischem Wissen strebte, einen Schatz gewinnen, doch indem er die Bibel beiseite legte, schob er den Schatz von sich, der alles andere an Wert übertrifft.

Die Suche nach dem Schatz

Wir müssen das Wort Gottes studieren und auch unsere Kinder mit der Wahrheit vertraut machen, die es birgt. Da findet sich ein unerschöpflicher Schatz! Die meisten stoßen allerdings nicht auf ihn, weil sie nicht intensiv genug suchen. Viele begnügen sich mit Vermutungen über die Wahrheit und bleiben so an der Oberfläche, in der Annahme, alles Wesentliche erkannt zu haben. Sie nehmen als wahr hin, was andere behaupten, und sind zu träge, um sich selbst ernsthaft an die Arbeit zu machen wie der Mann im Gleichnis vom verborgenen Schatz. Aber wir können uns nicht auf menschliche Gedankengebäude verlassen. Sie sind gefährlich, weil sie den Menschen an die Stelle Gottes setzen und menschliche Aussagen höher bewerten als das Wort Gottes.

Christus ist die Wahrheit. Seine Worte sind die Wahrheit und haben eine viel tiefere Bedeutung, als oberflächlich sichtbar wird. Alles, was er gesagt hat, besitzt einen Wert, der weit über das unscheinbare Äußere hinausgeht. Wer vom Heiligen Geist erleuchtet ist, wird diesen Wert erkennen und die kostbaren Edelsteine der Wahrheit auch dann entdecken, wenn sie in der Erde vergraben sind.

Menschliche Theorien und Spekulationen führen niemals zum Verständnis des Wortes Gottes. Manche, die sich selbst für intellektuell halten, glauben die Schatzkammer der Erkenntnis durch eigene Erklärungen aufschließen zu müssen, angeblich, um zu verhindern, dass Ketzereien verbreitet werden. Dabei sind falsche Lehren und ketzerische Ansichten gerade aus solchen Erklärungen entstanden. Viel Mühe ist aufgewandt worden, um Schriftstellen zu erläutern, die dunkel und schwer verständlich schienen. Aber allzu häufig haben diese Erklärungen das, was sie erhellen sollten, nur noch mehr verdunkelt.

Die Priester und Pharisäer meinten, Großes zu leisten, wenn sie in ihren Predigten die eigenen Schriftdeutungen über das Wort Gottes stellten; doch Christus sagte ihnen: „Ihr irrt, weil ihr weder die Schrift kennt noch die Kraft Gottes.“ (Markus 12,24) Und er klagte sie an: „... sie lehren solche Lehren, die nichts sind als Menschengebote.“ (Markus 7,7) Obgleich sie Lehrer der Offenbarungen Gottes waren und in dem Ruf standen, sein Wort zu verstehen, lebten sie doch nicht nach diesem Wort. Seine wahre Bedeutung konnten sie nicht erkennen, weil Satan sie verblendet hatte.

Auch in unseren Tagen verhalten sich viele so, und viele Kirchen machen sich dieser Sünde schuldig. Die angeblich Gelehrten stehen in der großen Gefahr, den gleichen Fehler wie die jüdischen Schriftgelehrten damals zu begehen. Sie legen die göttliche Offenbarung falsch aus, bringen damit suchende Menschen in Verwirrung und halten sie in Unwissenheit, weil sie selbst die göttliche Wahrheit nicht richtig verstehen.

Niemand braucht die Schrift im schwachen Licht menschlicher Überlieferung oder Mutmaßungen zu lesen. Wie es absurd wäre, die Sonne mit einer Fackel anleuchten zu wollen, so ist es auch unsinnig, die Schrift durch menschliche Tradition oder eigene Vorstellungen auslegen zu wollen. Gottes heiliges Wort braucht nicht den Fackellichtschein dieser Erde, um seinen herrlichen Glanz entfalten zu können. Es ist ja selbst das Licht, die offenbarte Herrlichkeit Gottes, neben dem jedes andere Licht trüb wirkt.

Freilich, ernsthaft studieren und sorgfältig erforschen muss man das Wort Gottes schon. Die klare, deutliche Erkenntnis der Wahrheit fällt keinem Untätigen in den Schoß. Auch im Alltag erreichen wir ja bekanntlich nichts ohne geduldige und beständige Anstrengung.

Will jemand Erfolg im Geschäftsleben haben, dann muss er mit dem festen Vorsatz, etwas zu schaffen, an die Arbeit gehen und zuversichtlich in die Zukunft schauen. Genauso können wir nicht erwarten, geistliche Erkenntnis zu erhalten, ohne uns ernstlich darum zu bemühen. Wer die Schätze der Wahrheit finden will, muss nach ihnen graben, wie der Bergmann nach dem Reichtum schürft, der in der Erde verborgen ist. Halbherzige, gleichgültige Arbeit bringt nichts zu Stande. Jung und Alt müssen das Wort Gottes nicht nur lesen, sondern es unter Gebet mit ganzem Herzen erforschen und nach der Wahrheit suchen wie nach einem verborgenen Schatz. Wer das tut, wird belohnt werden, denn Christus schenkt ihm ein besseres Verständnis der Wahrheit.

Viel hängt vom Suchen ab

Unser Heil hängt davon ab, ob wir die Wahrheit, die in der Bibel zu finden ist, erkennen. Gott will, dass wir sie besitzen. Durchforsche darum die Bibel mit offenem Herzen! Suche in Gottes Wort, wie der Bergmann in der Erde nach Goldadern gräbt. Gib nicht eher auf, als bis du über dein Verhältnis zu Gott Klarheit gewonnen hast und weißt, was er mit dir vorhat.

Christus hat verheißen: „Und was ihr bitten werdet in meinem Namen, das will ich tun, damit der Vater verherrlicht werde im Sohn. Was ihr mich bitten werdet in meinem Namen, das will ich tun.“ (Johannes 14,13.14)

Es gibt fromme und intelligente Menschen, die schon etwas von der göttlichen Wirklichkeit erfasst haben und denen doch oft das tiefe Verständnis fehlt, weil das Sichtbare ihnen die Herrlichkeit des Unsichtbaren verbirgt. Wer den verborgenen Schatz mit Erfolg suchen will, muss nach höheren Zielen streben als nach den Dingen dieser Welt; er muss alle seine Neigungen und Fähigkeiten dafür einsetzen.

Ungehorsam hat schon oft die Tür zu tieferer Erkenntnis verschlossen, die man aus dem Wort Gottes gewinnen kann. Erkenntnis setzt Gehorsam gegenüber Gottes Geboten voraus. Man darf die Heilige Schrift nicht menschlichem Vorurteil und Misstrauen anpassen. Sie ist nur für die verständlich, die demütig die Wahrheit suchen, um Gott gehorchen zu können.

Du fragst: Was muss ich tun, um selig zu werden? Zunächst einmal musst du, noch ehe du mit dem Bibelstudium beginnst, alle vorgefassten Meinungen, alle überlieferten und angenommenen Ideen über Bord werfen. Wenn du in der Schrift nur suchst, um deine eigenen Ansichten bestätigt zu bekommen, wirst du die Wahrheit niemals finden. Versuche lieber beim Lesen der Bibel zu erfahren, was der Herr dir sagen möchte. Wenn du beim Studium zu einer Überzeugung kommst, die mit deinen Lieblingsideen nicht vereinbar ist, dann versuche nicht, die gefundene Wahrheit deinen Vorstellungen anzupassen, sondern nimm die geschenkte Erkenntnis an. Öffne Sinn und Herz, damit du aus dem Wort Gottes wunderbare Erkenntnis gewinnen kannst.

Der Glaube an Christus als den Heiland der Welt braucht die Bestätigung durch den von Gott erleuchteten Verstand, der seinerseits unter der Herrschaft des Herzens steht, das den himmlischen Schatz erkennt und zu schätzen weiß. Dieser Glaube ist undenkbar ohne Buße und Veränderung des Wesens. Wahrhaft glauben bedeutet, den Evangeliumsschatz zu finden und mit all den daraus erwachsenden Verpflichtungen anzunehmen.

„Es sei denn, dass jemand von neuem geboren werde, so kann er das Reich Gottes nicht sehen." (Johannes 3,3) Er kann darüber Vermutungen anstellen und seine Fantasie spielen lassen, doch ohne das Auge des Glaubens wird er den Schatz nicht sehen. Christus gab sein Leben, um uns diesen unermesslichen Reichtum zu sichern; aber ohne Wiedergeburt durch den Glauben an sein Blut gibt es keine Vergebung der Sünden und keine Erlösung für Menschen, die dabei sind, zu Grunde zu gehen.

Wir brauchen die Erleuchtung durch den Heiligen Geist, um die Wahrheiten im Wort Gottes erkennen zu können. Die Schönheit unserer natürlichen Welt wird erst sichtbar, wenn das Licht der Sonne die Dunkelheit vertreibt und sie bescheint. Ebenso wissen wir die Kostbarkeiten im Wort Gottes erst dann richtig zu schätzen, wenn die Sonne der Gerechtigkeit sie mit ihren hellen Strahlen erglänzen lässt.

Der Heilige Geist, den das Erbarmen der ewigen Liebe vom Himmel gesandt hat, schenkt jedem, der fest an Christus glaubt, das Verständnis für geistliche Dinge. Durch sein Wirken prägt er uns jene entscheidenden Wahrheiten ein, von denen unsere Errettung abhängt, und zeigt uns so klar, welchen Weg wir gehen sollen, dass niemand zu irren braucht. Wenn wir die Bibel erforschen, sollten wir Gott bitten, dass das Licht seines Heiligen Geistes sein Wort erhelle, damit wir dessen Schätze entdecken und würdigen können.

Das Suchen lohnt sich

Niemand soll glauben, für ihn gebe es nichts mehr zu lernen. Der menschliche Intellekt mag messbar sein; die Werke menschlicher Autoren kann man für sich selbst vielleicht ganz erschließen, aber unser Fassungsvermögen reicht bei weitem nicht aus, um Gott zu begreifen. Es gibt eine Unendlichkeit, die sich unserem Verständnis entzieht. Wir haben bisher nur einen Schimmer der göttlichen Herrlichkeit, Erkenntnis und unendlichen Weisheit erblickt; wir haben sozusagen an der Oberfläche des Bergwerkes gearbeitet, während weiter unten reiche Goldadern darauf warten, den Suchenden zu belohnen. Wenn wir den Schacht immer tiefer hinabtreiben, werden wir schließlich auf den Schatz stoßen. Der rechte Glaube wird uns zu göttlicher Erkenntnis verhelfen.

Wer die Schrift im Geist Christi erforscht, wird belohnt werden. Wer sich wie ein Kind belehren lässt und sein ganzes Vertrauen auf Gott setzt, findet die Wahrheit in seinem Wort. Wären die Menschen gehorsam, dann könnten sie die Absichten Gottes verstehen, und die himmlische Welt würde ihnen ihre noch unerforschten Schatzkammern der Gnade öffnen. Die ganze Menschheit würde eine grundlegende Wandlung ihres Wesens erfahren, weil das tiefe Eindringen in die Wahrheit jeden veredelt. Das Geheimnis der Erlösung, die Menschwerdung Christi und sein Sühnopfer wären für sie nicht länger vage Vorstellungen, sondern könnten von ihnen bald besser verstanden und höher geschätzt werden.

In seinem hohepriesterlichen Gebet hat Jesus der Welt etwas mitgeteilt, was sich uns in Herz und Sinn einprägen sollte: „Das ist aber das ewige Leben", so sagte er, „dass sie dich, der du allein wahrer Gott bist, und den du gesandt hast, Jesus Christus, erkennen." (Johannes 17,3) Diese Erkenntnis ist wahre Bildung; sie schenkt uns geistliche Kraft. Wenn wir Gott und Jesus Christus, den er gesandt hat, aus Erfahrung kennen, werden wir wieder zum Ebenbild Gottes werden, die Herrschaft über uns selbst zurückgewinnen und unser Triebleben den höheren Kräften des Geistes unterordnen können. Auf diese Weise werden wir zu Kindern Gottes und Erben des Himmels, kommen in dauerhafte Verbindung mit dem Geist des Unendlichen und haben Zugang zu den Reichtümern des Universums.

Das also ist die Erkenntnis, die durch das Forschen im Wort Gottes gewonnen wird. Diesen Schatz kann jeder finden, der sich darum bemüht.

„Wenn du nach Vernunft rufst und deine Stimme nach Einsicht erhebst; wenn du sie suchst wie Silber und nach ihr forschest wie nach Schätzen: dann wirst du die Furcht des Herrn verstehen und die Erkenntnis Gottes finden. Denn der Herr gibt Weisheit, und aus seinem Munde kommt Erkenntnis und Einsicht. Er lässt es den Aufrichtigen gelingen und beschirmt die Frommen. Er behütet, die recht tun, und bewahrt den Weg seiner Frommen. Dann wirst du verstehen Gerechtigkeit und Recht und Frömmigkeit und jeden guten Weg. Denn Weisheit wird in dein Herz eingehen." (Sprüche 2,3-10)

Kapitel 9

Die kostbare Perle

Die erlösende Liebe mit ihren segensreichen Auswirkungen verglich der Heiland mit einer kostbaren Perle. Er veranschaulichte seine Botschaft an der Geschichte vom Kaufmann, der gute Perlen suchte. „Und als er eine köstliche Perle fand, ging er hin und verkaufte alles, was er hatte, und kaufte sie." (Matthäus 13,46) Christus selbst ist diese wertvolle Perle. In ihm finden wir die ganze Herrlichkeit des Vaters und die Fülle des Wesens Gottes. Er spiegelt die Herrlichkeit seines Vaters wider und ist dessen getreues Ebenbild. Sein Wesen ist geprägt von den wunderbaren Eigenschaften Gottes. Jede Seite der Heiligen Schrift ist von seinem Licht erleuchtet. Die Gerechtigkeit Christi weist genau wie eine reine, weiße Perle weder Makel noch Flecken auf. Kein Mensch kann dieses wertvolle Geschenk Gottes noch verbessern, denn es ist vollkommen. Christus, in dem „verborgen liegen alle Schätze der Weisheit und der Erkenntnis" (Kolosser 2,3), ist „uns von Gott gemacht zur Weisheit und zur Gerechtigkeit und zur Heiligung und zur Erlösung" (1. Korinther 1,30). Alles, was unsere innigsten Wünsche und tiefsten Bedürfnisse in dieser und der zukünftigen Welt befriedigen kann, finden wir in Christus. Unser Erlöser ist eine so kostbare Perle, dass im Vergleich dazu alles andere wertlos erscheint.

Christus „kam in sein Eigentum; und die Seinen nahmen ihn nicht auf" (Johannes 1,11). Gottes Licht schien in die dunkle Welt, „und die Finsternis hat's nicht ergriffen" (Johannes 1,5). Doch nicht alle waren dem Geschenk des Himmels gegenüber gleichgültig. Der Kaufmann im Gleichnis steht für die Menschen, die ein echtes Bedürfnis nach der Wahrheit hatten. Bei vielen Völkern gab es aufrichtige, nachdenkliche Menschen, die sich mit Literatur, Wissenschaft und den heidnischen Religionen beschäftigt hatten, um das zu finden, was für sie der größte geistliche Schatz sein könnte. Auch unter den Juden waren etliche, die nach dem suchten, was ihnen fehlte. Unbefriedigt von einer Religion, die sich in äußerlichen Formen erschöpft, hatten sie ein Verlangen nach dem, was geistlich ist und zu Gott führt. Zu letzteren gehörten die Jünger, die Christus erwählt hatte, zu den ersten Kornelius und der Kämmerer aus Äthiopien. Sie hatten um Erkenntnis von Gott gebetet und sie stets gesucht. Als sie Christus kennen lernten, nahmen sie ihn freudig an.

Die Perle im Gleichnis ist kein Geschenk: Der Kaufmann veräußerte seinen ganzen Besitz, um sie zu erwerben. Viele stellen diese Auslegung infrage, weil Christus in der Bibel doch als ein Geschenk Gottes gezeigt wird. Das ist er auch wirklich, allerdings nur für diejenigen, die ihm ihr Leben vollständig anvertrauen. Wir sollen uns Christus schenken und willig all seinen Forderungen gehorchen. Alles, was wir sind, all unsere Begabungen und Fähigkeiten verdanken wir dem Herrn; deshalb wollen wir sie in seinen Dienst stellen. Wenn wir auf diese Weise ganz Christus angehören wollen, dann schenkt er sich uns mit all seinen Himmelsschätzen. So kommen wir in den Besitz der kostbaren Perle.

Unsere Erlösung ist ein Geschenk, und doch können wir sie kaufen und verkaufen. Auf dem Markt der Gnade Gottes kann man, bildlich gesprochen, die kostbare Perle ohne Geld, ohne jede Bezahlung erhalten. Auf diesem Markt kann also jeder himmlische Güter erwerben. Das Schatzhaus mit den Edelsteinen der Wahrheit steht allen offen. „Siehe, ich habe vor dir eine Tür aufgetan“, sagt Gott, „und niemand kann sie zuschließen.“ (Offenbarung 3,8) Kein bewaffneter Wächter steht vor dieser Tür; vielmehr fordern uns einladende Stimmen auf: Komm! Ernst und liebevoll lädt uns der Heiland ein: „Ich rate dir, dass du Gold von mir kaufst, das im Feuer geläutert ist, damit du reich werdest.“ (Offenbarung 3,18)

Das Evangelium von Christus ist ein Segen, an dem jeder teilhaben kann. Bettelarmen wird die Erlösung ebenso angeboten wie Steinreichen. Sie kann nicht für alles Geld dieser Welt erworben werden, sondern nur durch die Bereitschaft, Christus gehorchen und ihm ganz angehören zu wollen. Selbst wenn wir noch so gebildet sind, kann uns diese Tatsache allein nicht näher zu Gott bringen. Die Pharisäer hatten in ihrem persönlichen und geistlichen Leben so viel Gutes empfangen, dass sie stolz prahlen konnten: „Ich bin reich und habe genug und brauche nichts!" In Wirklichkeit aber waren sie „elend und jämmerlich, arm, blind und bloß" (Offenbarung 3,17). Christus bot ihnen die kostbare Perle an, doch sie konnten sich nicht dazu herablassen, sie anzunehmen. Darum kündigte er ihnen an: „Die Zöllner und Huren kommen eher ins Reich Gottes als ihr." (Matthäus 21,31)

Die Erlösung können wir uns nicht verdienen; wir sollen aber mit so viel Eifer und Ausdauer nach ihr streben, als wenn es darum ginge, alles in der Welt dafür herzugeben.

Es kommt also darauf an, die kostbare Perle zu suchen – allerdings nicht auf den Märkten und nach der Art dieser Welt. Der Preis, der von uns dafür verlangt wird, ist nicht Gold oder Silber, die ja ohnehin Gott gehören. Wir müssen deshalb die Vorstellung aufgeben, dass irgendwelche Vorzüge – seien sie nun materieller oder geistlicher Art – uns zur Erlösung verhelfen könnten. Gott erwartet vielmehr, dass wir ihm gehorchen und nicht mehr sündigen wollen. Christus sagt: „Wer überwindet, dem will ich geben, mit mir auf meinem Thron zu sitzen, wie auch ich überwunden habe und mich gesetzt habe mit meinem Vater auf seinen Thron." (Offenbarung 3,21)

Es gibt Menschen, die scheinbar ständig auf der Suche nach der himmlischen Perle sind. Dabei fehlt ihnen aber die Bereitschaft, ihren verkehrten Lebensstil radikal zu ändern und ihr ichbezogenes Denken aufzugeben, damit Christus in ihnen Gestalt gewinnen könnte. So bleibt ihr Suchen ergebnislos. Ihr wenig frommes Geltungsbedürfnis und ihre Vergnügungssucht haben sie noch nicht hinter sich gelassen, und sie denken nicht daran, ihr Kreuz auf sich zu nehmen, um Christus auf dem Weg der Selbstverleugnung und Aufopferung zu folgen. Um wahre Christen zu sein, fehlt solchen Menschen oft nicht viel. Sie scheinen dem Himmelreich nahe zu sein, gelangen aber nicht hinein. Beinahe, doch nicht ganz gerettet, das bedeutet: ganz – nicht nur beinahe – verloren!

Das Gleichnis vom Kaufmann, der wertvolle Perlen suchte, hat eine doppelte Bedeutung: Es bezieht sich nicht nur auf Menschen, die nach dem Reich Gottes streben, sondern auch auf Christus, der sein verlorenes Erbe wiedergewinnen will. Er, der himmlische Kaufmann auf der Suche nach wertvollen Perlen, sah in der gefallenen Menschheit eine kostbare Perle. Wie verdorben und heruntergekommen jemand durch die Sünde auch sein mochte – Christus wusste, dass auch er gerettet werden konnte. Menschen, die einen inneren Kampf mit Satan ausgefochten haben und durch die Macht der Liebe gerettet worden sind, sind für Jesus kostbarer als solche, die nie vom rechten Weg abgekommen sind. Für Gott war also die Menschheit nicht verdorben und wertlos. Er nahm sich ihrer in Christus an und sah, wie die Macht seiner erlösenden Liebe sie umgestalten könnte. Allen Reichtum des Weltalls sammelte er und bot ihn für diese Perle an. Jesus wird diese Perle, die er gefunden hat, in seine Herrscherkrone einsetzen. „Steine an seinem Diadem sind sie, die über seinem Land funkeln." (Sacharja 9,16 EB) „Sie sollen, spricht der Herr Zebaoth, an dem Tage, den ich machen will, mein Eigentum sein." (Maleachi 3,17)

Doch unser wichtigstes Thema, mit dem wir uns gar nicht genug beschäftigen können, ist Christus, die kostbare Perle, dieser Himmelsschatz, den wir besitzen dürfen. Der Heilige Geist offenbart uns, wie überaus kostbar diese schöne Perle ist. Immer wenn er mit Macht wirkt, geschieht es, dass dieses himmlische Geschenk in besonderer Weise gesucht und gefunden wird. Zur Zeit Jesu hörten viele das Evangelium, doch war ihr Denken durch falsche Lehren irregeleitet, sodass sie in dem demütigen Lehrer aus Galiläa nicht den Gesandten Gottes erkennen konnten. Nach seiner Himmelfahrt aber signalisierte die Ausgießung des Heiligen Geistes, dass Christus nun in sein Mittleramt im Himmel eingesetzt war.

Zu Pfingsten wurde dieser Geist den Zeugen Christi gegeben, die daraufhin die Kraft des auferstandenen Heilands verkündigten. Nun drang himmlisches Licht in die düsteren Gedanken derer, die von den Feinden Christi betrogen worden waren, und sie sahen ihren Meister „erhöht zum Fürsten und Heiland, um Israel Buße und Vergebung der Sünden zu geben“ (Apostelgeschichte 5,31). Sie sahen, wie er, umgeben von der Herrlichkeit des Himmels, unermessliche Schätze in den Händen hielt, um sie all denen zu schenken, die sich nicht mehr gegen ihn auflehnten. Als die Apostel ihren Zuhörern die Herrlichkeit des Sohnes Gottes vor Augen malten, wurden dreitausend Menschen bekehrt. Plötzlich sahen sie sich so, wie sie wirklich waren, nämlich sündig und befleckt, und sie erkannten in Christus ihren Freund und Erlöser.

Durch die Kraft des Heiligen Geistes, der auf ihnen ruhte, wurde Christus erhoben und verherrlicht. Im Glauben erkannten sie, dass er Erniedrigung, Leid und Tod erduldet hatte, damit sie nicht verloren gingen, sondern das ewige Leben gewinnen könnten. Als Christus sich ihnen durch den Heiligen Geist offenbarte, begriffen sie seine Macht und Herrlichkeit, streckten ihm voller Glauben die Hände entgegen und bekannten: „Ich glaube.“

Die frohe Botschaft von der Auferstehung des Heilands wurde danach bis an die Grenzen der damals bekannten Welt getragen. Überall schlossen sich Neubekehrte der Gemeinde an. Gemeindeglieder erlebten eine neue Bekehrung, Sünder und Christen suchten gemeinsam nach der kostbaren Perle. So erfüllte sich die Prophezeiung: „… dass der Schwache unter ihnen sein wird wie David und das Haus David wie Gott, wie der Engel des Herrn vor ihnen her.“ (Sacharja 12,8) Jeder Christ sah in seinem Bruder einen Abglanz der Güte und Liebe Gottes. Ein einziger Wunsch herrschte vor, ein Ziel drängte alles andere in den Hintergrund, alle Herzen schlugen in Eintracht. Nichts wünschten die Gläubigen so sehr, als das Wesen Christi darzustellen und an der Ausbreitung seines Reiches mitzuwirken. „Die Menge der Gläubigen aber war ein Herz und eine Seele … Und mit großer Kraft bezeugten die Apostel die Auferstehung des Herrn Jesus, und große Gnade war bei ihnen allen.“ (Apostelgeschichte 4,32.33) „Der Herr aber fügte täglich zur Gemeinde hinzu, die gerettet wurden.“ (Apostelgeschichte 2,47) Der Geist Christi erfüllt die ganze Gemeinde, denn sie hatte die kostbare Perle gefunden.

Das alles wird sich noch einmal und mit größerer Macht wiederholen. Die Ausgießung des Heiligen Geistes zu Pfingsten war der Frühregen; der Spätregen wird noch reichlicher fallen.

Der Geist Gottes wartet darauf, dass wir ihn erbitten und freudig empfangen wollen. Christus soll durch die Kraft des Heiligen Geistes ein zweites Mal in seiner Fülle offenbart werden. Dann werden die Menschen den Wert der kostbaren Perle erkennen und mit dem Apostel Paulus sprechen: „Aber was mir Gewinn war, das habe ich um Christi willen für Schaden erachtet. Ja, ich erachte es noch alles für Schaden gegenüber der überschwänglichen Erkenntnis Christi Jesu, meines Herrn.“ (Philipper 3,7.8)

Kapitel 10

Das Netz

„Wiederum gleicht das Himmelreich einem Netz, das ins Meer geworfen ist und Fische aller Art fängt. Wenn es aber voll ist, ziehen sie es heraus an das Ufer, setzen sich und lesen die guten in Gefäße zusammen, aber die schlechten werfen sie weg. So wird es auch am Ende der Welt gehen: Die Engel werden ausgehen und die Bösen von den Gerechten scheiden und werden sie in den Feuerofen werfen; da wird Heulen und Zähneklappern sein." (Matthäus 13,47-50)

Das Auswerfen des Netzes stellt die Predigt des Evangeliums dar, durch die Gutes und Schlechtes in die Gemeinde gelangt. Wenn das Werk der Verkündigung abgeschlossen ist, wird im Endgericht beides voneinander getrennt werden. Christus sah voraus, dass die Gemeindezugehörigkeit von falschen Brüdern den Weg der Wahrheit in Verruf bringen würde, ja, dass die Welt angesichts der Inkonsequenz dieser Menschen das Evangelium schlecht machen würde. Selbst Gläubige, das wusste er, könnten verunsichert werden durch die vielen, die sich zwar Christen nennen, sich aber nicht von seinem Geist regieren lassen. Die Tatsache, dass solche Menschen in der Gemeinde sind, könnte bei vielen den gefährlichen Gedanken wecken: Gott nimmt es mit der Sünde nicht so genau. Deshalb lüftete Christus den Schleier der Zukunft und wies nachdrücklich darauf hin, dass allein der Charakter und nicht die soziale Stellung über das Schicksal des Menschen in der Ewigkeit entscheidet.

Die beiden Gleichnisse vom Unkraut und vom Netz lehren ganz klar, dass es keine Zeit geben wird, in der sich alle Sünder zu Gott bekehren. Weizen und Unkraut wachsen zusammen auf bis zur Ernte; gute und wertlose Fische werden miteinander an Land gezogen und erst dort für immer getrennt.

Außerdem lassen beide Gleichnisse deutlich erkennen, dass es nach dem Gericht keine Gnadenzeit mehr geben wird. Unmittelbar nachdem das Werk der Evangeliumsverkündigung abgeschlossen ist, erfolgt die Trennung von Guten und Bösen. Damit ist dann das Schicksal der beiden Gruppen auf ewig entschieden.

Gott will nicht, dass irgendein Mensch verloren geht. „So wahr ich lebe, spricht Gott der Herr: ich habe kein Gefallen am Tode des Gottlosen, sondern dass der Gottlose umkehre von seinem Wege und lebe. So kehrt nun um von euren bösen Wegen. Warum wollt ihr sterben, ihr vom Hause Israel?“ (Hesekiel 33,11) Solange Gnadenzeit ist, wirkt Gottes Geist ständig auf die Menschen ein und sucht sie zu veranlassen, die Gabe des Lebens anzunehmen. Nur wer sich diesem Drängen widersetzt, wird einmal zugrunde gehen. Gott hat klar gesagt, dass die Sünde vernichtet werden muss, da sie das ganze Weltall zu verderben droht. Wer sich nicht von ihr lossagt, wird mit ihr zusammen ausgerottet werden.

Kapitel 11

Neues und Altes

Wenn Christus zu den Menschen sprach, war das gleichzeitig auch ein Teil der Ausbildung seiner Jünger für ihre zukünftige Aufgabe. Immer konnten sie aus dem, was er sagte, etwas lernen. Als er das Gleichnis vom Netz erzählt hatte, fragte er sie: „Habt ihr das alles verstanden?“ Sie antworteten: „Ja.“ Da machte er ihnen durch einen weiteren Vergleich klar, welche Verantwortung ihnen das Wissen um die Wahrheit auferlegte. „Darum gleicht jeder Schriftgelehrte“, sagte er, „der ein Jünger des Himmelreichs geworden ist, einem Hausvater, der aus seinem Schatz Neues und Altes hervorholt.“ (Matthäus 13,51.52)

Der Hausvater hortet seinen Reichtum nicht, sondern teilt alles, was er erworben hat, Gewinn bringend aus. Auf diese Weise vermehrt sich der Schatz. Der Hausvater besitzt kostbare Dinge, neue und alte. Christus zeigte also, dass die Wahrheit, die seinen Jüngern anvertraut wurde, der Welt mitgeteilt werden soll. In dem Maße, wie man die Erkenntnis der Wahrheit weitergibt, vermehrt sie sich auch. Wer die Evangeliumsbotschaft mit dem Herzen erfasst hat, will sie unbedingt anderen mitteilen.

Die aus dem Heiligen Geist geborene Liebe zu Christus möchte auch an anderen wirksam werden. Wer Christus angenommen hat, wird aus eigener Erfahrung berichten wollen, wie der Heilige Geist ihn Schritt für Schritt führte. Er wird von seinem Hunger und Durst nach der Erkenntnis Gottes und Jesu Christi, den er gesandt hat, erzählen, vom Erfolg seines Bibelstudiums, von seinen Gebeten, inneren Kämpfen und schließlich von Christi Zusage an ihn: „Deine Sünden sind dir vergeben.“ Weil es unnatürlich wäre, solche Erfahrungen zu verheimlichen, bringen das diejenigen, die von der Liebe Christi erfüllt sind, auch nicht fertig. Je mehr der Herr ihnen von der heiligen Wahrheit anvertraut, umso stärker wird ihr Wunsch, dass andere denselben Segen erfahren möchten. Und indem sie vom Reichtum der Gnade Gottes erzählen, wird ihnen selbst die Gnade Christi immer reichlicher zuteil. Sie besitzen das einfache, rückhaltlos gehorsame Herz eines Kindes und haben ein großes Bedürfnis nach Heiligung. Die Schätze der Wahrheit und Gnade erschließen sich ihnen immer mehr, um so an die Welt weitergegeben zu werden.

Die unerschöpfliche Fundgrube der Wahrheit ist das Wort Gottes: als Heilige Schrift, als Buch der Natur und als Buch der Erfahrung, in dem das Wirken Gottes im Menschenleben niedergelegt wird. Hier finden wir die Schätze, aus denen wir als Christi Mitarbeiter schöpfen dürfen. Auf der Suche nach der Wahrheit sollen wir uns auf Gott verlassen und nicht auf menschliche Einsichten oder noch so kluge Köpfe, deren Weisheit vor Gott nur Torheit ist. Durch seine eigens erwählten Werkzeuge wird der Herr sich jedem offenbaren, der aufrichtig nach Wahrheit sucht.

Wer Christus nachfolgt, seinem Wort glaubt und danach lebt, der wird keine Schwierigkeiten haben, die Welt der Natur zu erforschen und zu erfassen. In allem wird er ein Mittel sehen, die empfangene Wahrheit anderen mitzuteilen. Naturkunde wird für ihn zu einer Schatzkammer der Erkenntnis, die jedem Jünger Jesu offen steht. Wenn wir die Schönheit der Natur betrachten und dabei lernen, was uns die Bestellung des Bodens, das Wachstum der Bäume und all die Wunder der Erde, des Meeres und der Luft zu sagen haben, dann gewinnen wir einen völlig neuen Blick für die Wahrheit, dann entdecken wir reiche Schätze auch in dem geheimnisvollen Handeln Gottes an den Menschen, in der Tiefe seiner Weisheit und in seinen Absichten, die sich im menschlichen Leben offenbaren. Am klarsten jedoch kann der sündige Mensch Gott in seinem geschriebenen Wort erkennen, dieser Schatzkammer des unermesslichen Reichtums Christi.

Das Wort Gottes umfasst die Schriften des Alten wie des Neuen Testaments. Das eine ist ohne das andere unvollständig. Christus wies darauf hin, dass die Wahrheiten des Alten Bundes ebenso wertvoll sind wie die des Neuen. Er war bei der Erschaffung dieser Welt nicht weniger der Erlöser der Menschen als heute. Lange bevor der Sohn Gottes als Mensch in die Welt kam, predigten bereits Adam, Seth, Henoch, Methusalah und Noah die Frohe Botschaft. Abraham verbreitete das Evangelium in Kanaan, Lot in Sodom, und so gab es in jeder Generation treue Boten, die das Kommen des Erlösers verkündigten. Christus selbst hatte die religiösen Zeremonien der Juden eingesetzt. Er war der Begründer ihres Opferkultes, und in ihm erfüllte sich der gesamte Gottesdienst. Das Blutvergießen beim Opfern sollte auf den Tod des Gotteslammes hinweisen. Alle Opfer waren symbolische Darstellungen, die sich in Christus erfüllten. Christus, der den Patriarchen verkündigt, im Opferdienst symbolisiert, im Gesetz abgebildet und durch die Propheten vorhergesagt wurde, ist der „Schatz" des Alten Testaments. Sein Leben, sein Tod, seine Auferstehung und sein Wirken durch den Heiligen Geist machen ihn aber auch zum „Schatz" des Neuen Testaments. Unser Heiland, die Widerspiegelung der Herrlichkeit des Vaters, ist beides zugleich: das Alte und das Neue.

Vom Leben, Sterben und dem Mittlerdienst des Herrn Jesus Christus, wovon bereits die Propheten geweissagt hatten, sollten die Apostel Zeugnis ablegen. Die Demut und Reinheit, das heilige Wesen und die unvergleichliche Liebe des Gottessohnes sollten dabei besonders im Vordergrund stehen. Um das Evangelium nun unverkürzt zu predigen, genügte es nicht, nur vom Leben und der Lehre Jesu zu erzählen; vielmehr musste auch auf die Weissagungen der alttestamentlichen Propheten hingewiesen und der Zusammenhang mit dem Opferdienst im Alten Bund hergestellt werden. In seiner Verkündigung sprach Christus über all die alten Wahrheiten, deren Ursprung er war und die er schon durch Patriarchen und Propheten hatte verbreiten lassen. Nun aber stellte er sie in einem neuen Licht dar, und wie ganz anders erschien plötzlich ihre Bedeutung! Die Art, wie er darüber sprach, brachte Licht und geistliches Leben in sie. Darüber hinaus versprach er seinen Nachfolgern, dass der Heilige Geist ihnen Erkenntnis schenken würde, damit sie das Wort Gottes immer besser verstehen und seine Wahrheit in neuer Schönheit anderen weitergeben könnten.

Seitdem im Garten Eden zum ersten Mal die Erlösung verheißen wurde, haben sich Menschen immer wieder mit dem Leben, Wesen und der Mittlerrolle Christi beschäftigt. Aber jeder, der unter dem Einfluss des Heiligen Geistes stand, sprach über diese Themen so, dass dabei völlig neue Aspekte zu Tage traten. Die Wahrheiten von der Erlösung unterliegen nämlich einer ständigen Entwicklung und Erweiterung. Sie sind zugleich alt und doch immer wieder neu; dem Suchenden offenbaren sie sich in immer größerer Herrlichkeit und Macht.

Jedes Zeitalter erlebt eine neue Entwicklungsstufe der Wahrheit, und für jede Generation gibt es eine Botschaft von Gott. Die alten Wahrheiten bleiben dabei ausnahmslos wichtig; ein neuer Wahrheitspunkt ist ja von den altbekannten nicht unabhängig, sondern ergänzt sie vielmehr. Nur wer die bereits vertrauten Aspekte der Wahrheit verstanden hat, kann auch die neuen begreifen. Als Christus mit seinen Jüngern über seine Auferstehung sprechen wollte, „fing [er] an bei Mose und allen Propheten und legte ihnen aus, was in der ganzen Schrift von ihm gesagt war" (Lukas 24,27). Das gleiche Licht aber, das den neuen Wahrheitspunkt erhellt, verherrlicht auch die alte Wahrheit. Wer die neue ablehnt oder für unwichtig hält, hat die alte nicht wirklich erfasst; sie verliert für ihn ihre Lebenskraft und erstarrt zur toten Form.

Manche Menschen behaupten von sich, an die alttestamentliche Wahrheit zu glauben und sie zu verkündigen, aber die neutestamentliche lehnen sie ab. Die Tatsache, dass sie Christus und seine Lehre nicht anerkennen, zeigt jedoch, dass sie auch nicht das glauben, was die Patriarchen und Propheten gesagt haben. „Wenn ihr Mose glaubtet", sagte Christus deshalb, „so glaubtet ihr auch mir; denn er hat von mir geschrieben." (Johannes 5,46) Das ist auch der Grund, weshalb wir bei solchen Menschen jede echte Vollmacht vermissen, selbst wenn sie über das Alte Testament predigen. In einem ähnlichen Irrtum befinden sich viele, die behaupten, an das Evangelium zu glauben und zu seiner Verbreitung beizutragen. Sie lassen nämlich das Alte Testament außer acht, von dem Christus doch sagte, dass es auf ihn hinweise. (Johannes 5,39 GN) Indem sie das Alte ablehnen, verwerfen sie auch das Neue Testament, denn beide sind Teile eines untrennbaren

Ganzen. Niemand kann das Gesetz Gottes im rechten Licht darstellen ohne das Evangelium – und umgekehrt! Das Gesetz enthält bereits das Evangelium, und das Evangelium ist die Verwirklichung des Gesetzes. Das Gesetz ist die Wurzel, das Evangelium seine wohlriechende Blüte und Frucht.

Das Alte Testament wirft Licht auf das Neue und umgekehrt. Jedes offenbart auf seine Weise die Herrlichkeit Gottes in Christus. Beide enthalten Wahrheiten, die sich dem aufrichtig Suchenden in ständig tieferer Bedeutung erschließen.

Die Wahrheit in und durch Christus kennt keine Grenzen. Wer die Bibel mit aufrichtigem Herzen liest, blickt sozusagen in einen Brunnen, der ihm dabei immer unergründlicher und tiefer erscheint. Das Geheimnis der göttlichen Liebe, die den Sohn opferte zur Vergebung unserer Sünden, werden wir in diesem Leben nicht völlig erfassen. Was der Erlöser auf dieser Erde für uns getan hat, ist und bleibt etwas, das unser Vorstellungsvermögen übersteigt. Wir mögen unsere Verstandeskräfte noch so sehr anstrengen, um dieses Geheimnis zu ergründen – wir werden dabei nur müde und kraftlos werden. Auch für den eifrigsten Denker wird dieses Thema grenzen- und uferlos bleiben.

Die Wahrheit, die in Jesus zu finden ist, kann man erfahren, aber niemals erklären. Ihre Dimensionen übersteigen unser Verständnis. Selbst wenn wir unser Vorstellungsvermögen aufs Äußerste anstrengen, können wir doch nur in etwa die Umrisse einer Liebe erahnen, die so unerklärlich und himmelhoch über uns steht und sich doch auf unsere Erde herabließ, um in allen Menschen das Bild Gottes wiederherzustellen.

In dem Maße, wie wir es ertragen können, wird uns aber doch Gottes Fähigkeit, mit uns zu fühlen und zu leiden, gezeigt – vorausgesetzt, wir sehen unsere Schuld ein und wollen mit Gott wieder ins Reine kommen. Wie viel Einsicht uns hier gewährt wird, hängt allerdings auch davon ab, wie wir das Opfer, das er für uns brachte, zu schätzen wissen. Wer das Wort Gottes in Demut liest, dem erschließt sich das großartige Thema der Erlösung. Je länger er sich damit beschäftigt, umso mehr Klarheit gewinnt er darüber, und sein Verständnis dafür nimmt zu, wenn er sich bemüht, es gläubig zu erfassen.

Unser Leben muss eng mit dem Leben Christi verbunden sein. Wir können nur zu ihm gehören, wenn wir uns ständig von ihm als dem Brot des Lebens, das uns vom Himmel geschenkt wurde, im geistlichen Sinn ernähren und unseren Durst an der immer frischen Quelle löschen, die ununterbrochen ihr kostbares Gut hervorbringt. Wenn wir uns immer bewusst machen, wie nahe Gott uns ist, wenn wir dafür dankbar sind und ihn loben können, dann wird unser Glaube frisch und lebendig bleiben, und wir werden im Gebet mit Gott sprechen wie mit einem Freund. Er wird uns dafür vieles klarmachen, was uns vorher unverständlich war. Voller Freude werden wir die Nähe Jesu verspüren, wenn er mit uns Zwiesprache halten möchte, wie er das einst mit Henoch tat. Diese Erfahrung des Christen schenkt ihm die Fähigkeit, einfach und bescheiden, freundlich und frei von Überheblichkeit zu sein. Die Menschen in seiner Umgebung werden merken, dass er Jesus kennt und von ihm gelernt hat.

Der Glaube an Christus erweist sich für den Einzelnen immer wieder als Leben spendendes, alles durchdringendes Prinzip, als lebendige, mächtig wirkende geistliche Kraft. Er wird deutlich an der Frische, Energie und Freude jung gebliebener Menschen. Ein Herz, das Gottes Wort in sich aufnimmt, ist nicht wie ein Teich, dessen Wasser verdunstet, nicht wie eine löchrige Zisterne, deren Inhalt versickert; vielmehr gleicht es einem Gebirgsbach, der von nie versiegenden Quellen gespeist wird und dessen kühles Nass über die Felsen sprudelt, um die Müden, Durstigen und Beladenen zu erfrischen. Erst diese Erfahrung befähigt jeden, der die Wahrheit weitergeben möchte, ein echter Botschafter Christi zu sein. Seine Gespräche mit anderen Menschen und seine Gebete sind dann von der Kraft und Bestimmtheit geprägt, die auch für die Lehre Jesu charakteristisch ist, und sein Bekenntnis zu Christus bleibt nicht länger engstirnig und wirkungslos. Als Prediger wird er nicht immer wieder dieselben vorbereiteten Ansprachen halten, sondern der ständigen Erleuchtung durch den Heiligen Geist offen stehen.

Christus sagte: „Wer mein Fleisch isst und mein Blut trinkt, der hat das ewige Leben … Wie mich der lebendige Vater gesandt hat und ich lebe um des Vaters willen, so wird auch, wer mich isst, leben um meinetwillen … Der Geist ist's, der lebendig macht … Die Worte, die ich zu euch geredet habe, die sind Geist und sind Leben.“ (Johannes 6,54.57.63) Wenn wir Christi „Fleisch essen“ und sein „Blut trinken“, dann wird der Grundstoff des ewigen Lebens im Predigtamt wirksam sein. Dann werden nicht immer wieder die altbekannten, abgedroschenen Redensarten bemüht werden, und das geistlose, langweilige Predigen wird aufhören. Zwar werden weiterhin die alten Wahrheiten verkündigt werden, aber in einem neuen Licht. Man wird sie ganz neu verstehen, und eine Klarheit und Kraft wird herrschen, die jeder deutlich wahrnehmen kann. Wer das Glück hat, eine solche Predigt zu hören, der fühlt – falls er den Heiligen Geist auf sich wirken lässt – die Energie spendende Kraft eines neuen Lebens. Das Feuer der Liebe Gottes erfasst ihn, und sein Auffassungsvermögen in geistlichen Dingen wird so geschärft, dass er die Schönheit und Herrlichkeit der Wahrheit erfassen kann.

Der treue Hausvater zeigt uns, was jeder tun sollte, dem Kinder und junge Leute zur Erziehung anvertraut sind: Wenn das Wort Gottes für ihn zu einem Schatz geworden ist, wird er daraus immer wieder neue Schönheit und Wahrheit hervorholen. Er vertraut betend auf Gott, sodass der Geist Christi in sein Leben kommen kann und Gott ihn als Werkzeug benutzt, um durch ihn mit Hilfe des Heiligen Geistes andere Menschen zu beeinflussen. Der Geist erfüllt ihn ganz mit freudiger Hoffnung, mit Mut und Gedankengut der Bibel, und er kann all dies den jungen Menschen in seiner Obhut weitergeben. Durch Gottes Wort ziehen Friede und Freude in das Herz des Lehrers und Erziehers ein, um dort zu einem mächtigen Strom des Segens für die Menschen in seinem Einflussbereich zu werden. Seine Schüler sehen jetzt in der Bibel kein langweiliges Buch mehr – im Gegenteil! Wenn er es versteht, ihnen das Wort Gottes in der rechten Weise zu vermitteln, wird es für sie bald das unentbehrliche, stets frische Brot des Lebens werden. Die Schönheit des lebendigen Wortes vermag junge Menschen in seinen Bann zu schlagen. Darin gleicht es der Sonne, die der Erde Licht und Wärme spendet, ohne sich jemals zu erschöpfen.

Gottes heiliger, das Herz des Menschen umformender Geist kommt aus seinem Wort. Neues, wertvolles Licht wird uns auf jeder Seite der Bibel geschenkt. Dort finden wir Wahrheit und Ratschläge für alle Lebenslagen, und wir spüren, dass Gott persönlich zu uns spricht. Der Heilige Geist wendet sich gern an die Jugend, um ihr die Schätze und Schönheiten von Gottes Wort zu zeigen. Die Verheißungen des großen Lehrers sprechen das junge Herz unmittelbar an und schenken geistliche Kraft von Gott. Wer bereit dazu ist, wird auf diese Weise mit dem Göttlichen vertraut und erhält so einen wirksamen Schutz gegen Versuchungen.

Die Worte der Wahrheit werden an Bedeutung zunehmen und eine Tragweite und Inhaltsschwere gewinnen, wie wir das nie erwartet hätten. Schönheit und Reichtum des Wortes haben einen umformenden Einfluss auf unser Wesen und Denken, und das Licht der himmlischen Liebe inspiriert unser Herz. Je intensiver man die Bibel liest, desto mehr lernt man sie schätzen. Überall findet man in ihr die unendliche Weisheit und Liebe Gottes.

Die Bedeutung des jüdischen Gottesdienstes ist noch immer nicht ganz klar erfasst worden. Tiefe, grundlegende Wahrheiten waren da, als Schatten auf das Zukünftige, in Riten und Symbole gekleidet. Das Evangelium ist der Schlüssel, der diese Geheimnisse erschließt. Wenn wir den Erlösungsplan kennen, sind wir auch in der Lage, diese Wahrheiten zu verstehen. Weit mehr, als wir davon Gebrauch machen, ist es unser Vorrecht, diese wunderbaren Dinge immer besser zu begreifen. Gott möchte, dass wir in seine tiefen Gedanken immer mehr Einblick gewinnen können. Engel würden etwas darum geben, wenn sie die Erkenntnis haben könnten, die Menschen mit dem aufrichtigen Verlangen, Gottes Wort kennen zu lernen und mit ihm versöhnt zu werden, geschenkt wird. Deshalb wollen wir darum bitten, dass Gott unsere Erkenntnis in jeder Hinsicht erweitert, was nur er allein zu tun vermag.

Da wir uns dem Ende der Weltgeschichte nähern, sollten wir den Prophezeiungen über die letzten Tage erhöhte Aufmerksamkeit widmen. Das letzte Buch der Bibel ist voll von Wahrheit, die man unbedingt kennen muss. Satan hat viele Menschen so sehr verblendet, dass ihnen jede Ausrede recht ist, um die Offenbarung nicht studieren zu müssen. Dabei hat Christus in ihr durch seinen Diener Johannes deutlich vorhergesagt, was in den letzten Tagen geschehen wird, und deshalb betont: „Selig ist, der da liest und die da hören die Worte der Weissagung und behalten, was darin geschrieben ist.“ (Offenbarung 1,3) „Das ist aber das ewige Leben“, sagte Christus, „dass sie dich, der du allein wahrer Gott bist, und den du gesandt hast, Jesus Christus, erkennen.“ (Johannes 17,3) Warum machen wir uns so wenig den Wert dieser Erkenntnis klar? Warum lassen wir diese herrliche Wahrheit nicht unser Herz, unser Reden und ganzes Sein erfassen?

Mit seinem Wort hat Gott uns jede Wahrheit geschenkt, die wir brauchen, um erlöst zu werden. Tausende haben aus diesem Lebensbrunnen getrunken, und doch ist sein Wasservorrat nicht geringer geworden. Tausende haben sich Jesus Christus zum Vorbild genommen und sind ihm dadurch allmählich ähnlich geworden. Mit Feuereifer reden sie von seinem Wesen, erzählen davon, was Christus ihnen bedeutet und was sie für Christus sind. Doch auch sie haben diese großartigen Themen längst nicht erschöpft. Noch vielen Tausenden stehen die Geheimnisse der Erlösung zur weiteren Erforschung offen. Je mehr wir über das Leben und die Aufgabe Christi nachdenken, desto heller wird das Licht sein, das uns bei der Wahrheitssuche hilft. Immer wieder entdecken wir noch Interessanteres und Wichtigeres, als uns schon bekannt ist. Das Thema ist unerschöpflich. Die Menschwerdung Christi, sein Sühnopfer und sein Amt als Vermittler werden den ernsthaften Leser der Bibel beschäftigen, solange die Welt besteht. Wenn er den Himmel in seiner Unermesslichkeit über sich sieht, muss er sagen: „Groß ist, wie jedermann bekennen muss, das Geheimnis des Glaubens.“ (1. Timotheus 3,16)

In der Ewigkeit werden wir vieles verstehen, was wir schon hier hätten begreifen können, wenn wir von der angebotenen Verständnishilfe Gebrauch gemacht hätten. Bis in alle Ewigkeit werden sich die Erlösten mit den Themen ihrer Errettung beschäftigen. Sie werden dann die Wahrheiten erfassen, die Christus seinen Jüngern so gern vermitteln wollte, für deren Verständnis ihnen aber der Glaube fehlte. Immer wieder werden sich neue Perspektiven über die Vollkommenheit und Hoheit Christi auftun, und ohne Ende wird der treue Hausvater Neues und Altes aus seinem Schatz hervorholen.

Teil IV

Das Gebet

„Bittet, so wird euch gegeben …
Denn wer da bittet, der empfängt.“
Matthäus 7,7.8

Kapitel 12

Bitten, um geben zu können

Christus empfing ständig von seinem Vater Gaben, um davon an uns weitergeben zu können. „Und das Wort, das ihr hört“, sagte er, „ist nicht mein Wort, sondern das des Vaters, der mich gesandt hat.“ (Johannes 14,24) „So wie der Menschensohn nicht gekommen ist, dass er sich dienen lasse, sondern dass er diene.“ (Matthäus 20,28) Er dachte nicht an sich selbst, sondern lebte und betete für andere. Nach Stunden engster Gemeinschaft mit Gott ging er jeden Morgen hinaus, um den Menschen das Licht des Himmels zu bringen. Täglich wurde er neu mit dem Heiligen Geist getauft. Früh an jedem Morgen weckte Gott ihn auf und schenkte ihm Gnade, damit er sie anderen weitergeben konnte. Von Gottes Thron wurden ihm Worte geschenkt, mit denen er die Mühseligen und Beladenen trösten konnte. „Gott der Herr“, sagte Christus, „hat mir eine Zunge gegeben, wie sie Jünger haben, dass ich wisse mit den Müden zu rechter Zeit zu reden. Alle Morgen weckt er mir das Ohr, dass ich höre, wie Jünger hören.“ (Jesaja 50,4)

Es beeindruckte die Jünger tief, wie Christus betete und mit Gott enge Gemeinschaft pflegte. Eines Tages kamen sie dazu, wie er auf den Knien lag und ins Gebet versunken war. Er schien ihre Gegenwart gar nicht zu bemerken, sondern fuhr fort, laut zu beten. Das bewegte die Jünger so tief, dass sie ihn, als er geendet hatte, baten: „Herr, lehre uns beten.“ (Lukas 11,1) Da lehrte Christus sie das Vaterunser und veranschaulichte anschließend das, was er ihnen sagen wollte, durch ein Gleichnis:

„Wenn jemand unter euch einen Freund hat und ginge zu ihm um Mitternacht und spräche zu ihm: Lieber Freund, leih mir drei Brote; denn mein Freund ist zu mir gekommen auf der Reise, und ich habe nichts, was ich ihm vorsetzen kann, und der drinnen würde antworten und sprechen: Mach mir keine Unruhe! Die Tür ist schon zugeschlossen, und meine Kinder und ich liegen schon zu Bett; ich kann nicht aufstehen und dir etwas geben. Ich sage euch: Und wenn er schon nicht aufsteht und ihm etwas gibt, weil er sein Freund ist, dann wird er doch wegen seines unverschämten Drängens aufstehen und ihm geben, soviel er bedarf." (Lukas 11,5-8)

Christus schildert hier, wie jemand bittet, um geben zu können. Der Mann im Gleichnis braucht Brot, damit er einen müden Reisenden, der so spät noch unterwegs ist, bewirten kann. Obwohl er weiß, dass der Nachbar sich über die Störung ärgert, bittet er ihn doch um Brot, damit sein Freund etwas zu essen bekommt. Schließlich wird sein „unverschämtes Drängen" belohnt, und er bekommt, was er will.

Genauso sollten die Jünger Gott um Gaben bitten. Bei der Speisung der großen Volksmenge (Lukas 9,10-17; Johannes 6,1-15) und in der Predigt über das Brot vom Himmel (Johannes 6,22-59) hatte Christus ihnen ihre Aufgabe, die sie einmal an seiner Stelle wahrnehmen sollten, klargemacht: Sie sollten den Menschen das Brot des Lebens geben. Er wies ihnen aber nicht nur diese Arbeit zu, sondern sah dabei auch voraus, wie oft ihr Glaube geprüft, wie oft sie in unerwartete Lagen geraten und ihr menschliches Unvermögen erkennen würden. Menschen, die nach dem Brot des Lebens hungerten, würden zu ihnen kommen und ihnen das Gefühl geben, selbst arm und hilflos zu sein. Die Jünger, das wusste er, brauchten geistliche Nahrung, da sie sonst nichts weiterzugeben hätten. Weil sie ja niemanden hungrig fortschicken sollten, zeigte Jesus ihnen, woher das lebendige Brot kommt. Der Mann im Gleichnis wies seinen Freund nicht ab, obwohl dieser zu so unpassender Zeit, um Mitternacht, Unterkunft und Bewirtung erbat. Weil er selbst nichts hatte, was er dem Gast vorsetzen konnte, ging er zu jemandem, der Lebensmittel auf Vorrat hatte, und flehte ihn so lange an, bis der ihm zuletzt gab, was er brauchte. Sollte Gott seinen Mitarbeitern, die in seinem Auftrag den geistlichen Hunger der Menschen stillen, nicht auch geben, was sie dazu benötigen?

Allerdings stellt der Nachbar im Gleichnis, der zuerst an sich selbst denkt, nicht das Wesen Gottes dar, sondern sein Gegenteil. Der egoistische Mensch gibt dem „unverschämten Drängen" nach, um den Ruhestörer loszuwerden; Gott dagegen gibt gern. Er hat so viel Mitgefühl und möchte alle zufrieden stellen, die gläubig zu ihm kommen. Er gibt uns Gaben, damit wir anderen helfen können und ihm auf diese Weise ähnlicher werden.

Christus sagt: „Bittet, so wird euch gegeben; suchet, so werdet ihr finden; klopfet an, so wird euch aufgetan. Denn wer da bittet, der empfängt; und wer da sucht, der findet; und wer da anklopft, dem wird aufgetan." (Lukas 11,9.10) Und er fährt fort: „Wo ist unter euch ein Vater, der seinem Sohn, wenn der ihn um einen Fisch bittet, eine Schlange für den Fisch biete? oder der ihm, wenn er um ein Ei bittet, einen Skorpion dafür biete? Wenn nun ihr, die ihr böse seid, euren Kindern gute Gaben geben könnt, wie viel mehr wird der Vater im Himmel den heiligen Geist geben denen, die ihn bitten!" (Lukas 11,11-13)

Um unser Vertrauen zu Gott zu stärken, fordert Christus uns auf, diesen mit einem neuen Namen anzureden, einem Namen, mit dem wir besonders liebe Empfindungen verknüpfen: Er schenkt uns nämlich das Vorrecht, den unendlichen Gott unseren Vater zu nennen. Reden wir mit oder von Gott als unserem Vater, dann soll das ein Zeichen dafür sein, dass wir ihn lieben und ihm vertrauen; zugleich ist es aber auch ein Unterpfand dafür, dass Gott sich um uns kümmert und uns immer nahe ist. Wenn wir ihn um etwas bitten, ist ihm die Anrede „Vater" Musik in den Ohren. Gott selbst hat diesen Namen wiederholt auf sich angewandt, damit wir nicht meinen, es sei zu kühn, ihn im Gespräch mit ihm zu benutzen. Vielmehr wünscht er sich, dass uns diese Anrede ganz selbstverständlich wird.

Gott betrachtet uns als seine Kinder. Er hat uns aus der Welt, in der man gedankenlos in den Tag hineinlebt, erlöst und uns in seine Familie aufgenommen als Söhne und Töchter des himmlischen Königs. Er lädt uns ein, ihm noch stärker zu vertrauen als ein Kind seinem irdischen Vater. Eltern lieben ihre Kinder; die Liebe Gottes jedoch ist umfassender, als menschliche Liebe je sein kann – sie ist unermesslich. Wenn also irdische Eltern wissen, wie sie ihren Kindern gute Gaben geben können, wie viel mehr wird dann unser Vater im Himmel den Heiligen Geist denen geben, die ihn darum bitten!

Was Christus über das Gebet sagte, ist es wert, dass wir gründlich darüber nachdenken. Das Gebet ist eine göttliche Wissenschaft. Christus spricht Gedanken darüber aus, die jeder kennen sollte. Er zeigt uns, wie die rechte Einstellung zum Gebet aussieht, und weist darauf hin, dass wir zwar Ausdauer brauchen, wenn wir etwas von Gott erbitten wollen, dass Gott aber gern bereit ist, unser Bitten zu erhören.

Unsere Gebete sollen kein egoistisches Bitten um den eigenen Vorteil sein. Lasst uns Gott um Gaben bitten, damit wir geben können. Dabei wird uns der Grundsatz Christi eine große Hilfe sein, der an seine Jünger dachte, als er betete: „Ich heilige mich selbst für sie, damit auch sie geheiligt seien in der Wahrheit.“ (Johannes 17,19) Dieselbe Hingabe, dieselbe Bereitschaft, sich aufzuopfern und den Forderungen von Gottes Wort nachzukommen, die für Christus so charakteristisch war, soll auch in unserem Leben sichtbar werden. Unsere Aufgabe in der Welt besteht nicht darin, dem eigenen Vergnügen nachzugehen, sondern in der Verherrlichung Gottes, wenn wir mit ihm zusammenarbeiten, um Sünder zu retten. Wir sind aufgefordert, von Gott Segnungen zu erbitten, um sie an andere austeilen zu können. Nur wenn wir weitergeben, werden wir selbst immer wieder empfangen können. Es ist nicht möglich, ununterbrochen himmlische Schätze zu erhalten, ohne unsere Mitmenschen daran teilhaben zu lassen.

Der Mann im Gleichnis, der seinen Nachbarn bat, ihm Brot zu leihen, wurde immer wieder abgewiesen; dennoch gab er sein Ziel nicht auf. Auch unsere Gebete scheinen nicht immer sofort erhört zu werden. Christus jedoch ermuntert uns, in unserem Bitten nicht nachzulassen. Das Gebet soll Gott nicht umstimmen, sondern uns in Übereinstimmung mit ihm bringen. An dem, worum wir ihn bitten, mag er erkennen, wie notwendig es für uns ist, einmal in uns selbst hineinzuschauen und unsere Sünden zu bereuen. Deshalb führt er uns ja auch durch Schwierigkeiten, Prüfungen und Erfahrungen, die unseren Stolz brechen, damit wir feststellen können, warum der Heilige Geist nicht durch uns wirken kann.

Gott hat an seine Verheißungen ganz bestimmte Bedingungen geknüpft, die durch das Gebet keinesfalls ersetzt werden können. „Liebt ihr mich, so werdet ihr meine Gebote halten“, sagt Christus. „Wer meine Gebote hat und hält sie, der ist's, der mich liebt. Wer mich aber liebt, der wird von meinem Vater geliebt werden, und ich werde ihn lieben und mich ihm offenbaren.“ (Johannes 14,15.21) Wer sich nur auf Gottes Verheißungen beruft und ihn mit Bitten bestürmt, ohne die entsprechenden Voraussetzungen zu erfüllen, beleidigt den Herrn. Er bringt seine Anliegen „im Namen Jesu“ vor, tut aber nichts, was wahren Glauben an Christus und echte Liebe zu ihm beweisen würde.

Viele verscherzen sich die Möglichkeit, vom Vater angenommen zu werden. Wir müssen uns selbst prüfen, ob das Vertrauen echt ist, mit dem wir zu Gott kommen. Wenn wir ungehorsam sind, legen wir dem Herrn gleichsam einen Wechsel zur Einlösung vor, ohne die Bedingungen beachtet zu haben, nach denen er zahlbar ist. Wir erinnern Gott an seine Verheißungen und bitten ihn, sie zu erfüllen, obwohl er in diesem Fall dadurch seinen eigenen Namen entehren würde.

Die Verheißung lautet: „Wenn ihr in mir bleibt und meine Worte in euch bleiben, werdet ihr bitten, was ihr wollt, und es wird euch widerfahren.“ (Johannes 15,7) Johannes versichert: „Dass wir nun Gottes Gebote halten, ist der Beweis dafür, dass wir Gott kennen. Sollte allerdings jemand behaupten: ‚Ich kenne Gott‘, seinen Geboten aber trotzdem nicht gehorchen, so ist er ein Lügner, der Christus gar nicht kennt. Doch wer sich an Gottes Wort hält und danach lebt, an dem zeigt sich Gottes ganze Liebe. Daran ist zu erkennen, ob wir wirklich Christen sind.“ (1. Johannes 2,3-5 Hfa)

Eines der letzten Gebote Christi an die Jünger war: „... dass ihr euch untereinander liebt, wie ich euch geliebt habe.“ (Johannes 13,34) Gehorchen wir diesem Gebot, oder ist unser Verhalten von harten Charakterzügen geprägt, die dem Wesen Christi ganz fremd sind? Wenn wir andere Menschen irgendwie vor den Kopf gestoßen oder verletzt haben, dann ist es unsere Pflicht, dass wir das zugeben und um Verzeihung bitten. Das ist eine wichtige Vorbereitung dafür, um gläubig vor Gott treten und seinen Segen erbitten zu können.

Noch etwas anderes wird oft auf die leichte Schulter genommen von Menschen, die im Gebet zu Gott kommen: die Frage, ob sie ihm gegenüber ehrlich gewesen sind. Durch den Propheten Maleachi klagt Gott: „Ihr seid von eurer Väter Zeit an immerdar abgewichen von meinen Geboten und habt sie nicht gehalten. So bekehrt euch nun zu mir, so will ich mich auch zu euch kehren, spricht der Herr Zebaoth. Ihr aber sprecht: ‚Worin sollen wir uns bekehren?' Ist's recht, dass ein Mensch Gott betrügt, wie ihr mich betrügt! Ihr aber sprecht: ‚Womit betrügen wir dich?' Mit dem Zehnten und der Opfergabe!" (Maleachi 3,7.8)

Gott, von dem alle guten Gaben kommen, beansprucht einen bestimmten Teil unseres Besitzes. Diese Regelung hat er getroffen, damit die Verkündigung des Evangeliums finanziert werden kann. Wenn wir Gott diesen Teil zurückgeben, sollen wir damit zum Ausdruck bringen, dass wir seine Gaben zu schätzen wissen. Wie können wir aber, umgekehrt, auf seinen Segen Anspruch erheben, wenn wir ihm vorenthalten, was ihm gehört? Wie können wir in irdischen Dingen unehrliche Haushalter sein und dennoch erwarten, dass uns himmlische Güter anvertraut werden? Vielleicht liegt hier die Erklärung dafür, warum manches Gebet nicht erhört wird.

Doch Gott ist in seiner großen Gnade bereit zu vergeben. Er sagt: „Bringt aber die Zehnten in voller Höhe in mein Vorratshaus, auf dass in meinem Hause Speise sei, und prüft mich hiermit … ob ich euch dann nicht des Himmels Fenster auftun werde und Segen herabschütten die Fülle. Und ich will um euretwillen den ‚Fresser' bedrohen, dass er euch die Frucht auf dem Acker nicht verderben soll und der Weinstock auf dem Felde euch nicht unfruchtbar sei … Dann werden euch alle Heiden glücklich preisen, denn ihr sollt ein herrliches Land sein, spricht der Herr Zebaoth." (Maleachi 3,10-12) Das Gleiche gilt auch für alle anderen Forderungen Gottes. Er verspricht uns seine Gaben unter der

Bedingung, dass wir ihm gehorchen. Gott hat einen Himmel voll Segnungen bereit für alle, die mit ihm zusammenarbeiten wollen. Wer ihm gehorcht, darf zuversichtlich die Erfüllung seiner Verheißungen erwarten.

Aber wir müssen Gott fest und unbeirrbar vertrauen. Oft erhört er uns nicht gleich, um so unseren Glauben und die Echtheit unseres Wunsches zu prüfen. Wenn wir aber in Übereinstimmung mit seinem Wort beten, dann dürfen wir seiner Verheißung glauben und unsere Bitten mit einer Bestimmtheit vorbringen, die sich nicht abweisen lässt.

Gott sagt nicht: Bittet nur einmal, so wird euch schon gegeben. Er fordert uns auf, unablässig zu bitten und im Gebet mit ihm verbunden zu sein. Dem, der anhaltend um etwas bittet, ist es ernst mit seinem Anliegen, und in ihm wird der Wunsch nach der Erfüllung seiner Bitte immer stärker werden. Christus sagte am Grab des Lazarus zu Martha: „Habe ich dir nicht gesagt: Wenn du glaubst, wirst du die Herrlichkeit Gottes sehen?" (Johannes 11,40)

Leider fehlt vielen der lebendige Glaube, und sie erfahren deshalb nur wenig von der Kraft Gottes. Dass sie schwach sind, ist die Folge ihres Unglaubens. Sie verlassen sich lieber auf ihre eigene Leistung als auf die Hilfe Gottes. Sie wollen für sich selbst verantwortlich sein; sie überlegen viel, beten aber wenig und haben kaum Vertrauen zu Gott. Zwar bilden sie sich ein, Glauben zu haben, aber das ist nichts weiter als eine momentane Gefühlsregung. Da sie weder spüren, was ihnen fehlt, noch Gottes Bereitschaft, ihnen gerade dies zu geben, erkennen, fehlt ihnen auch die Ausdauer, im Gebet immer wieder ihre Anliegen vorzutragen.

Unsere Gebete sollen so ernst und beharrlich sein wie die Bitte des Freundes im Gleichnis, der mitten in der Nacht um Brot bat. Je ernster und unentwegter wir bitten, desto enger wird unsere geistliche Gemeinschaft mit Christus. Mit unserem Glauben wird auch der Segen wachsen, den wir dadurch erfahren.

Es ist unsere Aufgabe, zu beten und zu glauben. „Seid beharrlich im Gebet und wacht in ihm mit Danksagung!" (Kolosser 4,2) Wacht und arbeitet mit dem Gott zusammen, der Gebete erhört!

Denkt daran: „Wir sind Gottes Mitarbeiter.“ (1. Korinther 3,9) Redet und handelt so, wie ihr im Gebet vor Gott kommt! Es ist ein gewaltiger Unterschied, ob sich der Glaube in der Prüfung als echt erweist oder ob jemand nur der Form halber betet.

Wenn Probleme und Schwierigkeiten auftauchen, ist es wenig sinnvoll, seine Hoffnung auf die Hilfe anderer Menschen zu setzen. Vertrauen wir doch lieber unserem Gott! Die Gewohnheit, anderen von unseren Schwierigkeiten zu erzählen, schwächt uns nur und stärkt auch den, der uns zuhört, nicht. Wir belasten ihn nur mit unserer geistlichen Unzulänglichkeit, an der er ja auch nichts ändern kann. Warum wollen wir Beistand bei irrenden, sterblichen Menschen suchen, wenn uns doch die Kraft des unfehlbaren und ewigen Gottes zur Verfügung steht?

Du brauchst nicht bis an das Ende der Erde zu gehen, um Weisheit zu finden, denn Gott ist nahe. Keine deiner jetzigen oder zukünftigen Fähigkeiten wird dir letztlich Erfolg schenken; entscheidend ist das, was Gott für dich tut. Wir sollten uns weniger von anderen Menschen erhoffen und viel mehr darauf vertrauen, was Gott für jeden Gläubigen tun will. Er wünscht so sehr, dass wir im Glauben die Hand nach ihm ausstrecken und Großes von ihm erwarten. In weltlichen wie in geistlichen Angelegenheiten möchte er uns Einsicht schenken. Er kann unseren Verstand schärfen und uns Feingefühl und Gewandtheit schenken. Stellen wir deshalb unsere Fähigkeiten dem Werk Gottes zur Verfügung und bitten wir ihn um Weisheit, so wird er sie uns geben.

Das Wort Christi dürfen wir als festes Versprechen betrachten. Hat er uns nicht zu sich eingeladen? Deshalb haben wir auch keinen Grund, uns hoffnungslos oder enttäuscht zu äußern. Wir verlieren dadurch viel. Wer auf Äußerlichkeiten schaut und sich beklagt wenn Schwierigkeiten und Bedrängnis kommen, zeigt damit, wie schwach und angekränkelt sein Glaube ist. Wir wollen reden und handeln, als sei unser Glaube unüberwindbar. Gott hat genügend Mittel und Wege für uns bereit, denn ihm gehört die Welt. Deshalb wollen wir zu ihm im Glauben aufschauen, der Licht, Kraft und Macht hat.

Echter Glaube gibt uns immer wieder neuen Auftrieb, lässt uns treu zu unseren Grundsätzen stehen und schenkt uns eine

Zielstrebigkeit, die durch nichts zu erschüttern ist. „Männer werden müde und matt, und Jünglinge straucheln und fallen; aber die auf den Herrn harren, kriegen neue Kraft, dass sie auffahren mit Flügeln wie Adler, dass sie laufen und nicht matt werden, dass sie wandeln und nicht müde werden." (Jesaja 40,30.31)

Viele wollen von Herzen gern anderen helfen, werden aber das Gefühl nicht los, dass sie weder geistliche Kraft noch Erkenntnis vermitteln können. Ihnen kann man nur empfehlen, ihr Anliegen vor den Vater im Himmel zu bringen und um den Heiligen Geist zu bitten. Gott steht felsenfest zu seinen Verheißungen. Wir dürfen uns auf die Bibel berufen und sagen: Herr, ich habe nach deinem Wort gehandelt; nun erinnere ich dich an dein Versprechen: „Bittet, so wird euch gegeben; suchet, so werdet ihr finden; klopfet an, so wird euch aufgetan." (Matthäus 7,7)

Wir sollen nicht nur im Namen Jesu beten, sondern dabei auch unter dem Einfluss des Heiligen Geistes stehen. Dies meint Paulus, wenn er sagt: „Der Geist selbst vertritt uns mit unaussprechlichem Seufzen." (Römer 8,26) Solche Gebete erhört Gott gern. Wenn wir im Namen Christi ernst und anhaltend beten können, so ist dies bereits ein Unterpfand Gottes dafür, dass er uns erhören wird und „überschwänglich tun kann über alles hinaus, was wir bitten oder verstehen" (Epheser 3,20).

Christus hat verheißen: „Alles, was ihr bittet in eurem Gebet, glaubet nur, dass ihr's empfangt, so wird's euch zuteil werden." (Markus 11,24) „Und was ihr bitten werdet in meinem Namen, das will ich tun, damit der Vater verherrlicht werde im Sohn." (Johannes 14,13) Und der Lieblingsjünger Johannes versichert unter dem Einfluss des Heiligen Geistes klar und zuversichtlich: „Wenn wir um etwas bitten nach seinem Willen, so hört er uns. Und wenn wir wissen, dass er uns hört, worum wir auch bitten, so wissen wir, dass wir erhalten, was wir von ihm erbeten haben." (1. Johannes 5,14.15) Wir wollen also unsere Anliegen dem Vater im Namen Jesu eindringlich vorlegen. Gott wird diesen Namen ehren.

Mit dem Regenbogen, der sich über dem Thron Gottes wölbt, sollen wir daran erinnert werden, dass Gott zuverlässig ist und es bei ihm kein Wanken und keine noch so geringe Veränderung seines Wesens gibt. Wir haben gegen ihn gesündigt und verdienen seine Zuneigung nicht; dennoch legt er selbst uns diese schöne Bitte in den Mund: „Aber um deines Namens willen verwirf uns nicht! Lass den Thron deiner Herrlichkeit nicht verspottet werden; gedenke doch an deinen Bund mit uns und lass ihn nicht aufhören!“ (Jeremia 14,21) Wenn wir mit dem Eingeständnis zu ihm kommen, dass wir gesündigt haben und uns auf keine Leistung berufen können, dann wird er uns annehmen, denn das hat er fest versprochen und die Ehre seines Thrones als Pfand dafür gegeben, dass er sein Wort uns gegenüber halten will.

Wie Aaron, der ja ein Symbol für Christus war, die Namen der Söhne Israels auf die Schulterteile seines Gewandes geheftet hatte, so trägt unser Heiland im himmlischen Heiligtum die Namen seines ganzen Volkes in seinem Herzen. Unser großer Hoherpriester erinnert sich an alle Worte, mit denen er uns ermuntert hat, ihm zu vertrauen; seinen Bund vergisst er nicht.

Alle, die sich auf ihrer Suche an ihn wenden, werden finden. Wer anklopft, dem wird die Tür geöffnet werden. Bei Gott bekommen wir nicht zu hören: Stör mich nicht! Die Tür ist schon verschlossen, und ich will sie nicht wieder öffnen. Es heißt auch niemals: Ich kann dir nicht helfen! Selbst wer um Mitternacht Brot von ihm haben will, um es den geistlich Hungrigen zu geben, wird nicht enttäuscht werden.

Im Gleichnis erhält der Mann, der um Brot bittet, soviel, wie er braucht. Nach welchem Maß aber gibt Gott uns seine Gaben, damit wir sie an andere austeilen können? „Nach dem Maß der Gabe Christi.“ (Epheser 4,7) Engel beobachten aufmerksam, wie wir mit unseren Mitmenschen umgehen. Wenn sie sehen, dass wir wie Christus denen gern helfen wollen, die noch weit vom rechten Weg entfernt sind, dann kommen sie uns zu Hilfe und erinnern uns an Worte aus der Bibel, die wir dann als „Lebensbrot“ weitergeben können. So erfüllt sich die Zusicherung: „Aus seinem Reichtum wird euch Gott, dem ich gehöre, durch Jesus Christus alles geben, was ihr zum Leben braucht.“ (Philipper 4,19 Hfa) Er wird unser wirklichkeitsnahes, ehrliches Zeugnis unterstützen durch die Kraft des zukünftigen Lebens. Das Wort Gottes wird in unserem Mund wahr und gerecht sein.

Dem persönlichen Bemühen um andere Menschen muss viel Beten in der Stille vorausgehen: Es erfordert nämlich große Weisheit, jemanden zu Gott zu führen. Bevor wir mit Menschen ins Gespräch kommen, müssen wir eine enge Beziehung zu Christus gefunden haben und durch seine Gnade die Bereitschaft erlangt haben, den Menschen zu helfen.

Lass dein Herz voll Verlangen nach dem lebendigen Gott sein. Das Leben Christi zeigt deutlich, was ein Mensch leisten kann, wenn er am göttlichen Wesen Anteil gewinnt. Alles, was Christus von Gott erhielt, können auch wir bekommen. Bitte deshalb, und dir wird gegeben! Mit dem unerschütterlichen Glauben Jakobs, mit der hartnäckigen Ausdauer Elias dürfen wir für uns in Anspruch nehmen, was Gott verheißen hat.

Lassen wir die herrlichen Vorstellungen, die wir von Gott haben, doch ganz unsere Gedanken beherrschen, damit unser Leben wie durch ein unsichtbares Band mit dem Leben Jesu verbunden bleibt! Der das Licht aus der Finsternis hervorscheinen ließ, möchte auch in dein Herz hineinleuchten und dich die Herrlichkeit Gottes in Jesus Christus erkennen lassen. (2. Korinther 4,6) Der Heilige Geist wird dir die Welt des Göttlichen erschließen und sie als lebendige Kraft in dein gehorsames Herz wirken lassen. Christus wird dich an die Schwelle des Ewigen führen; du kannst dort die Herrlichkeit, die jenseits unserer Wirklichkeit ist, sehen und bist so in der Lage, den Menschen zu bezeugen, dass für den Einen, der ewig lebt und für uns bittet, nichts unmöglich ist.

Kapitel 13

Zwei Arten zu beten

„Einigen, die sich anmaßten, fromm zu sein, und verachteten die andern“, erzählte Christus das Gleichnis vom Pharisäer und Zöllner (Lukas 18,9-14). Der Pharisäer geht in den Tempel, um zu beten – nicht etwa, weil er spürt, dass er Vergebung seiner Sünden braucht, sondern weil er in seiner Selbstgerechtigkeit bestätigt werden möchte. Für ihn ist Beten eine Leistung, mit der er bei Gott glänzen und vor seinen Mitmenschen besonders fromm erscheinen kann. Es geht ihm also darum, bei Gott und in seiner Umgebung hoch angesehen zu sein. Egoismus ist das Motiv für sein Gebet.

Und er ist zutiefst von sich überzeugt. Das zeigt sich in seinem Gesichtsausdruck, seinem Gang, seinem Gebet. Er sondert sich von den anderen ab, als wollte er sagen: „Bleib weg und rühr mich nicht an, denn ich bin für dich heilig.“ (Jesaja 65,5) So steht er da und betet „bei sich selbst“ (Lukas 18,11 EB). Zutiefst mit sich zufrieden, glaubt er, dass Gott und Menschen ihn genauso in Ordnung finden.

„Ich danke dir, Gott“, sagt er, „dass ich nicht bin wie die andern Leute, Räuber, Betrüger, Ehebrecher oder auch wie dieser Zöllner.“ (Lukas 18,11) Nicht das heilige Wesen Gottes betrachtet er als Maßstab für sein Leben, sondern das Verhalten anderer Leute; seine Gedanken sind auf Menschen statt auf Gott gerichtet. Das ist der Grund für seine Selbstzufriedenheit.

Nun zählt er seine guten Werke auf: „Ich faste zweimal in der Woche und gebe den Zehnten von allem, was ich einnehme.“ (Lukas 18,12) Die Religionsausübung des Pharisäers ist rein formal und lässt sein Herz unberührt. Er hat kein Bedürfnis danach, seinen Charakter immer gottähnlicher werden und sein Herz mit Liebe und Mitgefühl erfüllen zu lassen. Ihm genügt eine Religion, die nur sein äußeres Leben berührt. Seine Gerechtigkeit verleiht er sich selber – sie ist für ihn das Ergebnis seiner Werke –, und er misst sie mit menschlichem Maß.

Der Selbstgerechte wird immer zwangsläufig auf andere herabsehen. So wie der Pharisäer sich an anderen misst, so legt er seinen eigenen Maßstab bei seiner Umgebung an. Er vergleicht seine Gerechtigkeit mit der ihren, und je schlechter sie sind, desto besser schneidet er ab. Seine Selbstgerechtigkeit verleitet ihn dazu, sich zum Ankläger aufzuschwingen. Er verdammt „die andern Leute" als Übertreter von Gottes Gesetz und bekundet dadurch doch nur den Geist Satans, der ja der „Verkläger unserer Brüder" (Offenbarung 12,10) genannt wird. Mit einer solchen Einstellung kann er unmöglich Gemeinschaft mit Gott haben. Er geht nach Hause zurück, ohne den Segen Gottes empfangen zu haben.

Der Zöllner war gemeinsam mit anderen Gläubigen in den Tempel gegangen, hielt sich aber dann im Hintergrund, weil er das Gefühl hatte, für die gemeinsame Anbetung nicht würdig genug zu sein. Er „stand ferne, wollte auch die Augen nicht aufheben zum Himmel, sondern schlug an seine Brust" (Lukas 18,13) voll Seelennot und Selbstverachtung. Er spürte, dass er sich gegen Gott versündigt und sein unrechtes Handeln ihn gezeichnet hatte. Von den Menschen um ihn herum konnte er nicht einmal Mitgefühl erwarten; sie sahen alle verächtlich auf ihn herab. Weil er wusste, dass es in seinem Leben keine Leistung gab, auf die er sich vor Gott berufen konnte, rief er verzweifelt aus: „Gott, sei mir Sünder gnädig!" (Lukas 18,13)

Er verglich sich nicht mit anderen. Vom Gefühl seiner Schuld überwältigt, stand er in Gottes Gegenwart und vergaß alles andere um sich herum. Er wünschte sich nichts als Vergebung und Frieden, er bat Gott nur darum, ihm gnädig zu sein. Und er wurde gesegnet! „Ich sage euch", schloss Christus dieses Gleichnis: „Dieser ging gerechtfertigt hinab in sein Haus, nicht jener." (Lukas 18,14)

Der Pharisäer und der Zöllner stehen sinnbildlich für zwei große Gruppen, in die sich alle, die zu Gott beten, einteilen lassen. Als ihre frühesten Vertreter kann man die ersten beiden Kinder ansehen, die auf dieser Erde geboren wurden. Kain betrachtete sich selbst als gerecht und kam nur mit einem Dankopfer vor Gott. Er hielt es nicht für nötig, seine Sünden zu bekennen und einzugestehen, dass er Gottes Gnade brauchte. Abel dagegen brachte Blut dar, das auf das Lamm Gottes hinwies. Er fühlte sich als Sünder und bekannte, dass er verloren sei. Seine einzige Hoffnung war die unverdiente Liebe Gottes. Da nahm der Herr sein Opfer gnädig an, Kain und sein Opfer dagegen nahm er nicht an (1. Mose 4,3-5). Die erste Voraussetzung dafür, dass wir bei Gott angenommen sind, ist die, dass wir unsere eigene Unzulänglichkeit, unsere geistliche Armut und Sündhaftigkeit eingestehen. „Selig sind, die da geistlich arm sind; denn ihrer ist das Himmelreich." (Matthäus 5,3)

Den Unterschied zwischen den beiden Gruppen – hier dargestellt durch den Zöllner und den Pharisäer – verdeutlicht die Lebensgeschichte des Apostels Petrus. Als Jünger Jesu hielt er sich anfangs für stark. Wie der Pharisäer glaubte er, nicht „wie die andern Leute" zu sein. Als Christus am Vorabend, ehe er verraten wurde, seine Jünger warnte: „Ihr werdet alle an mir irre werden", da erklärte Petrus zuversichtlich: „Selbst wenn alle andern an dir irre werden – ich nicht!" (Markus 14,27.29 GN) Er erkannte nicht, in welcher Gefahr er stand. Sein Selbstvertrauen führte ihn in die Irre. Er war davon überzeugt, der Versuchung widerstehen zu können. Doch als es später wirklich darauf ankam, verleugnete er seinen Herrn unter Schwören und Fluchen.

Erst als der Hahn krähte, dachte er wieder an das, was Christus ihm gesagt hatte. Überrascht und schockiert darüber, was er soeben getan hatte, wandte er sich um und erblickte seinen Meister. Auch Christus schaute Petrus an, und unter diesem Blick voller Trauer, in die sich Mitgefühl und Liebe mischte, erkannte Petrus sich selbst. Er ging hinaus und weinte bitterlich. Christi Blick brach ihm das Herz. Petrus stand am Wendepunkt seines Lebens und bereute unter Tränen seine Sünde. Reumütig und bereit zur Umkehr wie der Zöllner, erfuhr er die göttliche Gnade.

Als Christus ihn ansah, war ihm damit die Vergebung bereits zugesichert.

Jetzt war das Vertrauen auf seine eigene Leistung dahin, und nie wieder nahm Petrus den Mund so voll wie früher. Nach seiner Auferstehung prüfte Christus ihn dreimal. „Simon, des Johannes Sohn, hast du mich lieber, als mich diese haben?“ fragte er. Da hielt sich Petrus nicht mehr für besser als seine Brüder, sondern berief sich auf die Fähigkeit Christi, ihm ins Herz zu sehen: „Herr, du weißt alle Dinge, du weißt, dass ich dich lieb habe.“

Nun erhielt er seine Aufgabe, die umfassender und schwieriger war als alle bisherigen. Christus bat ihn: „Weide meine Schafe!“ (Johannes 21,15.17) Damit übertrug er ihm die Seelsorge für alle, denen er sein eigenes Leben geopfert hatte. Zugleich bewies Christus dadurch, dass er nicht im Geringsten an der inneren Umkehr des Petrus zweifelte. War der Jünger früher ruhelos und allzu selbstsicher gewesen, ein Mann der großen Worte, so war jetzt seine Zurückhaltung und Bereitschaft zur Umkehr bemerkenswert. Er folgte nun seinem Herrn unter persönlichen Opfern und stellte eigene Interessen und Ansprüche gern zurück. So wie er etwas davon am eigenen Leib erlitt, was Christus erdulden musste, so wird Petrus auch teilhaben an der Herrlichkeit Christi, wenn dieser auf dem Thron der Herrlichkeit sitzen wird.

Was Petrus zu Fall brachte und den Pharisäer von der Gemeinschaft mit Gott ausschloss, erweist sich auch heute noch für Tausende als verheerender Irrtum. Nichts ist für Gott so beleidigend und für den Menschen selbst so gefährlich wie Stolz und Selbstzufriedenheit. Von allen Sünden kann man sie am schwersten überwinden.

Dass Petrus versagte, kam nicht aus heiterem Himmel; es war das Ergebnis einer langen Entwicklung. Selbstüberschätzung hatte ihn zu der Annahme verleitet, er sei schon ein für alle Mal gerettet, und so führte sein Weg Schritt für Schritt abwärts, bis er schließlich seinen Herrn verleugnete. Solange wir auf dieser Erde leben, können wir uns nie vollständig auf uns selbst verlassen oder meinen, wir seien gegen jede Versuchung gefeit. Auch wer Christus in einer echten Bekehrung als seinen Erlöser angenommen hat, sollte sich nicht einreden lassen, dass er damit schon gerettet ist, denn diese Auffassung ist irreführend. Es ist wichtig, dass wir die Hoffnung und den Glauben betonen; doch auch wenn wir unser Leben Christus anvertraut haben und uns von ihm angenommen wissen, sind wir keinesfalls vor Versuchungen sicher. Gottes Wort sagt: „Viele werden gereinigt, geläutert und geprüft werden.“ (Daniel 12,10) Nur wer standhaft am Glauben festhält, bekommt die Krone des Lebens. (Jakobus 1,12)

Wer Christus annimmt und in neugewonnener Zuversicht nur noch sagt: „Ich bin gerettet“, läuft Gefahr, in Wirklichkeit auf sich selbst zu vertrauen. Er verliert den Blick für die eigene Schwäche und für die Tatsache, dass er ständig von der göttlichen Kraft abhängig ist. Unvorbereitet auf die Angriffe Satans, fällt er, wenn sein Glaube auf die Probe gestellt wird, wie Petrus in die tiefsten Tiefen der Sünde. Deshalb werden wir ermahnt: „Darum, wer meint, er stehe, mag zusehen, dass er nicht falle.“ (1. Korinther 10,12) Nur wenn wir uns selbst gegenüber kritisch genug sind, können wir im Glauben sicher sein, denn wir sind voll und ganz von Christus abhängig.

Es war unbedingt nötig, dass Petrus seine Charakterschwächen erkannte und merkte, wie sehr er auf die Kraft und Gnade Christi angewiesen war. Der Herr konnte ihm die Versuchung nicht ersparen; doch hätte er ihn davor bewahren können, ihr zu erliegen. Hätte Petrus auf die Warnung Christi gehört, dann wäre er hellwach gewesen und im Gebet mit dem Vater verbunden geblieben. Er hätte besonnener gehandelt, um ja keinen Fehler zu begehen. Gott hätte ihm helfen können, und Satan wäre mit seinem Angriff erfolglos geblieben.

Petrus kam zu Fall, weil er sich selbst zu unkritisch gegenüberstand. Aber als er auf seinem falschen Weg kehrtmachte und sein eigenes Unvermögen eingestand, bekam er wieder festen Boden unter die Füße. Was die Bibel über seine Erfahrung berichtet, kann jeden Sünder ermutigen, der bereit zur Umkehr ist. Obwohl Petrus schwer gesündigt hatte, blieb er doch nicht sich selbst überlassen. In sein Herz waren die Worte Christi eingeprägt: „Ich aber habe für dich gebeten, dass dein Glaube nicht aufhöre.“ (Lukas 22,32) Es war dieses Gebet und die Erinnerung an den liebevollen, gütigen Blick Christi, welche ihm inmitten der bitteren Qual seiner Reue neue Hoffnung schenkten. Gleich nach seiner Auferstehung dachte Jesus an Petrus und ließ durch einen Engel den Frauen sagen: „Geht aber hin und sagt seinen Jüngern und Petrus, dass er vor euch hingehen wird nach Galiläa; dort werdet ihr ihn sehen." (Markus 16,7) Der Heiland hatte die Buße des Petrus angenommen und ihm vergeben.

Dieselbe mitfühlende Hand, die sich Petrus entgegenstreckte und ihn rettete, wird jedem angeboten, der einer Versuchung erlegen ist. Es gehört zu Satans beliebtesten Strategien, einen Menschen zur Sünde zu verführen und ihn dann hilflos und angstvoll allein zu lassen in einem Zustand, in dem er nicht wagt, um Vergebung zu bitten. Doch warum sollten wir uns fürchten? Gott hat gesagt: „Es sei denn, sie suchen Zuflucht bei mir und machen Frieden mit mir." (Jesaja 27,5) Jede erdenkliche Vorkehrung ist getroffen für den Fall, dass wir schwach werden. Immer wieder werden wir ermutigt, zu Christus zu kommen.

Christus opferte sich in einem qualvollen Tod, um Gottes Erbteil zurückzukaufen und den Menschen eine weitere Bewährungszeit zu schenken. „Daher kann er auch für immer selig machen, die durch ihn zu Gott kommen; denn er lebt für immer und bittet für sie." (Hebräer 7,25)

Durch sein sündloses Leben, seinen Gehorsam und seinen Tod am Kreuz von Golgatha machte er sich zum Fürsprecher der verlorenen Menschheit. Der „Herzog unserer Seligkeit" setzt sich aber für uns nicht als bloßer Bittsteller ein, sondern erhebt wie ein Eroberer Anspruch auf seinen Siegespreis. Sein Opfer war vollkommen. Nachdem er unsere Sache zu seiner eigenen gemacht hat, weist er Gott auf seine eigenen makellosen Verdienste hin und übermittelt ihm gleichzeitig die Gebete, Bekenntnisse und Danksagung seines Volkes. Mit dem Duft der Gerechtigkeit Christi vermischt, steigt all das zu Gott wie ein angenehmer Geruch empor. Solch ein Opfer nimmt Gott gern an, und seine Vergebung bedeckt all unsere Übertretungen.

Christus hat sich dazu verpflichtet, unser Stellvertreter und Bürge zu werden. Dabei übersieht er keinen. So wie er es nicht einfach hinnehmen wollte, dass die Menschen dem ewigen Verderben ausgesetzt sein sollten und deshalb für sie in den Tod ging, nimmt er sich liebevoll jedes Einzelnen an, dem bewusst wird, dass er sich nicht selbst retten kann.

Jedem spricht er Mut zu, der im Bewusstsein der eigenen Schwachheit seine Bitten vorbringt. Durch sein Sühnopfer hat er uns Menschen ja einen unermesslichen Schatz sittlicher Kraft erworben, die er gern für uns einsetzt. Wir dürfen mit unseren Sorgen und Sünden zu ihm kommen, weil er uns liebt. Jeder Blick und jedes Wort von ihm wirbt um unser Vertrauen. Er wird unser Wesen nach seinem Willen formen. Satan ist trotz all seiner Macht nicht stark genug, auch nur einen einzigen Menschen auf seine Seite zu ziehen, der ganz auf Christus vertraut. Gott „gibt dem Müden Kraft, und Stärke genug dem Unvermögenden." (Jesaja 40,29) „Wenn wir aber unsre Sünden bekennen, so ist er treu und gerecht, dass er uns die Sünden vergibt und reinigt uns von aller Ungerechtigkeit." (1. Johannes 1,9) „Allein erkenne deine Schuld, dass du wider den Herrn, deinen Gott, gesündigt hast." (Jeremia 3,13) „Und ich will reines Wasser über euch sprengen, dass ihr rein werdet; von all eurer Unreinheit und von allen euren Götzen will ich euch reinigen." (Hesekiel 36,25)

Um Vergebung und Frieden finden zu können, brauchen wir allerdings Selbsterkenntnis, die Reue in uns weckt. Dem Pharisäer war seine Sündhaftigkeit nicht bewusst, und so konnte der Heilige Geist nicht an ihm arbeiten. Er hatte sein Inneres so sehr mit Selbstgerechtigkeit gepanzert, dass Gottes unabweisbare und zielsichere Pfeile nicht in sein Herz eindringen konnten. Christus kann nur den retten, der seine Sünden erkennt. Sein Auftrag bestand darin, „zu heilen, die gebrochenen Herzens sind, den Gefangenen die Befreiung anzukündigen. Den Blinden das Augenlicht, Bedrückte in Freiheit zu setzen." (Lukas 4,18 Rösch) Aber „die Gesunden bedürfen des Arztes nicht" (Lukas 5,31). Nur wenn wir unseren wahren Zustand erkennen, wird uns bewusst werden, wie sehr wir die Hilfe Christi brauchen. Wir können bei ihm nur Zuflucht finden, wenn wir die Gefahr erkennen, in der wir uns befinden. Nur wenn unsere verwundete Seele schmerzt, werden wir den Wunsch haben, geheilt zu werden.

Der Herr sagt: „Du sprichst: Ich bin reich und habe genug und brauche nichts! und weißt nicht, dass du elend und jämmerlich bist, arm, blind und bloß. Ich rate dir, dass du Gold von mir kaufst, das im Feuer geläutert ist, damit du reich werdest, und weiße Kleider, damit du sie anziehst und die Schande deiner Blöße nicht offenbar werde, und Augensalbe, deine Augen zu salben, damit du sehen mögest.“ (Offenbarung 3,17.18) Das im Feuer geläuterte Gold ist der Glaube, der in praktischer Nächstenliebe sichtbar wird. Er allein kann uns in Übereinstimmung mit Gott bringen. Mögen wir noch so aktiv und fleißig sein – ohne die Liebe, die das Wesen Christi auszeichnete, können wir nie zur himmlischen Familie gehören.

Kein Mensch kann aus sich selbst heraus erkennen, dass sein Weg in die Irre führt. „Es ist das Herz ein trotzig und verzagt Ding; wer kann es ergründen?“ (Jeremia 17,9) Oft ist es nur ein Lippenbekenntnis, wenn jemand seine geistliche Armut eingesteht. Das Herz bleibt davon unberührt und ist stattdessen von Stolz erfüllt über die eigene Demut und Gerechtigkeit, die uns über andere so erhaben sein lässt. Es gibt für uns nur eine Möglichkeit zu wahrer Selbsterkenntnis: Wir müssen auf Christus sehen. Nur wer ihn nicht richtig kennt, kann stolz sein auf die eigene Gerechtigkeit. Wenn wir dagegen sein reines und makelloses Wesen betrachten, erkennen wir, wie schwach, arm und voller Fehler wir sind. Dann wird uns bewusst, dass wir hoffnungslos verloren und lediglich selbstgerecht sind – wie alle anderen Sünder auch. Dann sehen wir auch endlich ein, dass wir nicht durch unsere eigenen guten Taten, sondern, wenn überhaupt, einmal nur durch Gottes unendliche Gnade gerettet werden.

Das Gebet des Zöllners wurde erhört, weil in ihm das vertrauensvolle Bewusstsein zum Ausdruck kam, vom Allmächtigen ganz abhängig zu sein. Der Zöllner konnte sich nur noch schämen, wenn er an sein eigenes Leben und Wesen dachte. So muss jeder empfinden, der zu Gott kommen möchte. Mit einem Glauben, der alles Vertrauen auf die eigenen Fähigkeiten aufgibt, muss der Hilfe suchende Beter die göttliche Kraft in Anspruch nehmen.

Äußerliche Formen zu beachten kann niemals kindlichen Glauben und völlige Selbstaufgabe ersetzen. Allerdings kann auch niemand sein eigenes Wesen aufgeben. Wir können nur

Christus einladen, an uns zu wirken. Dann beten wir: „Herr, nimm mein Herz, denn ich kann es nicht geben. Es ist dein Eigentum. Erhalte es rein, denn ich kann es selbst nicht. Rette mich trotz meines schwachen Wesens, das Christus so wenig ähnlich ist. Bilde mich, forme und erhebe mich in eine reine und heilige Atmosphäre, wo deine Liebe mich reich durchströmen kann.“

Nicht nur zu Beginn unseres Lebens mit Christus ist diese Selbstübergabe nötig; wir müssen sie bei jedem weiteren Schritt auf dem Weg zum ewigen Leben erneut vollziehen. Alle unsere guten Werke entspringen einer Kraft, die außerhalb unserer selbst liegt. Deshalb ist es so wichtig, dass wir uns ständig von ganzem Herzen Gott zuwenden, dass wir immer wieder aufrichtig und reumütig unsere Sünden bekennen und uns vor ihm demütigen. Nur wenn wir unsere Eigensucht aufgeben und uns ganz von Christus abhängig wissen, können wir sicher unseren Weg gehen.

Je enger unsere Verbindung zu Christus wird und je klarer wir sein reines Wesen erkennen, desto besser begreifen wir auch, wie außerordentlich verworfen und boshaft die Sünde ist, und desto weniger neigen wir zu Überheblichkeit. Die Menschen, die in Gottes Augen heilig sind, stellen am allerwenigsten ihre Frömmigkeit zur Schau. Der Apostel Petrus wurde ein treuer Diener Christi; göttliche Erkenntnis und Vollmacht wurden ihm geschenkt. Er hatte wesentlichen Anteil am Aufbau der Gemeinde Christi. Und dennoch vergaß Petrus niemals, wie furchtbar er sich einmal hatte schämen müssen. Seine Sünde war vergeben, aber er wusste ganz genau, dass die Charakterschwäche, die sein Versagen verursacht hatte, nur durch die Gnade Christi beseitigt werden konnte. In sich selbst fand er nichts, worauf er hätte stolz sein können.

Kein Apostel oder Prophet behauptete jemals, sündlos zu sein. Menschen, die in enger Beziehung mit Gott lebten, die lieber ihr Leben hingegeben als absichtlich etwas Unrechtes getan hätten, sodass Gott ihnen Erkenntnis und Vollmacht schenkte, haben immer wieder bekannt, dass sie in ihrem Wesen von Natur aus zur Sünde neigten. Sie vertrauten nicht auf ihr eigenes menschliches Können und hielten sich nicht selbst für gerecht, sondern setzten ihre Hoffnung allein auf die Gerechtigkeit Christi. So wird es jedem gehen, der im Glauben zu Christus aufschaut.

Mit jeder weiteren Stufe der Erfahrung in unserem Glaubensleben werden wir tiefere Reue über uns selbst empfinden. Der Herr spricht gerade die Menschen an, denen er vergeben hat und die er als seine Kinder angenommen hat, wenn er sagt: „Dann werdet ihr an euren bösen Wandel denken und an euer Tun, das nicht gut war, und werdet euch selbst zuwider sein um eurer Sünde und eures Götzendienstes willen.“ (Hesekiel 36,31) Weiter sagt er: „Und ich will meinen Bund mit dir aufrichten, sodass du erfahren sollst, dass ich der Herr bin, damit du daran denkst und dich schämst und vor Scham deinen Mund nicht mehr aufzutun wagst, wenn ich dir alles vergeben werde, was du getan hast.“ (Hesekiel 16,62.63) Dann verherrlichen wir uns nicht mehr selbst, wenn wir etwas sagen, weil wir wissen, dass wir nur in Christus alles im Überfluss haben, was wir brauchen, und wir bekennen mit dem Apostel: „Denn ich weiß, dass in mir, das heißt in meinem Fleisch, nichts Gutes wohnt.“ (Römer 7,18) „Es sei aber fern von mir, mich zu rühmen als allein des Kreuzes unsers Herrn Jesus Christus, durch den mir die Welt gekreuzigt ist und ich der Welt.“ (Galater 6,14)

Auf Grund dieser Erfahrung werden wir ermahnt: „Schaffet, dass ihr selig werdet, mit Furcht und Zittern. Denn Gott ist's, der in euch wirkt beides, das Wollen und das Vollbringen, nach seinem Wohlgefallen.“ (Philipper 2,12.13) Gott möchte keineswegs, dass wir befürchten sollen, er könnte seine Verheißungen nicht erfüllen, würde die Geduld verlieren oder kein Erbarmen haben. Vielmehr fordert dieser Text uns dazu auf, darauf zu achten, dass unser Wille sich dem Willen Christi nicht entgegenstellt und dass keine ererbten und selbsterworbenen Charakterfehler unser Leben bestimmen und prägen. „Denn Gott ist's, der in euch wirkt beides, das Wollen und das Vollbringen, nach seinem Wohlgefallen.“ Wir sollen auf der Hut sein, dass sich nicht Eigensucht zwischen die Bedürfnisse unserer Seele und Christus drängt und damit den großen Plan vereiteln könnte, den Gott durch uns in die Tat umsetzen will. Hüten wir uns „mit Furcht und Zittern“ davor, auf die eigene Kraft zu vertrauen und die Hand Christi loszulassen, um ohne seine immer währende Gegenwart durchs Leben gehen zu wollen.

Es ist wichtig für uns, alles zu meiden, was Stolz und Selbstzufriedenheit fördern könnte. Deshalb wollen wir im Umgang mit anderen auf Schmeicheleien verzichten, denn Lobhudelei dient ebenso den Interessen Satans wie Beschuldigungen und verdammendes Urteil über andere. In jedem Fall möchte er damit den Menschen verderben. Wer Menschen verherrlicht, lässt sich vom Teufel als Werkzeug benutzen. Als Mitarbeiter Christi wollen wir deshalb unsere eigene Person in den Hintergrund stellen und jedes Lob auf Christus lenken, der allein erhöht werden soll. Alle sollen auf den schauen und jedes Herz ihn loben, „der uns liebt und erlöst hat von unsern Sünden mit seinem Blut" (Offenbarung 1,5).

Wer in der Furcht des Herrn lebt, hat keinen Grund, trüben Gedanken nachzuhängen. Im Gegenteil: Dort, wo Christus fehlt, gibt es mürrische Gesichter, und das Leben wird als einzige Last empfunden. Wer von sich selbst allzu viel hält und immer zuerst an sich denkt, hat kein Bedürfnis nach einer lebendigen Verbindung mit Christus. Das Herz, das nicht an Christus, dem Felsen, zerbrochen ist, rühmt sich, noch heil zu sein. Die Menschen bevorzugen eine Frömmigkeit, die ihnen Würde verleiht. Der Weg zum ewigen Leben soll für sie breit genug sein, um alles mitnehmen zu können, woran ihr Herz hängt. Ihre Eigenliebe und ihr Geltungsdrang schließen den Heiland aus ihrem Herzen aus. Ohne ihn aber sieht das Leben trübe und traurig aus. Wenn dagegen Christus in uns wohnt, ist dies für uns eine Quelle der Freude. Darum empfinden auch alle, die ihn annehmen, dass Freude der Grundton des Wortes Gottes ist.

„Denn so spricht der Hohe und Erhabene, der ewig wohnt, dessen Name heilig ist: Ich wohne in der Höhe und im Heiligtum und bei denen, die zerschlagenen und demütigen Geistes sind, auf dass ich erquicke den Geist der Gedemütigten und das Herz der Zerschlagenen." (Jesaja 57,15)

Im Schutz einer Felsspalte konnte Mose die Herrlichkeit Gottes sehen. Ebenso wird Christus uns mit seiner durchbohrten Hand Schutz bieten, wenn wir uns zum „Fels des Heils" zurückziehen, und dort werden wir hören, was der Herr denen sagt, die sich in seinen Dienst gestellt haben. Dann offenbart sich Gott uns wie damals Mose als „barmherzig und gnädig und geduldig und von großer Gnade und Treue, der da Tausenden Gnade bewahrt und vergibt Missetat, Übertretung und Sünde“ (2. Mose 34,6.7).

Das Werk der Erlösung wird uns einmal in eine Zukunft führen, die der Mensch sich kaum vorstellen kann: „Was kein Auge gesehen hat und kein Ohr gehört hat und in keines Menschen Herz gekommen ist, was Gott bereitet hat denen, die ihn lieben.“ (1. Korinther 2,9) Wenn ein Sünder von der Kraft Christi angezogen wird und zum Kreuz kommt, um davor die Knie zu beugen, dann wird er von neuem geboren; er bekommt ein neues Herz und wird „eine neue Kreatur“ in Christus Jesus (2. Korinther 5,17). Dann hat er die höchste Stufe der Heiligung erreicht: Gott macht den gerecht, „der da ist aus dem Glauben an Jesus“ (Römer 3,26). „Die er aber gerecht gemacht hat, die hat er auch verherrlicht.“ (Römer 8,30) Ist die Schande und Erniedrigung durch die Sünde auch noch so groß, durch die Liebe unseres Erlösers werden wir noch unvergleichlich mehr Ehre und Erhöhung erfahren. Wer danach strebt, Christus ähnlich zu werden, erhält aus der Schatzkammer des Himmels eine alles übertreffende Kraft; sie wird ihn selbst noch über jene Engel stellen, die nie von Gott abfielen.

„So spricht der Herr, der Erlöser Israels, sein Heiliger, zu dem, der verachtet ist von den Menschen und verabscheut von den Heiden, zu dem Knecht, der unter Tyrannen ist: Könige sollen sehen und aufstehen, und Fürsten sollen niederfallen um des Herrn willen, der treu ist, um des Heiligen Israels willen, der dich erwählt hat.“ (Jesaja 49,7)

„Denn wer sich selbst erhöht, der wird erniedrigt werden; und wer sich selbst erniedrigt, der wird erhöht werden.“ (Lukas 18,14)

Kapitel 14

„Sollte Gott nicht auch Recht schaffen seinen Auserwählten?“

Christus hatte gerade die Zeit unmittelbar vor seiner Wiederkunft beschrieben und auf die Gefahren hingewiesen, die seine Nachfolger dabei bestehen müssten. Zur Verdeutlichung seiner Worte erzählte er nun ein Gleichnis davon, dass man allezeit beten und nicht nachlassen solle, und sprach:

„Es war ein Richter in einer Stadt, der fürchtete sich nicht vor Gott und scheute sich vor keinem Menschen. Es war aber eine Witwe in derselben Stadt, die kam zu ihm und sprach: Schaffe mir Recht gegen meinen Widersacher! Und er wollte lange nicht. Danach aber dachte er bei sich selbst: Wenn ich mich schon vor Gott nicht fürchte noch vor keinem Menschen scheue, will ich doch dieser Witwe, weil sie mir so viel Mühe macht, Recht schaffen, damit sie nicht zuletzt komme und mir ins Gesicht schlage. Da sprach der Herr: Hört, was der ungerechte Richter sagt! Sollte Gott nicht auch Recht schaffen seinen Auserwählten, die zu ihm Tag und Nacht rufen, und sollte er's bei ihnen lange hinziehen? Ich sage euch: Er wird ihnen Recht schaffen in Kürze.“ (Lukas 18,2-8)

Der Richter, der hier beschrieben wird, kümmert sich weder um das Recht noch um das Unglück anderer Menschen. Die Witwe schildert ihm ihren Fall nachdrücklich genug, wird aber immer wieder abgewiesen. Sooft sie auch kommt, immer muss sie es sich gefallen lassen, verächtlich behandelt und aus dem Gerichtshof vertrieben zu werden. Der Richter weiß, dass sie im

Recht ist, und könnte ihr sofort helfen, aber er will nicht. Er möchte ihr seine unumschränkte Macht zeigen, und es bereitet ihm Vergnügen, die Frau vergeblich bitten und flehen zu lassen. Sie lässt sich aber nicht entmutigen. Trotz seiner Gleichgültigkeit und Hartherzigkeit trägt sie ihm ihr Anliegen so oft und bestimmt vor, dass er schließlich einwilligt, sich ihrer Sache anzunehmen.

„Wenn ich mich schon vor Gott nicht fürchte noch vor keinem Menschen scheue, will ich doch dieser Witwe, weil sie mir so viel Mühe macht, Recht schaffen, damit sie nicht zuletzt komme und mir ins Gesicht schlage.“ Nur um seinem Ansehen nicht zu schaden und nicht als parteiisch verschrien zu werden, hilft er also der beharrlichen Frau.

„Da sprach der Herr: Hört, was der ungerechte Richter sagt! Sollte Gott nicht auch Recht schaffen seinen Auserwählten, die zu ihm Tag und Nacht rufen, und sollte er's bei ihnen lange hinziehen? Ich sage euch: Er wird ihnen Recht schaffen in Kürze.“ Christus stellt hier den Unterschied zwischen Gott und dem ungerechten Richter ganz klar heraus: Der Richter gab dem Drängen der Witwe aus purem Egoismus nach, nämlich um nicht weiter belästigt zu werden; er hatte kein Mitleid, kein Erbarmen mit ihr; ihr Elend war ihm gleichgültig. Wie anders verhält sich Gott gegenüber denen, die ihn suchen! Er hat unendliches Mitgefühl mit allen, die ihn in ihrer Not und Bedrängnis um Hilfe bitten.

Die Frau, die den Richter bedrängte, ihr Gerechtigkeit zu verschaffen, hatte den Ehemann verloren. Arm und ohne Freunde, hatte sie keine Möglichkeit, wieder in den Besitz ihres verlorenen Vermögens zu gelangen. Ebenso hat der Mensch durch die Sünde die Verbindung zu Gott verloren. Aus eigener Kraft kann er das Heil nicht erlangen. Christus jedoch bringt uns dem Vater nahe: Die Auserwählten Gottes liebt er von ganzem Herzen. Er hat sie „von der Finsternis zu seinem wunderbaren Licht“ berufen (1. Petrus 2,9), damit sie ihn loben und selbst als Licht im Dunkel dieser Welt leuchten. Der ungerechte Richter hatte keinerlei Interesse an der Witwe, die ihn so dringend um Hilfe bat. Nur um ihr erbarmungswürdiges Drängen nicht länger anhören zu müssen, verhalf er ihr zu ihrem Recht gegen ihren Gegner. Gott dagegen liebt seine Kinder mit unendlicher Liebe. Seine Gemeinde ist ihm das Teuerste auf Erden.

„Denn des Herrn Teil ist sein Volk, Jakob ist sein Erbe. Er fand ihn in der Wüste, in der dürren Einöde sah er ihn. Er umfing ihn und hatte Acht auf ihn. Er behütete ihn wie seinen Augapfel.“ (5. Mose 32,9.10) „Denn so spricht der Herr Zebaoth, der mich gesandt hat, über die Völker, die euch beraubt haben: Wer euch antastet, der tastet meinen Augapfel an.“ (Sacharja 2,12)

Die Bitte der Witwe – „Schaffe mir Recht gegen meinen Widersacher!“ – ist auch die Bitte der Kinder Gottes. Satan ist ihr großer Gegner, der „Verkläger unserer Brüder“, der sie Tag und Nacht bei Gott anklagt (Offenbarung 12,10). Ununterbrochen bemüht er sich, Gottes Volk in ein falsches Licht zu setzen, anzuklagen, zu täuschen und zu vernichten. Im vorliegenden Gleichnis lehrt Christus deshalb seine Jünger, darum zu beten, dass Gott sie aus der Macht Satans und seiner Helfer befreie.

Wie Satan anklagt und Christus diesem Gegner seines Volkes widersteht, schildert der Prophet Sacharja: „Und er ließ mich sehen den Hohenpriester Joschua, wie er vor dem Engel des Herrn stand, und der Satan stand zu seiner Rechten, um ihn zu verklagen. Und der Engel des Herrn sprach zu dem Satan: Der Herr schelte dich, du Satan! Ja, der Herr, der Jerusalem erwählt hat, schelte dich! Ist dieser nicht ein Brandscheit, das aus dem Feuer gerettet ist? Joschua aber hatte unreine Kleider an und stand vor dem Engel.“ (Sacharja 3,1-3)

Die Kinder Gottes werden hier mit einem Angeklagten vor Gericht verglichen. Als Hoherpriester bittet Joschua um Segen für sein Volk, das sich in großer Not befindet. Während er sich vor Gott dafür einsetzt, steht Satan als sein Gegner rechts neben ihm. Er beschuldigt die Kinder Gottes und stellt ihren Fall so hoffnungslos wie möglich dar. Er hält dem Herrn ihre Vergehen und Charakterschwächen, ihre Fehler und ihr Versagen vor in der Hoffnung, dass Christus ihnen in ihrer Not keinen Beistand leisten wird, weil ihr Wesen in einem allzu schlechten Licht erscheint.

Als Sprecher des Volkes Gottes, der mit unter dem Verdammungsurteil steht, trägt Joschua unreine Kleider. Er kennt die

Sünden seines Volkes und ist vor Mutlosigkeit niedergedrückt. Satan erzeugt bei ihm ein solch starkes Schuldgefühl, dass er fast alle Hoffnung aufgegeben hat. Und doch steht er hier und bittet um Gnade, während Satan alles gegen ihn einsetzt.

Satans Tätigkeit als Ankläger begann im Himmel. Seit dem Sündenfall setzt er sie auf der Erde fort, und je mehr wir uns dem Ende der Weltgeschichte nähern, umso eifriger wird er sie in einem ganz besonderen Sinn betreiben. Er weiß, dass ihm nur noch wenig Zeit bleibt, und ist darum umso entschlossener, zu täuschen und zu zerstören. Wütend stellt er fest, dass es Menschen auf der Erde gibt, die trotz ihrer Schwäche und Sündhaftigkeit das Gesetz des Herrn achten. Er ist fest entschlossen, sie zum Ungehorsam gegenüber Gott zu verleiten, und freut sich über ihre Verlorenheit. Für jeden Einzelnen kennt er Mittel und Wege, um sie zu verführen und Gott zu entfremden. Er ist bestrebt, Gott und alle jene anzuklagen und zu verdammen, die in dieser Welt Barmherzigkeit, Liebe, Mitgefühl und Vergebungsbereitschaft praktizieren und damit die Pläne Gottes verwirklichen wollen.

Jede Offenbarung göttlicher Macht an sein Volk erzeugt den Hass Satans. Wann immer Gott sich für seine Kinder einsetzt, setzt Satan mit seinen Engeln alles in Bewegung, um sie zu verderben. Er ist eifersüchtig auf alle, die in Christus stark sind, und möchte sie zum Bösen anstiften. Hat er dabei Erfolg, so schiebt er alle Schuld auf die Versuchten und weist auf ihre unreinen Kleider hin, auf ihre Charakterfehler, ihre Schwäche und Torheit, ihre Undankbarkeit und ihr Wesen, das Christus so wenig ähnlich ist und den Erlöser entehrt. Damit will er beweisen, dass er das Recht hat, sie zu vernichten. Er versucht sie mit dem Gedanken einzuschüchtern, dass ihr Fall hoffnungslos sei und ihre Sünde zu groß, um vergeben zu werden. Auf diese Weise hofft er, ihren Glauben so weit zerstören zu können, dass sie seinen Versuchungen erliegen und sich von Gott abwenden.

Aus eigener Kraft kann das Volk Gottes den Anschuldigungen Satans nicht entgegentreten. Es braucht sich nur selbst anzuschauen, um zu verzweifeln. Aber es wendet sich an Gott, der ihm Rechtsbeistand geben will, und macht die Verdienste des Erlösers für sich geltend. Gott ist gerecht, und er macht den gerecht, der an Jesus Christus glaubt. Voll Vertrauen beten die Gläubigen zu Gott: „Schaffe mir Recht vor meinem Widersacher!“ und bitten ihn, Satan mit seinen Beschuldigungen zum Schweigen zu bringen und seine Anschläge zu vereiteln. Mit dem überzeugenden Hinweis auf seinen Tod am Kreuz bringt Christus den frechen Ankläger zum Verstummen.

„Und der Engel des Herrn sprach zu dem Satan: Der Herr schelte dich, du Satan! Ja, der Herr, der Jerusalem erwählt hat, schelte dich! Ist dieser nicht ein Brandscheit, das aus dem Feuer gerettet ist?“ Wenn Satan versucht, die Kinder Gottes zu beschuldigen und zu vernichten, schaltet sich Christus ein. Zwar haben sie gesündigt, doch Christus nahm ihre Schuld auf sich. Er riss die Menschheit aus dem Verderben wie ein Holzscheit aus dem Feuer. Durch seine menschliche Natur hat er sich mit uns eng verbunden, während er durch seine göttliche Natur eins ist mit dem unendlichen Gott. Er bietet jedem Hilfe an, der seine Verlorenheit erkennt, und weist unseren Gegner zurück.

„Joschua aber hatte unreine Kleider an und stand vor dem Engel, der anhob und sprach zu denen, die vor ihm standen: Tut die unreinen Kleider von ihm! Und er sprach zu ihm: Sieh her, ich nehme deine Sünde von dir und lasse dir Feierkleider anziehen. Und er sprach: Setzt ihm einen reinen Kopfbund auf das Haupt! Und sie setzten ihm einen reinen Kopfbund auf das Haupt und zogen ihm reine Kleider an, und der Engel des Herrn stand dabei.“ (Sacharja 3,3-5) Dann gab der Engel im Auftrag des Herrn der Heerscharen Joschua als dem Vertreter des Volkes Gottes folgende Verheißung: „Wirst du in meinen Wegen wandeln und meinen Dienst recht versehen, so sollst du mein Haus regieren und meine Vorhöfe bewahren. Und ich will dir Zugang zu mir geben mit diesen, die hier stehen“ (Sacharja 3,7) – also mit den Engeln, die um den Thron Gottes standen.

Trotz ihrer Fehler und Schwächen hört Christus nicht auf, für seine Kinder zu sorgen. Er wendet sich nicht ab von ihnen; ja, er hat sogar die Macht, ihre Kleider zu wechseln. Denen, die Buße tun und an ihn glauben, nimmt er die schmutzigen Gewänder ab und bekleidet sie mit dem Gewand seiner eigenen Gerechtigkeit. Hinter ihre Namen schreibt er „vergeben“ in die Himmelsbücher.

Vor dem ganzen Himmel bestätigt er, dass sie zu ihm gehören, und stellt Satan, ihren Gegner, als betrügerischen Ankläger bloß. Gott wird seinen Erwählten zu ihrem Recht verhelfen!

Das Gebet: „Schaffe mir Recht vor meinem Widersacher!“ bezieht sich nicht nur auf Satan, sondern auch auf alle seine Helfer, die er anstachelt, das Volk Gottes zu verleumden, zu verführen und zu vernichten. Wer Gottes Gebote halten möchte, wird immer wieder die Erfahrung machen, dass er Feinde hat, die von der Macht der Finsternis beherrscht sind. Solche Gegner verfolgten Christus auf Schritt und Tritt mit einer beharrlichen Entschlossenheit, wie sich das kein Mensch ausmalen kann. Die Jünger Christi sind ebenso wie ihr Meister ständiger Versuchung ausgesetzt.

Die Bibel beschreibt den Zustand der Welt kurz vor der Wiederkunft Christi. Der Apostel Jakobus schildert zum Beispiel, wie Habgier und Unterdrückung an der Tagesordnung sein werden: „Und nun, ihr Reichen: Weint und heult über das Elend, das über euch kommen wird! Euer Reichtum ist verfault, eure Kleider sind von Motten zerfressen. Euer Gold und Silber ist verrostet, und ihr Rost wird gegen euch Zeugnis geben und wird euer Fleisch fressen wie Feuer. Ihr habt euch Schätze gesammelt in diesen letzten Tagen! Siehe, der Lohn der Arbeiter, die euer Land abgeerntet haben, den ihr ihnen vorenthalten habt, der schreit, und das Rufen der Schnitter ist gekommen vor die Ohren des Herrn Zebaoth. Ihr habt geschlemmt auf Erden und geprasst und eure Herzen gemästet am Schlachttag. Ihr habt den Gerechten verurteilt und getötet, und er hat euch nicht widerstanden.“ (Jakobus 5,1-6) Das ist ein Bild der heutigen Zustände: Durch Unterdrückung und Ausbeutung jeder Art häufen einige wenige ein Riesenvermögen an, während das Schreien einer hungernden Menschheit zu Gott aufsteigt.

„Und das Recht ist zurückgewichen, und die Gerechtigkeit hat sich entfernt; denn die Wahrheit ist auf der Gasse zu Fall gekommen, und die Aufrichtigkeit findet keinen Eingang. Und die Wahrheit ist dahin, und wer vom Bösen weicht, muss sich ausplündern lassen.“ (Jesaja 59,14.15) Dies wurde besonders deutlich, als Christus auf der Erde lebte: Er war Gottes Geboten treu und setzte sich über menschliche Traditionen und Forderungen hinweg, die deren Stelle eingenommen hatten. Deshalb hasste und verfolgte man ihn. Das wiederholt sich immer wieder. Die Gesetze und Überlieferungen der Menschen gelten mehr als die Gebote Gottes, und wer letzteren die Treue hält, wird verachtet und verfolgt. Christus beschuldigte man wegen seiner Treue zu Gott, ein Sabbatschänder und Lästerer zu sein. Es hieß, er sei vom Teufel besessen, ja, man nannte ihn selbst sogar Beelzebub. Ähnliche Beschuldigungen und Verleumdungen müssen auch seine Nachfolger über sich ergehen lassen. Satan hofft, sie so zur Sünde verleiten zu können und damit Gottes Ehre in den Schmutz zu ziehen.

Den Richter, der sich vor Gott nicht fürchtete und vor keinem Menschen scheute, stellte Christus als typischen Vertreter der damaligen Rechtspflege heraus; zugleich war dies ein Hinweis darauf, wie es ihm selbst bald vor Gericht ergehen würde. Er möchte, dass uns bewusst ist, wie wenig wir in Zeiten der Not von irdischen Herrschern und Rechtssprechern erwarten können. Gottes Kinder müssen sich nicht selten vor Staatsdienern verantworten, die nicht den Geboten und Ratschlägen der Bibel, sondern eigenen, weltlichen, unbeherrschten Regungen folgen.

Mit dem Gleichnis vom ungerechten Richter zeigt Christus, wie wir uns verhalten sollen. „Sollte Gott nicht auch Recht schaffen seinen Auserwählten, die zu ihm Tag und Nacht rufen?“ Christus, unser Vorbild, unternahm nichts, um sich zu rechtfertigen oder zu befreien, sondern überließ seine Sache Gott. So wollen auch wir als seine Nachfolger weder anklagen noch verdammen oder gar Gewalt anwenden, wenn es einmal um unsere Freiheit geht.

Wenn wir in Glaubensprüfungen geraten, die uns unerklärlich sind, soll uns das den inneren Frieden nicht rauben. Auch wenn wir noch so ungerecht behandelt werden, wollen wir darüber nicht in Wut geraten. Trachten wir nach Vergeltung, so schaden wir uns nur selbst; wir zerstören dadurch unser Gottvertrauen und betrüben den Heiligen Geist. Ein Zeuge steht uns zur Seite, ein himmlischer Bote, der für uns gegen den Feind kämpfen und uns mit den hellen Strahlen der Sonne der Gerechtigkeit decken will. Dieser Schild aus heiligem Licht ist für Satan undurchdringlich.

In einer Zeit, da die Welt immer gottloser wird, braucht sich keiner mit dem Gedanken zu trösten, für ihn werde es keine Schwierigkeiten geben. Andererseits führen gerade unsere Probleme uns zu Gott. Seine Weisheit ist unendlich, und wir dürfen ihn gern um Rat bitten.

Der Herr sagt: „Rufe mich an in der Not.“ (Psalm 50,15) Er lädt uns ein, ihm unsere Sorgen und Nöte vorzutragen und ihn in beständiger Weise im Gebet um Hilfe zu bitten. Sobald Schwierigkeiten auftreten, dürfen wir unser Anliegen aufrichtig und ernst vortragen. Unser eindringliches Bitten ist für Gott ein Beweis dafür, wie sehr wir ihm vertrauen. Wenn wir erkennen, was uns fehlt, drängt es uns, wirklich ernst zu beten, und unser Vater im Himmel hat dann auch ein offenes Ohr für uns.

Wer um seines Glaubens willen verachtet oder verfolgt wird, gerät nicht selten in die Versuchung zu meinen, Gott habe ihn verlassen. Solche Menschen sind in den Augen der anderen nur eine Minderheit, und ganz offensichtlich triumphieren ihre Gegner über sie. In einer solchen Situation muss man deshalb darauf achten, nicht gegen sein Gewissen zu handeln. Er, der für uns litt und alle unsere Sorgen und Nöte auf sich nahm, hat uns nicht vergessen.

Die Kinder Gottes stehen durchaus nicht allein und schutzlos da. Gläubiges Gebet bewegt den Allmächtigen dazu, einzugreifen. Durch den Glauben haben sie im Gebet „Königreiche bezwungen, Gerechtigkeit geübt, Verheißungen erlangt, Löwen den Rachen gestopft, des Feuers Kraft ausgelöscht“. Was das bedeutet, wird uns klar, wenn wir lesen, wie die Märtyrer für ihren Glauben starben. Gebet hat sogar „fremde Heere in die Flucht geschlagen“ (Hebräer 11,33.34).

Wenn wir Gott unser Leben zur Verfügung stellen, können wir nie in eine Lage kommen, für die er nicht Vorsorge getroffen hätte. In jeder Situation kennt unser Hirte den richtigen Weg. Bei allen Schwierigkeiten steht uns ein verlässlicher Ratgeber zur Seite; ein mitfühlender Freund teilt unseren Kummer und unsere Einsamkeit. Er nimmt Anteil, wenn wir einen lieben Menschen verloren haben. Begehen wir aus Unwissenheit Fehler, so verlässt uns Christus nicht. Klar und deutlich hören wir seine Stimme: „Ich bin der Weg und die Wahrheit und das Leben." (Johannes 14,6) „Denn er wird den Armen erretten, der um Hilfe schreit, und den Elenden, der keinen Helfer hat." (Psalm 72,12)

Der Herr sagt, dass er durch die Menschen geehrt wird, die sich an ihn halten und ihm treu dienen. „Wer festen Herzens ist, dem bewahrst du Frieden; denn er verlässt sich auf dich." (Jesaja 26,3) Der ausgestreckte Arm des Allmächtigen will uns immer weiter vorwärts führen. Nur voran, sagt der Herr, ich werde euch Hilfe schicken! Durch euer Bitten wird mein Name verherrlicht, und ihr sollt erhört werden. Vor den Augen derjenigen, die nur darauf warten, dass ihr einen Misserfolg erlebt, will ich geehrt sein. Sie sollen sehen, wie mein Wort herrlich siegen wird: „Und alles, was ihr bittet im Gebet, wenn ihr glaubt, so werdet ihr's empfangen." (Matthäus 21,22)

Wer in Not ist oder ungerecht behandelt wird, soll Gott um Hilfe bitten. Wendet euch ab von Menschen, die ein Herz aus Stein haben, und tragt euer Anliegen dem vor, der uns geschaffen hat! Er weist keinen ab, der mit der Bereitschaft zur Umkehr zu ihm kommt. Kein aufrichtiges Gebet wird überhört. Wo die Engel ihre Choräle singen, hört Gott auch das leiseste Rufen eines Menschen. Ob wir ihm in einem abgeschiedenen Raum das Herz ausschütten oder ob wir auf der Straße leise beten, immer erreichen unsere Worte den Thron des Herrschers über das All. Auch wenn sie vielleicht für das menschliche Ohr unhörbar sind, gehen sie trotzdem nicht verloren und können auch von der Geschäftigkeit um uns herum nicht erstickt werden. Nichts kann den Ausdruck unseres inneren Verlangens dämpfen. Ein gläubig gesprochenes Gebet steigt in jedem Fall über den Lärm der Straßen, über das Gewirr der Welt zum Himmel empor. Wir reden ja mit Gott, und er hört uns.

Auch wenn du das Gefühl hast, du könntest dich eigentlich gar nicht in Gottes Gegenwart wagen, darfst du ihm ohne Angst deine Anliegen vortragen. Als er sich in Christus für die Sünden der Welt opferte, nahm er sich damit der Sache eines jeden Menschen an. „Der auch seinen eigenen Sohn nicht verschont hat, sondern hat ihn für uns alle dahingegeben – wie sollte er uns mit ihm nicht alles schenken?“ (Römer 8,32) Sollte er sein Wort, das er uns zur Ermutigung und Stärkung gab, nicht auch halten?

Christus hat keinen größeren Wunsch, als sein Erbteil von der Herrschaft Satans zu befreien. Bevor wir jedoch äußerlich davon erlöst werden können, müssen wir zuerst innerlich frei werden. Der Vater lässt Glaubensprüfungen zu, damit wir uns von der Liebe zum Materiellen, von Egoismus und allen unschönen Eigenschaften, die uns Christus so wenig ähnlich sein lassen, lösen. Er lässt zu, dass wir in große seelische Not geraten, damit wir ihn und Jesus Christus, den er gesandt hat, erkennen. Auf diese Weise will er in uns das Verlangen wecken, von allem Schlechten befreit zu werden und aus der Glaubensprüfung reiner, gottgeweihter und glücklicher hervorzugehen. Oft sind wir anfangs noch voll von Selbstsucht. Ertragen wir aber die Bewährungsprobe geduldig, dann spiegeln wir, wenn wir sie bestanden haben, etwas vom Wesen Christi wider. Hat Gott sein Ziel mit dir erreicht, indem er dich Schwierigkeiten erleben ließ, dann wird er „deine Gerechtigkeit heraufführen wie das Licht und dein Recht wie den Mittag“ (Psalm 37,6).

Wir brauchen keine Sorge zu haben, dass der Herr das Gebet seiner Kinder nicht beachten würde. Die Gefahr besteht vielmehr darin, dass wir uns durch Versuchungen und Glaubensprüfungen entmutigen lassen und nicht mehr intensiv genug beten.

Der Heiland zeigt sein göttliches Mitgefühl bei der Begegnung mit der Frau aus Syrophönizien. Ihr Leid berührte ihn tief, und am liebsten hätte er ihr sofort die Gewissheit gegeben, dass ihr Gebet erhört wurde. Weil er aber seinen Jüngern eine Lehre erteilen wollte, tat er zunächst so, als interessiere ihn ihr erbarmungswürdiges Bitten nicht. Als dann jedoch ihr Glaube für alle sichtbar geworden war, tröstete er sie und ließ sie mit der Versicherung gehen, dass er ihre Tochter geheilt hatte. Diese Begebenheit vergaßen die Jünger nie. Sie ist uns überliefert worden als Beispiel dafür, was ausdauerndes Beten erreichen kann (Matthäus 15,21-28).

Christus selbst hatte dieser Mutter ihre Hartnäckigkeit, die sich durch nichts abweisen ließ, geschenkt. Er ließ die Witwe vor dem Richter mutig und entschlossen auftreten. Jahrhunderte zuvor hatte er Jakob bei jenem rätselhaften Kampf am Jabbok den gleichen ausdauernden Glauben geschenkt. Das Vertrauen, zu dem er uns befähigt, hat er noch nie enttäuscht.

Im himmlischen Heiligtum haben wir einen gerechten Richter. Mehr noch als über die Schar der Engel, die seinen Thron umgibt, freut er sich über sein Volk, das gegen die Versuchungen einer sündigen Welt ankämpft.

An unserer winzigen Welt zeigt das ganze himmlische Universum die regste Anteilnahme, weil Christus für die Menschen, die sie bewohnen, einen unermesslichen Preis bezahlt hat. Der Erlöser der Welt hat Erde und Himmel durch das Band des Geistes miteinander verknüpft, denn die Erlösten des Herrn leben hier unten. Noch immer besuchen Wesen vom Himmel die Erde, genauso wie in den Tagen, als sie mit Abraham und Mose zusammenkamen und sprachen. Mitten in der Hektik der Großstadt, unter der Menschenmenge, die sich auf Straßen und in Einkaufszentren drängt und von morgens bis abends nur für ihre Geschäfte und Vergnügungen lebt, als ob es keinen anderen Lebenszweck gäbe – selbst in dieser Masse, in der nur wenige über die unsichtbare Wirklichkeit nachdenken, sind die heiligen Beobachter aus der himmlischen Welt unterwegs.

Diese unsichtbar wirkenden Kräfte registrieren alles, was die Menschen sagen und tun. In jeder Versammlung, ob sie nun Geschäften oder dem Vergnügen dient, ja, auch bei jedem Gottesdienst sind mehr Zuhörer anwesend, als das menschliche Auge wahrnehmen kann. Manchmal ziehen diese Geisteswesen den Vorhang beiseite, der die himmlische Welt verdeckt, um unsere Gedanken von der Hektik und Geschäftigkeit des Alltags abzulenken. Dann merken wir plötzlich, dass es unsichtbare Zeugen gibt für alles, was wir tun und sagen.

Wir müssen die Aufgabe der Engel, die zu uns kommen, noch besser verstehen lernen. Lasst uns doch immer daran denken, dass wir bei allem, was wir tun, von himmlischen Wesen in fürsorglicher Weise unterstützt werden. Unsichtbare Scharen voll Licht und Kraft stehen allen bei, die im Bewusstsein ihrer eigenen Schwachheit bescheiden auf die Verheißungen Gottes vertrauen. Cherubim, Seraphim und andere starke Engel – „tausendmal Tausende … und zehntausendmal Zehntausende“ (Daniel 7,10) – stehen zur Rechten Gottes, „dienstbare Geister, ausgesandt zum Dienst um derer willen, die das Heil ererben sollen“ (Hebräer 1,14).

Diese Engel liefern Gott als seine Boten einen genauen Bericht darüber, was die Menschen sagen und tun. Jede Grausamkeit oder Ungerechtigkeit gegen seine Kinder, alles, was sie von bösen Mächten erleiden, wird im Himmel aufgezeichnet.

„Sollte Gott nicht auch Recht schaffen seinen Auserwählten, die zu ihm Tag und Nacht rufen, und sollte er's bei ihnen lange hinziehen? Ich sage euch: Er wird ihnen ihr Recht schaffen in Kürze.“ (Lukas 18,7.8)

„Darum werfet euer Vertrauen nicht weg, welches eine große Belohnung hat. Geduld aber habt ihr nötig, damit ihr den Willen Gottes tut und das Verheißene empfangt. Denn ‚nur noch eine kleine Weile, so wird kommen, der da kommen soll, und wird nicht lange ausbleiben‘.“ (Hebräer 10,35-37) „Siehe, der Bauer wartet auf die kostbare Frucht der Erde und ist dabei geduldig, bis sie empfange den Frühregen und Spätregen. Seid auch ihr geduldig und stärkt eure Herzen; denn das Kommen des Herrn ist nahe.“ (Jakobus 5,7.8)

Es ist wunderbar, wie viel Geduld Gott mit uns hat. Die Gerechtigkeit muss warten, während dem sündigen Menschen Gnade angeboten wird. Andererseits heißt es von Gott: „Gerechtigkeit und Gericht sind seines Thrones Stütze.“ (Psalm 97,2) „Der Herr ist geduldig und von großer Kraft, vor dem niemand unschuldig ist. Er ist der Herr, dessen Weg in Wetter und Sturm ist; Wolken sind der Staub unter seinen Füßen.“ (Nahum 1,3)

Die Welt setzt sich immer dreister über Gottes Gesetz hinweg. Weil der Herr so geduldig ist, treten die Menschen seine Autorität mit Füßen, ja, sie bestärken sich sogar gegenseitig darin, die Nachfolger Christi möglichst grausam zu unterdrücken: „Wie sollte Gott es wissen? Wie sollte der Höchste etwas merken?“ (Psalm 73,11) Aber auch ihrem Treiben ist eine Grenze gesetzt, die sie schon bald erreicht haben werden. Sie haben bereits jetzt Gottes Geduld fast erschöpft, seine Gnade und Barmherzigkeit mit ihnen wird bald zu Ende sein. Dann wird er einschreiten, seine Ehre wiederherstellen, sein Volk befreien und die weit verbreitete Ungerechtigkeit beseitigen.

Zur Zeit Noahs schenkten die Menschen dem Gesetz Gottes so wenig Beachtung, dass im allgemeinen Bewusstsein der Gedanke an den Schöpfer fast völlig verschwunden war. Die Ungerechtigkeit erreichte ein solches Ausmaß, dass der Herr die gottlosen Bewohner der Erde schließlich durch eine große Flut umkommen ließ.

In jedem Zeitalter hat der Herr gezeigt, wie er wirkt. In Krisenzeiten offenbarte er sich und verhinderte, dass Satan seine Pläne ausführen konnte. Oft ließ er zu, dass Völker, Familien oder auch einzelne Personen in eine Krise gerieten, um dann sein Eingreifen umso deutlicher werden zu lassen. Auf diese Weise zeigte er, dass der Gott Israels sein Gesetz aufrechterhält und für sein Volk einsteht.

Wenn nun heutzutage die Ungerechtigkeit überhand nimmt, dürfen wir sicher sein, dass die letzte große Krise vor der Tür steht. Wenn nahezu auf der ganzen Welt Gottes Gesetz missachtet wird, wenn sein Volk Unterdrückung und Anfeindung erlebt, dann wird der Herr eingreifen.

Bald schon wird er sagen: „Geh hin, mein Volk, in deine Kammer, und schließ die Tür hinter dir zu! Verbirg dich einen kleinen Augenblick, bis der Zorn vorübergehe. Denn siehe, der Herr wird ausgehen von seinem Ort, heimzusuchen die Bosheit der Bewohner der Erde. Dann wird die Erde offenbar machen das Blut, das auf ihr vergossen ist, und nicht weiter verbergen, die auf ihr getötet sind.“ (Jesaja 26,20.21) So genannte Christen können jetzt noch ungestraft die Armen betrügen und unterdrücken, können Witwen und Waisen ihr letztes Hab und Gut nehmen; sie können ihrem satanischen Hass auf die Kinder Gottes, deren Gewissen nicht unter ihrem Einfluss steht, freien Lauf lassen. Gott wird sie dafür jedoch zur Verantwortung ziehen. „Denn es wird ein unbarmherziges Gericht über den ergehen, der nicht Barmherzigkeit getan hat.“ (Jakobus 2,13)

Schon bald werden sie vor dem stehen, der die ganze Welt richtet, um Rechenschaft abzulegen für alles, was sie den Kindern Gottes an Leib und Seele angetan haben. Noch hindert niemand sie daran, falsche Anschuldigungen vorzubringen; noch können sie die verspotten, die Gott mit der Evangeliumsverkündigung beauftragt hat; noch können sie die Gläubigen ins Gefängnis bringen, in Ketten legen, in die Verbannung schicken oder gar umbringen, aber für all die verursachten Schrecknisse, ja sogar für jede vergossene Träne, werden sie einmal Rechenschaft ablegen müssen. Gott wird sie für ihre Sünden doppelt strafen. Über Babylon, das Symbol der abgefallenen Gemeinde, sagt er zu seinen Gerichtshelfern: „Ihre Sünden reichen bis an den Himmel, und Gott denkt an ihren Frevel. Bezahlt ihr, wie sie bezahlt hat, und gebt ihr zweifach nach ihren Werken! Und in den Kelch, in den sie euch eingeschenkt hat, schenkt ihr zweifach ein!“ (Offenbarung 18,5.6)

Von Indien und Afrika, von China und allen Inseln der Meere, von den unterdrückten Millionen Menschen der so genannten christlichen Länder steigt das Geschrei der Entrechteten zu Gott empor und wird nicht mehr lange unbeantwortet bleiben. Gott wird die Erde von ihrer moralischen Verkommenheit reinigen, nicht durch eine Wasserflut wie zur Zeit Noahs, sondern durch ein Feuermeer, das niemand löschen kann (2. Petrus 3,10).

„Es wird eine Zeit so großer Trübsal sein, wie sie nie gewesen ist, seitdem es Menschen gibt, bis zu jener Zeit. Aber zu jener Zeit wird dein Volk errettet werden, alle, die im Buch geschrieben stehen.“ (Daniel 12,1)

Aus ärmlichen Dachkammern und Hütten, aus Gefängnissen und vom Schafott, aus den Bergen und der Wüste, aus Höhlen und aus der Tiefe des Meeres wird Christus seine Nachfolger zu sich rufen. Auf der Erde hat man sie beraubt, gefoltert und angefeindet. Millionen starben verachtet, weil sie sich weigerten, Satans betrügerische Ansprüche anzuerkennen. Menschliche Gerichte verurteilten Gottes Kinder als gemeinste Verbrecher. Doch es kommt der Tag, an dem man sehen wird: „Gott selbst ist Richter.“ (Psalm 50,6) Dann werden die Urteile, die auf unserer Erde gefällt wurden, in ihr Gegenteil verkehrt. „Und Gott der Herr … wird aufheben die Schmach seines Volks.“ (Jesaja 25,8) Jeder, der diesem Volk angehört, bekommt dann ein weißes Gewand. (Offenbarung 6,11) Man wird sie nennen ‚Heiliges Volk', ‚Erlöste des Herrn'." (Jesaja 62,12)

Das Kreuz, das sie zu tragen hatten, die Verluste, die sie erlitten, die Verfolgung, der sie ausgesetzt waren und die manche sogar das Leben kostete – für alles dies wird Gott seine Kinder reichlich entschädigen. Sie werden „sein Angesicht sehen, und sein Name wird an ihren Stirnen sein" (Offenbarung 22,4).

Teil V

Die Liebe Gottes auf der Suche

„Mit Freundlichkeit und Liebe
wollte ich sie gewinnen.
Ich habe ihnen ihre Last leicht gemacht.“
Hosea 11,4 Hfa

Kapitel 15

„Dieser nimmt die Sünder an"

Die Schriftgelehrten zeigten offen ihre Verärgerung darüber, dass Christus von „Zöllnern und Sündern" umgeben war: „Dieser nimmt die Sünder an und isst mit ihnen." (Lukas 15,1.2)

Sie unterstellten Christus damit, sich in einer sündigen verdorbenen Umgebung wohl zu fühlen und gegenüber dem Bösen unempfindlich zu sein. Die Schriftgelehrten waren von Christus enttäuscht. Warum suchte er nicht lieber ihre Gesellschaft, wenn er eine solch herausragende Persönlichkeit zu sein beanspruchte? Warum lehrte er nicht in der gleichen Weise wie sie? Lieber zog er anscheinend ganz anspruchslos im Land herum und gab sich mit allen möglichen Leuten ab! Als echter Prophet, so meinten sie, müsste er sich mit ihnen doch bestens verstehen und den Zöllnern und Sündern mit verächtlicher Gleichgültigkeit begegnen. Es ärgerte diese Tugendwächter, dass Jesus, mit dem sie überhaupt nicht zurechtkamen, durch sein vorbildliches Leben sie in Staunen versetzte und zugleich ein Vorwurf für sie war, während er den Randgruppen der Gesellschaft so offenkundig mit Sympathie begegnete. Von seinen Methoden hielten sie überhaupt nichts. Sie glaubten von sich selbst, gebildet, vornehm und außerordentlich fromm zu sein; aber Christi Vorbild entlarvte ihre Ichbezogenheit.

Und noch etwas ärgerte sie: Viele von denen, die sich um Jesus drängten und ihm jedes Wort von den Lippen lasen, verachteten die Rabbis und ließen sich so gut wie nie in der Synagoge sehen. Die Schriftgelehrten und Pharisäer kamen sich in der Nähe Christi verloren und verdammt vor. Wie war es dann möglich, dass sich die Zöllner und Sünder von ihm förmlich angezogen fühlten?

Ohne sich dessen bewusst zu sein, hatten sie selbst dafür die Erklärung geliefert, als sie voller Verachtung feststellten: „Dieser nimmt die Sünder an." Die Menschen kamen zu Jesus, weil sie spürten, dass es in seiner Gegenwart noch Rettung vor dem tiefsten Abgrund der Sünde gab. Die Pharisäer hatten nur Verachtung für sie übrig. Christus dagegen nannte sie Kinder Gottes, die sich zwar dem Vaterhaus entfremdet hatten, von Gott aber dennoch nicht vergessen waren. Gerade weil sie so elend und in die Sünde verstrickt waren, brauchten sie – das wusste Christus – seine Liebe und sein Mitgefühl. Je weiter sie sich von ihm entfernt hatten, desto größer war sein Wunsch, sie zu retten – koste es, was es wolle.

All das hätten die Lehrer Israels aus ihren heiligen Schriften lernen können. Schließlich waren sie stolz darauf, diese in ihrer Obhut zu haben und von Berufs wegen auslegen zu können. Hatte nicht gerade David, nachdem er schwer gesündigt hatte, geschrieben: „Ich bin wie ein verirrtes und verlorenes Schaf; suche deinen Knecht" (Psalm 119,176)? Und hatte nicht auch Micha davon gesprochen, wie sehr Gott die Sünder liebt, als er sagte: „Wo ist solch ein Gott, wie du bist, der die Sünde vergibt und erlässt die Schuld denen, die übrig geblieben sind von seinem Erbteil; der an seinem Zorn nicht ewig festhält, denn er ist barmherzig!" (Micha 7,18)

Das verlorene Schaf

Bei diesem Gleichnis ging Christus nicht von einem Wort der Heiligen Schrift aus, sondern appellierte an die Alltagserfahrung seiner Zuhörer. Die ausgedehnten Hochebenen östlich des Jordans boten reiches Weideland für Viehherden. Schon oft hatten sich Schafe in den Schluchten und auf den bewaldeten Hügeln verirrt, wo nur ein fürsorglicher Hirte sie wiederfinden konnte. Unter den Zuhörern Jesu befanden sich Hirten und Besitzer von Schafherden. Sie alle verstanden seinen Vergleich gut: „Welcher Mensch ist unter euch, der hundert Schafe hat und, wenn er eins von ihnen verliert, nicht die neunundneunzig in der Wüste lässt und geht dem verlorenen nach, bis er's findet?“ (Lukas 15,4)

Auch die Menschen, die ihr verachtet, sagte Jesus, sind Gottes Eigentum. Sie sind wertvoll, weil er sie erschaffen und erlöst hat. Wie der Hirte seine Schafe liebt und keine Ruhe hat, wenn nur ein einziges fehlt, so liebt auch Gott – allerdings unvergleichlich stärker – jeden Ausgestoßenen der Gesellschaft. Ein Mensch mag sich gegen diese Liebe wehren, seine eigenen Wege gehen und sich einen anderen Herrn wählen: Er bleibt dennoch Gottes Eigentum, das dieser unbedingt zurückgewinnen will. Gott sagt: „Wie ein Hirte seine Schafe sucht, wenn sie von seiner Herde verirrt sind, so will ich meine Schafe suchen und will sie erretten von allen Orten, wohin sie zerstreut waren zur Zeit, als es trüb und finster war.“ (Hesekiel 34,12)

Der Hirte im Gleichnis sucht nach einem einzigen Schaf – die kleinste zählbare Menge. Ebenso wäre Christus gestorben, selbst wenn er dadurch nur einen einzigen Menschen hätte retten können.

Ein Schaf, das sich verirrt hat, ist völlig hilflos. Der Schäfer muss es suchen, denn allein findet es nicht zurück. So geht es auch dem Menschen, der sich von Gott entfernt hat. Ohne Gottes rettende Liebe könnte er den Weg zu ihm nie mehr finden.

Wenn der Schäfer merkt, dass eins seiner Tiere fehlt, begnügt er sich angesichts seiner restlichen Herde, die ja gut untergebracht ist, nicht damit zu sagen: „Ich habe ja noch neunundneunzig; das eine zu suchen ist viel zu aufwendig. Wenn es von selbst zurückkommt, werde ich ihm das Gatter öffnen und es in die Hürde lassen.“ Er macht sich vielmehr große Sorgen, sobald er ein Schaf vermisst. Immer wieder zählt er die Tiere, bis er sicher weiß, dass eines fehlt. Jetzt lässt er die neunundneunzig in der Hürde zurück und begibt sich auf die Suche nach dem verlorenen Schaf. Je dunkler und stürmischer die Nacht, je gefährlicher der Weg, desto mehr sorgt er sich um das Tier, und desto eifriger sucht er. Keine Mühe scheut er, um es wieder zu finden.

Wie groß ist die Erleichterung, wenn er aus der Ferne den ersten schwachen Klagelaut vernimmt! Er folgt ihm, erklettert die steilsten Hänge, kriecht bis zum Rande des Abgrunds, setzt sein

Leben aufs Spiel. Das Blöken wird immer schwächer; offensichtlich ist das Schaf zu Tode erschöpft. Doch schließlich wird die Mühe des Hirten belohnt: Er findet das Tier! Nun aber schilt er es nicht etwa, weil er seinetwegen so viel ausgestanden hat. Er treibt es auch nicht mit der Peitsche vor sich her und versucht noch nicht einmal, es behutsam nach Hause zu führen. In seiner Freude lädt er sich das zitternde Geschöpf auf die Schultern, nimmt es sogar auf den Arm, wenn es verletzt ist, und drückt es an sich, um es mit seiner eigenen Körperwärme am Leben zu halten. Froh darüber, dass seine Suche nicht vergeblich war, trägt er es zur Hürde zurück.

Gott sei Dank, dass Jesus uns nicht das Bild eines Hirten vor Augen geführt hat, der traurig und ohne das verlorene Schaf zurückkehren muss. Das Gleichnis erzählt nicht von einem Fehlschlag, sondern von Erfolg und Freude. Damit ist uns die Gewissheit gegeben, dass Gott kein einziges verirrtes Schaf übersieht und sich selbst überlässt. Christus rettet jeden, der sich erlösen lassen will, aus dem Abgrund des Verderbens, dem Dornengestrüpp der Sünde.

Auch wer schwer gesündigt hat, darf also Mut fassen! Niemand soll denken, dass Gott nur vielleicht seine Schuld vergibt und ihm erlaubt, zu ihm zu kommen. Gott hat bereits den ersten Schritt getan! Als du dich noch gegen ihn auflehntest, hat er dich schon gesucht. Wie der Hirte im Gleichnis verließ er die neunundneunzig und ging hinaus, um das verlorene Schaf zu finden. Er nimmt den in seiner Seele verwundeten Menschen, der keinen Lebensmut mehr hat, in die Arme und bringt ihn voller Freude nach Hause.

Die Juden lehrten, dass Gott nur dem seine Liebe schenkt, der vorher Buße getan hat. Ihrer Meinung nach konnte man sich durch Buße die Gunst des Himmels verdienen. Eben diese Vorstellung ließ die Pharisäer so erstaunt und ärgerlich die Feststellung treffen: „Dieser nimmt die Sünder an!“ Wäre es nach ihnen gegangen, dann hätte Christus nur solche Menschen um sich dulden dürfen, die vorher Buße getan hatten. Aber genau das Gegenteil lehrte Christus im Gleichnis vom verlorenen Schaf: Das Heil wird uns nicht geschenkt, weil wir Gott suchen, sondern weil er uns sucht. „Da ist keiner, der verständig ist; da ist keiner, der nach Gott fragt. Sie sind alle abgewichen und allesamt verdorben.“ (Römer 3,11.12) Wir tun nicht Buße, damit Gott uns lieben kann; vielmehr erweist er uns zuerst seine Liebe, damit wir Buße tun können.

Wenn das verirrte Schaf endlich wieder in Sicherheit gebracht ist, ist der Hirte voller Dankbarkeit und Freude: Er holt seine Freunde und Nachbarn herbei und sagt ihnen: „Freut euch mit mir; denn ich habe mein Schaf gefunden, das verloren war.“ (Lukas 15,6) Genauso ist es, wenn der Große Hirte einen irrenden Menschen rettet; dann stimmen Himmel und Erde einen Lob- und Dankgesang an.

„So wird auch Freude im Himmel sein über einen Sünder, der Buße tut, mehr als über neunundneunzig Gerechte, die der Buße nicht bedürfen.“ (Lukas 15,7) Christus wollte damit sagen: Ihr Pharisäer meint, die Lieblinge des Himmels zu sein, und vertraut auf eure eigene Gerechtigkeit. Lasst euch aber gesagt sein: Wenn ihr glaubt, keine Buße nötig zu haben, dann bin ich nicht für euch gekommen. Ich bin hier, um Menschen zu retten, die unter ihrer geistlichen Armut und ihrer Verstrickung in die Sünde leiden. Diesen Verlorenen, die ihr verachtet, wenden die Engel im Himmel ihre Aufmerksamkeit zu. Ihr beschwert euch und stichelt, wenn ein solcher Mensch sich mir anschließt. Für die Engel ist dies jedoch ein Grund zur Freude, und im Himmel erschallt ihr Siegeslied.

Die Rabbis hatten ein Sprichwort, dass man sich im Himmel jedes Mal freue, wenn ein Sünder vernichtet wird. Jesus lehrte dagegen, dass Gott nicht zerstören will. Wenn man sich im Himmel freut, dann darüber, dass in Menschen, die Gott schuf, erneut sein Ebenbild sichtbar wird.

Wer sich tief in der Sünde verirrt hat und zu Gott zurückkehren will, wird mit Sicherheit auf Kritik und Misstrauen stoßen. Oft wird die Aufrichtigkeit seiner Buße infrage gestellt, und hinter vorgehaltener Hand heißt es dann: „Der ist viel zu labil; seine Umkehr wird nicht lange anhalten.“ Wer so redet, arbeitet nicht mit Gott zusammen, sondern mit Satan, dem Verkläger unserer Brüder. Der Teufel will damit den, der Buße tut, entmutigen, ihm alle Hoffnung nehmen und ihn noch mehr von Gott entfremden. Daher wollen wir jedem, der zu Gott zurückkehrt, sagen, welche Freude im Himmel herrscht über die Rückkehr eines einzigen Menschen, der verloren schien. Wir wollen ihm helfen, in der Liebe Gottes inneren Frieden zu finden und sich auf keinen Fall durch die Verachtung und Unterstellungen der Selbstgerechten entmutigen zu lassen.

Die Rabbis verstanden das Gleichnis Christi so, dass es sich auf die Zöllner und Sünder bezog; es hat aber noch eine umfassendere Bedeutung. Das verlorene Schaf steht nicht nur für den einzelnen Sünder, sondern auch für diese ganze Erde, die von Gott abgefallen und von der Sünde verdorben ist. Unsere Welt ist nur ein winziges Atom im riesigen All, über das Gott regiert, und dennoch: Diese kleine, abgefallene Welt – das eine verlorene Schaf – ist in seinen Augen wichtiger als die neunundneunzig anderen, die bei der Herde geblieben sind. Christus, der geliebte Herr der himmlischen Familie, gab seine hohe Stellung und die Herrlichkeit auf, die er beim Vater hatte, um die verlorene Welt zu retten. Ihretwegen verließ er die sündlosen Welten im All, die neunundneunzig, die ihn liebten, und kam auf diese Erde, damit er „um unsrer Missetat willen verwundet und um unsrer Sünde willen zerschlagen" werde (Jesaja 53,5). Gott opferte sich selbst in seinem Sohn, um die Freude erleben zu können, das verlorene Schaf wieder heimzuholen.

„Seht, welch eine Liebe hat uns der Vater erwiesen, dass wir Gottes Kinder heißen sollen." (1. Johannes 3,1) Und Christus sagt: „Wie du mich gesandt hast in die Welt, so sende ich sie auch in die Welt" (Johannes 17,18), um das zu erbringen, „was an den Leiden Christi noch fehlt, für seinen Leib, das ist die Gemeinde" vollendet Paulus (Kolosser 1,24). Jeder, der durch Christus Rettung erfahren hat, ist dazu aufgerufen, im Namen Jesu anderen Verlorenen das Evangelium zu bringen. Diese Aufgabe hatte man in Israel vernachlässigt. Und hapert es nicht auch heute damit bei den so genannten Nachfolgern Christi?

Wie viele verlorene Schafe hast du, lieber Leser, bereits gefunden und zur Herde zurückgebracht? Hast nicht auch du schon Menschen links liegen lassen, die gerade keinen viel versprechenden Eindruck auf dich machten? War dir dabei bewusst, dass Christus auch sie sucht? Vielleicht brauchten sie dein Verständnis am dringendsten, als du ihnen die kalte Schulter zeigtest. Bei jedem Gottesdienst sind auch Menschen da, die sich nach innerem Frieden sehnen. In unseren Augen sind sie vielleicht oberflächlich und leben in den Tag hinein, aber sie haben sich nicht völlig dem Einfluss des Heiligen Geistes verschlossen. Viele von ihnen könnten für Christus gewonnen werden.

Wenn das verlorene Schaf nicht zur Herde zurückgebracht wird, irrt es solange umher, bis es umkommt. Wie viele Menschen gehen ihrem Untergang entgegen, weil sich niemand um sie kümmert! Sie mögen hartherzig oder leichtsinnig wirken; hätten sie jedoch unter den gleichen günstigen Bedingungen leben können wie andere, dann hätten sie sich vielleicht auch charakterlich besser entwickelt und wären für die Gesellschaft nützlicher geworden. Engel haben Mitgefühl für diese verirrten Menschen, während uns das oft kalt lässt und wir unser Herz verschließen.

Wie sehr fehlt es uns doch oft an echtem Verständnis für Menschen, die Versuchungen ausgesetzt und vom rechten Weg abgekommen sind! Wir brauchen viel mehr von der Gesinnung Jesu und die Bereitschaft, unsere eigenen Interessen auch einmal zurückzustellen.

Die Pharisäer fassten das Gleichnis Christi als Vorwurf an sie auf. Statt ihre Kritik an seinem gesellschaftlichen Umgang zu beherzigen, verurteilte er es, dass sie die Zöllner und Sünder links liegen ließen. Zwar tat er dies nicht offen und direkt, um sie nicht in eine verstockte Haltung zu treiben; sein bildhafter Vergleich machte aber unmissverständlich klar, welche Aufgabe ihnen von Gott zugedacht war, die sie leider nicht erfüllt hatten. Als wahre Hirten Israels hätten sie die barmherzige Liebe Christi weitergegeben und mit ihm zusammengearbeitet. Weil sie sich weigerten, dies zu tun, wurde ihre Frömmigkeit als Heuchelei entlarvt. Wenn auch viele Christi Vorwurf zurückwiesen, so ließen sich doch einige von seinen Worten überzeugen. Auf sie kam nach Christi Himmelfahrt der Heilige Geist, und sie schlossen sich mit den Jüngern Jesu zusammen, um die Aufgabe zu erfüllen, die das Gleichnis vom verlorenen Schaf symbolisch darstellt.

Der verlorene Groschen

Nach dem Gleichnis vom verlorenen Schaf erzählte Christus noch ein anderes: „Oder welche Frau, die zehn Silbergroschen hat und einen davon verliert, zündet nicht ein Licht an und kehrt das Haus und sucht mit Fleiß, bis sie ihn findet?“ (Lukas 15,8)

Im Orient bestanden die Häuser der Armen damals gewöhnlich nur aus einem einzigen dunklen, fensterlosen Raum. Selten einmal wurde der Fußboden gekehrt, sodass eine heruntergefallene Münze leicht in Staub und Abfall verloren gehen konnte. Um sie wieder zu finden, musste man auch tagsüber eine Kerze anzünden und das Haus sorgfältig fegen.

Die Mitgift der Frauen bestand meist aus mehreren Silbermünzen. Diese waren ihr wertvollster Besitz und wurden dementsprechend sorgfältig aufbewahrt, damit sie einmal der Tochter als Mitgift gegeben werden konnten. Wenn man eine dieser Münzen verlor, war das ein großer Verlust, und wenn sie wieder gefunden wurde, war dies natürlich ein Anlass zur Freude, in die auch die Nachbarinnen gerne einstimmten.

„Und wenn sie ihn gefunden hat“, sagte Christus, „ruft sie ihre Freundinnen und Nachbarinnen und spricht: Freuet euch mit mir; denn ich habe meinen Silbergroschen gefunden, den ich verloren hatte. So, sage ich euch, wird Freude sein vor den Engeln Gottes über einen Sünder, der Buße tut.“ (Lukas 15,9)

Auch dieses Gleichnis handelt von etwas Verlorenem, das durch sorgfältiges Suchen wieder gefunden werden kann, worüber dann große Freude herrscht. Aber es zeigt uns doch einen anderen Typus von Verlorenem. Das verirrte Schaf ist sich bewusst, dass es sich verirrt hat. Es hat den Hirten und die Herde verlassen und kann allein nicht zurückfinden. So steht es für all die, denen bewusst ist, dass sie sich Gott entfremdet haben, und die unter ihrem verkehrten Denken, unter den Erniedrigungen und Versuchungen, denen sie ausgesetzt sind, leiden. Die verlorene Silbermünze dagegen ist ein Symbol für die Menschen, die in ihren Übertretungen und Sünden verloren sind, ohne sich über ihre Situation im Klaren zu sein. Sie sind Gott entfremdet und wissen es nicht. Ihr gefährdetes Seelenheil beunruhigt sie nicht.

Dieses Gleichnis sagt uns, dass Gott in seiner Barmherzigkeit auch jene Menschen liebt, die ihm gleichgültig gegenüberstehen. Deshalb müssen wir auch sie suchen und zu Gott zurückführen.

Das Schaf trennte sich von der Herde und irrte allein in der Wildnis umher. Die Münze dagegen ging im Haus verloren. Obwohl sie also ganz nahe war, konnte sie doch nur durch gründliches Suchen wieder gefunden werden.

In diesem Punkt kann das Gleichnis gerade für das Familienleben eine Lehre sein. Wir machen uns oft nicht viel Gedanken über den geistlichen Stand unserer nächsten Angehörigen. Einer mag innerlich von Gott abgekommen sein, ohne dass sich seine Familie, der Gott ihn doch anvertraut hat, darüber Sorgen macht.

Auch unter Staub und Abfall bleibt die Münze ein Silberstück. Sie ist also nach wie vor wertvoll, und deshalb sucht die Besitzerin nach ihr. So ist auch jeder Mensch in Gottes Augen kostbar, selbst wenn er durch die Sünde noch so sehr heruntergekommen ist. Wie wir oft auf einem Geldstück das Bild und den Namen des Staatsoberhauptes finden, so wurde dem Menschen bei der Schöpfung Bild und Inschrift Gottes aufgeprägt. Vieles davon mag durch die Sünde beschmutzt und zerstört sein, und doch finden wir Spuren davon noch bei jedem Menschen. Gott möchte uns zu sich zurückholen und jedem sein Bild in Gerechtigkeit und Heiligkeit neu aufprägen.

Die Frau im Gleichnis sucht eifrig. Sie zündet eine Kerze an, fegt das Haus, räumt alles weg, was sie bei der Suche stört, und gibt – obwohl ihr doch nur eine Münze fehlt – nicht eher auf, als bis sie diese gefunden hat. Genauso soll es in der Familie sein. Wenn einer sich von Gott abgewandt hat, dürfen wir nichts unversucht lassen, um ihn wieder auf den rechten Weg zu bringen. Zuvor allerdings sollte jeder von uns seine eigene Lebensführung überdenken und gründlich prüfen, ob nicht ein grober Fehler oder ein Unrecht in der Behandlung den andern in seiner ablehnenden Haltung bestärkt hat.

Wenn in der Familie ein Kind sich seines Unrechts nicht bewusst ist, dürfen die Eltern keinen Augenblick ruhen. Zündet ein Licht an! Forscht im Wort Gottes und durchsucht in seinem Schein das ganze Haus, um herauszufinden, warum das Kind sich verirrt hat! Prüft euer eigenes Herz, eure Gewohnheiten! Kinder sind Gottes Eigentum, und wir sind ihm dafür verantwortlich.

Wie viele Eltern würden nur zu gern als Missionare in ein fernes Land gehen! Wie viele arbeiten außerhalb der Familie eifrig mit bei der Verkündigung des Evangeliums, während ihre eigenen Kinder nichts wissen von der Liebe des Heilandes! Sie überlassen es dem Prediger oder den Helfern in der Kindersabbatschule, ihre Kinder zu Christus zu führen, und beachten nicht, dass sie damit ihre Pflicht Gott gegenüber vernachlässigen. Einem Kind den Glauben an Gott und das Vertrauen auf ihn zu vermitteln ist die höchste Aufgabe, die wir für Gott übernehmen können. Allerdings verlangt sie ein ganzes Leben lang Arbeit und Mühe. Wer hier nachlässig ist, erweist sich als untreuer Haushalter, und das kann Gott nicht entschuldigen.

Haben wir uns in dieser Hinsicht aber schuldig gemacht, dann brauchen wir nicht zu verzweifeln. Als die Frau ihre Münze verloren hatte, suchte sie danach, bis sie sie wieder fand. So wollen wir auch als Eltern uns liebevoll, gläubig und unter Gebet um unsere Familie bemühen, bis wir einmal voller Freude zu Gott sagen können: „Siehe, hier bin ich und die Kinder, die mir der Herr gegeben hat." (Jesaja 8,18)

Hier haben wir also echte „Heimatmission", und sie ist sinnvoll für den handelnden wie für den empfangenden Teil. Durch Seelsorge in der eigenen Familie erwerben wir uns die Fähigkeiten für die Arbeit in der geistlichen Familie Gottes, mit der wir einmal – wenn wir Christus treu bleiben – in der Ewigkeit leben werden. Lasst uns allen Glaubensgeschwistern mit der gleichen Herzlichkeit begegnen, die wir auch unseren Familienangehörigen entgegenbringen.

Dies soll uns nach Gottes Absicht darauf vorbereiten, einmal für Menschen zu wirken, die uns ganz fremd sind. Je mehr Mitmenschlichkeit und Liebe wir entwickeln, desto größer wird unser Wirkungskreis werden. Gottes Familie umfasst auf dieser Welt alle Menschen, und keiner von ihnen darf übersehen werden.

Wo auch immer wir sind, gibt es verlorene Silbermünzen, die wir suchen sollen. Tun wir das? Jeden Tag begegnen wir Menschen, die scheinbar vom Glauben nichts wissen wollen. Wir unterhalten uns mit ihnen, verkehren mit ihnen; aber machen wir uns Gedanken um ihr geistliches Wohl? Lernen sie durch uns Christus kennen, der uns die Sünden vergibt und uns erlöst? Erzählen wir ihnen von seiner Liebe, die in uns brennt? Wenn nein – wie wollen wir dann einmal den auf ewig verlorenen Menschen gegenübertreten, wenn sie und wir vor dem Thron Gottes stehen werden?

Sind wir uns bewusst, wie wertvoll auch nur ein einziger Mensch ist? Wir müssen dazu im Geist nach Gethsemane gehen, wo Jesus jene Stunden in Todesangst durchlitt, als sein Schweiß wie Blutstropfen war. Wir müssen darüber nachdenken, wie unser Erlöser am Kreuz hing und verzweifelt ausrief: „Mein Gott, mein Gott, warum hast du mich verlassen?“ (Markus 15,34) Sein verwundetes Haupt, die zerstochene Seite und die durchbohrten Füße – all dies nahm Christus auf sich, um uns zu erlösen, und brachte damit sogar den Himmel in Gefahr. Wenn wir uns am Fuß des Kreuzes klarmachen, dass Christus auch nur für einen einzigen Sünder sein Leben gegeben hätte, dann erst wissen wir wirklich, wie wertvoll ein Mensch ist.

In der Verbundenheit mit Jesus werden wir unsere Mitmenschen schätzen und ihnen mit der gleichen Liebe begegnen, die Christus uns entgegenbringt. Dann sind wir auch in der Lage, Menschen, für die er starb, für ihn zu gewinnen und nicht abzustoßen. Niemand hätte jemals zu Gott zurückgefunden, wenn sich Christus nicht persönlich für ihn eingesetzt hätte. Der gleiche persönliche Einsatz wird auch von uns in der Arbeit für das Reich Gottes gefordert. Wir können jetzt nicht mehr ruhig, ja gleichgültig zusehen, wie Menschen ihrem Untergang entgegengehen: Je verstrickter in die Sünde und heruntergekommener sie sind, desto entschlossener und liebevoller bemühen wir uns um sie.

Wir sehen plötzlich, was die Menschen am dringendsten brauchen, die unter ihrer Sünde und Gottferne, unter der Last ihrer Schuld leiden. Wir haben ein Herz für sie und möchten ihnen helfen. Unser Glaube und unsere Liebe wird sie zu Christus bringen. Wenn wir uns dann auch weiterhin um sie kümmern und ihnen immer wieder Mut machen, wird unsere Verbundenheit und unser Vertrauen ihnen helfen, auf dem einmal eingeschlagenen rechten Weg zu bleiben.

Alle Engel des Himmels sind bereit, dabei mit uns zusammenzuarbeiten. Bei der Suche nach Verlorenen steht uns die ganze Macht des Himmels zur Verfügung. Engel werden uns dabei helfen, sogar die gleichgültigsten und verstocktesten Sünder zu erreichen. Und wenn nur einer von ihnen zu Gott zurückgeführt wird, dann freut sich der ganze Himmel. Seraphim und Cherubim spielen auf ihren goldenen Harfen; sie loben in ihren Liedern Gott und das Lamm für ihre Gnade und liebevolle Hinwendung zu den Menschenkindern.

Kapitel 16

„Er war verloren und ist gefunden worden“

Die Gleichnisse vom verlorenen Schaf, vom verlorenen Groschen und vom verlorenen Sohn machen deutlich, mit welch erbarmender Liebe Gott den Menschen begegnet, die sich fern von ihm verirrt haben. Er überlässt sie nicht ihrem Elend, obwohl sie sich von ihm abgewandt haben. Es tut ihm herzlich leid um alle, die den teuflischen Verlockungen und Versuchungen ausgesetzt sind.

Das Gleichnis vom verlorenen Sohn vermittelt uns eine Vorstellung davon, wie Gott sich Menschen gegenüber verhält, die früher einmal die Liebe des Vaters kannten, sich dann aber vom Versucher auf Abwege bringen ließen.

„Ein Mensch hatte zwei Söhne. Und der jüngere von ihnen sprach zu dem Vater: Gib mir, Vater, das Erbteil, das mir zusteht. Und er teilte Hab und Gut unter sie. Und nicht lange danach sammelte der jüngere Sohn alles zusammen und zog in ein fernes Land.“ (Lukas 15,11-13)

Dieser jüngere Sohn hat die strengen Sitten zu Hause satt. Er fühlt sich in seiner Freiheit eingeschränkt und fasst die liebevolle Fürsorge seines Vaters völlig falsch auf. In Zukunft will er nur noch das tun, wozu er gerade Lust hat.

Der junge Mann fühlt sich seinem Vater gegenüber in keiner Weise verpflichtet und kennt auch keine Dankbarkeit; dennoch pocht er auf sein Recht, einen angemessenen Teil des väterlichen Erbes zu erhalten. Er verlangt schon jetzt, was ihm eigentlich erst nach dem Tod des Vaters zusteht, wobei er keinen Gedanken an die Zukunft verschwendet, sondern nur daran denkt, wie er die Gegenwart genießen kann.

Als er sein Erbe erhalten hat, zieht er „in ein fernes Land“, fort von seinem Elternhaus. Jetzt, da er Geld im Überfluss hat und tun und lassen kann, was er will, bildet er sich doch wirklich ein, dass damit sein größter Wunsch in Erfüllung gegangen ist. Niemand kann ihm mehr vorschreiben: Lass dies, sonst schadest du dir selbst! oder: Tu das, weil es so richtig ist! Falsche Freunde helfen ihm, sich immer tiefer in Sünde zu verstricken, und so bringt er „sein Erbteil durch mit Prassen“ (Lukas 15,13).

Über manche Menschen urteilt die Bibel: „Da sie sich für Weise hielten, sind sie zu Narren geworden.“ (Römer 1,22) Genau das trifft auf den jungen Mann zu: Das Vermögen, das er so egoistisch von seinem Vater forderte, verschleudert er an Huren. Die besten Jahre seines jungen Lebens vergeudet er sinnlos, opfert sie wie auch seine Geisteskräfte, seine hohen Ideale, seine geistlichen Ziele der Genusssucht.

Da bricht eine große Hungersnot aus, und als auch er nichts mehr zu essen hat, lässt er sich von einem Bürger des Landes als Schweinehirte anstellen (Lukas 15,14.15). Das war für einen Juden die erniedrigendste Arbeit überhaupt. Der junge Mann, der auf seine Freiheit so stolz gewesen war, ist zum Sklaven geworden, ist in die denkbar schlimmste Knechtschaft geraten, „mit den Stricken seiner Sünde gebunden“ (Sprüche 5,22). Vorbei sind Glanz und Vergnügen, die für ihn einmal so verlockend waren; jetzt spürt er nur noch die Last seiner Sünde. Er sitzt auf dem kahlen Boden in dem öden, vom Hunger geplagten Land, und seine einzige Gesellschaft sind die Schweine. Was würde er nicht darum geben, wenn er sich an ihrem Trog endlich wieder einmal satt essen könnte! Von den lebenslustigen „Freunden“, die sich in seiner Glanzzeit an ihn hielten und auf seine Kosten aßen und tranken, ist keiner bei ihm geblieben. Was ist von seiner früheren Ausgelassenheit noch übrig? Damals, als er sein Gewissen und seine bessere Einsicht betäubte, hielt er sich für glücklich; aber jetzt – ohne Geld, mit leerem Magen, tief gedemütigt, moralisch heruntergekommen, willensschwach und anscheinend schon recht abgestumpft – ist er der bedauernswerteste aller Menschen.

Was für ein treffendes Bild vom Zustand des Sünders! Obwohl Gott ihn mit den Segnungen seiner Liebe umgibt, hat der sündige Mensch vor lauter Egoismus und Vergnügungssucht keinen größeren Wunsch, als sich von seinem himmlischen Vater loszusagen. Er verlangt – wie der verlorene Sohn – Gottes gute Gaben als sein Eigentum und nimmt sie mit einer Selbstverständlichkeit hin, die Dank oder Gegenleistung aus Liebe ausschließt. Wie Kain „hinweg von dem Angesicht des Herrn“ ging, um sich einen Wohnplatz zu suchen (1. Mose 4,16), und wie der verlorene Sohn „in ein fernes Land“ zog, so suchen auch die anderen Sünder ihr Glück darin, Gott zu vergessen: Ihnen liegt „nichts daran ... die Erkenntnis Gottes festzuhalten“ (Römer 1,28 Albrecht).

Doch so sehr auch der äußere Schein trügen mag, ein Leben, das nur um das eigene Ich kreist, ist letztlich weggeworfen. Wer ohne Gott leben will, vergeudet das, was ihm anvertraut worden ist: seine besten Jahre, seine intellektuellen Fähigkeiten und seine Seelenkraft. Mit Riesenschritten läuft er ins ewige Verderben. Der Gottlose, der eigentlich sein eigener Herr sein wollte, wird zum Sklaven des Reichtums. Das vernunftbegabte Wesen, das Gott einmal erschuf, damit es Umgang mit den Engeln haben sollte, stellt sich freiwillig auf die Stufe des bloß Materiell-animalischen, um ihm zu dienen. So geht es jedem, der nur seinen eigenen Bedürfnissen leben will.

Wer sich für ein solches Leben entschieden hat, ist sich im Grunde klar darüber, dass er sein Geld für Dinge ausgibt, die ihn nicht glücklich machen, und dass er sich abmüht, ohne mit dem Ergebnis zufrieden zu sein. Es gibt Stunden, in denen er seine verzweifelte Situation erkennt und im „fernen Land“ einsieht, wie tief er gesunken ist. Dann ruft er vielleicht auch aus: „Ich elender Mensch! Wer wird mich erlösen von diesem todverfallenen Leibe?“ (Römer 7,24) Der Prophet spricht eine allgemein gültige Wahrheit aus, wenn er sagt: „Verflucht ist der Mann, der sich auf Menschen verlässt und hält Fleisch für seinen Arm und weicht mit seinem Herzen vom Herrn. Der wird sein wie ein Dornstrauch in der Wüste und wird nicht sehen das Gute, das kommt, sondern er wird bleiben in der Dürre der Wüste, im unfruchtbaren Lande, wo niemand wohnt.“ (Jeremia 17,5.6) Gott „lässt seine

Sonne aufgehen über Böse und Gute und lässt regnen über Gerechte und Ungerechte" (Matthäus 5,45). Der Mensch selbst hat aber die Freiheit, auf Sonnenschein und Regen zu verzichten, indem er sich davor schützt. So können wir auch, wenn die Sonne der Gerechtigkeit scheint und der Regen der Gnade für alle umsonst fällt, von Gott getrennt „in der Dürre der Wüste" wohnen.

Gott geht in seiner Liebe auch dem noch nach, der sich frei dafür entschieden hat, sich von ihm zu lösen, und lässt nichts unversucht, ihn ins Vaterhaus zurückzuführen. Vom verlorenen Sohn heißt es: „Da ging er in sich." Von Satan ließ er sich jetzt nichts mehr vormachen. Er erkannte klar, dass er sein Unglück durch törichtes Verhalten selbst verschuldet hatte, und sagte sich: „Wie viel Tagelöhner hat mein Vater, die Brot in Fülle haben, und ich verderbe hier im Hunger! Ich will mich aufmachen und zu meinem Vater gehen." (Lukas 15,17.18) So elend der verlorene Sohn sich auch fühlt – die Überzeugung, dass sein Vater ihn liebt, macht ihn hoffnungsfroh. Diese Liebe des Vaters zieht ihn nach Hause zurück. Gottes Liebe wirkt auf die gleiche Weise: Sie bewegt den Sünder, der sie erfährt, zur Umkehr. „Weißt du nicht, dass dich Gottes Güte zur Buße leitet?" (Römer 2,4) Gott legt um jede gefährdete Seele eine goldene Kette seiner Liebe, Gnade und Barmherzigkeit. Er sagt dir: „Ich habe dich je und je geliebt, darum habe ich dich zu mir gezogen aus lauter Güte." (Jeremia 31,3)

Der Sohn entschließt sich, seine Schuld einzugestehen. Er will zu seinem Vater gehen und zu ihm sagen: „Vater, ich habe gesündigt gegen den Himmel und vor dir. Ich bin hinfort nicht mehr wert, dass ich dein Sohn heiße." Wie wenig er die Liebe des Vaters kennt, zeigt sich darin, dass er ihm vorschlagen will: „Mache mich zu einem deiner Tagelöhner!" (Lukas 15,18.19)

Der junge Mann verlässt die Schweineherde mit ihren Trebern und macht sich auf den Heimweg. Vom Hunger geschwächt, beeilt er sich, so sehr er kann. Er ist nur in Lumpen gehüllt, doch die Not hat seinen Stolz besiegt. Er will dort um Arbeit als Tagelöhner bitten, wo er früher einmal der geliebte Sohn war.

Als er damals in jugendlichem Leichtsinn sein Elternhaus verließ, ahnte er kaum, wie viel Schmerz und Sehnsucht er damit bei seinem Vater auslöste. Auch beim Tanzen und Trinken mit seinen Zechkumpanen dachte er selten daran, welcher Schatten mit seinem Weggang auf sein Zuhause gefallen war. Und auch jetzt, auf dem Heimweg, da er so müde ist, dass ihm jeder Schritt zur Qual wird, weiß er noch nicht, dass einer auf seine Rückkehr wartet: „Als er aber noch weit entfernt war, sah ihn sein Vater.“ Liebe hat gute Augen. Wenn der Sohn in den Jahren der Sünde auch noch so tief gesunken ist, so erkennt der Vater ihn doch. „Es jammerte ihn“, er „lief und fiel ihm um den Hals“ und hielt ihn lange in seinen Armen (Lukas 15,20).

Der Vater will nicht, dass sich jemand über die schäbige Kleidung seines Sohnes lustig macht. Er zieht seinen eigenen kostbaren Mantel aus und legt ihn dem Sohn um die Schultern, der voller Reue bekennt: „Vater, ich habe gesündigt gegen den Himmel und vor dir; ich bin hinfort nicht mehr wert, dass ich dein Sohn heiße.“ (Lukas 15,21) Doch der Vater drückt ihn an sich, führt ihn ins Haus und lässt ihn gar nicht erst um die Stelle eines Tagelöhners bitten. Als Sohn soll er geehrt werden mit dem Besten, was das Haus zu bieten hat. Die Knechte und Mägde haben ihn zu achten und zu bedienen.

„Aber der Vater sprach zu seinen Knechten: Bringt schnell das beste Gewand her und zieht es ihm an und gebt ihm einen Ring an seine Hand und Schuhe an seine Füße und bringt das gemästete Kalb und schlachtet's; lasst uns essen und fröhlich sein! Denn dieser mein Sohn war tot und ist wieder lebendig geworden; er war verloren und ist gefunden worden. Und sie fingen an, fröhlich zu sein.“ (Lukas 15,22-24)

In seinem jugendlichen Ungestüm hielt der Sohn den Vater einmal für übermäßig streng. Wie anders urteilt er jetzt! Genauso geht es denen, die sich von Satan dazu verleiten lassen, sich Gott streng und hartherzig vorzustellen; sie meinen, er warte nur darauf, Menschen bedrohen und bestrafen zu können, und sei nicht willens Sünder anzunehmen, solange es eine vor dem Gesetz zu rechtfertigende Entschuldigung gäbe, sie abzuweisen. Ihrer Ansicht nach ist sein Gesetz nur dazu da, um zu verhindern, dass sie glücklich sein können, und so betrachten sie es als eine schwere Last, die man am besten möglichst schnell los wird. Wem jedoch die Liebe Christi die Augen geöffnet hat, der erkennt, dass Gott für ihn Mitgefühl hat; dass er kein unnachgiebiger Tyrann ist, sondern wie ein Vater, der sich danach sehnt, den reuigen Sohn in die Arme schließen zu können. Der Sünder mag dann mit dem Psalmisten ausrufen: „Wie sich ein Vater über Kinder erbarmt, so erbarmt sich der Herr über die, die ihn fürchten." (Psalm 103,13)

Der verlorene Sohn im Gleichnis braucht sich keine Vorwürfe wegen seines schlechten Lebenswandels anzuhören. Er hat wirklich das Gefühl: Das Vergangene ist vergeben, vergessen und für immer ausgelöscht. Ebenso sagt Gott zu jedem Sünder: „Ich tilge deine Missetat wie eine Wolke und deine Sünden wie den Nebel." (Jesaja 44,22) „Ich will ihnen ihre Missetat vergeben und ihrer Sünde nimmermehr gedenken." (Jeremia. 31,34) „Der Gottlose lasse von seinem Wege und der Übeltäter von seinen Gedanken und bekehre sich zum Herrn, so wird er sich seiner erbarmen, und zu unserm Gott, denn bei ihm ist viel Vergebung." (Jesaja 55,7) „Zur selben Zeit und in jenen Tagen wird man die Missetat Israels suchen, spricht der Herr, aber es wird keine da sein, und die Sünden Judas, aber es wird keine gefunden werden; denn ich will sie vergeben ..." (Jeremia 50,20)

Was für ein herrliches Versprechen Gottes, den reuigen Sünder anzunehmen! Bist du, lieber Leser, deine eigenen Wege gegangen? Hast du dich weit von Gott entfernt? Wolltest du auch einmal entdecken, wie die Sünde schmeckt, und musstest dann feststellen, dass sie schal und ohne bleibende Schönheit ist? Fühlst du dich jetzt, wo deine guten, von Gott geschenkten Gaben vergeudet, deine Lebenspläne in einer Sackgasse und deine Hoffnungen zerstört sind, einsam und verlassen? Dann achte doch auf die Stimme, die du so lange überhört hast, obwohl sie schon seit langem klar und deutlich sagt: „Darum macht euch auf! Ihr müsst davon, ihr sollt an dieser Stätte nicht bleiben! Um der Unreinheit willen muss sie unsanft zerstört werden." (Micha 2,10) Geh nach Hause zu deinem himmlischen Vater! Gott ruft dir zu: „Kehre dich zu mir, denn ich erlöse dich!" (Jesaja 44,22)

Höre nicht auf Satan, der dir einreden will, Christus lieber fern zu bleiben, bis du dich gebessert hast und gut genug bist, um vor Gott zu treten. Wenn du so lange warten willst, kommst du nie zu Gott. Weist Satan dich auf deine schmutzigen Kleider hin, dann wiederhole ihm die Verheißung Jesu: „Wer zu mir kommt, den werde ich nicht hinausstoßen.“ (Johannes 6,37) Sag dem Feind, dass das Blut Christi von allen Sünden rein macht, und bete mit David: „Entsündige mich mit Ysop, dass ich rein werde; wasche mich, dass ich schneeweiß werde.“ (Psalm 51,9)

Mache dich auf den Weg zu deinem Vater! Er wird dir weit entgegenkommen. Wenn du dich nur zu diesem ersten Schritt der Reue entschließt, dann beeilt er sich, um dich in seine Arme zu nehmen. Er hat ein offenes Ohr für jeden, der in seiner Seelennot zu ihm ruft. Gott spürt bei einem Menschen schon die allererste zaghafte Sehnsucht nach ihm. Mag ein Gebet noch so gestammelt, eine Träne noch so im Verborgenen geweint, ein aufrichtiges Sehnen nach Gott noch so schwach sein – der Heilige Geist Gottes kommt einem solchen Menschen entgegen. Schon ehe das Gebet gesprochen oder die Sehnsucht des Herzens in Worte gefasst ist, geht die Gnade Christi aus, um sich mit der Gnade zu vereinen, die an der Menschenseele wirksam ist.

Dein himmlischer Vater wird dir die von der Sünde beschmutzten Kleider abnehmen. In der wunderbaren, gleichnishaften Prophezeiung des Sacharja stellt der Hohepriester Joschua, der in unreinen Gewändern vor dem Engel des Herrn steht, den Sünder dar. Der Herr sagt dort: „Tut die unreinen Kleider von ihm … Sieh her, ich nehme deine Sünde von dir und lasse dir Feierkleider anziehen … Und sie setzten ihm einen reinen Kopfbund auf das Haupt und zogen ihm reine Kleider an.“ (Sacharja 3,4.5)

Ebenso will Gott dir „die Kleider des Heils“ und den „Mantel der Gerechtigkeit“ anziehen (Jesaja 61,10). „Wenn ihr zu Felde liegt, glänzt es wie Flügel der Tauben, die wie Silber und Gold schimmern.“ (Psalm 68,14)

Gott wird dich in seinen Festsaal führen, und „die Liebe ist sein Zeichen über dir“ (Hohelied 2,4). „Wirst du in meinen Wegen wandeln“, so verspricht er dir, dann will ich „dir Zugang zu mir geben mit diesen, die hier stehen“ (Sacharja 3,7), das heißt, mit den Engeln, die seinen Thron umgeben.

„Wie sich ein Bräutigam freut über die Braut, so wird sich dein Gott über dich freuen.“ (Jesaja 62,5) „Er wird sich über dich freuen und dir freundlich sein, er wird dir vergeben in seiner Liebe und wird über dich mit Jauchzen fröhlich sein.“ (Zefanja 3,17) Himmel und Erde werden an der Freude des Vaters teilhaben und mit ihm sagen: „Denn dieser mein Sohn war tot und ist wieder lebendig geworden; er war verloren und ist gefunden worden.“ (Lukas 15,24)

Bis dahin wird die Freudenszene im Gleichnis des Heilands durch keinen Missklang gestört. Doch nun führt Christus auch dieses Element ein: Als der verlorene Sohn nach Hause kam, war sein älterer Bruder auf dem Feld. „Und als er nahe zum Hause kam, hörte er Singen und Tanzen und rief zu sich einen der Knechte, und fragte, was das wäre. Der aber sagte ihm: Dein Bruder ist gekommen, und dein Vater hat das gemästete Kalb geschlachtet, weil er ihn gesund wiederhat. Da wurde er zornig und wollte nicht hineingehen.“ (Lukas 15,25-28) Dieser ältere Bruder hat sich nicht wie der Vater Sorgen gemacht, hat keine Ausschau nach seinem Bruder gehalten. Er kann deshalb auch nicht die Wiedersehensfreude seines Vaters teilen. Er lässt sich nicht von der Festtagsstimmung der anderen anstecken, sondern wird zornig vor Eifersucht, als er von einem Knecht erfährt, warum gefeiert wird. Er weigert sich, seinen Bruder zu begrüßen, und ist beleidigt, weil man um diesen so viel Aufhebens macht.

Sein Stolz und sein falsches Denken treten deutlich zu Tage, als der Vater zu ihm hinausgeht, um mit ihm zu reden. In seinen Augen war sein Leben im Elternhaus bisher nichts als eine lange Kette unbelohnter Dienstleistungen. Kleinlich rechnet er dagegen auf, wie großzügig auf der anderen Seite der soeben heimgekehrte Sohn bewirtet wird. Er lässt durchblicken, dass er sich immer eher als Knecht und weniger als Sohn gefühlt hat. Nie ist er froh und dankbar gewesen, dass er bei seinem Vater sein konnte, sondern hat bei seiner besonnenen Lebensführung immer nur seinen Vorteil im Auge gehabt. Seine Worte beweisen, dass er nur zu geizig war, um auf die schiefe Bahn zu kommen. Jetzt, wo der Bruder vom Vater so reich beschenkt wird, fühlt er sich ungerecht behandelt. Dem Bruder gönnt er die großzügige Willkommensfeier nicht und zeigt klar und deutlich, dass er an seines Vaters Stelle den verlorenen Sohn nicht wieder aufgenommen hätte. Er nennt ihn deshalb auch nicht „mein Bruder“, sondern spricht von ihm ganz kühl als „dein Sohn“.

Doch der Vater bleibt freundlich. „Mein Sohn“, antwortet er, „du bist allezeit bei mir, und alles, was mein ist, das ist dein.“ (Lukas 15,31) Hattest du nicht das Glück, in all den Jahren, die dein Bruder im Elend lebte, bei mir zu sein?

Den Söhnen stand alles zur Verfügung, was sie glücklich machen konnte. Die Frage des älteren nach Belohnung ist daher nicht berechtigt; der Vater versichert ihm: „Alles, was mein ist, das ist dein.“ Du brauchst nur auf meine Liebe zu vertrauen und all die Gaben anzunehmen, die dir angeboten werden.

Der eine Sohn hatte sich eine Zeit lang von der Familie getrennt, weil er sich der Liebe des Vaters nicht bewusst war. Doch nun, bei seiner Rückkehr, lässt die Freude alles vergessen, was stören könnte. „Denn dieser dein Bruder war tot und ist wieder lebendig geworden, er war verloren und ist wieder gefunden.“ (Lukas 15,32)

Sah der ältere Bruder später ein, wie böse und undankbar er sich verhalten hatte? Erkannte er, dass der jüngere, obwohl er gottlos gehandelt hatte, dennoch sein Bruder war? Bereute er seine Eifersucht und Hartherzigkeit? Christus sagte darüber nichts aus; das Gleichnis fand ja im Alltag immer noch statt, und es lag allein bei seinen Zuhörern, wie es ausgehen sollte.

Der ältere Sohn steht für die in falschen religiösen Vorstellungen verhafteten Juden zur Zeit Jesu und für die Pharisäer aller Zeiten, die voller Verachtung auf alle herabblicken, die in ihren Augen Zöllner und Sünder sind. Weil sie selbst nie vom Pfad der Tugend abgewichen sind, bilden sie sich etwas ein auf ihre Selbstgerechtigkeit. Christus begegnet diesen notorischen Nörglern mit der Schärfe ihrer eigenen Kritik. Wie der ältere Sohn hatten sie bestimmte gottgegebene Vorrechte genossen. Aber wenn sie auch darauf pochten, die Söhne im Hause Gottes zu sein, so verhielten sie sich doch eher so, als hätte man sie für Geld angeheuert. Sie arbeiteten nicht aus Liebe, sondern wegen der Belohnung, denn in ihren Augen war Gott nichts als ein strenger Aufseher. Als sie nun mit ansehen mussten, wie Christus den Zöllnern und Sündern seine Gnade völlig umsonst, als Geschenk anbot – dieselbe Gabe, die die Schriftgelehrten nur durch große Anstrengung und Bußübungen zu erhalten hofften –, da waren sie vor den Kopf gestoßen. Die Rückkehr des Sohnes, die das Herz des Vaters vor Freude höher schlagen ließ, weckte bei ihnen nur Neid.

Das Gespräch des Vaters mit dem älteren Sohn im Gleichnis war der liebevolle Ruf Gottes an die Pharisäer: „Alles, was mein ist, das ist dein", nicht als Lohn, sondern als Geschenk. Wie der verlorene Sohn kannst auch du es nur als unverdiente Gabe vom Vater bekommen, weil er dich liebt.

Selbstgerechtigkeit verführt nicht nur dazu, falsche Gottesvorstellungen zu verbreiten, sondern macht auch hartherzig und überkritisch im Umgang mit dem Bruder. Der ältere Sohn betrachtet den Heimgekommenen voll Egoismus und Neid, bereit, alles, was er tut, zu kritisieren und ihn beim geringsten Anlass anzuschwärzen. Ihm kommt es darauf an, jeden Fehler des anderen aufzudecken, jede Kleinigkeit aufzubauschen, um so die eigene Unversöhnlichkeit rechtfertigen zu können. Viele handeln heute noch genauso: Da macht jemand, der gerade erst zu Christus gefunden hat, seine ersten Erfahrungen im Kampf gegen eine ganze Flut von Versuchungen, und sie sehen zu, kritisieren und klagen an. Kinder Gottes behaupten sie zwar zu sein, aber sie handeln im Sinne Satans. Durch ihr falsches Verhalten gegenüber ihren Glaubensgeschwistern stellen sich solche Leute selbst außerhalb des Lichtes, das vom Angesicht Gottes ausstrahlt.

Viele fragen sich immer wieder: „Womit soll ich mich dem Herrn nahen, mich beugen vor dem hohen Gott? Soll ich mich ihm mit Brandopfern nahen und mit einjährigen Kälbern? Wird wohl der Herr Gefallen haben an viel tausend Widdern, an unzähligen Strömen von Öl?" Die Antwort darauf lautet: „Es ist dir gesagt, Mensch, was gut ist, und was der Herr von dir fordert, nämlich Gottes Wort halten und Liebe üben und demütig sein vor deinem Gott." (Micha 6,6-8)

Das verlangt Gott von dir: „Lass los, die du mit Unrecht gebunden hast, lass ledig, auf die du das Joch gelegt hast! Gib frei, die du bedrückst, reiß jedes Joch weg! ... und entzieh dich nicht deinem Fleisch und Blut!“ (Jesaja 58,6.7) Wer sich selbst als Sünder begreift, der nur durch die Liebe Gottes gerettet werden kann, wird auch ein Herz für andere Menschen haben, die noch in die Sünde verstrickt sind. Wenn sie in sich gehen und zur Buße bereit sind, wird er sie keine Eifersucht und Kritik spüren lassen. Ist erst das Eis der Selbstsucht in uns geschmolzen, dann leben wir in Harmonie mit Gott und freuen uns mit ihm, wenn jemand gerettet werden kann, der vom rechten Weg abgekommen war.

Wenn wir wirklich Gottes Kinder sind – als die wir uns ja bezeichnen –, dann ist der unser Bruder, von dem es heißt. Er „war tot und ist wieder lebendig geworden, er war verloren und ist wieder gefunden“ (Lukas 15,32). Er ist eng mit uns verbunden, denn Gott nennt ihn seinen Sohn. Streiten wir diese Verwandtschaft mit ihm ab, dann verhalten wir uns wie einer, der für Geld angeheuert wurde, und nicht wie ein Kind aus Gottes Familie.

Selbst wenn jemand unter uns den verlorenen Sohn nicht willkommen heißen will, geht das Fest weiter. Der Heimgekehrte darf Seite an Seite mit dem Vater essen und arbeiten. Wem viel vergeben wird, der liebt auch viel. Der andere aber wird draußen in der Finsternis stehen, denn „wer nicht liebt, der kennt Gott nicht; denn Gott ist die Liebe“ (1. Johannes 4,8).

Kapitel 17

„Lass ihn noch dies Jahr“

Christus verband die Warnung vor dem Endgericht stets mit der Einladung, Gottes Gnade anzunehmen. „Der Menschensohn ist nicht gekommen, das Leben der Menschen zu vernichten, sondern zu erhalten.“ (Lukas 9,56) „Denn Gott hat seinen Sohn nicht in die Welt gesandt, dass er die Welt richte, sondern dass die Welt durch ihn gerettet werde.“ (Johannes 3,17) Die Funktion seiner Gnade im Verhältnis zur Gerechtigkeit Gottes veranschaulicht Christus im Gleichnis vom unfruchtbaren Feigenbaum.

Oft hatte Jesus die Menschen auf das kommende Reich Gottes hingewiesen und sie scharf kritisiert, weil sie darüber überhaupt nicht nachdachten und gleichgültig waren. Die Zeichen am Himmel, die auf das Wetter schließen lassen, verstanden die Leute ohne Schwierigkeiten, aber die Zeichen der Zeit, die so klar das Wirken Christi ankündigten, erkannten sie nicht.

Wie heute, so hielten sich auch damals viele Leute gern für die Lieblinge Gottes, die sich von seinen Zurechtweisungen nicht angesprochen zu fühlen brauchten – das galt ja nur für die anderen! Durch seine Zuhörer erfuhr Jesus von einem Ereignis, das damals gerade große Aufregung verursachte: Einige Maßnahmen des Pontius Pilatus, der Statthalter von Judäa war, hatten das Volk aufgebracht und einen Aufstand in Jerusalem zur Folge gehabt. Pilatus wollte ihn gewaltsam unterdrücken, und dabei waren römische Soldaten in den Tempelvorhof eingedrungen, wo sie mehrere galiläische Pilger beim Schlachten der Opfertiere überfallen und getötet hatten. Die Juden betrachteten jedes Unglück als Gottes Strafe für begangene Sünden, und so sprach man jetzt von dieser

Gewalttat der Römer mit heimlicher Genugtuung, denn wen es nicht getroffen hatte, der hatte damit ja den Beweis, dass er besser war als die Umgekommenen und folglich von Gott mehr geliebt wurde. Diese Leute erwarteten von Jesus, dass er die getöteten Pilger noch nachträglich verdammen würde, denn zweifellos hatten sie sich ihr schlimmes Ende doch selbst zuzuschreiben.

Die Jünger wagten nicht, ihre Ansicht auszusprechen, bevor sie nicht die des Meisters gehört hatten. Er hatte es ihnen nämlich untersagt, über andere zu urteilen und nach ihrem eigenen, begrenzten Ermessen bestimmen zu wollen, welche Strafen sie verdient hätten. Nichtsdestoweniger erwarteten sie, Jesus werde die getöteten Pilger als besonders schlimme Sünder hinstellen. Seine Antwort überraschte sie deshalb sehr.

Der Heiland wandte sich an die Menge und sagte: „Meint ihr, dass diese Galiläer mehr gesündigt haben als alle andern Galiläer, weil sie das erlitten haben? Ich sage euch: Nein; sondern wenn ihr nicht Buße tut, werdet ihr alle auch so umkommen.“ (Lukas 13,1-3) Das schreckliche Unglück jener Menschen sollte alle, die davon hörten, veranlassen, demütig ihre Sünden zu bekennen, denn schon braute sich der Sturm der Vergeltung zusammen, um wenig später über alle hereinzubrechen, die ihre Zuflucht nicht bei Christus gesucht hatten.

Während Jesus zu den Jüngern und der Volksmenge predigte, sah er mit prophetischem Blick Jerusalem von Heeren belagert, hörte den Lärm der anrückenden Feinde und wusste von den Tausenden und aber Tausenden, die bei der Belagerung ihr Leben lassen würden.

Viele Juden wurden später – wie jene Galiläer – beim Opfern in den Vorhöfen des Tempels erschlagen. Durch den Tod einiger weniger wollte Gott das ganze Volk warnen, das ausnahmslos schuldig war. „Wenn ihr nicht Buße tut, werdet ihr alle auch so umkommen“, warnte Jesus. Eine Weile noch sollte die Gnadenzeit dauern; noch blieb den Menschen etwas Zeit, um zu erkennen, wie sie inneren Frieden finden konnten.

Jesus erzählte daran anknüpfend dieses Gleichnis: „Es hatte einer einen Feigenbaum, der war gepflanzt in seinem Weinberg, und er kam und suchte Frucht darauf und fand keine. Da sprach er zu dem Weingärtner: Siehe, ich bin nun drei Jahre lang gekommen und habe Frucht gesucht an diesem Feigenbaum und finde keine. Hau ihn ab! Was nimmt er dem Boden die Kraft?" (Lukas 13,6.7)

Die Zuhörer konnten die Bedeutung dieser Worte unmöglich missverstehen. David hatte Israel als den Weinstock besungen, der aus Ägypten gebracht worden war; Jesaja hatte geschrieben: „Des Herrn Zebaoth Weinberg aber ist das Haus Israel und die Männer Judas seine Pflanzung, an der sein Herz hing." (Jesaja 5,7) Der Feigenbaum im Weinberg Gottes war ein Bild für die Generation, in die der Heiland hineingeboren worden war und die ganz besonders unter dem Schutz und Segen des Herrn stand.

Gottes Absicht mit seinem Volk und die herrlichen Möglichkeiten, die diesem offen standen, waren bereits von Jesaja mit den wunderbaren Worten beschrieben worden: „... dass sie genannt werden ‚Bäume der Gerechtigkeit', ‚Pflanzung des Herrn', ihm zum Preise." (Jesaja 61,3) Auf seinem Sterbebett sagte Jakob, erfüllt vom Heiligen Geist, über seinen Lieblingssohn: „Joseph wird wachsen, er wird wachsen wie ein Baum an der Quelle, dass die Zweige emporsteigen über die Mauer ... Von deines Vaters Gott werde dir geholfen, und von dem Allmächtigen seist du gesegnet mit Segen oben vom Himmel herab, mit Segen von der Flut, die drunten liegt." (1. Mose 49,22.25)

So hatte Gott Israel als prächtige Rebe an den Quellen des Lebens gepflanzt. Sein Weinberg war „auf einer fetten Höhe. Und er grub ihn um und entsteinte ihn und pflanzte darin edle Reben ... und wartete darauf, dass er gute Trauben brächte, aber er brachte schlechte." (Jesaja 5,1.2) Die Juden in den Tagen Jesu stellten ihre Frömmigkeit viel mehr zur Schau als in früheren Zeiten; und das, obwohl gerade sie in ganz besonderem Maße geistliche Mangelerscheinungen hatten. Wertvolle Charakterzüge, wie sie etwa in Josephs Leben zu finden gewesen waren, fehlten dem Volk Israel völlig.

Gott hatte durch seinen Sohn Früchte gesucht, aber keine gefunden. Israel war unfruchtbar und raubte dem Boden nur die Kraft. Sein bloßes Dasein war ein Unglück, weil es im Weinberg Platz wegnahm, auf dem ein fruchtbringender Baum hätte gedeihen können. Es verhinderte, dass Gott die Welt so segnete, wie er es eigentlich wollte. Seit langem hatten die Israeliten Gott vor den Heiden in ein falsches Licht gesetzt. Sie waren nicht nur nutzlos, sondern sogar ein Hindernis. Ihre Religion war weitgehend irreführend und bewirkte oft Verderben statt Erlösung.

Der Weingärtner im Gleichnis bestreitet nicht, dass der Baum abgehauen werden muss, wenn er weiterhin unfruchtbar bleibt. Aber er weiß auf der anderen Seite auch, wie viel dem Besitzer an diesem unfruchtbaren Baum liegt, und ihm geht es genauso. Nichts würde ihn mehr freuen, als wenn der Feigenbaum wachsen und Frucht tragen würde. Ganz im Sinne des Eigentümers schlägt er deshalb vor: „Herr, lass ihn noch dies Jahr, bis ich um ihn grabe und ihn dünge; vielleicht bringt er doch noch Frucht; wenn aber nicht, so hau ihn ab.“ (Lukas 13,8.9)

Der Gärtner weigert sich also nicht, sich um ein so wenig versprechendes Gewächs zu kümmern. Er ist sogar bereit, es noch sorgfältiger zu pflegen als bisher, ihm die günstigsten Bedingungen zu schaffen und ihm jede nur erdenkliche Aufmerksamkeit zu schenken.

Der Besitzer und der Gärtner sind gleichermaßen am Gedeihen des Baumes interessiert. So waren auch Gott Vater und Gott Sohn sich in ihrer Liebe zum auserwählten Volk völlig einig. Christus gab seinen Zuhörern damit zu verstehen, dass ihnen noch bessere Gelegenheiten, geistliche Frucht zu bringen, geschenkt werden sollten; Gott wollte in seiner Liebe alle nur erdenklichen Mittel anwenden, um sie zu „Bäumen der Gerechtigkeit“ (Jesaja 61,3) zu machen, die Frucht tragen sollten zum Segen der Welt (Hesekiel 47,12; Offenbarung 22,2).

Auch dieses Gleichnis hat einen offenen Ausgang: Wir erfahren nicht, ob der Gärtner Erfolg mit seinen Bemühungen hatte. Die Antwort auf diese Frage hing von der Generation ab, die den Worten Jesu zuhörte. Diesen Menschen galt die Warnung: „Wo nicht, so hau ihn ab!“ (Lukas 13,9) Es blieb also ihnen überlassen, ob diese Worte einmal gesprochen werden würden. Gottes Geduld ging zu Ende, und mit dem Unglück, das über Israel bereits hereingebrochen war, warnte der Herr des Weinbergs in seiner Gnade das Volk vor der Vernichtung des unfruchtbaren Baumes.

Diese Warnung gilt auch uns heute. Gleichst du in deiner Sorglosigkeit vielleicht einem nutzlosen Baum im Weinberg des Herrn? Soll das Urteil: „Hau ihn ab!“, das bald gesprochen werden wird, auch dir gelten? Wie lange nimmst du schon Gottes Gaben als selbstverständlich hin? Wie lange lässt du Gott schon darauf warten, dass du endlich seine Liebe erwiderst? Du bist in seinem Weinberg gepflanzt und wirst vom Gärtner sorgfältig gepflegt. Was für Vorrechte darfst du damit doch genießen! Wie oft schon hat die Frohe Botschaft von der Güte Christi dich tief glücklich gemacht! Du bezeichnest dich als Christ, gehörst rein äußerlich gesehen auch zur Gemeinde, die sein Leib ist, und weißt doch ganz genau, dass dir die lebendige Verbindung zur Quelle der Liebe fehlt. Die Flut seines Lebens durchströmt dich nicht, sodass die wunderbare „Frucht des Geistes“, nämlich sein Wesen, in dir nicht sichtbar wird.

Der unfruchtbare Baum kommt in den Genuss von Regen und Sonnenschein; er wird vom Gärtner gehegt und gepflegt. Der Boden versorgt ihn mit allen erforderlichen Nährstoffen, doch seine nutzlosen Zweige nehmen nur Licht weg, sodass um ihn herum keine fruchtbringenden Pflanzen mehr gedeihen können. So ist es auch mit den Gaben, die Gott dir so reichlich schenkt: Sie bringen der Welt keinen Segen. Im Gegenteil, du bist der Hinderungsgrund dafür, dass andere nicht den Segen empfangen, der eigentlich für sie bereitgehalten wird.

Irgendwie ist es dir schon bewusst, dass du Gottes Feld nur Kraft entziehst, ohne Frucht zu bringen. Gott gibt dir in seiner großen Barmherzigkeit aber noch eine Chance. Er steht dir nicht gleichgültig gegenüber und überlässt dich auch nicht einfach deinem Schicksal. Vielmehr ruft er dir zu, was er früher schon Israel zurief: „Wie kann ich dich preisgeben, Ephraim, und dich ausliefern, Israel? ... Ich will nicht tun nach meinem grimmigen Zorn noch Ephraim wieder verderben. Denn ich bin Gott und nicht ein Mensch.“ (Hosea 11,8.9) Der Erlöser hat Verständnis für dich und setzt sich für dich ein: „Lass ihn noch dies Jahr, bis ich um ihn grabe und ihn dünge.“ (Lukas 13,8)

Mit welch unermüdlicher Liebe diente Christus dem Volk Israel unter besonders schwierigen Umständen! Noch am Kreuz betete er: „Vater, vergib ihnen; denn sie wissen nicht, was sie tun!“ (Lukas 23,34) Nach seiner Himmelfahrt wurde das Evangelium zuerst in Jerusalem verkündigt. Dort wurde der Heilige Geist ausgegossen; dort offenbarte die erste Gemeinde die Kraft des auferstandenen Heilands; dort besiegelte Stephanus sein Zeugnis mit dem Tod – und „alle, die im Rat saßen ... sahen sein Angesicht wie eines Engels Angesicht“ (Apostelgeschichte 6,15). Alle Schätze des Himmels hatte Israel empfangen. „Was sollte man noch mehr tun an meinem Weinberg, das ich nicht getan habe an ihm?“ (Jesaja 5,4) fragt Christus. Seine Mühe und Sorge um dich lässt nicht nach, sondern wächst sogar. Noch immer sagt er: „Ich, der Herr, behüte ihn und begieße ihn immer wieder. Damit man ihn nicht verderbe, will ich ihn Tag und Nacht behüten.“ (Jesaja 27,3)

„... vielleicht bringt er doch noch Frucht; wenn aber nicht, so hau ihn ab.“ (Lukas 13,9) Ein Herz, das sich Gott nicht öffnet, wird zuletzt so verstockt, dass es schließlich dem Einfluss des Heiligen Geistes überhaupt nicht mehr zugänglich ist. Dann heißt es: „Hau ihn ab! Was nimmt er dem Boden die Kraft?“ (Lukas 13,7)

Doch heute lädt Gott dich noch ein: „Bekehre dich, Israel, zu dem Herrn, deinem Gott ... So will ich ihre Abtrünnigkeit wieder heilen; gerne will ich sie lieben ... Ich will für Israel wie ein Tau sein, dass es blühen soll wie eine Lilie, und seine Wurzeln sollen ausschlagen wie eine Linde ... Und sie sollen wieder unter meinem Schatten sitzen; von Korn sollen sie sich nähren und blühen wie ein Weinstock ... von mir erhältst du deine Früchte.“ (Hosea 14,2.5-9)

Kapitel 18

„Gehe aus auf die Landstraßen und an die Zäune“

Der Heiland war eines Tages bei einem Pharisäer zum Essen eingeladen. Er nahm Einladungen von Arm und Reich an, und wie immer ergriff er auch diesmal die Gelegenheit, um bestimmte Wahrheiten zu erläutern. Bei den Juden waren alle nationalen und religiösen Feiertage mit einem feierlichen Festmahl verbunden, das für sie zugleich ein Symbol der Segnungen des ewigen Lebens war. Das große Festessen, bei dem sie mit Abraham, Isaak und Jakob zusammen an einem Tisch sitzen würden, während die Heiden nur aus der Ferne sehnsüchtig zusehen könnten, war eines ihrer Lieblingsthemen. Deshalb veranschaulichte Christus die Warnung, die er ihnen zukommen lassen wollte, durch das Gleichnis vom großen Abendmahl.

Die Juden wollten die Gaben Gottes für das irdische wie für das ewige Leben ganz allein in Anspruch nehmen; sie wollten nichts davon wissen, dass Gottes Gnade auch den Heiden galt. Christus dagegen sagte ihnen durch sein Gleichnis, dass sie selbst gerade zu ihrer Zeit die gnädige Einladung ins Reich Gottes ablehnten. Weil sie nicht kommen wollten, würden nun jene eingeladen, die sie verachteten und vor denen sie sich wie vor Aussätzigen ekelten.

Der Pharisäer hatte seine Gäste nach recht egoistischen Gesichtspunkten ausgewählt. Christus sagte deshalb zu ihm: „Er sprach aber auch zu dem, der ihn eingeladen hatte: Wenn du ein Mittags- oder Abendmahl machst, so lade weder deine Freunde noch deine Brüder noch deine Verwandten noch reiche Nachbarn ein, damit sie dich nicht etwa wieder einladen und dir vergolten wird. Sondern wenn du ein Mahl machst, so lade Arme, Verkrüppelte, Lahme und Blinde ein, dann wirst du selig sein, denn sie haben nichts, um es dir zu vergelten; es wird dir aber vergolten werden bei der Auferstehung der Gerechten.“ (Lukas 14,12-14)

Christus wiederholte damit nur, was er schon durch Mose hatte sagen lassen: Zu den heiligen Festen sollten nach dem Willen Gottes „der Fremdling und die Waise und die Witwe“ eingeladen werden, damit sie „essen und sich sättigen“ konnten (5. Mose 14,29). Diese vorgeschriebenen Zusammenkünfte sollten Israel als beispielhafte Anregung dienen. Das Volk sollte dabei lernen, wie viel Freude es macht, gastfrei zu sein, um so das ganze Jahr über für die Armen und Rechtlosen zu sorgen. Darüber hinaus waren diese Feste ein deutlicher Hinweis dafür, dass die geistlichen Gaben nicht für Israel allein bestimmt waren. Gott hatte diesem Volk das Brot des Lebens gegeben, damit sie es an die übrige Welt austeilen sollten.

Dieser Aufgabe waren die Juden nicht nachgekommen. Christus prangerte daher ihre Selbstsucht an. Weil seine Worte besonders den Pharisäern sehr unangenehm waren, wollte einer von ihnen dem Gespräch eine andere Richtung geben, und er rief salbungsvoll aus: „Selig ist, der das Brot isst im Reich Gottes!“ (Lukas 14,15) Dieser Mann sprach im Brustton der Überzeugung und war sich offenbar seines Platzes im Himmel schon ganz gewiss. Er hatte eine ähnliche Einstellung wie die Christen, die sich freuen, von Christus gerettet zu sein, ohne allerdings die Bedingungen zu erfüllen, unter denen allein das Heil verheißen ist. Ihn lenkte der gleiche Geist, der Bileam beten ließ: „Meine Seele möge sterben den Tod der Gerechten, und mein Ende werde wie ihr Ende!“ (4. Mose 23,10) Der Pharisäer dachte nur an das Glück, das er im Himmel zu genießen hoffte. Ob er auf Grund seiner inneren Einstellung dort überhaupt einmal sein könnte – darüber nachzudenken kam ihm nicht in den Sinn. Sein Einwurf sollte die Gedanken der Festgäste von den praktischen Pflichten ihres gegenwärtigen Lebens ablenken, indem er auf die ferne Zeit der Auferstehung der Gerechten hinwies.

Christus durchschaute den Heuchler. Er hatte ihn fest im Auge, als er begann, zu der Festgesellschaft darüber zu sprechen, welche wertvollen Vorrechte sie gegenwärtig noch genossen. Er zeigte ihnen deutlich, dass sie erst einmal die ihnen zugewiesene Aufgabe erfüllen mussten, wenn sie in der Ewigkeit die verheißenen Segnungen erfahren wollten.

„Es war ein Mensch, der machte ein großes Abendmahl", begann er, „und lud viele dazu ein. Und er sandte seinen Knecht aus zur Stunde des Abendmahls, den Geladenen zu sagen: Kommt, denn es ist alles bereit!" Aber alle waren plötzlich seltsam gleichgültig. „Sie fingen an alle nacheinander, sich zu entschuldigen. Der erste sprach zu ihm: Ich habe einen Acker gekauft und muss hinausgehen und ihn besehen; ich bitte dich, entschuldige mich. Und der zweite sprach: Ich habe fünf Gespanne Ochsen gekauft, und ich gehe jetzt hin, sie zu besehen; ich bitte dich, entschuldige mich. Und der dritte sprach: Ich habe eine Frau genommen; darum kann ich nicht kommen." (Lukas 14,16-20)

Keine dieser Ausreden war wirklich stichhaltig. Der Mann, der so dringend den neuerworbenen Acker besichtigen musste, hatte den Kauf ja bereits abgeschlossen. Er konnte es allerdings kaum erwarten, den Acker endlich zu sehen, weil er in Gedanken nur noch damit beschäftigt war. Die Ochsen waren ebenfalls bereits endgültig gekauft. Der Käufer wollte sie nur aus Neugier sich gleich selbst ansehen. Auch die Entschuldigung des dritten war nicht besser als die der anderen: Die Heirat des eingeladenen Gastes war kein Grund, dem Fest fernzubleiben, denn seine Frau wäre genau wie er willkommen gewesen. Doch er hatte schon eigene Pläne geschmiedet in der Absicht, sich auf seine Weise besser zu unterhalten als bei dem Festessen, zu dem er ursprünglich zugesagt hatte. Inzwischen war er nämlich der Meinung, dass er sich anderswo besser amüsieren konnte. Er ließ sich nicht einmal entschuldigen, machte also erst gar nicht den Versuch, höflich zu sein. „Darum kann ich nicht kommen" verschleierte nur schlecht die Tatsache, dass er einfach keine Lust dazu hatte.

Alle Entschuldigungen der Gäste verrieten, dass sie in Gedanken vollkommen mit anderen Dingen beschäftigt waren. Ihre eigenen Interessen nahmen sie so stark in Anspruch, dass sie sogar die Einladung zum Fest ausschlugen, obwohl sie doch zuerst zugesagt hatten und jetzt durch ihre Gleichgültigkeit den großzügigen Gastgeber beleidigten.

Am Gleichnis des großen Abendmahls zeigt Christus uns symbolhaft all das Gute, das uns durch das Evangelium angeboten wird. Jesus Christus selbst wird dabei durch die Speise symbolisiert. Er ist das Brot vom Himmel; von ihm fließen die Ströme des Heils. Die Boten Gottes hatten den Juden die Ankunft des Erlösers vorhergesagt und auf ihn hingewiesen als „Gottes Lamm, das der Welt Sünde trägt“ (Johannes 1,29).

Bei dem Fest, das er vorbereitet hatte, bot Gott ihnen die größte Gabe des Himmels an – eine Gabe, die alle Vorstellungen übertrifft. Voller Liebe hatte Gott das festliche Essen zusammenstellen lassen – in solchen Mengen, dass es einfach nicht ausgehen kann. „Wer von diesem Brot isst, der wird leben in Ewigkeit.“ (Johannes 6,51)

Wer die Einladung zu diesem Fest – also die Einladung des Evangeliums – annehmen will, muss jedoch alle weltlichen Interessen dem einen Ziel unterordnen, Christus und seine Gerechtigkeit aufzunehmen. Gott gab für die Menschen alles hin, und er bittet uns, seine Sache dafür über alle irdischen Belange, die nur uns selbst betreffen, zu stellen. Halbherzigkeit ist bei ihm nicht gefragt. Wenn weltliche Wünsche unser Denken gefangen nehmen, können wir ihm nicht ungeteilt unser Herz schenken.

Das Gleichnis hat uns auch heute noch etwas zu sagen. Wir sind ebenfalls eingeladen, dem Lamm Gottes zu folgen, wohin es auch geht, und uns von ihm führen zu lassen. Seine Nähe muss uns mehr bedeuten als das Zusammensein mit unseren Freunden. Christus sagt: „Wer Vater oder Mutter mehr liebt als mich, der ist meiner nicht wert; und wer Sohn oder Tochter mehr liebt als mich, der ist meiner nicht wert.“ (Matthäus 10,37)

Zur Zeit Christi war es bei vielen Leuten Sitte, vor dem Essen zu sagen: „Selig ist, der das Brot isst im Reich Gottes!“ (Lukas 14,15) Christus jedoch zeigte, wie schwer es ist, überhaupt Gäste zu finden für das Festessen, das für den Preis eines unermesslichen Opfers bereitet wurde. Seine Zuhörer wussten ganz genau, dass sie selbst die gnädige Einladung gering geschätzt hatten.

Wohlstand und Vergnügen waren ihnen wichtiger gewesen, und so hatten sie alle eine Ausrede zur Hand.

So ist es noch heute. Die „Entschuldigungen“, die die Leute damals vorbrachten, um die Einladung zum Festmahl auszuschlagen, decken alles ab, was auch heute noch als Ausrede dafür dient, um das Evangelium abzulehnen. Manch einer sagt zum Beispiel, er könne seine Karriere doch nicht gefährden, indem er den Forderungen des Evangeliums nachkomme. Solchen Menschen ist ihr gutes Leben auf dieser Erde wichtiger als die Ewigkeit. Ausgerechnet die Gaben, die Gott ihnen geschenkt hat, lassen sie jetzt zu einer Schranke werden, die sie von ihrem Schöpfer und Erlöser trennt. Sie wollen in ihrem Streben nach den Dingen dieses Lebens nicht aufgehalten werden und sagen dem Boten, der die Einladung des Evangeliums überbringt: „Für diesmal geh! Zu gelegener Zeit will ich dich wieder rufen lassen.“ (Apostelgeschichte 24,25)

Andere entschuldigen sich mit den Schwierigkeiten, die ihnen im gesellschaftlichen Leben entstehen würden, wenn sie dem Ruf Gottes folgten. Sie können es sich angeblich nicht leisten, eine andere Lebensauffassung als ihre Verwandten und Bekannten zu haben. Kurz, auch sie gleichen in allen Einzelheiten den Personen im Gleichnis. Der Gastgeber muss an ihren fadenscheinigen Ausreden erkennen, dass sie für seine Einladung nur Geringschätzung übrig haben.

Der Mann, der sagte: „Ich habe eine Frau genommen, darum kann ich nicht kommen“, steht für besonders viele. Wie oft kommt es vor, dass jemand sich von seinem Ehepartner daran hindern lässt, dem Ruf Gottes zu folgen! Der Ehemann sagt dann vielleicht: Ich kann nicht nach meiner religiösen Überzeugung leben, solange meine Frau dagegen ist. Ihr Einfluss würde mir das außerordentlich schwer machen. Die Frau hört die Einladung: „Kommt, denn es ist alles bereit!“ und sagt: „Ich bitte dich, entschuldige mich.“ Mein Mann muss leider absagen – aus geschäftlichen Gründen. Da ich zu ihm halten muss, kann ich auch nicht kommen. Oft fühlen sich die Kinder von der frohen Botschaft angesprochen und möchten ihr folgen. Aber wenn ihre Eltern, die sie lieben, dem Ruf keine Beachtung schenken, meinen sie, dass man es von ihnen wohl auch nicht erwarten kann – und sie lassen sich ebenfalls entschuldigen.

Alle diese Menschen weisen die Einladung ihres Erlösers zurück, weil sie Angst vor Konflikten in der Familie haben. Sie geben sich der Illusion hin, den häuslichen Frieden und ihr Familienglück dadurch wahren zu können, dass sie sich weigern, Gott zu gehorchen. Was für ein tragischer Irrtum! Wer Selbstsucht sät, wird Selbstsucht ernten. Wer die Liebe Christi zurückweist, verzichtet damit auf das, was der zwischenmenschlichen Liebe Reinheit und Dauer verleiht. Er bringt sich auf diese Weise nicht nur um das ewige Leben, sondern auch um das echte Glück in diesem Leben, für das der Himmel doch sein großes Opfer brachte.

Als der Gastgeber im Gleichnis erfuhr, wie man auf seine Einladung reagierte, da wurde er „zornig und sprach zu seinem Knecht: Gehe schnell hinaus auf die Straßen und Gassen der Stadt und führe die Armen, Verkrüppelten, Blinden und Lahmen herein.“ (Lukas 14,21)

Er wandte sich jetzt von denen ab, die seine Gastfreundschaft zurückwiesen, und lud eine Gesellschaftsschicht ein, die nicht aus dem Vollen lebte, die keine Häuser und Ländereien besaß. Er lud Menschen ein, die arm und hungrig waren und die das Dargebotene wohl zu schätzen wussten. „Die Zöllner und Huren kommen eher ins Reich Gottes als ihr“ (Matthäus 21,31), sagte Christus. So elend und verachtet Menschen auch sein mögen, sie werden dennoch von Gott beachtet und geliebt. Gerade die sorgenbeladenen, seelisch erschöpften oder unterdrückten Menschen will Christus zu sich ziehen, will ihnen Licht, Freude und inneren Frieden schenken, Dinge, die sie nirgendwo sonst finden können. Auch die schlimmsten Sünder liebt er aufrichtig und sendet ihnen seinen Heiligen Geist, der ihnen seine Liebe offenbaren und sie zu ihm führen soll.

Als der Knecht die Armen und Blinden hereingeführt hatte, meldete er: „Herr, es ist geschehen, was du befohlen hast; es ist aber noch Raum da. Und der Herr sprach zu dem Knecht: Geh hinaus auf die Landstraßen und an die Zäune und nötige sie hereinzukommen, dass mein Haus voll werde.“ (Lukas 14,22.23)

Christus verwies damit auf die Tatsache, dass das Evangelium auch außerhalb Israels verkündigt werden sollte: auf den Landstraßen und an den Zäunen der Welt.

In Übereinstimmung damit erklärten Paulus und Barnabas den Juden: „Euch musste das Wort Gottes zuerst gesagt werden; da ihr es aber von euch stoßt und haltet euch selbst nicht für würdig des ewigen Lebens, siehe, so wenden wir uns zu den Heiden. Denn so hat uns der Herr geboten: ‚Ich habe dich zum Licht der Heiden gemacht, damit du das Heil seist bis an die Enden der Erde.' Als das die Heiden hörten, wurden sie froh und priesen das Wort des Herrn, und alle wurden gläubig, die zum ewigen Leben bestimmt waren." (Apostelgeschichte 13,46-48)

Die Jünger verkündeten das erste Kommen Christi in diese Welt. Die Frohe Botschaft lautete: Durch den Glauben an den Sohn Gottes können die Menschen gerettet werden. Diese Botschaft wies bereits auf sein zweites Kommen in Herrlichkeit hin, bei dem er sein Volk zu sich holen will, und vermittelte Menschen die Hoffnung, durch Glauben und Gehorsam zur Familie Gottes gehören zu können. Dieses Evangelium wird auch heute noch verkündigt, doch liegt jetzt besonderer Nachdruck auf dem nahe bevorstehenden zweiten Kommen Christi. Die Zeichen, die seine Wiederkunft ankündigen sollten, haben sich bereits erfüllt. Das Wort Gottes sagt uns deutlich, dass der Herr vor der Tür steht.

Johannes sagt in der Offenbarung voraus, dass kurz vor der Wiederkunft Christi das Evangelium verkündet werden wird: „Und ich sah einen andern Engel fliegen mitten durch den Himmel, der hatte ein ewiges Evangelium zu verkündigen denen, die auf Erden wohnen, allen Nationen und Stämmen und Sprachen und Völkern. Und er sprach mit großer Stimme: Fürchtet Gott und gebt ihm die Ehre; denn die Stunde seines Gerichts ist gekommen!" (Offenbarung 14,6.7)

In der Prophezeiung wird im Anschluss an diese Warnung vor dem letzten Gericht und die damit verknüpften Botschaften die Wiederkunft des Menschensohnes in den Wolken des Himmels beschrieben. Die Ankündigung des Gerichts ist gleichzeitig die Verkündigung des bevorstehenden zweiten Kommens Christi und wird „ein ewiges Evangelium" genannt. Somit ist die Botschaft, dass Jesus bald wiederkommen wird, ein wesentlicher Bestandteil des Evangeliums.

Nach Aussagen der Bibel werden die Menschen in den letzten Tagen völlig von weltlichen Interessen beherrscht sein, von Vergnügungssucht und Geldgier. Sie sind blind für die göttliche Wirklichkeit. Christus sagte: „Denn wie es in den Tagen Noahs war, so wird auch sein das Kommen des Menschensohns. Denn wie sie waren in den Tagen vor der Sintflut – sie aßen, sie tranken, sie heirateten und ließen sich heiraten bis an den Tag, an dem Noah in die Arche hineinging; und sie beachteten es nicht, bis die Sintflut kam und raffte sie alle dahin –, so wird es auch sein beim Kommen des Menschensohns.“ (Matthäus 24,37-39)

Das ist die Situation unserer Tage, wo die Menschen materiellen Gewinn und Zerstreuung suchen, als gäbe es keinen Gott, keine Ewigkeit, kein Jenseits. Zur Zeit Noahs sollte die Warnung vor der Sintflut die gottlosen Menschen zu Besinnung und Buße veranlassen. Genauso will heute die Botschaft von der nahen Wiederkunft Christi die Menschen aus ihrem völlig auf das Diesseits gerichteten Denken reißen und ihnen die Augen für Gottes Wirklichkeit so weit öffnen, dass sie der Einladung zum Festessen des Herrn Folge leisten.

Diese Einladung soll die ganze Welt erhalten, „allen Nationen und Geschlechtern und Sprachen und Völkern“ soll sie gebracht werden. Die letzte Warnungs- und Gnadenbotschaft wird gegeben, um die ganze Welt mit ihrem Licht zu erfüllen und alle Gesellschaftsschichten zu erreichen, Reiche und Arme, Angesehene und Außenseiter der Gesellschaft. „Gehe aus auf die Landstraßen und an die Zäune und nötige sie hereinzukommen, auf dass mein Haus voll werde.“ (Lukas 14,22.23)

Die Welt geht zu Grunde, weil ihr das Evangelium fehlt. Die Menschen hungern nach dem Wort Gottes. Nur wenige predigen es unverfälscht von menschlichen Überlieferungen, und so kommt es, dass viele zwar die Bibel lesen, aber trotzdem nicht den Segen empfangen, den Gott für sie hineingelegt hat. Deshalb ruft der Herr seine Mitarbeiter auf, den Menschen die Frohe Botschaft zu bringen. Das Wort des ewigen Lebens muss an alle weitergegeben werden, die in der Sünde zu Grunde gehen.

Mit dem Auftrag, auf die Landstraßen und an die Zäune zu gehen, umreißt Christus das Arbeitsfeld, das er allen seinen Nachfolgern zugewiesen hat: die ganze Welt, die ganze Menschheit. Der Herr will, dass jeder von seiner Gnade erfährt.

Diese Aufgabe erfordert ein hohes Maß an persönlichem Einsatz. So ist auch Christus vorgegangen. Die meiste Zeit verbrachte er damit, sich mit einzelnen Menschen zu unterhalten. Dem persönlichen Gespräch maß er große Bedeutung bei, denn durch einen einzigen Menschen wurde oftmals das Evangelium unter Tausenden weiterverbreitet.

Wir dürfen nicht darauf warten, dass die Menschen zu uns kommen; wir müssen zu ihnen gehen. Wenn das Wort von der Kanzel verkündigt worden ist, fängt die Arbeit eigentlich erst an. Wie viele gibt es, die vom Evangelium nie erreicht werden würden, wenn wir es ihnen nicht persönlich brächten!

Die Einladung zu Gottes Fest erging zuerst an die Juden, denn ihnen war ja zuerst die Aufgabe übertragen worden, Lehrer und Leiter der Menschheit zu sein. Sie besaßen die Schriftrollen der Propheten, die das Kommen Christi ankündigten, und ihnen war der Opferdienst mit seinen Symbolen, die auf den Erlöser hindeuteten, anvertraut worden. Hätten Priester und Volk ihren Auftrag erfüllt, dann wären sie gemeinsam mit den Boten Christi der Aufgabe nachgegangen, der ganzen Welt die Einladung des Evangeliums zu bringen. Die Wahrheit war ihnen schließlich unter der Bedingung geschenkt worden, sie weiterzugeben. Weil sie das nicht taten, wurde sie jetzt den Armen, Krüppeln, Lahmen und Blinden gegeben. Zöllner und Sünder wurden eingeladen. Die Ausbreitung des Evangeliums unter den nichtchristlichen Völkern soll in gleicher Weise vor sich gehen: Die Gute Nachricht muss im übertragenen Sinn zuerst auf die „Landstraßen“ gebracht werden, das heißt zu den Menschen, die in der Welt eine führende Rolle spielen, zu den bedeutenden Persönlichkeiten in Kultur und Politik eines Landes.

Lasst uns das als Mitarbeiter Gottes stets beachten. Die Aufforderung, auf die „Landstraßen“ zu gehen, gilt allen Seelsorgern und allen Lehrern im Werk des Herrn. Die oberen Gesellschaftsschichten sollen von uns mit Taktgefühl und brüderlicher Anteilnahme aufgesucht werden. Männer und Frauen in einflussreichen Positionen der Wirtschaft, Wissenschaftler und Forscher, Menschen mit einer genialen Begabung, Verkündiger des Evangeliums, die die gegenwärtige Wahrheit noch nicht ausreichend erkannt haben – sie alle sollen die Einladung zuerst erhalten.

Das Evangelium ist auch für die Reichen gedacht. Ihnen gilt es, die Augen zu öffnen für die Verantwortung, die ihnen aus ihrem von Gott geschenkten Besitz erwächst. Wir müssen sie daran erinnern, dass sie einmal vor dem Richter der Lebendigen und der Toten Rechenschaft abzulegen haben. Die Wohlhabenden sind darauf angewiesen, dass wir uns aus Ehrfurcht und Liebe zu Gott um sie bemühen. Nur allzu oft verlassen sie sich auf ihren Besitz und wiegen sich dabei in Sicherheit. Ihr Blick muss geschärft werden für das, was von unvergänglichem Wert ist, damit sie den erkennen können, der sie einlädt: „Kommt her zu mir, alle, die ihr mühselig und beladen seid; ich will euch erquicken. Nehmt auf euch mein Joch und lernt von mir; denn ich bin sanftmütig und von Herzen demütig; so werdet ihr Ruhe finden für eure Seelen. Denn mein Joch ist sanft, und meine Last ist leicht.“ (Matthäus 11,28-30)

Menschen, die in der Welt eine hohe Stellung einnehmen – sei es auf Grund ihrer Bildung, ihres Reichtums oder ihrer beruflichen Tätigkeit –, werden viel zu selten wegen ihres Seelenheils persönlich angesprochen. Viele, die im Dienst des Evangeliums stehen, scheuen sich, an die oberen Gesellschaftsschichten heranzutreten. Das ist ein großer Fehler. Wenn jemand vor unseren Augen am Ertrinken wäre, würden wir doch auch nicht tatenlos zusehen, nur weil es ein Jurist oder Kaufmann ist! Keiner von uns würde zögern, einen Menschen, ungeachtet seiner sozialen Stellung, zurückzureißen, der einen Abgrund hinunterzustürzen droht. Ebenso wenig sollten wir falsche Hemmungen haben, wenn es darum geht, Menschen vor der Gefahr zu warnen, in der sie sich auf geistlichem Gebiet befinden.

Auch wenn jemand ganz offensichtlich nur für die Dinge dieser Welt lebt, dürfen wir ihn nicht links liegen lassen. Viele hochgestellte Persönlichkeiten sind krank an ihrer Seele und der Jagd nach all dem Vergänglichen überdrüssig. Sie haben ein starkes

Bedürfnis nach innerem Frieden, den sie nicht kennen. Gerade unter den „oberen Zehntausend“ gibt es viele, die sich nach Erlösung sehnen. Vielen könnte geholfen werden, wenn Gottes Mitarbeiter sie aus einem Herzen, das von der Liebe Christi einfühlsam gemacht wurde, persönlich ansprechen würden.

Ob die Botschaft die Menschen erreicht, hängt nicht von gekonnter Rhetorik, einem gut formulierten Bekenntnis zu Christus oder scharfsinnigen Argumenten ab. Vielmehr kommt es darauf an, das Evangelium für alle verständlich zu verkündigen und sich dabei nach den jeweiligen Zuhörern zu richten, die nach dem Brot des Lebens hungern. Ihnen stellt sich die Frage: „Was soll ich tun, damit ich selig werde?“

Tausende können auf die einfachste Weise erreicht werden. Männer und Frauen, die als besonders gebildet und begabt gelten, werden oft gerade durch das schlichte Zeugnis eines Menschen angesprochen, der über seine Liebe zu Gott ebenso natürlich reden kann wie ein anderer vielleicht über seine ganz und gar weltlichen Interessen.

Es kann durchaus vorkommen, dass man sich in dem, was man sagen möchte, sehr gut vorbereitet hat und dennoch so gut wie keine Wirkung erzielt. Ein aufrichtiges, ungekünsteltes Bekenntnis zu unserem himmlischen Vater hat dagegen die Macht, auch Herzen zu gewinnen, die bisher Christus und seiner Liebe verschlossen waren.

Lasst uns immer daran denken, dass wir nicht aus eigener Kraft für Christus tätig sind. Wir dürfen die Gewissheit haben, dass es in Gottes Macht steht, Menschen für die Ewigkeit zu retten. Deshalb wollen wir mit ihm im Gebet ringen und dann alle Fähigkeiten für ihn einsetzen, die er uns geschenkt hat. Der Heilige Geist und hilfsbereite Engel stehen uns zur Seite in unserem Bemühen, die Herzen zu erreichen.

Was für ein einflussreiches Missionszentrum hätte Jerusalem werden können, wenn seine geistlichen und politischen Führer nur die Wahrheit angenommen hätten, die Christus ihnen brachte! Das abtrünnige Volk Israel wäre bekehrt worden, eine riesige Gemeinde hätte sich um den Herrn geschart und das Evangelium in kürzester Zeit in die ganze Welt getragen. Und auch heute könnten viele Gestrauchelte wieder auf den rechten Weg gebracht, viele am Rande der Gesellschaft Stehende wieder hereingeholt und die Frohe Botschaft weit und breit verkündigt werden, wenn einflussreiche, fähige Menschen für Christus gewonnen würden. Dann wäre die Einladung bald an alle ergangen, und die Gäste könnten zum Festmahl des Herrn erscheinen.

Das heißt nun aber nicht, dass wir nur an die einflussreichen, wohlhabenden Schichten denken sollen, um darüber die Armen zu vergessen. Christus schickt uns auch „an die Zäune“, also zu denen, die im Allgemeinen verachtet und übersehen werden. In den Hinterhöfen und heruntergekommenen Gegenden der Großstädte, in einsamen Gehöften auf dem Land leben viele Menschen, entweder als Familie oder auch als Alleinstehende – oft auch Ausländer in einer ihnen fremden Umgebung –, die keinerlei Verbindung zu einer Kirche oder Gemeinschaft haben. Viele von ihnen haben das Gefühl, von Gott und der Welt verlassen zu sein. Sie wissen nicht, wie sie selig werden können, und sind vielleicht tief in die Sünde verstrickt. Andere wieder sind in großer Not, sind niedergedrückt von Leid, Entbehrung, Unglauben, Verzweiflung; sie sind mit körperlicher und seelischer Krankheit geschlagen und lassen sich von Satan dazu verführen, den Trost, den sie so sehr brauchen, in Ausschweifungen und weltlichen Vergnügen zu suchen, die sie doch nur ins Verderben führen. Der Verführer bietet ihnen die Früchte Sodoms an, die noch auf ihren Lippen zu Asche werden. Sie geben ihr Geld aus für das, was kein Brot ist, und sauren Verdienst für das, was nicht satt macht“ (Jesaja 55,2).

In ihnen allen sollen wir Menschen sehen, für deren Erlösung Christus auf diese Erde kam. Er lädt sie ein: „Wohlan, alle, die ihr durstig seid, kommt her zum Wasser! Und die ihr kein Geld habt, kommt her, kauft und esst! Kommt her und kauft ohne Geld und umsonst Wein und Milch! ... Hört doch auf mich, so werdet ihr Gutes essen und euch am Köstlichen laben. Neigt eure Ohren her und kommt her zu mir! Höret, so werdet ihr leben!“ (Jesaja 55,1-3)

Gott hat uns ausdrücklich aufgetragen, uns um die Fremden und um all die zu kümmern, die am Rande der Gesellschaft leben oder sittlich gefährdet sind. Wie viele stehen dem Glauben an Gott scheinbar gleichgültig gegenüber und sehnen sich doch im Grunde ihres Herzens nach Frieden und Geborgenheit! Auch wenn sie tief in die Sünde verstrickt sind, gibt es für sie doch noch Aussicht auf Rettung.

Als Christi Nachfolger wollen wir uns an sein Vorbild halten. Wo er hinkam, leistete er Menschen in Not Beistand und heilte die Kranken. Erst dann sprach er zu ihnen über die großartigen Wahrheiten, die für sein Reich gelten. Wir sollen in gleicher Weise vorgehen. Wenn wir Menschen in ihrem körperlichen Leiden helfen, wird uns auch Gelegenheit gegeben werden, etwas für ihr geistliches Wohl zu tun. Dann können wir von unserem Erlöser erzählen, von dem großen Arzt, der allein die Macht hat, jede Krankheit zu heilen.

Wir wollen allen, die vom rechten Weg abgekommen sind, sagen, dass sie nicht zu verzweifeln brauchen. Auch wenn sie im Leben schwere Fehler gemacht und es versäumt haben, an ihrem Charakter zu arbeiten, ist Gott doch gerne bereit, sie wieder aufzurichten und ihnen das Glück der Erlösung zu schenken. Wie freut er sich, wenn er scheinbar hoffnungslose Fälle, die zu Werkzeugen Satans geworden waren, für sich gewinnen und ihnen seine Gnade schenken kann! Er will sie vor deinem Zorn bewahren, der einmal die Ungehorsamen treffen wird. Lasst uns deshalb diesen Menschen sagen, dass auch sie geheilt und erlöst werden können. Jeder kann einen Platz am Tisch des Herrn finden. Gott selbst wartet darauf, alle willkommen zu heißen.

Bei der Evangeliumsverkündigung werden wir aber noch auf eine ganz andere Art von Menschen treffen, die unsere Hilfe brauchen: Menschen, die entsprechend der ihnen geschenkten Erkenntnis leben und Gott dienen, so gut sie es verstehen. Sie sind sich aber auch bewusst, wie viel an ihnen selbst und den Menschen in ihrer Umgebung noch getan werden muss, und haben ein großes Bedürfnis danach, Gott noch besser kennen zu lernen. Gerade erst haben sie den Schimmer eines größeren Lichtes entdeckt und beten jetzt zu Gott aus tiefster Seele, dass er ihnen den Segen zuteil werden lassen möge, den sie im Glauben erst noch von ferne sehen. Inmitten der Verderbtheit der Großstädte leben viele solcher Menschen, oft in so ärmlichen Verhältnissen, dass sie von ihrer Umgebung nicht beachtet werden. Ein Großteil von ihnen ist sogar bei den Geistlichen und den Gemeinden völlig unbekannt; trotzdem bewähren sie sich in ihrer verkommenen Umgebung als Zeugen des Herrn. Auch wenn sie nur wenig geistliche Erkenntnis besitzen und in der Lehre Christi fast nicht geschult sind, bemühen sie sich inmitten all des Elends um sie herum, anderen zu helfen. Als Übermittler der göttlichen Gnade sind wir aufgerufen, solche Menschen aufzusuchen und ihnen in der Kraft des Heiligen Geistes das zu geben, was ihnen noch fehlt. Lasst uns mit ihnen die Bibel studieren und mit ihnen so schlicht beten, wie es uns der Heilige Geist eingibt. Christus wird uns dann die rechten Worte schenken, die für diese Menschen das Brot des Lebens bedeuten. Auf diese Weise wird der Segen Gottes weitergereicht von einem zum anderen.

Der Auftrag im Gleichnis „Nötige sie, hereinzukommen!“ ist oft missverstanden worden. Man hat ihn so ausgelegt, als ob wir die Menschen zwingen sollten, das Evangelium anzunehmen. Dabei will diese Formulierung nur betonen, wie eindringlich wir die Einladung vorbringen und wie wirkungsvoll wir sie begründen sollen. Nie dürfen wir Gewalt anwenden, um Menschen zu Christus zu führen. Die Botschaft des Evangeliums lautet vielmehr: „Wohlan, alle, die ihr durstig seid, kommt her zum Wasser!“ (Jesaja 55,1-3) „Und der Geist und die Braut sprechen: Komm! Und wer es hört, der spreche: Komm! Und wen dürstet, der komme; und wer da will, der nehme das Wasser des Lebens umsonst.“ (Offenbarung 22,17) Die Kraft der Liebe und Gnade Gottes fordern uns auf, zu kommen.

Der Heiland sagt: „Siehe, ich stehe vor der Tür und klopfe an. Wenn jemand meine Stimme hören wird und die Tür auftun, zu dem werde ich eingehen und das Abendmahl mit ihm halten und er mit mir.“ (Offenbarung 3,20) Spott oder Drohungen schrecken ihn nicht ab; unermüdlich sucht er die Verlorenen und sagt: „Wie kann ich dich preisgeben?“ (Hosea 11,8) Selbst wenn seine Liebe störrisch zurückgewiesen wird, bittet er nur umso eindringlicher: „Siehe, ich stehe vor der Tür und klopfe an.“ Die Macht seiner Liebe „nötigt“ manchen, ihm „aufzutun“ und vor Christus zu bekennen: „Du hast dich zu mir herabgebeugt und mich groß gemacht.“ (Psalm 18,36 Hfa)

Christus will seinen Mitarbeitern die gleiche sehnsüchtige Liebe schenken, mit der er selbst sich um die Verlorenen bemüht. Es genügt nicht, wenn wir sagen: „Komm!“ Manche Menschen hören die Einladung zwar, können aber nichts damit anfangen, weil sie zu abgestumpft sind. Ihr geistliches Sehvermögen ist zu schwach, um wahrnehmen zu können, was ihnen angeboten wird. Andere wieder sind sich ihres hoffnungslosen Zustandes voll bewusst. Sie sagen: Mir kann doch keiner mehr helfen. Lasst mich in Ruhe! – Wir dürfen dann dennoch nicht aufgeben. Mit Einfühlungsvermögen und echter Nächstenliebe wollen wir uns um alle kümmern, die den Mut verloren haben und unsere Hilfe brauchen. Ihnen wollen wir von unserem eigenen Mut, von unserer Hoffnung und Kraft abgeben, wollen sie freundlich einladen, hereinzukommen. „Erbarmt euch derer, die zweifeln; andere reißt aus dem Feuer und rettet sie; anderer erbarmt euch in Furcht ...“ (Judas 22.23)

Wenn wir mit Gott im Glauben eng verbunden sind, wird er dem, was wir zu sagen haben, das nötige Gewicht verleihen. Dann sind wir in der Lage, von der Gefahr, die jedem droht, der die Gnade Gottes zurückweist, so eindringlich zu sprechen, dass die Menschen sich geradezu gedrungen fühlen, das Evangelium anzunehmen. Christus wird wahre Wunder an dem vollbringen, der bereit ist, das zu tun, was Gott von ihm erwartet. Ein Mensch kann in seinem Denken heute noch genauso umgewandelt werden wie in früheren Zeiten. John Bunyan, der vorher ein Spötter und Zechbruder gewesen war, und John Newton, ein ehemaliger Sklavenhändler, wandten sich Jesus Christus zu und predigten fortan das Evangelium. Auch heute noch können Menschen wie Bunyan und Newton Rettung finden.

Durch das Zusammenwirken menschlicher und göttlicher Kraft kann mancher von der Gesellschaft Ausgestoßene für Christus gewonnen werden, um dann von sich aus alles dafür zu tun, das Ebenbild Gottes in den Menschen wieder herzustellen. Viele leben in sehr ungünstigen Umständen und sind nur deshalb auf dem falschen Weg, weil sie bisher keinen besseren kannten;

aber auch sie werden das Licht Gottes sehen. Was Christus damals zu Zachäus sagte, gilt für sie in gleicher Weise: „Ich muss heute in deinem Haus einkehren.“ (Lukas 19,5) So kommt dann das Wort Gottes zu ihnen. Bei vielen vermeintlich verstockten Sündern zeigt es sich dann plötzlich, wie weichherzig und empfänglich für das Gute sie in Wirklichkeit sind, weil Christus ihnen Beachtung schenkt. Sie werden aus den schlimmsten Irrtümern und Sünden kommen und dann die Stelle derer einnehmen, die alle ihnen gebotenen Gelegenheiten und Vorrechte nicht zu schätzen wussten. Sie werden zu den Auserwählten Gottes gehören, die ihm lieb und wert sind. Wenn Christus sein Reich aufgerichtet hat, werden sie seinem Thron am nächsten sein.

„Sehet zu, dass ihr den nicht abweiset, der da redet.“ (Hebräer 12,25) Jesus versicherte seinen Zuhörern: „Denn ich sage euch, dass keiner der Männer, die eingeladen waren, mein Abendmahl schmecken wird.“ (Lukas 14,24) Weil sie die Einladung ausschlugen, wurden sie kein zweites Mal geladen. Als die Juden Christus verwarfen, verhärteten sie dadurch ihr Herz und lieferten sich Satan aus, sodass es für sie schließlich unmöglich wurde, seine Gnade anzunehmen.

Heute ist es nicht anders. Wenn wir Gottes Liebe nicht schätzen und sie nicht zu einem uns innewohnenden Grundsatz werden lassen, der unser Herz zart und mitfühlend macht, dann sind wir auf ewig verloren. Der Herr kann uns keinen deutlicheren Beweis seiner Liebe geben als den, den er bereits erbracht hat. Wenn selbst die Liebe Christi unser Herz nicht erreicht, dann ist dazu auch kein anderes Mittel im Stande.

Mit jeder Weigerung, die Gnadenbotschaft anzuhören, wächst der Unglaube. Jedes Mal, wenn es jemand versäumt, Jesus sein Herz zu öffnen, verstärkt sich seine Abneigung gegen die Stimme des Heiligen Geistes, und so werden seine Aussichten immer geringer, den letzten Gnadenruf zu hören. Hoffentlich muss man nicht einmal von uns wie vom alten Volk Israel sagen: „Ephraim hat sich zu den Götzen gesellt; so lass es hinfahren.“ (Hosea 4,17) Lasst nicht zu, dass Christus über einen von uns wie über Jerusalem weinend sagen muss: „Wie oft habe ich deine Kinder versammeln wollen wie eine Henne ihre Küken unter ihre Flügel, und ihr habt nicht gewollt! Seht, euer Haus soll euch wüst gelassen werden.“ (Lukas 13,34.35)

Wir leben in einer Zeit, da die letzte Gnadenbotschaft, die letzte Einladung an die Menschen ergeht. Bald schon wird der Auftrag: „Gehe aus auf die Landstraßen und an die Zäune!“ ausgeführt sein. Gottes Mitarbeiter fordern jeden auf: „Kommt, denn es ist alles bereit!“, wobei ihnen die Engel des Himmels zur Seite stehen. Der Heilige Geist nötigt jeden auf alle nur mögliche Weise zu kommen. Christus wartet auf irgend ein Zeichen, das ihm andeutet, dass du die Riegel deines Herzen zurückgezogen hast und ihm nun die Tür öffnen willst, damit er eintreten kann. Die Engel möchten gern dem Himmel die frohe Mitteilung machen können, dass wieder ein verlorener Sünder gerettet werden konnte. Die ganzen himmlischen Heerscharen singen zum Klang der Harfen ein Freudenlied, wenn wieder ein Mensch die Einladung zum Fest des Evangeliums angenommen hat.

Teil VI

Einige Warnungen

„Israel, du bringst dich ins Unglück;
denn dein Heil steht allein bei mir.“
Hosea 13,9

Kapitel 19

Vergebungsbereitschaft ohne Höchstgrenze

Petrus hatte Christus die Frage gestellt: „Herr, wie oft muss ich denn meinem Bruder, der an mir sündigt, vergeben? Genügt es siebenmal?“ (Matthäus 18,21) Die Rabbis vertraten die Auffassung, dass man jemandem höchstens dreimal zu vergeben brauche. So glaubte Petrus ganz im Sinne Christi zu handeln, als er die Zahl auf sieben, die Zahl der Vollkommenheit, erhöhte. Christus wies aber darauf hin, dass wir nie aufhören dürfen zu verzeihen: „Ich sage dir: nicht siebenmal, sondern siebzigmal siebenmal.“ (Matthäus 18,22)

Dann zeigte er auf, welche Grundeinstellung unsere Vergebungsbereitschaft prägen soll und wie gefährlich es ist, unversöhnlich zu sein. In einem Gleichnis erzählte er von einem König, der einigen seiner Regierungsbeamten ein riesiges Vermögen aus der Staatskasse anvertraut hatte. Als der König eines Tages nachprüfte, wie sie dieses Vermögen verwalteten, entdeckte er, dass einer von ihnen den unvorstellbar hohen Betrag von zehntausend Talenten veruntreut hatte. Da der Beamte nicht in der Lage war, aus Eigenmitteln dem König seine Schulden zurückzuzahlen, wollte dieser ihn, wie das damals üblich war, mit all seinem Besitz verkaufen lassen, um so zu seinem Geld zu kommen. Der Mann erschrak furchtbar, fiel vor dem König auf die Knie und flehte ihn an: „Hab Geduld mit mir; ich will dir’s alles bezahlen. Da hatte der Herr Erbarmen mit diesem Knecht und ließ ihn frei, und die Schuld erließ er ihm auch.

Da ging dieser Knecht hinaus und traf einen seiner Mitknechte, der war ihm hundert Silbergroschen schuldig; und er packte und würgte ihn und sprach: Bezahle, was du mir schuldig bist! Da fiel sein Mitknecht nieder und bat ihn und sprach: Hab Geduld mit mir; ich will dir's bezahlen. Er wollte aber nicht, sondern ging hin und warf ihn ins Gefängnis, bis er bezahlt hätte, was er schuldig war. Als aber seine Mitknechte das sahen, wurden sie sehr betrübt und kamen und brachten bei ihrem Herrn alles vor, was sich begeben hatte. Da forderte ihn sein Herr vor sich und sprach zu ihm: Du böser Knecht! Deine ganze Schuld habe ich dir erlassen, weil du mich gebeten hast; hättest du dich da nicht auch erbarmen sollen über deinen Mitknecht, wie ich mich über dich erbarmt habe? Und sein Herr wurde zornig und überantwortete ihn den Peinigern, bis er alles bezahlt hätte, was er ihm schuldig war.“ (Matthäus 18,23-34)

In diesem Gleichnis werden Einzelheiten erwähnt, die lediglich der Ausschmückung dienen, ohne bei der Übertragung auf den geistlichen Bereich eine Entsprechung zu finden. Dadurch darf man sich nicht ablenken lassen: Ganz bestimmte Wahrheiten sollen uns hier verdeutlicht werden, und auf die müssen wir uns konzentrieren.

Wenn der König im Gleichnis dem Beamten seine Schuld erlässt, dann ist dies ein Symbol dafür, dass Gott jede Sünde vergibt. Christus wird durch den König dargestellt, der so viel Milde walten lässt. Weil der Mensch als Gesetzesbrecher verdammt war und sich aus eigener Kraft nicht retten konnte, kam Jesus als Mensch in diese Welt, verhüllte seine Göttlichkeit in der menschlichen Natur, und gab als Gerechter sein Leben hin für die Ungerechten. Er opferte sich selbst für unsere Sünden. Jedem von uns bietet er unentgeltlich Vergebung durch sein Blut an. „Denn bei dem Herrn ist die Gnade und viel Erlösung bei ihm.“ (Psalm 130,7)

Aus diesem Grund wird von uns auch erwartet, dass wir bereit sind, unseren Mitmenschen zu vergeben. „Hat uns Gott so geliebt, so sollen wir uns auch untereinander lieben.“ (1. Johannes 4,11) „Umsonst habt ihr's empfangen“, sagte Christus, „umsonst gebt es auch.“ (Matthäus 10,8)

Als der Schuldner im Gleichnis bat: „Hab Geduld mit mir; ich will dir's bezahlen", wurde die Strafe aufgehoben, ja, die gesamte Schuld erlassen. Bald darauf bot sich ihm Gelegenheit, dem Beispiel seines Herrn, der ihm vergeben hatte, nacheifern zu können. Denn kaum hatte er den Palast verlassen, da begegnete er einem Mitknecht, der ihm nur eine kleine Summe schuldete. Ihm selbst waren soeben zehntausend Talente erlassen worden. Wie wenig waren im Vergleich dazu die hundert Silbergroschen! Aber obwohl er selbst so viel Gnade erfahren hatte, ging er mit seinem Kollegen wenig freundlich um. Der Mann bat ihn mit den gleichen Worten um Zahlungsaufschub, wie er kurz zuvor den König angefleht hatte; aber der Knecht, dem so viel vergeben worden war, erwies sich als hartherzig. Die Barmherzigkeit, die er eben erfahren hatte, verweigerte er seinem Mitknecht, als er seine Bitte um ein wenig Geduld brüsk abwies. Scheinbar konnte der undankbare Knecht nur an die kleine Summe Geldes denken, die jener ihm schuldete, und forderte von ihm ohne Verzug das Ausstehende. So ließ er an dem Mann das Urteil vollstrecken, dem er selbst gerade entkommen war.

Wie viele offenbaren heute doch denselben Geist! Als der Knecht seinen Herrn um Gnade bat, war ihm überhaupt nicht klar, wie groß seine Schuld und wie aussichtslos seine Lage war. Er hoffte, sich selbst irgendwie helfen zu können, als er bat: „Hab Geduld mit mir, ich will dir's bezahlen." Genauso wollen sich viele Menschen durch eigene Werke die Gnade Gottes verdienen. Sie erkennen ihre Hilflosigkeit nicht und nehmen deshalb Gottes Erbarmen nicht als Geschenk an, sondern versuchen lieber, aus eigener Kraft gerecht zu werden. Weil ihnen das Bewusstsein ihrer Sündhaftigkeit fehlt, sind sie nicht demütig geworden, sondern herrisch und unversöhnlich gegenüber ihren Mitmenschen geblieben. Ihre eigene Schuld gegenüber Gott verhält sich zur Schuld ihrer Mitmenschen an ihnen wie zehntausend Talente zu hundert Silbergroschen oder wie eine Million zu eins. Dennoch wagen sie es, die Vergebung zu verweigern!

Im Gleichnis ließ der Herr den unbarmherzigen Schuldner kommen und sagte zu ihm: „Du böser Knecht! Deine ganze Schuld habe ich dir erlassen, weil du mich gebeten hast; hättest du dich da nicht auch erbarmen sollen über deinen Mitknecht, wie ich mich über dich erbarmt habe? Und sein Herr wurde zornig und überantwortete ihn den Peinigern, bis er alles bezahlt hätte, was er ihm schuldig war. „So", fügte Jesus hinzu, „wird auch mein himmlischer Vater an euch tun, wenn ihr einander nicht von Herzen vergebt, ein jeder seinem Bruder." (Matthäus 18,32-35) Wer nicht zur Vergebung bereit ist, braucht sich keine Hoffnung zu machen, dass ihm selbst vergeben wird.

Man darf den Sinn dieses Gleichnisses jedoch nicht missverstehen. Die Tatsache, dass Gott uns vergibt, entbindet uns keineswegs vom Gehorsam. So bedeutet unsere Bereitschaft, den Mitmenschen zu vergeben, auch nicht, dass wir auf berechtigte Ansprüche verzichten müssen. In dem Gebet, das Christus seine Jünger lehrte, heißt es zwar: „Und vergib uns unsere Schuld, wie auch wir vergeben unsern Schuldigern" (Matthäus 6,12), doch meinte Jesus damit nicht, dass wir keine rechtmäßigen Schuldforderungen stellen dürfen, wenn wir möchten, dass uns unsere Sünden vergeben werden. Wenn jemand seine Schulden, die er bei uns hat, nicht zurückzahlen kann – sei der Grund dafür auch unkluges Wirtschaften –, so sollen wir ihn weder vor Gericht bringen noch die Zwangsvollstreckung gegen ihn beantragen oder ihn auch nur hart anfassen; andererseits lehrt uns das Gleichnis nicht, dass wir verpflichtet sind, Faulheit zu unterstützen. Das Wort Gottes sagt klar und deutlich: „Wer nicht arbeiten will, der soll auch nicht essen." (2. Thessalonicher 3,10) Der Herr verlangt nicht, dass jemand, der schwer arbeitet, die Trägheit anderer unterstützen soll. Viele geraten in Not, weil sie faul sind und ihre Zeit totschlagen; ändern sie sich nicht, dann kann man ihnen nicht helfen. Sie zu unterstützen käme dem Versuch gleich, ein Fass ohne Boden füllen zu wollen. Doch gibt es auch eine unverschuldete Armut, und solchen Unglücklichen sollen wir mit Liebe und Anteilnahme begegnen. Lasst uns andere immer so behandeln, wie wir unter gleichen Umständen von ihnen behandelt werden möchten.

Der Heilige Geist legt uns durch den Apostel Paulus ans Herz: „Ist nun bei euch Ermahnung in Christus, ist Trost der Liebe, ist Gemeinschaft des Geistes, ist herzliche Liebe und Barmherzigkeit, so macht meine Freude dadurch vollkommen, dass ihr eines Sinnes seid, gleiche Liebe habt, einmütig und einträchtig seid. Tut nichts aus Eigennutz oder um eitler Ehre willen, sondern in Demut achte einer den andern höher als sich selbst, und ein jeder sehe nicht auf das Seine, sondern auch auf das, was dem andern dient. Seid so unter euch gesinnt, wie es auch der Gemeinschaft in Christus Jesus entspricht." (Philipper 2,1-5)

Allerdings dürfen wir die Sünde nicht auf die leichte Schulter nehmen. Der Herr hat geboten, es nicht zu dulden, wenn ein Mitmensch uns Unrecht tut. „Wenn dein Bruder sündigt, so weise ihn zurecht", sagte Jesus (Lukas 17,3). Wir sollen die Sünde beim richtigen Namen nennen und den, der sie tut, deutlich darauf hinweisen.

Unter Eingebung des Heiligen Geistes schrieb Paulus an Timotheus: „Predige das Wort, stehe dazu, es sei zur Zeit oder zur Unzeit; weise zurecht, drohe, ermahne mit aller Geduld und Lehre!" (2. Timotheus 4,2) Und an Titus schrieb er: „Denn es gibt viele Freche, unnütze Schwätzer und Verführer ... Aus diesem Grund weise sie scharf zurecht, damit sie gesund werden im Glauben." (Titus 1,10-13)

„Sündigt aber dein Bruder an dir", sagte Christus, „so geh hin und weise ihn zurecht zwischen dir und ihm allein. Hört er auf dich, so hast du deinen Bruder gewonnen. Hört er nicht auf dich, so nimm noch einen oder zwei zu dir, damit jede Sache durch den Mund von zwei oder drei Zeugen bestätigt werde. Hört er auf die nicht, so sage es der Gemeinde. Hört er auch auf die Gemeinde nicht, so sei er für dich wie ein Heide und Zöllner." (Matthäus 18,15-17)

Unser Herr lehrt, dass Christen ihre Probleme miteinander innerhalb der Gemeinde klären und nicht vor den Ungläubigen ausbreiten sollen. Wenn einem Christen von seinem Mitbruder Unrecht getan wird, soll er damit nicht vor Gericht gehen, sondern sich an Christi Anweisung halten: statt auf Genugtuung zu pochen, alles tun, um den Bruder zu retten. Gott sorgt für alle, die ihn lieben und Ehrfurcht vor ihm haben. Ihm können wir unsere Angelegenheiten zuversichtlich überlassen, denn er ist gerecht.

Wenn uns jemand immer wieder Unrecht tut und uns dann seine Schuld bekennt, sind wir nur zu leicht geneigt zu denken, dass schließlich einmal genug vergeben sei. Doch unser Erlöser hat uns unmissverständlich klargemacht, wie wir mit einem solchen Menschen umgehen sollen: „Wenn dein Bruder sündigt, so weise ihn zurecht; und wenn er es bereut, vergib ihm.“ (Lukas 17,3) Weise ihn nicht ab, als ob du ihm nicht trauen könntest. „Und sieh auf dich selbst, dass du nicht auch versucht werdest.“ (Galater 6,1)

Wenn deine Brüder Unrecht tun, sollst du ihnen vergeben; wenn sie zu dir kommen und ihre Schuld eingestehen, darfst du nicht sagen: „Ich halte sie nicht für demütig genug, um ihnen verzeihen zu können. Ich glaube nicht, dass ihre Reue echt ist.“ Woher nimmst du eigentlich das Recht, über sie zu urteilen, als könntest du in ihr Herz sehen? Das Wort Gottes sagt: „Und wenn er es bereut, vergib ihm. Und wenn er siebenmal am Tag an dir sündigen würde und siebenmal wieder zu dir käme und spräche: Es reut mich!, so sollst du ihm vergeben.“ Lukas 17,3.4) Und zwar nicht nur siebenmal, sondern siebzigmal siebenmal – gerade so oft, wie Gott auch dir vergibt (Matthäus 18,21.22).

Alles, was wir sind und haben, verdanken wir Gottes freier Gnade: Durch seinen Gnadenbund machte er uns zu seinen Kindern, und durch die Gnade unseres Heilands wurden wir erlöst, wieder geboren und zu Miterben Christi erhoben. Lasst uns deshalb diese Gnade an andere Menschen weitergeben.

Wir wollen keinen, der falsch an uns gehandelt hat, auch noch entmutigen. Keine pharisäerhafte Hartherzigkeit soll unseren Bruder verletzen. Lass keine Bitterkeit in dir aufkommen, und hüte dich vor einem spöttischen Unterton bei dem, was du sagst. Schon durch bloßes Urteilen, durch Gleichgültigkeit oder Misstrauen kannst du einen Menschen zugrunde richten. Dabei braucht dieser doch einen Bruder, der so liebevoll wie Christus – unser aller Bruder – ist, um zugänglich zu werden. Reiche ihm die Hand zur Versöhnung und schlage ihm vor, gemeinsam zu beten. Dann schenkt Gott euch beiden wertvolle Erfahrungen. Das Gebet verbindet uns untereinander und mit Gott; es ruft Jesus an unsere Seite und gibt uns in Schwachheit und Ratlosigkeit neue

Kraft, um Welt, Selbstsucht und Teufel zu überwinden. Das Gebet hält die Angriffe Satans von uns ab.

Wer sich nicht mehr an Menschen orientiert, sondern auf Christus sieht, der spürt bald, wie Gott sein Wesen umformt, wie der Geist Christi sein Herz beeinflusst und ihn zu Gottes Ebenbild macht. Lasst uns deshalb alles tun, um Jesus zu erhöhen, und lasst uns im Glauben aufblicken zu „Gottes Lamm, das der Welt Sünde trägt“ (Johannes 1,29). Wir wollen immer an das Wort denken: „Wer den Sünder bekehrt hat von seinem Irrweg, der wird seine Seele vom Tode erretten und wird bedecken die Menge der Sünden.“ (Jakobus 5,20)

„Wenn ihr aber den Menschen nicht vergebt so wird euch euer Vater eure Verfehlungen auch nicht vergeben.“ (Matthäus 6,15) Unversöhnlichkeit ist durch nichts zu rechtfertigen. Wer unnachsichtig gegen andere ist, zeigt damit, dass er an der Gnade Gottes keinen Anteil hat. Wem Gott vergibt, der macht die Erfahrung, dass seine Liebe unendlich ist und dass er selbst jetzt dieses göttliche Erbarmen an andere weitergeben kann. Das gleiche einfühlsame Wesen und die gleiche Vergebungsbereitschaft, die das Leben Christi prägten, wird jeden erfüllen, der seine Gnade erfahren hat.

„Wer aber Christi Geist nicht hat, der ist nicht sein.“ (Römer 8,9) Er ist Gott entfremdet und wird für immer von ihm getrennt bleiben.

Vielleicht hat er früher einmal Vergebung erfahren; mit seiner unversöhnlichen Haltung zeigt er jetzt aber, dass er Gottes verzeihende Liebe zurückweist. Er hat sich selbst von der Verbindung mit Gott abgeschnitten und befindet sich damit wieder in der gleichen Situation wie damals, als ihm noch nicht vergeben worden war. Weil er seine Buße sozusagen widerrufen hat, liegt die Last seiner Sünden auf ihm, als hätte er sie nie bereut.

Die wichtigste Aussage des Gleichnisses liegt jedoch in der Darstellung des Gegensatzes von göttlichem Mitleid und menschlicher Hartherzigkeit. Es wird klar gezeigt, dass Gottes Vergebungsbereitschaft der Maßstab auch unseres Handelns sein soll: „Hättest du dich da nicht auch erbarmen sollen über deinen Mitknecht, wie ich mich über dich erbarmt habe?“ (Matthäus 18,33)

Uns wird vergeben, nicht weil wir vergeben, sondern wie wir vergeben. Allem liegt die unverdiente Liebe Gottes zu Grunde. Unser Verhalten dem Mitmenschen gegenüber beweist, ob wir uns diese Liebe zu Eigen gemacht haben. „Denn nach welchem Recht ihr richtet, werdet ihr gerichtet werden; und mit welchem Maß ihr messt, wird euch zugemessen werden.“ (Matthäus 7,2)

Kapitel 20

Gewinn, der Verlust ist

Wieder einmal lehrte Christus, und wie gewöhnlich hatte er außer seinen Jüngern noch andere Zuhörer um sich. Gerade hatte er von den Aufgaben gesprochen, die auf seine Nachfolger schon in naher Zukunft warteten. Sie sollten die erkannte Wahrheit überall verkündigen, wobei Konflikte mit der weltlichen Obrigkeit nicht ausbleiben würden. Wegen ihres Glaubens an Christus würden sie sich vor Gerichten, vor Regierungen und Königen zu verantworten haben, doch hatten sie seine Zusage, von ihm Weisheit zu erhalten, der niemand würde widersprechen können. Seine eigenen Worte, die die Menge tief bewegten und seine heimtückischen Feinde verwirrten, bezeugten die Kraft dieses innewohnenden Geistes, den er seinen Nachfolgern verheißen hatte.

Viele unter den Zuhörern wollten die Gnade des Himmels aber nur annehmen, um damit ihre egoistischen Ziele besser verwirklichen zu können. Sie erkannten die wunderbare Fähigkeit Christi, die Wahrheit unmissverständlich darzustellen; sie hörten, wie er seinen Nachfolgern Weisheit versprach, damit sie vor den obrigkeitlichen Gewalten die richtigen Worte fänden. Sollte er da diese Kraft nicht auch einmal für einen irdischen Zweck zur Verfügung stellen?

„Es sprach aber einer aus dem Volk zu ihm: Meister, sage meinem Bruder, dass er mit mir das Erbe teile.“ (Lukas 12,13) Durch Mose hatte Gott Anweisungen gegeben, wie ein Erbe aufgeteilt werden sollte. Danach erhielt der älteste Sohn vom väterlichen Besitz den doppelten Anteil wie seine Brüder, denen gleiche Teile zustanden (5. Mose 21,17). Der Mann, der Jesus ansprach, meinte, dass sein Bruder ihn betrogen habe. Er selbst war in seinem Bemühen, den ihm seiner Meinung nach zustehenden Anteil zu erhalten, erfolglos geblieben. Nun hoffte er, sein Ziel mit Christi Hilfe doch noch zu erreichen. Ihm klangen noch dessen eindringliche Aufrufe und ernste Anklagen gegen die Pharisäer und Schriftgelehrten in den Ohren. Wenn Jesus mit seinem Bruder auch einmal so redete, dachte der Mann, dann würde dieser es nicht wagen, ihm sein Erbteil weiterhin vorzuenthalten.

Der Mann unterbrach die eindrucksvollen Ausführungen Christi, wie sich herausstellte, aus rein egoistischen Gründen. Er schätzte die Fähigkeit Jesu, Menschen ins Gewissen zu reden, insofern, als sie ihm für seine eigene weltliche Angelegenheit von Nutzen sein konnte. Die dargelegten geistlichen Wahrheiten dagegen hatten weder sein Herz noch seinen Verstand erreicht. Ihn beschäftigte nur das eine Thema: Wie konnte er zu seinem Erbe kommen? Jesus, der König der Ehren, der für uns seinen Reichtum aufgab und arm wurde, zeigte ihm die Schätze der göttlichen Liebe. Der Heilige Geist drängte ihn, Teilhaber am „unvergänglichen und unbefleckten und unverwelklichen Erbe“ zu werden (1. Petrus 1,4).

Der Mann hatte deutlich gesehen, welch gewaltige Macht Christus besaß. Jetzt bot sich ihm die Gelegenheit, dem großen Lehrer seinen brennendsten Herzenswunsch zu sagen. Doch er heftete wie der Mann mit der Kehrichtschaufel in John Bunyans allegorischer „Pilgerreise“ (Teil 2, Kap. 5) die Augen auf den Boden, sodass er die ihm dargebotene Krone nicht sehen konnte. Wie Simon der Zauberer wollte er die Gaben Gottes nutzen, um damit Geld zu machen.

Der Auftrag unseres Erlösers ging seiner Erfüllung entgegen. Nur wenige Monate standen ihm noch zur Verfügung, um seinen Dienst auf dieser Erde, die Aufrichtung seines Gnadenreiches, zum Abschluss zu bringen. Menschliche Habgier wollte ihn jetzt dabei aufhalten. Er sollte um ein Stück Land feilschen helfen. Doch Jesus ließ sich von seiner Aufgabe nicht abbringen. „Mensch, wer hat mich zum Richter oder Erbschlichter über euch gesetzt?“ antwortete er (Lukas 12,14).

Natürlich hätte er den Mann auf die Rechtslage hinweisen können, die er genau kannte. Doch die beiden Brüder stritten sich aus Habgier. Deshalb sagte Christus sinngemäß etwa Folgendes: Es ist nicht meine Aufgabe, solche Streitigkeiten zu schlichten. Er war zu einem ganz anderen Zweck gekommen, nämlich um den Menschen durch die Verkündigung der Frohen Botschaft die Wirklichkeit des Ewigen zu erschließen.

Aus dem, wie Christus sich hier verhalten hat, können alle, die in seinem Dienst stehen, eine wichtige Lehre ziehen. Als er die zwölf Jünger aussandte, sagte er ihnen: „Geht aber und predigt und sprecht: Das Himmelreich ist nahe herbeigekommen. Macht Kranke gesund, weckt Tote auf, macht Aussätzige rein, treibt böse Geister aus. Umsonst habt ihr's empfangen, umsonst gebt es auch." (Matthäus 10,7.8) Es war nicht ihre Aufgabe, weltliche Streitfragen zu schlichten, sondern die Menschen zu drängen, sich mit Gott zu versöhnen. In dieser Arbeit war ihre Befähigung begründet, der Menschheit zum Segen zu werden. Nur Christus kann von Sünde und Leid befreien. Nur das Evangelium seiner Gnade kann auch alle gesellschaftlichen Missstände beseitigen. Beides, die Ungerechtigkeit der Reichen gegenüber den Armen und der Hass der Armen auf die Reichen, wurzelt ja in der Selbstsucht, und diese lässt sich nur ausrotten, wenn man sich Christus unterordnet. Er allein tauscht das selbstsüchtige, sündige Herz aus gegen ein neues Herz voll Liebe. Als Mitarbeiter Christi wollen wir das Evangelium in der Kraft des Geistes predigen, den uns der Himmel schenkt, und wie Jesus zum Wohl unserer Mitmenschen wirken. Dann werden wir der Menschheit in einem solchen Ausmaß Heil und Segen bringen können, wie das aus menschlicher Kraft allein unmöglich gewesen wäre.

Christus traf den Kern des Problems, das der Bittsteller hatte und das immer wieder die Ursache für derartige Auseinandersetzungen ist, als er sagte: „Seht zu und hütet euch vor aller Habgier; denn niemand lebt davon, dass er viele Güter hat." (Lukas 12,15)

„Und er sagte ihnen ein Gleichnis und sprach: Es war ein reicher Mensch, dessen Feld hatte gut getragen. Und er dachte bei sich selbst und sprach: Was soll ich tun? Ich habe nichts, wohin ich meine Früchte sammle. Und sprach: Das will ich tun: ich will meine Scheunen abbrechen und größere bauen, und will darin sammeln all mein Korn und meine Vorräte und will sagen zu meiner Seele: Liebe Seele, du hast einen großen Vorrat für viele Jahre; habe nun Ruhe, iss, trink und habe guten Mut! Aber Gott sprach zu ihm: Du Narr! Diese Nacht wird man deine Seele von dir fordern; und wem wird dann gehören, was du angehäuft hast? So geht es dem, der sich Schätze sammelt und ist nicht reich bei Gott.“ (Lukas 12,16-21)

Mit dem Gleichnis vom törichten Reichen zeigte Christus, wie kurzsichtig jener doch ist, der über das Zeitliche nicht hinaussieht. Der Mann hatte von Gott alles empfangen. Die Sonne hatte auf sein Land geschienen, denn sie scheint auf Gerechte wie auf Ungerechte. Auch der Regen des Himmels fällt auf Böse wie auf Gute. Der Herr hatte die Pflanzen gedeihen und die Felder reichlich Frucht tragen lassen. Nun war der reiche Mann ratlos, was er mit der ganzen Ernte anfangen sollte. Seine Scheunen waren bereits so voll, dass er nicht wusste, wohin mit all dem Überfluss. Er kam nicht darauf, an Gott zu denken, dem er diesen Segen doch verdankte, und erkannte auch nicht, dass Gott ihn zum Verwalter dieser Güter gemacht hatte, damit er anderen Menschen helfe, denen es nicht so gut ging. Obwohl sich ihm dazu wunderbar Gelegenheit bot, im Auftrag Gottes Almosen zu verteilen, dachte er nur an sein persönliches Wohlergehen.

Die Situation der Armen, Waisen, Witwen, Kranken und Bedrängten war diesem Mann keineswegs unbekannt. Es gab für ihn viele Möglichkeiten, Gutes zu tun. Ohne weiteres hätte er einen Teil seines Reichtums abgeben können, um damit vielen Familien aus ihrer Not zu helfen, sie mit Essen und Kleidung zu versorgen, sodass viele Gebete erhört und Lob- und Danklieder zum Himmel aufgestiegen wären. Der Herr im Himmel hatte die Gebete der Armen gehört und wollte in seiner Güte für sie sorgen. (Psalm 68,11) Vielen Menschen sollte geholfen werden durch den Segen, den der reiche Kornbauer erfahren hatte. Der aber verschloss sich den Bitten der Bedürftigen und sagte zu seinen Knechten: „Das will ich tun: ich will meine Scheunen abbrechen und größere bauen, und will darin sammeln all mein Korn und meine Vorräte und will sagen zu meiner Seele: Liebe Seele, du hast einen großen Vorrat für viele Jahre; habe nun Ruhe, iss, trink und habe guten Mut!“ (Lukas 12,18.19)

Die Lebensziele dieses Mannes waren nicht höher gesteckt als die eines Tieres. Er handelte, als gäbe es keinen Gott, keinen Himmel und kein zukünftiges Leben; als sei sein ganzer Besitz ausschließlich sein Eigentum und als schuldete er weder Gott noch Menschen irgendetwas. Der Psalmist beschreibt diesen Menschentyp so: „Die Toren sprechen in ihrem Herzen: ‚Es ist kein Gott.‘“ (Psalm 14,1)

Der reiche Kornbauer hat nur für sich selbst geplant und gelebt. Die Zukunft erscheint ihm gesichert. Jetzt muss er sich nur noch darum kümmern, dass er die reiche Ernte auch richtig aufbewahren und genießen kann. Er hält sich selbst für einen vom Schicksal besonders begünstigten Menschen und schreibt dies seinem klugen Geschäftssinn zu. Bei den Mitbürgern genießt er als wohlhabender und umsichtiger Mann hohes Ansehen, denn „man preist dich, wenn es dir gut geht“ (Psalm 49,19).

Aber „die Weisheit dieser Welt ist Torheit bei Gott“ (1. Korinther 3,19). Während der reiche Mann sich auf das vermeintlich vor ihm liegende gute Leben freut, hat der Herr ganz andere Pläne mit ihm und lässt ihm sagen: „Du Narr! Diese Nacht wird man deine Seele von dir fordern.“ Davon kann man sich nicht mit Geld freikaufen. Keine noch so hohe Summe wird hier einen Aufschub erwirken. In einem kurzen Augenblick wird alles wertlos, wofür der Reiche sein ganzes Leben lang gearbeitet hat. „Und wes wird's sein, das du bereitet hast?“ Seine weiten Felder und gefüllten Vorratskammern und Scheunen nützen ihm nun nichts mehr. „Sie sammeln und wissen nicht, wer es einbringen wird.“ (Psalm 39,7)

Das Einzige, was ihm jetzt noch von Nutzen wäre, hat er nie erworben. Da er nur für sich selbst lebte, wies er die Liebe Gottes zurück, die sich durch ihn als Barmherzigkeit gegenüber seinen Mitmenschen offenbaren wollte. Damit verwarf er zugleich das Leben, denn Gott ist Liebe, und Liebe ist Leben. Dieser Mann zog das Irdische dem Geistlichen vor und musste deshalb zusammen mit dem Irdischen vergehen. „Ein Mensch in seiner Herrlichkeit kann nicht bleiben, sondern muss davon wie das Vieh“ (Psalm 49,21), heißt es in der Heiligen Schrift.

„So geht es dem, der sich Schätze sammelt und ist nicht reich für Gott.“ Das Gleichnis gilt für alle Zeiten. Jemand mag nur für sein persönliches Wohlergehen Pläne schmieden, den größten Reichtum anhäufen und Häuser bauen, die so groß und fest gefügt sind wie die im alten Babylon; doch keine Mauer ist hoch und kein Tor stark genug, um die Boten des Verderbens fern zu halten. „König Belsazar machte ein herrliches Mahl für seine tausend Mächtigen“, und alle „lobten sie die goldenen, silbernen, ehernen, eisernen, hölzernen und steinernen Götter“ (Daniel 5,1.4) Doch die Hand eines Unsichtbaren schrieb ihr Todesurteil an die Wand, und von den Toren des Palastes dröhnte der Schritt feindlicher Armeen herüber. „Aber in derselben Nacht wurde Belsazar, der König der Chaldäer, getötet“ (Daniel 5,30) und ein fremder Herrscher saß auf seinem Thron.

Ein selbstsüchtiges Leben führt ins Verderben. Habsucht und Profitgier trennen den Menschen von der Quelle des Lebens. Die Einstellung Satans ist es, alles besitzen, alles an sich ketten zu wollen. Wer dagegen wie Christus denkt, der will geben und sich für das Wohl anderer aufopfern. „Und das ist das Zeugnis, dass uns Gott das ewige Leben gegeben hat, und dieses Leben ist in seinem Sohn. Wer den Sohn hat, der hat das Leben; wer den Sohn Gottes nicht hat, der hat das Leben nicht.“ (1. Johannes 5,11.12)

Deshalb sagt uns Jesus: „Seht zu und hütet euch vor aller Habgier; denn niemand lebt davon, dass er viele Güter hat.“

Kapitel 21

Eine unüberbrückbare Kluft

Im Gleichnis vom reichen Mann und armen Lazarus zeigt Christus, dass die Menschen in diesem Leben selbst über ihr ewiges Schicksal entscheiden. Während dieser Prüfungszeit bietet Gott jedem seine Gnade an; doch wer die gebotene Gelegenheit dazu missbraucht, seine eigennützigen Ziele zu verfolgen, schließt sich selbst vom ewigen Leben aus. Er wird keine zweite Gnadenzeit erhalten. Durch seine eigene Entscheidung hat er eine unüberbrückbare Kluft zwischen sich und seinem Gott geschaffen.

Das Gleichnis beschreibt den Gegensatz zwischen den Reichen, die sich von Gott unabhängig fühlen, und den Armen, die sich ganz auf ihn verlassen. Christus macht deutlich, dass einmal eine Zeit kommt, in der sich die Situation dieser beiden Menschenklassen völlig umgekehrt haben wird. Wer arm ist an irdischen Gütern, aber sein Vertrauen auf Gott setzt und im Leid geduldig bleibt, wird eines Tages über alle erhöht werden, die heute die höchsten Ehren genießen, aber ihr Leben nicht Gott geweiht haben.

„Es war aber", so begann Christus, „ein reicher Mann, der kleidete sich in Purpur und kostbares Leinen und lebte alle Tage herrlich und in Freuden. Es war aber ein Armer mit Namen Lazarus, der lag vor seiner Tür voll von Geschwüren und begehrte, sich zu sättigen mit dem, was von des Reichen Tisch fiel." (Lukas 16,19-21)

Der Reiche gehörte durchaus nicht zu der Menschenklasse, die im Gleichnis vom ungerechten Richter dargestellt wird. Dieser hatte ja öffentlich verkündigt, dass er sich weder vor Gott noch vor Menschen scheue. Nein, der Reiche nahm für sich in Anspruch, ein Sohn Abrahams zu sein. Er tat dem Bettler nichts zu Leide und schickte ihn auch nicht weg, weil er seinen Anblick nicht ertragen konnte. Im Gegenteil, er duldete es gern, dass dieses traurige, Ekel erregende Bündel Mensch sich vor seiner Tür aufhielt, wenn ihm der Anblick all des Reichtums Trost bot. Dem bedürftigen Bruder dagegen zu helfen – daran dachte er überhaupt nicht.

Krankenhäuser gab es damals noch nicht, sodass die sozial Schwachen und Kranken auf die Fürsorge derer angewiesen waren, die der Herr mit Reichtum gesegnet hatte, damit sie von ihnen Hilfe und Beistand erzielten. Das war die Situation des Bettlers gegenüber dem reichen Mann: Lazarus brauchte dringend Hilfe, denn er hatte weder Freunde noch ein Dach über dem Kopf, weder Geld noch Nahrung. Tag für Tag musste er in diesem elenden Zustand leben, während der Reiche sich jeden Wunsch erfüllen konnte. Für diesen wäre es leicht gewesen, dem Anderen zu helfen, aber er lebte, wie es auch heute viele tun, nur für sich selbst.

Auch in unserer Nähe gibt es heute viele Bedürftige und Obdachlose. Wenn wir ihnen nicht helfen, laden wir eine Schuld auf uns, die uns eines Tages Angst und Bange machen wird. Gott verdammt allen Geiz als Götzendienst. Selbstsüchtige Genusssucht ist in seinen Augen ein Verbrechen.

Gott hatte dem reichen Mann seine Güter zur Verwaltung anvertraut und ihm aufgetragen, in Fällen wie dem des Bettlers zu helfen. Das Gebot lautete: „Du sollst den Herrn, deinen Gott, lieb haben von ganzem Herzen, von ganzer Seele und mit aller deiner Kraft.“ (5. Mose 6,5) „du sollst deinen Nächsten lieben wie dich selbst.“ (3. Mose 19,18) Als Jude war dem reichen Mann das Gesetz sehr wohl bekannt, aber er vergaß, dass er darüber Rechenschaft abzulegen hatte, was er mit den ihm anvertrauten Mitteln und Fähigkeiten machte. Er hatte den Segen Gottes im Überfluss erfahren, nutzte ihn jedoch nur zu seinem eigenen Vorteil und nicht zur Ehre des Schöpfers. Mit dem Reichtum wuchs auch die Verpflichtung, der Menschheit Gutes zu tun. Dies hatte der Herr geboten, doch der reiche Mann dachte nicht im Traum daran, dieser Verpflichtung vor Gott nachzukommen. Er selbst verlieh zwar Geld gegen Zinsen, aber für das, was Gott ihm anvertraut hatte, wollte er keine Zinsen zahlen. Zwar war er gebildet und hatte Talente, doch er wandte sie nicht nutzbringend an. Er machte sich keine Gedanken darüber, dass er Gott Rechenschaft schuldig war, sondern ging ganz in seinen Vergnügungen auf. Alles, womit er sich umgeben hatte, die vielen Feste, die Komplimente und Schmeicheleien seiner Freunde, dienten allein der Befriedigung seines Geltungsbedürfnisses. Er ging in der Gesellschaft dieser Leute so völlig auf, dass er jeden Sinn für die Verpflichtung verlor, Gottes Gnade an seine Mitmenschen weiterzugeben. Wohl hatte er Gelegenheit, die Heilige Schrift zu verstehen und im Alltag danach zu handeln, doch die vergnügungssüchtige Gesellschaft um ihn herum nahm seine Zeit so stark in Anspruch, dass er den Gott der Ewigkeit darüber vergaß.

Dann änderte sich die Situation der beiden Männer plötzlich. Der Arme hatte geduldig sein Los getragen, bis er schließlich starb und, von niemandem beweint, begraben wurde. Weil er durch sein Verhalten für Christus gezeugt und sich im Glauben bewährt hatte, wurde er, wie es im Gleichnis heißt, nach dem Tod von den Engeln in Abrahams Schoß getragen (Lukas 16,22).

Lazarus steht hier für all die Armen, die an Christus glauben. Wenn beim Schall der Posaune alle Toten die Stimme Jesu hören und aus ihren Gräbern hervorkommen werden, dann werden sie ihre Belohnung erhalten, weil ihr Glaube keine bloße Theorie war, sondern gelebte Wirklichkeit.

„Der Reiche aber starb auch und wurde begraben. Als er nun in der Hölle war, hob er seine Augen auf in seiner Qual und sah Abraham von ferne und Lazarus in seinem Schoß. Und er rief: Vater Abraham, erbarme dich meiner und sende Lazarus, damit er die Spitze seines Fingers ins Wasser tauche und mir die Zunge kühle; denn ich leide Pein in diesen Flammen." (Lukas 16,22-24)

Christus kam in diesem Gleichnis der Vorstellungswelt seiner Zuhörer entgegen, die glaubten, dass man die Zeit zwischen Tod und Auferstehung bewusst erlebe. Der Heiland, der diese volkstümliche, wenn auch falsche Anschauung kannte, benutzte sie in seinem Gleichnis, um den Zuhörern wichtige Wahrheiten einzuprägen. Er hielt ihnen gewissermaßen einen Spiegel vor, in dem sie ihr Verhältnis zu Gott sehen konnten. Christus bediente sich also einer weit verbreiteten Vorstellung, um allen etwas sehr Wichtiges klarzumachen: dass niemand nach seinem Besitz, der ja ohnehin nur eine Leihgabe Gottes ist, eingeschätzt wird. Wer diese Gabe missbraucht, fällt tiefer als der Ärmste und Elendste, der Gott liebt und ihm vertraut.

Christus wollte seinen Zuhörern zu verstehen geben, dass es nach dem Tod keine Möglichkeit mehr gibt, Erlösung zu finden. „Gedenke, Sohn", so ließ er Abraham antworten: „Gedenke ... dass du dein Gutes empfangen hast in deinem Leben, Lazarus dagegen hat Böses empfangen; nun wird er hier getröstet, und du wirst gepeinigt. Und überdies besteht zwischen uns und euch eine große Kluft, dass niemand, der von hier zu euch hinüber will, dorthin kommen kann und auch niemand von dort zu uns herüber." (Lukas 16,25.26) Christus zeigte damit, wie unsinnig die Hoffnung auf eine zweite Gnadenzeit ist. Nur in diesem Leben haben wir Gelegenheit, uns auf die Ewigkeit vorzubereiten.

Der reiche Mann hatte nicht vergessen, dass er ein Nachkomme Abrahams war. An ihn wandte er sich in seiner Not und bat: „Vater Abraham, erbarme dich meiner." Er betete nicht zu Gott, sondern bat Abraham um Hilfe. Damit zeigte er, dass er ihn über Gott stellte und seine Verwandtschaft mit Abraham als Garantie seiner Erlösung betrachtete. Der Verbrecher am Kreuz dagegen richtete seine Bitte an Christus: „Jesus, gedenke an mich, wenn du in dein Reich kommst!" (Lukas 23,42) Sofort erhielt er die Zusicherung: „Wahrlich, ich sage dir heute [während ich noch gedemütigt und voll Schmerzen am Kreuz hänge]: Mit mir wirst du im Paradiese sein." (Lukas 23,43 Reinhardt) Der reiche Mann wandte sich mit seiner Bitte an Abraham, und sie wurde nicht erhört. Christus allein ist „erhöht zum Fürsten und Heiland, zu geben Israel Buße und Vergebung der Sünden" (Apostelgeschichte 5,31). „In keinem andern ist das Heil." (Apostelgeschichte 4,12)

Der reiche Mann hatte sein ganzes Leben lang nur danach getrachtet, sich zu vergnügen. Zu spät wurde ihm bewusst, dass er für die Ewigkeit überhaupt nicht vorgesorgt hatte. Er erkannte jetzt, wie töricht er gewesen war, und musste an seine Brüder denken, die ebenfalls in Saus und Braus lebten. Deshalb sagte er: „So bitte ich dich, Vater, dass du ihn sendest in meines Vaters Haus; denn ich habe noch fünf Brüder, die soll er warnen, damit sie nicht auch kommen an diesen Ort der Qual. Abraham sprach: Sie haben Mose und die Propheten; die sollen sie hören. Er aber sprach: Nein, Vater Abraham, sondern wenn einer von den Toten zu ihnen ginge, so würden sie Buße tun. Er sprach zu ihm: Hören sie Mose und die Propheten nicht, so werden sie sich auch nicht überzeugen lassen, wenn jemand von den Toten auferstünde.“ (Lukas 16,27-31)

Als der Reiche um weitere Beweise für seine Brüder bat, wurde ihm klar und deutlich gesagt, dass sie selbst dann nicht zu überzeugen wären. In dieser Forderung lag übrigens der unausgesprochene Vorwurf gegen Gott: Wenn du mich besser gewarnt hättest, dann wäre ich jetzt nicht hier. Abraham erwiderte darauf sinngemäß: Deine Brüder sind zur Genüge gewarnt worden. Erkenntnis wurde ihnen angeboten, aber sie waren daran nicht interessiert; von der Wahrheit wollten sie nichts hören.

„Hören sie Mose und die Propheten nicht, so werden sie sich auch nicht überzeugen lassen, wenn jemand von den Toten auferstünde.“ Diese Worte haben sich in der Geschichte des jüdischen Volkes bewahrheitet. Das letzte und großartigste Wunder Christi war die Auferweckung des Lazarus in Bethanien, der schon vier Tage tot gewesen war. Die Juden erhielten hier den eindeutigen Beweis dafür, dass Jesus der Sohn Gottes war, doch sie wollten davon nichts wissen. Als Lazarus ihnen seine Auferweckung bezeugte, verschlossen sie Herz und Augen vor allen Beweisen und wollten ihn sogar töten (Johannes 12,9-11).

Gesetz und Propheten sollen nach Gottes Willen die Menschen zur Erlösung führen. Christus ruft uns dazu auf, uns eingehend mit ihnen zu beschäftigen. Wer der Stimme Gottes, die durch die Bibel zu uns spricht, kein Gehör schenkt, der dürfte sich wohl auch kaum dafür interessieren, was jemand zu sagen hat, der von den Toten wieder auferstanden ist.

Wenn wir auf Mose und die Propheten hören, brauchen wir nicht um mehr Erkenntnis zu bitten, als Gott uns gegeben hat. Weisen wir dagegen dieses Licht ab und lassen die uns gebotenen

Gelegenheiten ungenutzt, dann wäre es auch sinnlos, wenn einer von den Toten uns eine Botschaft bringen wollte. Auch von ihm würden wir uns ja nicht überzeugen lassen, denn wer das Gesetz und die Propheten ablehnt, verschließt Herz und Augen, bis er zuletzt gar kein Licht mehr sieht.

Das Gespräch zwischen Abraham und dem ehemals reichen Mann ist sinnbildlich zu verstehen. Jesus wollte damit verdeutlichen, dass jeder ausreichend darüber informiert wird, was Gott von ihm erwartet. Die Verantwortung eines Menschen wächst mit seinen Möglichkeiten und Vorrechten. Gott schenkt uns genug Erkenntnis und Kraft für das, was er uns zu tun aufträgt. Versäumen wir es, dem nachzukommen, was ein kleines Licht uns als Pflicht zeigt, dann beweisen wir dadurch, dass größeres Licht nur unsere Unzuverlässigkeit und unser Versäumnis, Gottes Segen weiterzugeben, an den Tag bringen würde. „Wer im Geringsten treu ist, der ist auch im Großen treu; und wer im Geringsten ungerecht ist, der ist auch im Großen ungerecht.“ (Lukas 16,10) Wer sich durch Mose und die Propheten nichts sagen lassen will und stattdessen ein Wunder verlangt, wäre selbst dann nicht zu überzeugen, wenn sein Wunsch tatsächlich erfüllt würde.

Das Gleichnis vom reichen Mann und armen Lazarus zeigt, wie diese beiden Menschenklassen in der unsichtbaren Welt eingeschätzt werden. Es ist keine Sünde, reich zu sein, wenn man es nicht auf unrechte Weise geworden ist. Ein Reicher wird nicht wegen seines Besitzes verdammt, sondern nur, wenn er ihn ausschließlich zu seinem eigenen Vergnügen verwendet. Wie viel besser ist es doch, seinen Besitz im Sinne Gottes zu verwalten, nämlich indem man damit Gutes tut! Der Tod selbst kann den nicht arm machen, der nach Reichtum in der Ewigkeit strebt. Von egoistisch zusammengerafftem Besitz können wir ja doch nichts in den Himmel mitnehmen. Der Reiche entpuppt sich vielmehr als unehrlicher Haushalter, der sein Leben genießt, ohne an seine Verpflichtungen Gott gegenüber zu denken. Er versäumt es, sich ein Vermögen im Himmel anzulegen.

Der reiche Mann, der so viele Vorrechte erhalten hatte, versäumte es, die ihm anvertrauten Gaben so zu nutzen, dass sie ihm auch noch im Jenseits Reichtum eingebracht hätten, indem sie seine geistlichen Segnungen vermehrt hätten. Erlösung bedeutet ja nicht nur Sündenvergebung, sondern auch, dass der Mensch alle die geistlichen Gaben zurückerhält, die er unter dem degenerierenden Einfluss der Sünde verloren hat. Geld können wir in die Ewigkeit nicht mitnehmen und werden es dort auch nicht brauchen; doch alles, was wir dafür getan haben, um Menschen für Christus zu gewinnen, wird dem Himmel berichtet. Wer allerdings die Gaben, die er von Gott erhalten hat, nur für sich selbst nutzt, ohne seinem Mitmenschen in Not zu helfen oder die Evangeliumsverkündigung zu fördern, macht seinem Schöpfer keine Ehre. Neben seinem Namen wird einmal im Buch des Himmels stehen: Er beraubte Gott.

Der reiche Mann besaß alles, was man mit Geld kaufen kann, aber er hatte nicht, um den Forderungen Gottes nachkommen zu können. Er lebte, als wäre alles, was er besaß, auch wirklich sein Eigentum. Die Ansprüche Gottes interessierten ihn so wenig wie die Hilferufe der Notleidenden. Da plötzlich kommt eine Aufforderung, die er nicht überhören kann. Eine Macht, vor der es kein Entkommen gibt, befiehlt ihm, sich von seinem ganzen Hab und Gut, das er nicht länger verwalten darf, zu trennen. Unversehens ist er damit bettelarm geworden. Das Kleid der Gerechtigkeit Christi, das auf dem Webstuhl des Himmels gefertigt wird, kann ihn nicht bedecken. Früher trug er Purpur und feinstes Leinen, jetzt ist er nackt und bloß. Seine Gnadenzeit ist zu Ende. Nichts hat er in die Welt hineingebracht, und nichts kann er nun mit hinausnehmen.

Christus hob den Schleier vor dem Jenseits, als er den Priestern und Obersten, den Schriftgelehrten und Pharisäern dieses Gleichnis erzählte. Seht genau hin, ihr, die ihr reich seid an materiellem Besitz, aber nicht bei Gott! Denkt darüber nach, was ihr gehört habt!

Was in den Augen der Menschen so besonders wertvoll ist, das schätzt Gott überhaupt nicht. Christus fragt deshalb: „Was hülfe es dem Menschen, wenn er die ganze Welt gewönne und nähme an seiner Seele Schaden? Denn was kann der Mensch geben, womit er seine Seele auslöse?“ (Markus 8,36.37)

Was das Volk Israel daraus lernen konnte

Als Christus das Gleichnis vom reichen Mann und armen Lazarus erzählte, befanden sich viele Juden in der gleichen unglücklichen Lage wie der Reiche. Sie benutzten das, womit Gott sie gesegnet hatte, dazu, ihrer Genusssucht zu frönen, und waren auf dem besten Wege, bald das Urteil zu hören: „Man hat dich auf der Waage gewogen und zu leicht befunden." (Daniel 5,27) Der Reiche hatte materiellen und geistlichen Segen jeder Art erfahren, aber er war nicht bereit, diesen in den Dienst Gottes zu stellen.

Das jüdische Volk machte es genauso. Der Herr hatte es zum Hüter seiner heiligen Wahrheit eingesetzt, zum Verwalter seiner Gnade. Alle erdenklichen materiellen und geistlichen Segnungen hatte er den Juden eingeräumt und sie aufgerufen, diese an andere weiterzugeben.

Besonders genau hatte er ihnen vorgeschrieben, wie sie sich um verarmte oder aus der Bahn geworfene Mitbürger und um alle Fremden unter ihnen kümmern sollten. Gott wollte, dass sie nicht nur auf ihren eigenen Vorteil bedacht waren, sondern auch an die Bedürftigen dachten und ihren Reichtum mit ihnen teilten. Solche liebevolle Barmherzigkeit versprach er zu segnen. Doch wie der reiche Mann rührten die Israeliten keine Hand, um der Menschheit in materieller oder geistlicher Hinsicht zu helfen. Voll Überheblichkeit hielten sie sich zwar für das auserwählte Lieblingsvolk Gottes, dachten aber nicht daran, ihm zu dienen und ihn anzubeten.

Sie verließen sich ganz darauf, von Abraham abzustammen. „Wir sind Abrahams Kinder", sagten sie stolz (Johannes 8,33). Als aber die Stunde der Entscheidung kam, stellte sich heraus, dass sie sich von Gott abgewandt und ihr Vertrauen auf Abraham gesetzt hatten, als ob er Gott sei.

Christus wollte so gern die verfinsterten Herzen des jüdischen Volkes erhellen. Deshalb sagte er: „Wenn ihr Abrahams Kinder wärt, so tätet ihr Abrahams Werke. Nun aber sucht ihr mich zu töten, einen Menschen, der euch die Wahrheit gesagt hat, wie ich sie von Gott gehört habe. Das hat Abraham nicht getan." (Johannes 8,39.40)

Christus betrachtete die Abstammung nicht als persönliches Verdienst, sondern wies darauf hin, dass die geistige Verwandtschaft wichtiger ist als jede natürliche. Die Juden pochten darauf, von Abraham abzustammen, doch weil sie seinem Beispiel nicht folgten, bewiesen sie, dass sie in Wirklichkeit nicht seine Kinder waren. Nur wer wie Abraham der Stimme Gottes gehorcht, gilt als sein echter Nachkomme. Obwohl der Bettler zur untersten sozialen Schicht gehörte, war Christus davon überzeugt, dass Abraham ihn in seinen engsten Freundeskreis aufgenommen hätte.

Trotz seines Wohlstandes war der reiche Mann so unwissend, dass er Abraham an die Stelle Gottes setzte. Hätte er seine bevorzugte Stellung in der richtigen Weise zu schätzen gewusst und seinen Charakter vom Heiligen Geist formen lassen, dann hätte es bei ihm anders ausgesehen. Das Gleiche gilt für das Volk, zu dem er gehörte. Wäre Israel dem Ruf Gottes gefolgt, dann hätte es auf Grund seiner geistlichen Reife eine völlig andere Zukunft erlebt. Es hatte so viele Fähigkeiten und Möglichkeiten, die Gott gern vermehren wollte, damit es der ganzen Welt Segen und Erkenntnis bringen konnte. Aber die Juden hatten sich innerlich so weit von Gottes Anordnungen entfernt, dass ihr ganzes Leben sich verkehrte. Sie versäumten es, als Haushalter Gottes ihre Gaben treu und rechtschaffen einzusetzen. Mit der Ewigkeit rechneten sie überhaupt nicht, und so zog ihre Untreue den Untergang des ganzen Volkes nach sich.

Christus wusste, dass die Juden bei der Zerstörung Jerusalems an seine Warnung denken würden, und so kam es auch. Als das Verhängnis über die Stadt hereinbrach, als die Menschen Hunger litten und schreckliche Leiden erdulden mussten, da erinnerten sie sich an die Worte Christi und verstanden auf einmal das Gleichnis. Sie hatten ihr Unglück selbst verschuldet, weil sie es versäumten, das ihnen anvertraute Licht für die Welt leuchten zu lassen.

In den letzten Tagen

Der Schluss des Gleichnisses zeigt sinnbildhaft die letzten Szenen der Weltgeschichte. Der reiche Mann wollte ein Sohn Abrahams sein, war aber von diesem durch eine unüberbrückbare Kluft getrennt, nämlich durch seinen fehlentwickelten Charakter. Abraham diente Gott, er folgte seinem Wort gläubig und gehorsam. Der Reiche dagegen dachte weder an Gott noch an seine bedürftigen Mitmenschen. Die große Kluft zwischen ihm und Abraham war der Abgrund des Ungehorsams. Auch heute leben viele so wie der reiche Mann. Obgleich sie der Gemeinde Gottes angehören, sind sie doch nicht wirklich bekehrt. Vielleicht nehmen sie am Gottesdienst teil und singen auch den Psalm mit: „Wie der Hirsch lechzt nach frischem Wasser, so schreit meine Seele, Gott, zu dir.“ (Psalm 42,2) In Wirklichkeit aber sind sie große Heuchler und in Gottes Augen nicht besser als der schlimmste Sünder.

Wer nur weltlichem Vergnügen hinterher jagt und von Geltungsbedürfnis besessen ist, der kann nicht Gott dienen. Wie der Reiche im Gleichnis bemüht er sich nicht im Geringsten, seine Genusssucht zu bekämpfen, sondern kultiviert sie auch noch. Er entscheidet sich dafür, in einer Atmosphäre der Sünde zu leben. Wird er dann plötzlich vom Tod dahingerafft, zeigt es sich, dass er jetzt den Charakter hat, den er zu seinen Lebzeiten mit Hilfe satanischer Mächte entwickelt hat. Im Grab kann er keine Entscheidung mehr treffen, sei es für das Gute oder für das Böse; mit dem Augenblick, in dem ein Mensch stirbt, erlischt das Bewusstsein. (Psalm 146,4; Prediger 9,5.6)

Wenn dann einmal die Stimme Gottes die Toten auferweckt, steht ein solcher Mensch mit derselben Lebensgier und den gleichen Leidenschaften aus dem Grab auf, die ihn schon früher geprägt hatten. Wer sich nicht ändern wollte, als er Gelegenheit dazu hatte, den wird Gott auch jetzt nicht mehr auf wunderbare Weise umformen. Während seines Lebens liebte er Gott nicht und wollte ihm nicht dienen. Sein Wesen ist nicht im Einklang mit Gott, und so könnte er sich in der himmlischen Familie auch nicht wohl fühlen.

Es gibt heute eine bestimmte Kategorie selbstgerechter Menschen auf dieser Welt. Sie sind weder unmäßig im Essen und Trinken noch atheistisch eingestellt; sie wollen lediglich sich selbst leben und nicht für Gott. Weil Gott in ihrem Denken einfach nicht vorkommt, zählen sie eigentlich zu den Ungläubigen.

Selbst wenn sie in die Stadt Gottes eingehen könnten, hätten sie dennoch kein Recht dazu, vom Baum des Lebens zu essen. Als ihnen nämlich die Gebote Gottes mit all ihren bindenden Verpflichtungen vorgelegt wurden, da wollten sie nicht gehorchen. Sie haben Gott auf der Erde nicht gedient und wären deshalb wohl auch im Himmel nicht bereit dazu. Sie könnten es in seiner heiligen Gegenwart gar nicht aushalten und würden jeden anderen Ort dem Himmel vorziehen.

Von Christus lernen heißt, seine Gnade annehmen und damit sein Wesen. Wer die wertvollen Gelegenheiten und den Einfluss des Heiligen Geistes hier auf der Erde nicht schätzt und nutzt, der ist auch nicht dafür geeignet, Gott im Himmel anzubeten. Wenn Menschen ihren Charakter nicht nach dem göttlichen Ebenbild entwickelt haben, dann ist durch ihre Nachlässigkeit ein Abgrund entstanden, den nichts überbrücken kann: Zwischen ihnen und den Gerechten besteht eine unüberbrückbare Kluft.

Kapitel 22

Reden und Handeln

„Ein Mann hatte zwei Söhne. Er sagte zu dem einen: ‚Mein Sohn, geh und arbeite heute im Weinberg!' ‚Ich will nicht', erwiderte der Sohn; später aber überlegte er es sich und ging doch. Dasselbe sagte der Vater auch zu seinem anderen Sohn. ‚Ja, Herr', antwortete der, ging aber nicht. Wer von den beiden hat nun nach dem Willen des Vaters gehandelt? ‚Der erste', antworteten sie." (Matthäus 21,28-31 GN)

In der Bergpredigt sagte Christus: „Es werden nicht alle, die zu mir sagen: Herr, Herr!, in das Himmelreich kommen, sondern die den Willen tun meines Vaters im Himmel." (Matthäus 7,21) Nicht was wir sagen, beweist unsere Aufrichtigkeit, sondern was wir tun. Christus fragt nicht: „Was sagt ihr da Besonderes?", sondern: „Was tut ihr Besonderes?" (Matthäus 5,47) Und an anderer Stelle sagt er: „Wenn ihr dies wisst – selig seid ihr, wenn ihr's tut." (Johannes 13,17) Worte, denen nicht entsprechende Taten folgen, sind völlig wertlos, lehrt uns das Gleichnis von den beiden Söhnen.

Christus erzählte dieses Gleichnis kurz vor seinem Tod bei seinem letzten Besuch in Jerusalem. Vorher hatte er die Händler aus dem Tempel getrieben und dabei mit göttlicher Kraft so wirkungsvoll ihr Herz angesprochen, dass sie verwundert und erschrocken seinem Befehl widerstandslos gehorchten.

Als die Priester und Ältesten sich schließlich von ihrem Schreck erholt hatten und zum Tempel zurückkehrten, sahen sie, dass Christus dort die Kranken und Sterbenden heilte. Sie konnten die fröhliche Stimmung und die Loblieder nicht überhören.

Im Tempel selbst schwangen Kinder, die Christus gesund gemacht hatte, Palmzweige und sangen: „Hosianna dem Sohn Davids!“ Sogar die Kleinsten stimmten in das Lob des großen Arztes ein. Aber all dies konnte die Vorurteile und Eifersucht der Priester und Ältesten nicht überwinden.

Als Christus am nächsten Tag im Tempel lehrte, traten die Priester und Ältesten des Volkes zu ihm und fragten: „Aus welcher Vollmacht tust du das, und wer hat dir diese Vollmacht gegeben?“ (Matthäus 21,23)

Dass Christus Macht hatte, konnten sie nicht leugnen. Als er den Tempel reinigte, hatten sie auf seinem Gesicht die Autorität Gottes gesehen. Der Vollmacht seiner Rede konnten sie sich nicht entziehen. Und seine wunderbaren Heilungen hatten ihre Frage eigentlich zur Genüge beantwortet. Doch im Grunde wollten sie gar keine Beweise. Sie wollten Jesus vielmehr veranlassen, sich als Messias auszugeben, um dann seine Worte verdrehen und das Volk gegen ihn aufwiegeln zu können. Es ging ihnen darum, seinen Einfluss zu schwächen und ihn schließlich zu töten.

Wenn seine Taten ihnen nicht Beweis genug für sein göttliches Wesen waren, das wusste Jesus, dann würden sie auch seinem Zeugnis, dass er der Christus sei, nicht glauben. Daher ging er auf ihre Frage anders ein, als sie erwartet hatten, indem er nämlich den Spieß umdrehte.

„Ich will euch auch eine Sache fragen“, sagte er; „wenn ihr mir die sagt, will ich euch auch sagen, aus welcher Vollmacht ich das tue. Woher war die Taufe des Johannes? War sie vom Himmel oder von den Menschen?“ (Matthäus 21,24.25)

Das brachte die Priester und Obersten in Verlegenheit. „Da bedachten sie's bei sich selbst und sprachen: Sagen wir, sie war vom Himmel, so wird er zu uns sagen: Warum habt ihr ihm dann nicht geglaubt? Sagen wir aber, sie war von Menschen, so müssen wir uns vor dem Volk fürchten, denn sie halten alle Johannes für einen Propheten. Und sie antworteten Jesus und sprachen: Wir wissen's nicht. Da sprach er zu ihnen: So sage ich euch auch nicht, aus welcher Vollmacht ich das tue.“ (Matthäus 21,25-27)

„Wir wissen's nicht.“ Diese Antwort war eine glatte Lüge. Aber die Priester hatten erkannt, in welche Zwickmühle sie geraten waren, und versuchten jetzt, durch eine falsche Behauptung ihr Gesicht zu wahren. Johannes der Täufer hatte von dem Einen Zeugnis abgelegt, dessen Autorität sie infrage stellten. Er hatte ihn angekündigt mit den Worten: „Siehe, das ist Gottes Lamm, das der Welt Sünde trägt.“ (Johannes 1,29) Er hatte ihn getauft; und als Christus nach dieser Taufe betete, hatte sich der Himmel aufgetan, und der Geist Gottes war wie eine Taube über ihn gekommen. Eine Stimme vom Himmel hatte gesagt: „Dies ist mein lieber Sohn, an dem ich Wohlgefallen habe.“ (Matthäus 3,17)

Wenn die Priester und Obersten daran dachten, wie Johannes wiederholt auf die Prophezeiungen über den Messias hingewiesen und dass er Jesus getauft hatte, wagten sie es nicht, einzugestehen, dass er im Auftrag des Himmels gehandelt hatte. Hätten sie nämlich Johannes öffentlich als Propheten anerkannt – persönlich waren sie schon davon überzeugt –, dann wäre es für sie unmöglich gewesen, sein Zeugnis, Jesus von Nazareth sei Gottes Sohn, zu verwerfen. Andererseits konnten sie aber auch nicht behaupten, Johannes habe seinen Auftrag nur von Menschen gehabt, weil das Volk ihn für einen Propheten hielt. Also antworteten sie: „Wir wissen's nicht.“

Nun erzählte Jesus das Gleichnis vom Vater und den beiden Söhnen. Als der Vater den ersten Sohn bat: „Geh und arbeite heute im Weinberg“, da antwortete der kurz und bündig: „Ich will nicht.“ Er verweigerte den Gehorsam, lebte gottlos und geriet in schlechte Gesellschaft. Später jedoch bereute er sein Verhalten und führte den väterlichen Auftrag aus.

Inzwischen ging der Vater zu seinem anderen Sohn und bat ihn ebenfalls, im Weinberg zu arbeiten. Der antwortete: „Ja, Vater!“ Aber er ging nicht hin.

Der Vater steht für Gott und der Weinberg für seine Gemeinde. Die beiden Söhne vertreten zwei Arten von Menschen: Da ist der eine, der sich weigert, dem Befehl zu folgen. Er sagt: „Ich will nicht.“ Menschen wie er leben ganz offen in Sünde, ohne Frömmigkeit zu heucheln. Unverhohlen geben sie zu, dass sie die Last des Gehorsams nicht auf sich nehmen wollen, die das Gesetz Gottes ihnen auferlegt. Viele von ihnen bereuen dies allerdings später und folgen doch noch dem Ruf Gottes. Als Johannes der Täufer solchen Menschen das Evangelium predigte: „Tut Buße, denn das Himmelreich ist nahe herbei gekommen!" (Matthäus 3,2), da hörten sie auf ihn und bekannten ihre Sünden.

Der andere Sohn sagte: „Ja, Vater!", ging aber nicht in den Weinberg. Er verhielt sich wie die Pharisäer. Die jüdische Geistlichkeit war genauso unbußfertig und selbstzufrieden. Das gesamte religiöse Leben in Israel war zur rein äußerlichen Form erstarrt.

Als Gott am Berg Sinai sein Gesetz verkündete, hatte sich das ganze Volk zum Gehorsam verpflichtet und gesagt: „Ja, Herr!" Aber die Juden hielten dieses Versprechen nicht ein, und als Christus kam, um ihnen die tiefere Bedeutung des Gesetzes zu erklären und vorzuleben, lehnten sie ihn ab. Dabei gab er den führenden Persönlichkeiten mehr als genug Beweise seiner Autorität und göttlichen Kraft. Aber obwohl er sie innerlich überzeugen konnte, wollten sie diese Beweise dennoch nicht gelten lassen. Dabei hatte Christus sie darauf hingewiesen, dass ihr Unglaube eine Folge ihres fehlenden Gehorsams war: „So ... habt ihr Gottes Gebot aufgehoben um eurer Satzungen willen ... Vergeblich dienen sie mir, weil sie lehren solche Lehren, die nichts als Menschengebote sind." (Matthäus 15,6.9)

Am Ende des Gleichnisses stellte Christus den Schriftgelehrten und Pharisäern, Priestern und Obersten, die vor ihm standen, die Frage: „Wer von den beiden hat nun den Willen des Vaters erfüllt?" Ohne zu zögern antworteten sie: „Der erste." Sie merkten gar nicht, dass sie sich damit selbst verurteilten. Umso mehr traf sie die Drohung Christi: „Wahrlich, ich sage euch: Die Zöllner und Huren kommen eher ins Reich Gottes als ihr. Denn Johannes kam zu euch und lehrte euch den rechten Weg, und ihr glaubtet ihm nicht; aber die Zöllner und Huren glaubten ihm. Und obwohl ihr's saht, tatet ihr dennoch nicht Buße, sodass ihr ihm dann auch geglaubt hättet." (Matthäus 21,31.32)

Als Johannes der Täufer die Wahrheit verkündigte, kamen durch seine Predigt Menschen, die vorher in die Sünde verstrickt gewesen waren, zur Einsicht und begannen ein neues Leben. Von ihnen sagte Christus, dass sie eher ins Himmelreich kämen als die Selbstgerechten, die die ernste Warnung einfach nicht hören wollten. Die Zöllner und Huren waren unwissend, die Gelehrten aber kannten den Weg der Wahrheit. Sie weigerten sich jedoch, auf dem Weg voranzuschreiten, der ins Paradies Gottes führt, und so wurde für sie die Wahrheit, die sie eigentlich zum Leben führen sollte, zum Todesurteil. Notorische Sünder, die sich selbst verachteten, hatten sich von Johannes taufen lassen; die Schriftgelehrten dagegen waren Heuchler und so verstockt, dass sie die Wahrheit gar nicht annehmen konnten. Sie widersetzten sich dem Einfluss des Heiligen Geistes und wollten Gott einfach nicht gehorchen.

Christus sagte zu ihnen nicht: Ihr könnt nie in das Reich Gottes kommen. Er zeigte ihnen vielmehr, dass sie selbst das Hindernis waren, das ihnen den Zugang versperrte. Noch stand der jüdischen Geistlichkeit die Tür offen, und noch immer galt die Einladung auch für sie. Christus hatte keinen größeren Wunsch, als dass sie sich überzeugen und bekehren ließen.

Die Priester und Ältesten Israels brachten ihr Leben mit religiösen Zeremonien zu, die sie als zu heilig betrachteten, um sie mit weltlichen Geschäften zu verbinden. Die Leute glaubten deshalb, ihr Leben sei allein der Religion geweiht, obwohl sie in Wirklichkeit diese Kulthandlungen nur darum möglichst auffällig verrichteten, um für sehr fromm und gottesfürchtig gehalten zu werden. Sie behaupteten zwar von sich, alle Gebote zu halten, tatsächlich aber verweigerten sie Gott den Gehorsam. In ihrem Leben war nichts von der Wahrheit zu spüren, die sie nach ihren eigenen Worten doch lehrten.

Christus bezeichnete Johannes den Täufer als einen der größten Propheten und sagte seinen Zuhörern, sie hätten genügend Beweise dafür erhalten, dass Johannes ein Bote Gottes gewesen sei. Der Prediger in der Wüste hatte mit Vollmacht gesprochen und seine Botschaft unerschrocken verkündet, die Sünden der Priester und Obersten bloßgelegt und von ihnen verlangt, dass sie ihr Leben änderten. Er hatte ihnen klargemacht, wie sehr sie sich gegen Gott auflehnten, indem sie sich weigerten, die ihnen zugewiesene Aufgabe zu erfüllen. Durch seine Kompromisslosigkeit gegenüber der Sünde hatte Johannes erreicht, dass viele ihrem früheren Leben in Ungerechtigkeit den Rücken kehrten.

Wäre die jüdische Geistlichkeit aufrichtig gläubig gewesen, dann hätte sie auf Johannes gehört und Christus als den Messias angenommen. Aber in ihrem Leben zeigte sich weder Buße noch Gerechtigkeit. Gerade die Menschen, auf die sie heruntersahen, gelangten vor ihnen ins Reich Gottes.

Der Sohn im Gleichnis sagte: „Ja, Vater!", weil er treu und gehorsam erscheinen wollte. Es zeigte sich jedoch bald, wie sehr dieser Schein trog. Der junge Mann liebte seinen Vater nicht aufrichtig. Wie er bildeten sich auch die Pharisäer auf eine Heiligkeit etwas ein, die sie nicht besaßen. Solange sie sich Vorteile davon versprachen, nahmen sie es mit den Forderungen des Gesetzes peinlich genau; wenn aber von ihnen selbst Gehorsam verlangt wurde, dann wussten sie durch Spitzfindigkeiten den Geboten Gottes alle Verbindlichkeit zu nehmen. Darum warnte Christus vor ihnen: „Nach ihren Werken sollt ihr nicht handeln; denn sie sagen's zwar, tun's aber nicht." (Matthäus 23,3)

Sie liebten weder Gott noch ihre Mitmenschen von ganzem Herzen. Gott rief sie dazu auf, seine Mitarbeiter zum Segen der Welt zu sein, aber sie nahmen den Auftrag nur mit Worten an, ohne die Tat folgen zu lassen. Sie vertrauten zu sehr auf sich selbst und waren stolz darauf, wie gut sie doch waren. Gottes Geboten aber sprachen sie Hohn, indem sie sich weigerten, Gottes Auftrag auszuführen. Ihre Übertretungen waren der Grund dafür, dass der Herr im Begriff stand, sich von dem ungehorsamen Volk abzuwenden.

Selbstgerechtigkeit hat mit Gerechtigkeit vor Gott nichts zu tun. Wer sich dennoch auf sie verlässt, wird einmal die Folgen seines verhängnisvollen Irrtums zu tragen haben. Auch heutzutage behaupten viele, die Gebote Gottes zu halten, aber sie sind nicht von Gottes Liebe erfüllt, um sie an andere weiterzugeben. Christus ruft jeden Einzelnen auf, mit ihm für die Rettung der Welt zusammenzuarbeiten. Die Selbstgerechten sagen dazu zwar: „Ja, Herr", aber sie sind viel zu träge, um die Aufgabe auch wirklich anzupacken.

Wie der wortbrüchige Sohn machen sie Gott leere Versprechungen. Als sie sich der Gemeinde Gottes anschlossen, gelobten sie, Gottes Wort zu gehorchen und ihm ihr Leben zu weihen, aber sie denken gar nicht daran, es auch zu tun. Zwar erheben sie den Anspruch, Gottes Kinder zu sein, doch in ihrem Leben und Wesen merkt man wenig von dieser Verwandtschaft. Weil sie ihren Willen nicht Gott unterstellen, ist ihr ganzes Leben eine Lüge.

Der Selbstgerechte ist Gott so lange gehorsam, wie das für ihn mit keinen Unannehmlichkeiten verbunden ist. Sobald von ihm aber Entsagung und Opfer verlangt werden, wenn er sein Kreuz auf sich nehmen soll, zuckt er zurück. Mit der Zeit fühlt er sich immer weniger an sein Versprechen gebunden und findet nichts mehr dabei, Gottes Gesetz bewusst zu übertreten. Mit dem Ohr hört er zwar noch Gottes Wort, aber er kann es nicht mehr geistlich erfassen. Sein Herz ist verstockt, sein Gewissen abgestumpft.

Dass wir uns ja nicht täuschen: Wenn jemand dem Christentum nicht feindselig gegenübersteht, heißt das noch lange nicht, dass er im Dienste Jesu steht. Wir könnten damit sogar einem Selbstbetrug erlegen sein. Denn wir können bereits gegen Gott arbeiten, indem wir ihm vorenthalten, was er uns an Zeit, finanziellen Mitteln oder sonstigen Gaben geschenkt hat, um sie für ihn einzusetzen.

Satan nutzt die Interesselosigkeit und Trägheit der Namenschristen dazu aus, um seine Position zu stärken und Anhänger für sich zu gewinnen. Viele bilden sich ein, auf der Seite Christi zu stehen, auch wenn sie gar nichts für ihn tun. Gerade damit arbeiten sie dem Feind in die Hände. Indem sie es nämlich versäumen, fleißig für Christus zu arbeiten und keine Gelegenheit dafür ungenutzt zu lassen, ermöglichen sie es Satan, die Herrschaft über Menschen zu gewinnen, die sonst vielleicht den Weg zu Christus gefunden hätten.

Solange wir träge und untätig sind, können wir nicht gerettet werden. Ein wirklich bekehrter Mensch wird niemals ein nutzloses Leben führen.

In den Himmel kann man sich nicht tragen lassen, denn für Faulenzer ist dort kein Platz. Wenn wir uns nicht ernstlich darum bemühen, hineinzukommen, wenn wir nicht alles einsetzen, um die Gesetze des Himmels zu erfassen, dann sind wir nicht dafür geeignet, einmal dort zu wohnen. Wer hier auf der Erde nicht mit Gott zusammenarbeiten möchte, würde das wohl auch im

Himmel kaum tun wollen. Deshalb wäre es nicht gut, wenn er dort Aufnahme fände.

Für Zöllner und Sünder besteht mehr Hoffnung als für Menschen, die das Wort Gottes kennen, ihm aber nicht gehorchen. Wer einsieht, dass er seine Sündhaftigkeit vor Gott nicht verstecken kann, dass er vielmehr in der Gegenwart Gottes Leib, Seele und Geist ruiniert, den packt die Angst davor, für immer vom Reich Gottes ausgeschlossen zu werden. Ihm wird klar, dass er krank ist, und so sucht er Hilfe beim Großen Arzt, der gesagt hat: „Wer zu mir kommt, den werde ich nicht hinausstoßen." (Johannes 6,37) Solche Menschen kann der Herr als Arbeiter in seinem Weinberg gebrauchen.

Das Verhalten des Sohnes, der die Bitte seines Vaters zunächst abschlägt, wird von Christus zwar nicht verdammt, aber auch nicht gerade als vorbildlich hingestellt. Wer Gott den Gehorsam verweigert, verdient kein Lob, auch wenn er das frank und frei tut. Wahrheit und Heiligkeit verändern einen Menschen so, dass er ein kühner Zeuge für Jesus wird. Die Offenheit eines Sünders dagegen hat etwas Herausforderndes und Beleidigendes an sich und grenzt an Lästerung. Wenn jemand nichts von Heuchelei hält, muss das noch lange nicht heißen, dass er dann auch kein Sünder ist.

Wenn der Heilige Geist zu uns spricht, gibt es für uns nur eines: Wir sollten ihm unverzüglich antworten. Ergeht an uns die Aufforderung: „Geh und arbeite heute im Weinberg", dann lasst uns nicht zögern. „Heute, wenn ihr seine Stimme hören werdet, so verstockt eure Herzen nicht." (Hebräer 4,7) Es ist gefährlich, nicht sofort zu gehorchen, denn vielleicht ergeht an uns nie wieder diese Einladung.

Keiner soll sich einbilden, dass es leicht sei, bestimmte Sünden erst zu kultivieren und dann wieder aufzugeben. Jede gepflegte Lieblingssünde wirkt sich negativ auf den Charakter aus, verfestigt die schlechte Gewohnheit und führt zu körperlichem, geistigem und moralischem Niedergang. Selbst wenn das begangene Unrecht später bereut und der richtige Weg eingeschlagen wird, ist der Betreffende durch seinen früheren Lebenswandel doch bereits so stark geprägt, dass es ihm oft schwer fällt, zwischen Recht und Unrecht zu unterscheiden. Satan nutzt jede einmal angenommene schlechte Gewohnheit immer wieder als Angriffsfläche.

Wie aufrichtig wir sind, zeigt sich, wenn wir den Auftrag erhalten: „Geh und arbeite heute im Weinberg." Werden unseren Worten Taten folgen? Werden wir alle Fähigkeiten einsetzen, treu und uneigennützig für den Besitzer des Weinbergs zu arbeiten?

Der Apostel Petrus schreibt dazu: „Gott gebe euch viel Gnade und Frieden durch die Erkenntnis Gottes und Jesu, unseres Herrn! Alles, was zum Leben und zur Frömmigkeit dient, hat uns seine göttliche Kraft geschenkt durch die Erkenntnis dessen, der uns berufen hat durch seine Herrlichkeit und Kraft. Durch sie sind uns die teuren und allergrößten Verheißungen geschenkt, damit ihr dadurch Anteil bekommt an der göttlichen Natur, die ihr entronnen seid der verderblichen Begierde in der Welt. So wendet alle Mühe daran und erweist in eurem Glauben Tugend und in der Tugend Erkenntnis und in der Erkenntnis Mäßigkeit und in der Mäßigkeit Geduld und in der Geduld Frömmigkeit und in der Frömmigkeit brüderliche Liebe und in der brüderlichen Liebe die Liebe zu allen Menschen." (2. Petrus 1,2-7)

Wenn wir den Weinberg unseres persönlichen Glaubenslebens gut pflegen, macht Gott uns zu seinen Mitarbeitern. Wir haben dann nicht nur uns selbst als Aufgabe, sondern auch andere Menschen. Als Christus die Gemeinde mit einem Weinberg verglich, wollte er damit nicht sagen, dass unser Wirkungskreis auf die Gemeinde beschränkt ist. Dieser Weinberg soll vielmehr bis an die Enden der Welt erweitert werden. Wir können dazu beitragen, indem wir mit Hilfe der Erkenntnis und Gnade Gottes anderen Menschen zeigen, wie man die wertvollen Reben pflegen muss. Auf diese Weise sollten wir den Weinberg Gottes vergrößern. Gott möchte bei uns so gerne Glauben, Liebe und Geduld entdecken. Er achtet darauf, ob wir alle unsere geistlichen Gaben dazu verwenden, um tüchtige Arbeiter in seinem Weinberg auf dieser Erde zu werden. Dann können wir nämlich auch einmal in sein Paradies eingehen, in den Garten Eden, den Adam und Eva nach dem Sündenfall verlassen mussten.

Gott ist für sein Volk wie ein Vater, und so kann er auch den Gehorsam seiner Kinder erwarten. Denken wir dabei nur an das Leben Christi! Obwohl er der Höchste unter den Menschen war, diente er doch seinem Vater und ist somit ein gutes Beispiel dafür, wie jeder Sohn sein soll und sein kann. Auch von uns heute fordert Gott, dass wir so gehorsam sind wie Christus, der seinem Vater voll Liebe, bereitwillig und in freier Entscheidung diente. „Deinen Willen, mein Gott, tue ich gern, und dein Gesetz hab ich in meinem Herzen." (Psalm 40,9) Ihm war kein Opfer zu groß und keine Mühe zu schwer, um seinen Auftrag auszuführen. Mit zwölf Jahren meinte er: „Wisst ihr nicht, dass ich sein muss in dem, was meines Vaters ist?" (Lukas 2,49) Er hatte seine Berufung erfasst und sein Wirken bereits begonnen. „Meine Speise ist die, dass ich tue den Willen dessen, der mich gesandt hat, und vollende sein Werk." (Johannes 4,34)

So sollen auch wir Gott dienen, indem wir vollkommen gehorsam sind. Wer sein Kind sein will, muss sich als Mitarbeiter Gottes, Christi und aller Engel bewähren. Das ist der Test für jeden. Von allen, die ihm treu dienen, sagt der Herr: „Sie sollen … an dem Tage, den ich machen will, mein Eigentum sein, und ich will mich ihrer erbarmen, wie ein Mann sich seines Sohnes erbarmt, der ihm dient." (Maleachi 3,17)

Gott verfolgt bei allem Wirken an den Menschen das Ziel, sie zu erproben und ihnen Gelegenheit zu geben, Charakterfestigkeit zu entwickeln. Er möchte sehen, ob sie seinen Geboten gehorchen oder nicht. Gute Werke können zwar die Liebe Gottes nicht erkaufen, aber sie zeigen doch deutlich, dass wir ihn lieben. Haben wir unser Leben Gott anvertraut, dann werden wir nicht Gutes tun, um seine Liebe zu verdienen; er schenkt uns vielmehr seine Liebe, damit wir seinen Geboten gern gehorchen können.

Es gibt heute und auch im Endgericht nur zwei Arten von Menschen: Die eine missachtet Gottes Gesetz, die andere befolgt es. Christus erklärt uns, woran wir erkennen können, ob wir treu oder untreu sind: „Liebt ihr mich, so werdet ihr meine Gebote halten … Wer meine Gebote hat und hält sie, der ist's, der mich liebt. Wer mich aber liebt, der wird von meinem Vater geliebt werden, und ich werde ihn lieben und mich ihm offenbaren …

Wer aber mich nicht liebt, der hält meine Worte nicht. Und das Wort, das ihr hört, ist nicht mein Wort, sondern das des Vaters, der mich gesandt hat." (Johannes 14,15.21.24) „Wenn ihr meine Gebote haltet, so bleibt ihr in meiner Liebe, wie ich meines Vaters Gebote halte und bleibe in seiner Liebe." (Johannes 15,10)

Kapitel 23

Gottes Weinberg

Im Gleichnis von den beiden Söhnen hatte Christus der jüdischen Geistlichkeit gezeigt, dass es darauf ankommt, Gehorsam in die Tat umzusetzen. In dem nachfolgenden Gleichnis vom Weinberg wies er darauf hin, wie reich Gott die Juden gesegnet hatte und dass sie deshalb verpflichtet waren, ihm zu gehorchen. Nur auf diese Weise – so versicherte er ihnen – konnte Gott sie nämlich nach seinem herrlichen Plan führen.

Das Volk Israel

Er lüftete den Schleier vor der Zukunft, als er ihnen zeigte, dass das ganze Volk sich seinem Plan widersetzen, seine Segnungen verscherzen und nur noch Verderben über sich bringen würde: „Es war ein Hausherr, der pflanzte einen Weinberg", so erzählte Christus, „und zog einen Zaun darum und grub eine Kelter darin und baute einen Turm und verpachtete ihn an Weingärtner und ging außer Landes." (Matthäus 21,33)

Auch der Prophet Jesaja gebraucht das Bild vom Weinberg: „Wohlan, ich will meinem lieben Freunde singen, ein Lied von meinem Freund und seinem Weinberg. Mein Freund hatte einen Weinberg auf einer fetten Höhe. Und er grub ihn um und entsteinte ihn und pflanzte darin edle Reben. Er baute auch einen Turm darin und grub eine Kelter und wartete darauf, dass er gute Trauben brächte." (Jesaja 5,1.2)

Der Weinbergbesitzer wählt in der Wildnis ein Stück Land, zäunt es ein, säubert es von Steinen, pflügt es und pflanzt auserlesene Reben hinein. Weil der Boden nun im Vergleich mit dem umliegenden Brachland viel besser ist, erwartet er, dass seine Mühe und Arbeit mit reichem Ertrag belohnt wird. So hatte auch Gott ein Volk aus der Welt erwählt, um es durch Christus erziehen und ausbilden zu lassen. Der Prophet sagt: „Des Herrn Zebaoth Weinberg aber ist das Haus Israel und die Männer Judas seine Pflanzung, an der sein Herz hing.“ (Jesaja 5,7) Diesem Volk hatte Gott große Vorrechte eingeräumt und es reich gesegnet. Nun wartete er darauf, dass es ihm Ehre machen und die Grundsätze seines Reiches der gefallenen, gottlosen Welt vor Augen führen würde, indem es das Wesen Gottes in seinem Leben widerspiegelte.

Der Weinberg des Herrn sollte ganz andere Früchte tragen, als man sie bei den Heiden finden konnte. Diese Götzendiener hatten sich vollkommen der Sünde verschrieben: Gewalttätigkeit und Verbrechen, Habgier, Unterdrückung und Laster waren bei ihnen an der Tagesordnung. Ungerechtigkeit, Entartung und Elend waren das Ergebnis dieser Verdorbenheit. Die Früchte von Gottes Weinberg sollten dazu in deutlichem Gegensatz stehen.

Die Juden waren dazu ausersehen worden, das Wesen Gottes so widerzuspiegeln, wie es Mose offenbart worden war. Die Bitte Moses: „Lass mich deine Herrlichkeit sehen!“ hatte der Herr mit der Verheißung beantwortet: „Ich will vor deinem Angesicht all meine Güte vorübergehen lassen.“ (2. Mose 33,18.19) „Und der Herr ging vor seinem Angesicht vorüber, und er rief aus: Herr, Herr, Gott, barmherzig und gnädig und geduldig und von großer Gnade und Treue, der da Tausenden Gnade bewahrt und vergibt Missetat, Übertretung und Sünde.“ (2. Mose 34,6.7) Diese Wesensmerkmale erwartet Gott von seinem ganzen Volk. Ihr reines Herz und gläubiger Lebenswandel, ihr Einfühlungsvermögen und liebevolles Verständnis für andere sollte es zum Ausdruck bringen: „Das Gesetz des Herrn ist vollkommen und erquickt die Seele.“ (Psalm 19,8)

Gott wollte durch die Juden alle Völker der Erde segnen und ihnen sein Licht zukommen lassen. Die Heiden hatten infolge ihrer Verstrickung in die Sünde die Kenntnis von Gott verloren; dennoch vernichtete Gott sie in seiner Gnade nicht, sondern wollte ihnen Gelegenheit geben, ihn durch seine Gemeinde kennen zu lernen. Durch das Vorbild seines Volkes plante er, das Ebenbild Gottes im Menschen wiederherzustellen.

Zu diesem Zweck rief Gott schon Abraham von seinen ungläubigen Verwandten fort und gab ihm den Auftrag, sich im Land Kanaan niederzulassen. „Und ich will dich zum großen Volk machen und will dich segnen und dir einen großen Namen machen, und du sollst ein Segen sein." (1. Mose 12,2)

Die Nachkommen Abrahams, Jakob und seine Söhne, führte Gott nach Ägypten, damit sie dort dem großen, gottlosen Volk die Grundbegriffe und grundsätzlichen Forderungen des Reiches Gottes vorleben konnten. Tatsächlich wurde Joseph durch seine untadelige Lebenshaltung und die Art und Weise, wie er dem ägyptischen Volk über die Hungersnot hinweghalf, zu einem Ebenbild Christi. Genauso waren auch Mose und viele andere aus seinem Volk treue Zeugen Gottes.

Erneut offenbarte der Herr seine Macht und Barmherzigkeit, als er die Israeliten aus Ägypten herausführte. Ihre wunderbare Befreiung und die Erfahrung der Gegenwart Gottes während ihrer Wanderung durch die Wüste sollten nicht nur ihr eigenes geistliches Wachstum fördern, sondern auch die umliegenden Völker auf Gott aufmerksam machen. Der Herr erwies sich damit als der Gott, der über aller menschlichen Autorität und Größe steht. Die Zeichen und Wunder an seinem Volk offenbarten seine Macht über die Natur und über alle, die diese anbeten. Gott strafte das stolze Ägypten, wie er in den letzten Tagen die ganze Erde strafen wird.

Durch Feuer und Sturm, Erdbeben und Tod rettete der große „Ich bin" sein Volk und führte es fort aus dem Land der Sklaverei „durch die große und furchtbare Wüste, wo feurige Schlangen und Skorpione und lauter Dürre und kein Wasser war". Er ließ „Wasser aus dem harten Felsen hervorgehen" (5. Mose 8,15) „und gab ihnen Himmelsbrot" (Psalm 78,24). „Denn", so sagte Mose, „des Herrn Teil ist sein Volk, Jakob ist sein Erbe. Er fand ihn in der Wüste, in der dürren Einöde sah er ihn. Er umfing ihn und hatte acht auf ihn. Er behütete ihn wie seinen Augapfel. Wie ein Adler ausführt seine Jungen und über ihnen schwebt, so breitete er seine Fittiche aus und nahm ihn und trug ihn auf seinen Flügeln. Der Herr allein leitete ihn und kein fremder Gott war mit ihm.“ (5. Mose 32,9-12) So rief Gott sein Volk zu sich, damit es unter seinem Schutz lebte.

Christus führte die Israeliten während ihrer Wanderung durch die Wüste. Bei Tag durch die Wolkensäule und bei Nacht durch die Feuersäule verhüllt, leitete und lenkte er sie. Er behütete sie vor den Gefahren der Wüste, brachte sie sicher ins verheißene Land und machte sie vor allen Völkern, die nicht an ihn glaubten, zu seinem kostbarsten Besitz, zum Weinberg des Herrn.

Diesem Volk vertraute Gott seine Prophezeiungen an. Er gab ihm sein Gesetz mit den ewigen Grundsätzen der Wahrheit, Gerechtigkeit und Reinheit. Die Gebote sollten die Kinder Israel vor der selbstzerstörerischen Sünde bewahren. Und wie der Turm im Weinberg stand, so ließ Gott mitten im Land seinen heiligen Tempel errichten.

So wie Christus mit dem Volk Israel in der Wüste gewesen war, blieb er auch weiterhin ihr geistlicher Lehrer und Führer. In der Stiftshütte wie im Tempel zeigte sich seine Herrlichkeit in Gestalt der heiligen Schechina über der Bundeslade. Ununterbrochen zeigte er den Israeliten den Reichtum seiner Geduld und Gnade.

Gott wollte durch sein Volk gepriesen und verherrlicht werden. Er hatte den Israeliten so viel geistlichen Segen zukommen lassen und ihnen nichts vorenthalten, was ihnen dabei helfen konnte, ihm immer ähnlicher zu werden und somit sein Wesen der Welt darzustellen.

Wenn sie seinem Gesetz gehorchten, wollte er sie mehr als alle anderen Völker mit Wohlstand segnen. Der Herr, der ihnen Weisheit und praktische Begabung schenken konnte, wollte auch weiterhin ihr Lehrer sein und durch seine Gebote ihr Wesen verfeinern. Ihr Gehorsam sollte sie vor den Krankheiten bewahren, von denen andere Völker heimgesucht wurden, und ihnen große geistige Fähigkeiten schenken. Gottes Herrlichkeit, seine Majestät und Kraft sollten in ihrem Wohlergehen zum Ausdruck kommen. Der Herr schenkte ihnen als Volk von Priestern und Fürsten alle Fähigkeiten, durch die sie zum bedeutendsten Volk auf der Erde hätten werden können.

Durch Mose hatte Christus ihnen ganz klar den Plan Gottes vorgelegt und ihnen auch die Bedingungen für den in Aussicht gestellten Segen genannt: „Dich hat der Herr, dein Gott, erwählt zum Volk des Eigentums aus allen Völkern, die auf Erden sind ... So sollst du nun wissen, dass der Herr, dein Gott, allein Gott ist, der treue Gott, der den Bund und die Barmherzigkeit bis ins tausendste Glied hält denen, die ihn lieben und seine Gebote halten ... So halte nun die Gebote und Gesetze und Rechte, die ich dir heute gebiete, dass du danach tust. Und wenn ihr diese Rechte hört und sie haltet und danach tut, so wird der Herr, dein Gott, auch halten den Bund und die Barmherzigkeit, wie er deinen Vätern geschworen hat, und wird dich lieben und segnen und mehren, und er wird segnen die Frucht deines Leibes und den Ertrag deines Ackers, dein Getreide, Wein und Öl, und das Jungvieh deiner Kühe und deiner Schafe in dem Lande, das er dir geben wird, wie er deinen Vätern geschworen hat. Gesegnet wirst du sein vor allen Völkern ... Der Herr wird von dir nehmen alle Krankheit und wird dir keine von all den bösen Seuchen der Ägypter auflegen.“ (5. Mose 7,6.9.11-15)

Gott versprach, ihr Getreide gedeihen zu lassen, ihnen aus Felsen Honig fließen zu lassen und sie mit Wohlstand zu segnen, wenn sie seinen Geboten gehorchten. Er wollte ihnen ein langes Leben schenken und ihnen sein Heil erweisen.

Wegen ihres Ungehorsams hatten Adam und Eva den Garten Eden verloren. Die Sünde lastete als Fluch auf der ganzen Erde. Doch wenn die Israeliten den Anweisungen Gottes folgten, dann sollte ihr Land seine frühere Schönheit und Fruchtbarkeit zurückerhalten. Der Herr selbst sagte ihnen, wie sie den Boden bestellen sollten, um mit seiner Hilfe dem ganzen Land seine ursprüngliche Fruchtbarkeit zurückzugeben. Mithin wäre ihr Land unter der Herrschaft Gottes zum Anschauungsunterricht für geistliche Wahrheiten geworden. Wie nämlich die Erde in Übereinstimmung mit den Naturgesetzen ihre Schätze hervorbringt, so spiegeln Menschen, die sich an Gottes Sittengesetz halten, sein Wesen wider. Selbst die Heiden sollten auf diese Weise die Überlegenheit derer erkennen, die dem lebendigen Gott dienen und ihn anbeten.

„Sieh“, sagte Mose, „ich hab euch gelehrt Gebote und Rechte, wie mir der Herr, mein Gott, geboten hat, dass ihr danach tun sollt im Lande, in das ihr kommen werdet, um es einzunehmen. So haltet sie nun und tut sie! Denn dadurch werdet ihr als weise und verständig gelten bei allen Völkern, dass, wenn sie alle diese Gebote hören, sie sagen müssen: Ei, was für weise und verständige Leute sind das, ein herrliches Volk! Denn wo ist so ein herrliches Volk, dem ein Gott so nahe ist wie uns der Herr, unser Gott, sooft wir ihn anrufen? Und wo ist so ein großes Volk, das so gerechte Ordnungen und Gebote hat wie dies ganze Gesetz, das ich euch heute vorlege?“ (5. Mose 4,5-8)

Die Kinder Israel sollten das ganze Gebiet einnehmen, das ihnen der Herr zuwies, und alle Völker daraus vertreiben, die nicht bereit waren, ihn anzubeten und ihm zu dienen. Gott hatte aber vor allem den großen Wunsch, dass Menschen den Weg zu ihm finden würden, wenn sie sein Wesen in seinem Volk erkannten. Die ganze Welt sollte die Einladung des Evangeliums erhalten. Der Opferdienst hatte den tieferen Sinn, Christus vor allen Völkern zu erhöhen, damit alle, die auf ihn schauten, das ewige Leben haben konnten. Wer den Götzendienst aufgab und den wahren Gott anbetete – wie Rahab, die Kanaaniterin, und Ruth, die Moabiterin –, gehörte von da an zum auserwählten Volk. So sollte Israel nach und nach wachsen, seine Grenzen immer mehr erweitern und schließlich die ganze Erde umfassen.

Gott wollte alle Völker unter seine gütige Herrschaft bringen und die ganze Erde mit Frieden und Freude erfüllen. Der Mensch war ja dafür geschaffen worden, um glücklich zu sein, und Gott möchte jedem Einzelnen himmlischen Frieden schenken. Er möchte so gern, dass die Familien hier auf der Erde ein Sinnbild für die große himmlische Familie sind.

Doch Israel richtete sich nicht nach Gottes Plänen. Der Herr erklärte: „Ich aber hatte dich gepflanzt als einen edlen Weinstock, ein ganz echtes Gewächs. Wie bist du mir denn geworden zu einem schlechten, wilden Weinstock?“ (Jeremia 2,21) Israel ist ein üppig rankender Weinstock … Ihr Herz ist falsch.“ (Hosea 10,1)

„Nun richtet, ihr Bürger zu Jerusalem und ihr Männer Judas, zwischen mir und meinem Weinberg! Was sollte man noch mehr tun an meinem Weinberg, das ich nicht getan habe an ihm? Warum hat er denn schlechte Trauben gebracht, während ich darauf wartete, dass er gute brächte? Wohlan, ich will euch zeigen, was ich mit meinem Weinberg tun will! Sein Zaun soll weggenommen werden, dass er verwüstet werde, und seine Mauer soll eingerissen werden, dass er zertreten werde. Ich will ihn wüst liegen lassen, dass er nicht beschnitten noch gehackt werde, sondern Disteln und Dornen darauf wachsen, und will den Wolken gebieten, dass sie nicht darauf regnen. Des Herrn Zebaoth Weinberg aber ist das Haus Israel ... Er wartete auf Rechtsspruch, siehe, da war Rechtsbruch, auf Gerechtigkeit, siehe, da war Geschrei über Schlechtigkeit." (Jesaja 5,3-7)

Der Herr hatte sein Volk durch Mose vor den Folgen der Untreue gewarnt. Wenn sie den Bund mit ihm nicht hielten, so würden sie damit jede Verbindung zu Gott, ihrer Lebensquelle, abbrechen und damit auch seinen Segen verlieren. „So hüte dich nun davor", hatte Mose gewarnt, „den Herrn, deinen Gott, zu vergessen, sodass du seine Gebote und seine Gesetze und Rechte, die ich dir heute gebiete, nicht hältst. Wenn du nun gegessen hast und satt bist und schöne Häuser erbaust und darin wohnst und deine Rinder und Schafe und Silber und Gold und alles, was du hast, sich mehrt, dann hüte dich, dass dein Herz sich nicht überhebt und du den Herrn, deinen Gott, vergisst ... du könntest sonst sagen in deinem Herzen: Meine Kräfte und meiner Hände Stärke haben mir diesen Reichtum gewonnen ... Wirst du aber den Herrn, deinen Gott, vergessen und andern Göttern nachfolgen und ihnen dienen und sie anbeten, so bezeuge ich euch heute, dass ihr umkommen werdet; eben wie die Heiden, die der Herr umbringt vor eurem Angesicht, so werdet ihr auch umkommen, weil ihr nicht gehorsam seid der Stimme des Herrn, eures Gottes." (5. Mose 8,11-14.17-20)

Die Juden schlugen diese Warnung in den Wind. Sie vergaßen Gott und damit die großartige Aufgabe, ihn ihren Mitmenschen nahe zu bringen. Was sie selbst an Gutem empfangen hatten, nützte daher der Welt gar nichts, sondern diente den Juden nur dazu, sich selbst zu verherrlichen. Sie dachten gar nicht daran, Gott so zu gehorchen, wie er es von ihnen verlangte, und konnten deshalb weder religiöse Führer noch Vorbild für andere sein. Wie bei den Menschen vor der Sintflut war ihre ganze Denkweise und Lebenshaltung gottlos. Ihr so genannter Glaube war eine Farce, wenn sie einerseits sagten: „Hier ist des Herrn Tempel, hier ist des Herrn Tempel, hier ist des Herrn Tempel!“ (Jeremia 7,4), andererseits aber von Gottes Wesen ein Zerrbild lieferten, seinem Namen Schande machten und sein Heiligtum verunreinigten.

Die Weingärtner, denen der Herr die Verantwortung für seinen Weinberg übertragen hatte, rechtfertigten das in sie gesetzte Vertrauen nicht. Priester und Lehrer des Volkes hätten sie sein sollen, aber sie erwiesen sich als treulos, weil sie es versäumten, den Menschen Gottes Güte und Gnade vor Augen zu malen und ihnen zu sagen, dass dieser Gott einen Anspruch auf ihre Liebe und Mitarbeit hatte. Diesen Weingärtnern ging es nur um ihr eigenes Ansehen. Die Früchte des Weingartens wollten sie allein genießen, alle Aufmerksamkeit auf sich ziehen und sich verehren lassen.

Die jüdische Geistlichkeit machte sich auf andere Weise schuldig als der durchschnittliche Sünder, denn diese Männer waren Gott in besonderem Maß verpflichtet. Sie hatten gelobt, nichts anderes zu lehren als „So spricht der Herr!“ und im täglichen Leben diesem Wort stets strikten Gehorsam zu zollen, doch in der Praxis verdrehten sie die Heilige Schrift und erschwerten das Leben der Menschen durch Vorschriften, die jeden Schritt regelten. Das Volk lebte deshalb in ständiger innerer Unruhe, denn niemand konnte alle Forderungen der Schriftgelehrten erfüllen. So kam es schließlich dazu, dass selbst Gottes Gesetz nicht mehr wichtig genommen wurde, weil die Menschengebote sich als unerfüllbar erwiesen hatten.

Der Herr hatte seinem Volk deutlich gesagt, dass er selbst der Eigentümer des Weinbergs sei und dass es all seinen Besitz als Leihgabe von ihm erhalten habe, um ihn zu seiner Ehre einzusetzen. Aber die Priester und Lehrer übten ihr Amt keineswegs in dem Bewusstsein aus, dass sie dabei Gottes Eigentum verwalteten. Systematisch setzten sie alle Fähigkeiten und Mittel, die der

Herr ihnen zur Förderung seines Werkes anvertraut hatte, nur zu ihrem eigenen Vorteil ein. Wegen ihrer Habgier wurden sie sogar von den Heiden verachtet, und diese bekamen dadurch eine völlig falsche Vorstellung von Gott und seinem Reich.

Väterliche Geduld hatte Gott mit seinem Volk. Durch gewährte Gnadengeschenke und vorenthaltene Segnungen versuchte er inständig, ihr Herz zu bewegen. Mit großer Geduld wies er sie auf ihre Sünden hin und wartete darauf, dass sie ihre Schuld eingestehen würden. Er sandte Propheten und Boten, um die Weingärtner an seine Ansprüche zu erinnern; diese aber erhielten alles andere als einen freundlichen Empfang, sondern sie wurden wie Feinde behandelt und teilweise sogar verfolgt und getötet. Daraufhin schickte Gott neue Boten, aber auch denen erging es nicht anders, im Gegenteil: Der Hass der Weingärtner wurde mit der Zeit nur noch größer.

Als letzten Versuch sandte Gott schließlich seinen Sohn, weil er dachte: „Sie werden sich vor meinem Sohn scheuen." (Matthäus 21,37) Doch ihr langer Widerstand hatte die Weingärtner bösartig gemacht, und sie sagten zueinander: „Das ist der Erbe; kommt, lasst uns ihn töten und sein Erbgut an uns bringen!" (Matthäus 21,38) Dann werden wir in Zukunft den Weinberg für uns allein haben und mit dem Ertrag machen können, was wir wollen.

Die jüdische Geistlichkeit liebte Gott nicht. Diese Männer hatten sich bewusst von der Verbindung mit ihm abgeschnitten und gingen auf keinen seiner Versöhnungsversuche ein. Als Christus kam, der geliebte Sohn Gottes, um seine Ansprüche auf den Weinberg geltend zu machen, da zeigten ihm die Gärtner unverhohlen ihre Verachtung und sagten: „Wir wollen nicht, dass dieser über uns herrsche." (Lukas 19,14)

Sie waren neidisch auf das tadellose Wesen Christi und fürchteten seinen Erfolg, weil er die Menschen viel besser ansprechen konnte als sie. Hinzu kam, dass er ihnen Vorwürfe machte, ihre Heuchelei entlarvte und ihnen zu verstehen gab, wohin ihre Haltung sie führen werde. Das alles erregte ihren Zorn aufs Äußerste. Es war für sie unerträglich, Vorwürfe anhören zu müssen, denen sie nichts entgegnen konnten. Das hohe Ideal von Gerechtigkeit, das Christus ihnen ständig vor Augen führte, war ihnen verhasst. Sie merkten, wie er durch das, was er sagte, ihre Selbstsucht bloßstellte, und darum beschlossen sie, ihn zu töten. Seine beispielhafte Wahrhaftigkeit, seine ehrliche Frömmigkeit und geistliche Reife waren ihnen in höchstem Maß zuwider, denn dadurch wurde ihr eigener Egoismus entlarvt. Als schließlich für sie die entscheidende Prüfung kam, in der es um Gehorsam und ewiges Leben oder Ungehorsam und ewigen Tod ging, da stellten sie sich gegen den Heiligen Israels.

Vor die Wahl zwischen Christus und Barabbas gestellt, schrien sie: „Gib uns Barabbas los!“ (Lukas 23,18) Als Pilatus sie fragte, was er denn mit Jesus machen sollte, da riefen sie: „Lass ihn kreuzigen!“ (Matthäus 27,22) „Spricht Pilatus zu ihnen: Soll ich euren König kreuzigen? Die Hohenpriester antworteten: Wir haben keinen König als den Kaiser.“ (Johannes 19,15) Und als Pilatus sich schließlich die Hände wusch und sagte: „Ich bin unschuldig an seinem Blut“, da stimmten die Priester in das Geschrei des verblendeten Pöbels mit ein: „Sein Blut komme über uns und unsere Kinder!“ (Matthäus 27,24.25)

Das also war die Wahl, die Israels Geistlichkeit traf. Sie wurde in das Buch eingetragen, das Johannes in der Hand dessen sah, der auf dem Thron saß, und das kein Mensch öffnen konnte. In ihrer ganzen Rachsucht wird diese Entscheidung ihnen erneut vor Augen geführt werden an dem Tag, wenn der Löwe aus dem Stamm Juda das Buch entsiegeln wird.

Die Juden stellten sich gerne vor, Gottes Lieblinge zu sein, und deshalb glaubten sie, als seine Gemeinde immer eine hohe Stellung einnehmen zu müssen. Sie waren stolz darauf, Nachkommen Abrahams zu sein, und betrachteten ihr Wohlergehen als eine Selbstverständlichkeit, an der nichts auf der Welt oder im Himmel etwas ändern konnte. Durch ihren Unglauben brachten sie aber selbst das Verdammungsurteil des Himmels über sich und schnitten sich von der Verbindung mit Gott ab.

Nachdem Christus im Gleichnis vom Weinberg den Priestern verdeutlicht hatte, mit welcher Tat sie ihre Bosheit krönen würden, fragte er sie: „Wenn nun der Herr des Weinbergs kommen wird, was wird er mit diesen Weingärtnern tun?“ Die Priester hatten der Erzählung zwar mit Interesse zugehört, aber nicht gemerkt, dass sie selbst gemeint waren; deshalb antworteten sie mit dem Volk: „Er wird den Bösen ein böses Ende bereiten und seinen Weinberg andern Weingärtnern verpachten, die ihm die Früchte zu rechter Zeit geben." (Matthäus 21,40.41)

Damit hatten sie ihr eigenes Urteil gefällt. Jesus schaute sie an, und unter seinem forschenden Blick erkannten sie plötzlich, dass er die geheimsten Gedanken ihres Herzens lesen konnte. Göttlicher Glanz ging von ihm aus. Da merkten sie, dass sie selbst die Weingärtner waren, und sie riefen aus: „Das sei ferne!" (Lukas 20,16)

Eindringlich und bekümmert fragte Jesus: „Habt ihr nie gelesen in der Schrift: ‚Der Stein, den die Bauleute verworfen haben, der ist zum Eckstein geworden. Vom Herrn ist das geschehen und ist ein Wunder vor unsern Augen'? Darum sage ich euch: Das Reich Gottes wird von euch genommen und einem Volk gegeben werden, das seine Früchte bringt. Und wer auf diesen Stein fällt, der wird zerschellen; auf wen aber er fällt, den wird er zermalmen." (Matthäus 21,42-44)

Christus hätte die Juden gern vor diesem Urteil bewahrt, wenn sie ihn angenommen hätten. Doch Neid und Eifersucht machten sie unversöhnlich. Sie waren fest gewillt, Jesus von Nazareth nicht als Messias anzuerkennen. Und weil sie damit das Licht der Welt verachteten, lebten sie von da an in Dunkelheit. Schließlich erfüllte sich ihr Schicksal, wie es ihnen vorausgesagt worden war. Ihr zügelloser Hass wurde ihnen zum Verhängnis und führte dazu, dass sie ihren eigenen Untergang heraufbeschworen.

Mit ihrer störrischen Arroganz zogen sie den Hass der römischen Eroberer auf sich. Jerusalem wurde zerstört, der Tempel dem Erdboden gleichgemacht und sein Standort regelrecht umgepflügt. Die Juden selbst kamen teils auf die schrecklichste Weise um, teils wurden sie – und zwar zu Millionen – als Sklaven in heidnische Länder verkauft.

Als Volk in seiner Gesamtheit hatten es die Juden versäumt, sich an Gottes Plan zu halten, und deshalb wurde ihnen der Weinberg genommen. Die Vorrechte, die sie missbraucht, und die

Aufgaben, die sie nicht ernst genug genommen hatten, wurden anderen Menschen übertragen.

Die Gemeinde unserer Tage

Das Gleichnis vom Weinberg bezieht sich aber nicht nur auf die jüdische Nation, sondern hat auch uns etwas zu sagen. Gott hat seiner heutigen Gemeinde große Vorrechte und Segnungen zukommen lassen und erwartet von ihr entsprechende Gegenleistungen.

Für einen hohen Preis wurden wir freigekauft, und nur wenn wir uns dieses große Opfer vor Augen halten, können wir überhaupt verstehen, was damit für uns bewirkt wurde. Auf dieser Erde, die die Tränen und das Blut des Sohnes Gottes aufgenommen hat, sollen die wertvollen Früchte des Paradieses wachsen und im Leben der Kinder Gottes die überragende Wahrheit seines Wortes zum Ausdruck kommen. Durch sein Volk will Christus sein Wesen und die Grundsätze seines Reiches deutlich sichtbar machen.

In dem Bestreben, Gott entgegenzuarbeiten, drängt Satan die Menschen ständig, sich sein Prinzip des Bösen zu Eigen zu machen. Das auserwählte Volk Gottes stellt er als eine Schar Irregeleiteter hin und beschuldigt als Verkläger der Brüder ausgerechnet die Menschen, die sich der Sache der Gerechtigkeit verschrieben haben. Gott aber möchte gern die Anschuldigungen Satans dadurch entkräften, dass er durch sein Volk zeigen lässt, wie sich Gehorsam und richtige Grundsätze im praktischen Leben auswirken.

Jeder einzelne Christ, jede Familie, jede Gemeinde und auch jede christliche Institution soll deshalb Gottes Grundsätze hochhalten und damit zeigen, was für die ganze Welt geschehen kann. Sie sollen Sinnbilder der rettenden Kraft sein, die den Wahrheiten des Evangeliums innewohnt, und mithelfen, Gottes großen Plan mit der Menschheit in die Tat umzusetzen.

Die jüdische Geistlichkeit war stolz auf den herrlichen Tempel und die eindrucksvollen Zeremonien des Gottesdienstes, doch fehlte diesen Männern Gerechtigkeit, Barmherzigkeit und Liebe zu Gott. Ein prächtiger Tempel und prunkvolle Gottesdienste konnten sie vor Gott nicht angenehm machen. Was der Herr nämlich schätzt, das brachten sie ihm nicht dar: Herzensdemut und das Bewusstsein, Vergebung zu brauchen. Wo immer die wesentlichen Grundsätze des Reiches Gottes in Vergessenheit geraten, nehmen aufwendige Zeremonien überhand. Wo man nicht mehr an sich selbst arbeitet, wo innere Werte und schlichte Frömmigkeit gering geschätzt werden, da fordern menschlicher Stolz und Geltungsdrang prunkvolle Gotteshäuser, aufwendige Gottesdienste und imposante Liturgien. Zu Gottes Ehre tragen wir damit nicht bei, er legt keinen Wert auf eine Religion der Äußerlichkeiten. Deshalb ist auch der Himmel bei solchen Schau-Gottesdiensten nicht vertreten.

Die wahre Gemeinde dagegen ist in Gottes Augen überaus kostbar – nicht weil sie äußerliche Vorzüge hätte, sondern wegen der aufrichtigen Frömmigkeit, die sie von der Welt unterscheidet. Ihre Glieder werden für ihn umso wertvoller, je mehr sie in der Erkenntnis Christi wachsen und in ihrem geistlichen Leben vorwärts kommen.

Christus wartet so sehr darauf, die Früchte seines Weinberges, nämlich Heiligkeit und Selbstlosigkeit, ernten zu können. Er hält bei uns nach gütiger Liebe Ausschau. Die wertvollsten Kunstwerke sind nichts im Vergleich zu der Schönheit des Wesens, die bei Christi Nachfolgern sichtbar werden soll. Der Gläubige lebt in einer Atmosphäre der Gnade; weil der Heilige Geist sein Denken und Fühlen prägt, wird er zum Boten des Lebens, und Gott kann seine Arbeit segnen.

Eine Gemeinde mag aus den Ärmsten im Land bestehen und auf andere überhaupt nicht anziehend wirken; wenn ihre Glieder aber das Wesen Christi haben, dann sind sie von himmlischer Freude erfüllt. Engel nehmen an ihren Versammlungen teil, und alle loben und danken Gott aus vollem Herzen.

Der Herr will, dass wir anderen von seiner Güte und Macht erzählen; unser Lob und Dank ehrt ihn. „Wer Dank opfert, der preiset mich“, sagt er (Psalm 50,23). Als das Volk Israel durch die Wüste zog, lobte es Gott mit heiligen Liedern. Man vertonte die Gebote und Verheißungen des Herrn und sang sie während der ganzen Reise. Auch wenn die Israeliten später in Kanaan ihre heiligen Feste feierten, sprachen sie von Gottes wunderbarem Wirken und dankten und opferten ihm, wie er es wünschte. Mit ihrer ganzen Lebensform sollten sie ihn loben, damit „man auf Erden erkenne seinen Weg, unter allen Heiden sein Heil" (Psalm 67,3).

In unserer Zeit soll es nach Gottes Willen nicht anders sein. Die Menschen in der Welt beten falsche Götter an. Es ist unsere Aufgabe, sie von ihrem verkehrten Weg abzubringen – allerdings nicht dadurch, dass wir auf diese Götzen schimpfen: Wir wollen etwas Besseres anbieten. Die Menschen sollen doch Gottes Güte erfahren. „Ihr seid meine Zeugen, spricht der Herr, und ich bin Gott." (Jesaja 43,12)

Der Herr möchte, dass wir seinen Erlösungsplan und das Vorrecht, seine Kinder sein zu dürfen, zu schätzen wissen und ihm dafür in Dankbarkeit gehorsam sind. Als Wiedergeborene sollen wir ihm jeden Tag freudig dienen. Er wartet auf unseren Dank dafür, dass unsere Namen im Lebensbuch des Lammes stehen und wir mit allen Problemen zu dem kommen dürfen, der für uns sorgt. Er fordert uns auf, fröhlich zu sein, denn wir sind sein Erbteil, und die Gerechtigkeit Christi ist das weiße Gewand der Heiligen. Wir haben die wunderbare Hoffnung, dass unser Erlöser bald kommen wird.

Gott aus vollem Herzen aufrichtig zu loben, ist genauso wichtig wie das Gebet. Lasst uns deshalb der Welt und allen himmlischen Wesen zeigen, wie sehr wir Gott dankbar sind für seine wunderbare Liebe, die er für die gefallene Menschheit aufbringt, und dass wir von ihm noch größeren Segen erwarten. Viel mehr als bisher sollten wir von unseren Erfahrungen berichten. Wenn wir nach einer besonders spürbaren Ausgießung des Heiligen Geistes anderen erzählen, wie wunderbar und liebevoll Gott für seine Kinder sorgt, dann werden wir im Dienst für Gott noch mehr Freude verspüren und auch erfolgreicher sein.

Solch eine Haltung wird Satans Macht zurückdrängen und den Geist des Murrens und Klagens austreiben, wodurch der Versucher an Boden verliert und die Gläubigen sich charakterlich so entwickeln können, dass sie einmal dafür geeignet sein werden, auf der neuen Erde zu leben. Die Wirkung auf andere wird nicht ausbleiben. Es gibt gar keine bessere Methode, um Seelen für Christus zu gewinnen.

Lasst uns Gott im praktischen Dienst für ihn loben und alles tun, was in unserer Kraft steht, um seinen Namen zu ehren. Gott gibt uns seine Gaben, damit wir davon an andere weitergeben und auf diese Weise der Welt eine Vorstellung von seinem Wesen vermitteln. Opfer und Gaben bildeten einen wesentlichen Teil des jüdischen Kultes. Die Israeliten wurden dazu angehalten, den zehnten Teil ihres gesamten Einkommens dem Dienst am Heiligtum zu weihen und außerdem Sündopfer, freiwillige Gaben und Dankopfer darzubringen. Auf diese Weise wurde damals der Evangeliumsdienst unterhalten.

Heute erwartet Gott von uns nicht weniger als damals von seinem Volk. Unsere Aufgabe ist es, gemeinsam mit ihm Menschen für die Ewigkeit zu retten, und dazu dienen nach Gottes Willen Zehnten, Opfer und Gaben. Gott beansprucht den Zehnten als sein Eigentum, das wir nicht antasten dürfen, weil es in die Schatzkammer des Herrn gehört, damit sein Werk finanziert werden kann. Auch freiwillige Gaben und Dankopfer erbittet Gott von uns, denn nur so ist es möglich, dass das Evangelium bis in die entlegensten Gebiete der Erde getragen wird.

Dienst für Gott schließt aber auch den persönlichen Einsatz mit ein. Wir sind dazu aufgerufen, eigenhändig mit Gott zusammenzuarbeiten, um die Welt zu retten. Der Auftrag Christi: „Geht hin in alle Welt und predigt das Evangelium aller Kreatur“, gilt für jeden seiner Nachfolger (Markus 16,15). Alle, die zum Leben in Christus berufen sind, haben damit auch die Aufgabe, für die Erlösung ihrer Mitmenschen zu arbeiten. In enger Verbundenheit mit Christus haben sie wie er den großen Wunsch, für andere da zu sein. Natürlich können nicht alle denselben Platz im Werk Gottes einnehmen, aber Raum und Arbeit ist für alle da.

Abraham, Isaak, und Jakob, Mose in seiner demütigen Weisheit und Josua mit seinen vielen Fähigkeiten – sie alle standen im Dienst Gottes. Die Musik Mirjams, der Mut und die Frömmigkeit Deborahs, die kindliche Anhänglichkeit Ruths, der Gehorsam und die Treue Samuels, die Gewissenhaftigkeit Elias, der besänftigende Einfluss Elisas – all das konnte Gott gebrauchen. Auch heute sind alle, die Gottes Segen erfahren haben, aufgerufen, sich in seinen Dienst zu stellen. Es gilt, alle Fähigkeiten einzusetzen, um Gottes Namen zu ehren und dazu beizutragen, dass sein Reich bald kommen kann.

All die Menschen, die Christus als ihren persönlichen Heiland erfahren haben, sind aufgerufen, die Wahrheit des Evangeliums und seine rettende Kraft im Leben öffentlich sichtbar werden zu lassen. Gott verlangt von ihnen nichts, ohne gleichzeitig bei der Durchführung mitzuhelfen. Die Gnade Christi befähigt sie dazu, alles zu tun, was Gott von ihnen wünscht, nämlich als sein Volk den ganzen Reichtum des Himmels zu offenbaren. „Darin wird mein Vater verherrlicht, dass ihr viel Frucht bringt und werdet meine Jünger", sagt Christus (Johannes 15,8).

Gott beansprucht die ganze Erde als seinen Weinberg. Mag sie jetzt auch in den Händen Satans sein, so gehört sie doch allein Gott, der sie geschaffen und erlöst hat. Christus starb für sie den Opfertod: „Denn also hat Gott die Welt geliebt, dass er seinen eingeborenen Sohn gab." (Johannes 3,16) Durch diese eine Gabe erhalten die Menschen auch alle anderen Gaben Gottes. Täglich empfängt die ganze Welt seinen Segen. Regen und Sonne, jedes Blatt, jede Pflanze, jede Frucht – sie alle zeigen uns, die wir oft so undankbar sind, Gottes Geduld und Liebe.

Was aber sind unsere Gegenleistungen an den großzügigen Geber? Wie reagieren wir auf Gottes Forderungen? Wem widmet die breite Masse ihr ganzes Streben? Die meisten jagen doch nur nach Geld, Ansehen und Vergnügen in dieser Welt. Sie wollen reich werden, indem sie sich nicht nur gegenseitig, sondern auch Gott berauben. Was eigentlich ihm gehört, verwenden sie für ihre egoistischen Interessen. Was sie nur zusammenraffen können, muss ihrer Habgier und Vergnügungssucht dienen.

Die Welt ist heute in die gleiche Sünde verstrickt, die schon damals Israel ins Verderben stürzte: Undankbarkeit gegenüber Gott, Missachtung seines Segens und egoistischer Missbrauch seiner Gaben.

Diese Sünde brachte den Zorn Gottes über Israel und wird auch das Schicksal der heutigen Welt besiegeln.

Als Christus vom Ölberg aus auf die auserwählte Stadt schaute und weinte, da hatte er nicht nur das Schicksal Jerusalems vor Augen, sondern auch die Vernichtung der ganzen Welt. „Wenn doch auch du erkenntest zu dieser Zeit, was zum Frieden dient! Aber nun ist's vor deinen Augen verborgen." (Lukas 19,42)

„Zu dieser Zeit." Die Menschheitsgeschichte geht ihrem Ende entgegen, die Zeit der Gnade ist bald vorüber. Schon braut sich das Unwetter des Gerichtes zusammen. Wer Gottes gnädiges Entgegenkommen verachtet, wird dann unvermittelt schnell und endgültig untergehen. Trotzdem schläft die Welt! Die Menschen wissen nicht, wie nahe ihnen die Zeit ihrer Heimsuchung ist.

In welchem Zustand befindet sich die Gemeinde in diesen Tagen vor dem letzten Gericht? Wird sie den Ansprüchen Gottes gerecht? Erfüllt sie ihren Auftrag, der Welt eine Vorstellung von Gottes Wesen zu vermitteln? Weist sie die Menschen nachdrücklich auf die letzte gnadenvolle Warnung Gottes hin?

Wie viele Menschen sind auf das Äußerste gefährdet und stehen vor dem Abgrund! Und doch gibt es nur wenige Nachfolger Christi, die sich für sie verantwortlich fühlen! Das Schicksal der Welt steht auf Messers Schneide, aber das kümmert selbst jene kaum, die von sich behaupten, an die größte Wahrheit zu glauben, die Menschen jemals offenbart worden ist. Ihnen fehlt die Liebe, die Christus dazu bewegte, seine himmlische Heimat zu verlassen und in unsere Wirklichkeit zu kommen, um als Mensch den Menschen nahe zu sein und sie so zu Gott zu führen. Das Volk Gottes ist wie gelähmt und erkennt nicht das Gebot der Stunde.

Als die Israeliten nach Kanaan kamen, richteten sie sich nicht nach der Anweisung Gottes, das ganze Land in Besitz zu nehmen. Nachdem sie es teilweise erobert hatten, ließen sie sich vielmehr nieder, um ihre Siege zu genießen. Ungläubig und bequem blieben sie in den eroberten Gebieten, statt weiter vorzudringen und auch das übrige Land unter ihre Herrschaft zu bringen. Weil sie Gottes Befehl missachteten, kamen sie langsam immer weiter von ihm ab und verhinderten so selbst, dass ihnen der verheißene Segen zuteil wurde. Begeht die Gemeinde von heute nicht den gleichen Fehler? Obwohl die ganze Welt das Evangelium so dringend benötigt, bleiben viele Christen dort, wo sie selbst unangefochten ihres Glaubens leben können. Sie sehen nicht ein, wie wichtig es ist, Neuland zu betreten und die Heilsbotschaft in alle Welt zu tragen. Sie verweigern sich dem Auftrag Christi: „Gehet hin in alle Welt und predigt das Evangelium aller Kreatur.“ Sind sie etwa weniger schuldig als damals die Israeliten?

Jeder, der nach seinen eigenen Worten ein Nachfolger Christi sein will, wird vor dem ganzen Universum einer Prüfung unterzogen. Geringer Eifer und halbherzige Anstrengungen im Dienst Gottes sind dabei ein Zeichen für Untreue. Wer alles tut, was in seinen Kräften steht, braucht kein verdammendes Urteil zu fürchten; ist er mit ganzem Herzen bei der Sache, dann kann er noch viel mehr erreichen als bisher. Wir alle wissen ebenso gut wie die Welt, dass wir zu einem großen Teil unsere Haltung der Selbstverleugnung und des Kreuztragens verloren haben. Bei vielen wird einmal hinter ihrem Namen im Himmelsbuch stehen: nur genommen, nichts gegeben. Sie nennen sich zwar Christen, machen aber seinem Namen keine Ehre, weil sie die Schönheit seines Wesens nicht widerspiegeln.

Viele stehen zwar auf der Gemeindeliste, lassen sich aber nicht von Christus leiten. Sie befolgen weder seine Anweisungen, noch dienen sie ihm. Deshalb kann Satan Macht über sie gewinnen. Sie tun nichts wirklich Gutes und richten auf diese Weise unermesslichen Schaden an. Weil ihr Einfluss andere nicht zum Leben führt, gehen sie selbst dem Tod entgegen.

Der Herr fragt: „Und ich sollte das an ihnen nicht heimsuchen?“ (Jeremia 5,9) Weil die Kinder Israel mit ihm nicht zusammenarbeiten wollten, wandte sich Gott von ihnen ab und anderen Menschen zu. Aber wird er die nicht ebenfalls verwerfen, wenn sie sich auch als untreu erweisen sollten?

Im Gleichnis vom Weinberg sprach Christus die Weingärtner schuldig. Sie hatten es abgelehnt, ihrem Herrn die Früchte seines Landes zu geben. Bei den Juden war es die Geistlichkeit, die das Volk in die Irre führte und damit Gott den Dienst verweigerte, den er forderte. Es war ihre Schuld, dass fast das ganze Volk Christus ablehnte.

Christus zeigte deutlich, dass das Gesetz Gottes, frei von menschlichen Zusätzen, die Richtschnur des Gehorsams ist. Damit machte er sich die Rabbis zu Feinden, die ihre eigenen Lehren höher stellten als das Wort Gottes und so das Volk vom Gesetz abbrachten. Sie waren nicht gewillt, ihre menschlichen Vorschriften abzuschaffen, damit man den Weisungen Gottes gehorchen konnte. Auch um der Wahrheit willen waren sie nicht bereit, auf Verstandesdünkel und Beifall der Menge zu verzichten. Als Christus dem Volk die Ansprüche Gottes vor Augen hielt, da stritten ihm die Priester und Ältesten das Recht ab, sich zwischen sie und das Volk zu stellen. Seine Vorwürfe und Warnungen wollten sie nicht hören; vielmehr taten sie alles, um das Volk gegen ihn aufzuhetzen und ihn zu vernichten.

Sie waren die eigentlich Verantwortlichen dafür, dass Christus nicht als Messias anerkannt wurde. Diese große Sünde eines ganzen Volkes und das sich daraus ergebende Unheil waren also in erster Linie der Geistlichkeit zuzuschreiben.

Sind heute nicht die gleichen Kräfte am Werk? Verfolgen nicht auch in unseren Tagen viele von Gottes Weingärtnern den gleichen Kurs wie die israelitischen Glaubensführer? Wie viele Geistliche gibt es doch, die die Menschen von den klaren Forderungen des Wortes Gottes abbringen! Statt Gehorsam gegenüber den Geboten Gottes propagieren sie deren Übertretung. In vielen Kirchen wird von der Kanzel gepredigt, dass Gottes Gesetze nicht mehr bindend seien. Menschliche Überlieferungen, Riten und Bräuche stehen im Vordergrund. Stolz und Selbstzufriedenheit, weil man von Gott so reich gesegnet worden ist, nehmen überhand, während die Ansprüche Gottes einfach ignoriert werden.

Wer das Gesetz Gottes als unwichtig abtut, ist sich nicht im Klaren über die Folgen seines Tuns. Gottes Gesetz spiegelt sein Wesen wider und zeigt uns die Grundsätze seines Reiches. Wer diese Grundsätze nicht anerkennen will, schneidet sich selbst vom Strom des göttlichen Segens ab.

Nur im Gehorsam gegenüber den Geboten Gottes sollten für Israel die ihm in Aussicht gestellten wunderbaren Verheißungen Wirklichkeit werden. Auch wir können nur dann dem Bild Gottes wieder ähnlicher werden und seinen reichen Segen erfahren –

Segen an uns selbst, im materiellen und geistlichen Bereich –, wenn wir Gott gehorsam sind.

In der geistlichen wie in der natürlichen Welt ist Gehorsam gegenüber dem Gesetz Gottes die Voraussetzung dafür, dass Früchte wachsen. Wer die Menschen lehrt, Gottes Gebote zu missachten, der hindert sie daran, zu seiner Ehre Frucht zu tragen, und macht sich damit schuldig, weil er dem Herrn die Früchte seines Weinberges vorenthält.

Im Auftrag Gottes kommen seine Boten zu uns und verlangen wie Christus, dass wir dem Wort des Herrn gegenüber gehorsam sind. Sie weisen darauf hin, dass er Anspruch auf die Früchte des Weinberges hat – die Früchte der Liebe, Demut und Selbstaufopferung. Doch werden, wie damals die jüdische Geistlichkeit, nicht auch heute viele Weingärtner darüber zornig? Nutzen viele Theologen und Religionslehrer nicht ebenfalls all ihren Einfluss, um das Volk gegen die Forderungen Gottes einzunehmen? Sie alle nennt Gott untreue Mitarbeiter.

Die ernste und feierliche Warnung Gottes an das alte Volk Israel sollte auch die Gemeinde von heute und ihre Führung nachdenklich stimmen. Der Herr sagte über Israel: „Wenn ich ihm auch noch so viele meiner Gebote aufschreibe, so werden sie doch geachtet wie eine fremde Lehre." (Hosea 8,12) Der Geistlichkeit warf er vor: „Mein Volk ist dahin, weil es ohne Erkenntnis ist. Denn du hast die Erkenntnis verworfen; darum will ich dich auch verwerfen, dass du nicht mehr mein Priester sein sollst. Du vergisst das Gesetz deines Gottes; darum will auch ich deine Kinder vergessen." (Hosea 4,6)

Werden die Warnungen Gottes unbeachtet bleiben, die Gelegenheiten, ihm zu dienen, nicht genutzt werden? Sollen Spott der Ungläubigen, intellektueller Hochmut und Anpassung an weltliche Sitten und an den Zeitgeist die Nachfolger Christi daran hindern, ihrem Herrn zu dienen? Werden sie Gottes Wort verwerfen, wie die jüdische Geistlichkeit Christus ablehnte? Wir wissen nur zu gut, was die Sünde Israels für Folgen hatte. Wird die Gemeinde unserer Tage es sich zur Warnung dienen lassen?

„Wenn aber nun einige von den Zweigen ausgebrochen wurden und du, der du ein wilder Ölzweig warst, in den Ölbaum eingepfropft worden bist und teilbekommen hast an der Wurzel und dem Saft des Ölbaums, so rühme dich nicht gegenüber den Zweigen. Rühmst du dich aber, so sollst du wissen, dass nicht du die Wurzel trägst, sondern die Wurzel trägt dich. Nun sprichst du: Die Zweige sind ausgebrochen worden, damit ich eingepfropft würde. Ganz recht! Sie wurden ausgebrochen um ihres Unglaubens willen; du aber stehst fest durch den Glauben. Sei nicht stolz, sondern fürchte dich! Hat Gott die natürlichen Zweige nicht verschont, wird er dich doch wohl auch nicht verschonen.“ (Römer 11,17-21)

Kapitel 24

Ohne hochzeitliches Kleid

Das Gleichnis vom hochzeitlichen Kleid hat uns etwas besonders Wichtiges zu sagen. Die Hochzeit steht für die Vereinigung der Menschheit mit Gott; das hochzeitliche Kleid symbolisiert den Charakter, den jeder haben muss, der als Gast an der Hochzeit teilnehmen möchte.

Wie im Gleichnis vom großen Abendmahl, so wird uns auch hier gezeigt, wie das jüdische Volk die Evangeliumseinladung zurückwics und daraufhin die Heiden eingeladen wurden. Das vorliegende Gleichnis zeigt allerdings noch viel deutlicher das beleidigende Verhalten der zuerst geladenen Gäste, aber auch ihre harte Bestrafung. Die Einladung wird von einem König ausgesprochen, also von jemandem, der das Recht hat zu befehlen. Sie ist eine hohe Ehre, die aber offensichtlich niemand zu schätzen weiß. Man verachtet die Autorität des Königs. Während die Einladung des Hausherrn im anderen Gleichnis nur gleichgültig aufgenommen wurde, werden die Knechte des Königs verspottet, verachtet und sogar getötet.

Als der Hausvater merkte, dass man seine Einladung leichtfertig ablehnte, begnügte er sich damit zu erklären, dass keiner der Eingeladenen jemals wieder sein Gast sein sollte. Doch wer den König beleidigt, muss mit einer schwereren Strafe rechnen: Er „schickte seine Heere aus und brachte diese Mörder um und zündete ihre Stadt an“ (Matthäus 22,7).

In beiden Gleichnissen erscheinen schließlich doch noch Gäste auf dem Fest; aber das zweite zeigt, dass sie sich alle erst darauf vorbereiten mussten. Wer das versäumt hat, wird hinausgeworfen. „Da ging der König hinein, sich die Gäste anzusehen, und sah da einen Menschen, der hatte kein hochzeitliches Gewand an, und sprach zu ihm: Freund, wie bist du hier hereingekommen und hast doch kein hochzeitliches Gewand an? Er aber verstummte. Da sprach der König zu seinen Dienern: Bindet ihm die Hände und Füße und werft ihn in die Finsternis hinaus! Da wird Heulen und Zähneklappern sein." (Matthäus 22,11-13)

Die Jünger Christi hatten zum Fest eingeladen. Der Herr hatte zuerst die Zwölf und danach die Siebzig hinausgeschickt, die verkündigten, dass das Reich Gottes nahe sei. Sie riefen die Menschen dazu auf, Buße zu tun und an das Evangelium zu glauben. Doch man schenkte ihnen kaum Gehör. Die Einladung wurde nicht angenommen. Deshalb schickte der Herr seine Knechte noch einmal aus mit der Botschaft: „Siehe, meine Mahlzeit habe ich bereitet, meine Ochsen und mein Mastvieh ist geschlachtet, und alles ist bereit; kommt zur Hochzeit!" (Matthäus 22,4)

Das wurde dem Volk Israel nach der Kreuzigung Christi verkündet. Aber die Juden, die sich rühmten, Gottes auserwähltes Volk zu sein, wiesen das Evangelium, das ihnen in der Kraft des Heiligen Geistes gebracht wurde, von sich. Viele taten das voller Verachtung; andere gerieten dermaßen in Zorn über das Angebot Gottes, sie zu erretten und ihnen ihre Sünden zu vergeben, dass sie gegen die Träger der Botschaft tätlich wurden. „Es erhob sich aber … eine große Verfolgung über die Gemeinde in Jerusalem." (Apostelgeschichte 8,1)

Viele Männer und Frauen kamen ins Gefängnis, und einige Boten des Herrn, wie zum Beispiel Stephanus und Jakobus, mussten sogar ihr Leben lassen.

Damit zeigten die Israeliten endgültig, dass sie die Gnade Gottes ablehnten. Die Folge davon hatte Christus ihnen bereits im Gleichnis vorhergesagt: „Der König … schickte seine Heere aus und brachte diese Mörder um und zündete ihre Stadt an." Dieses Urteil wurde schließlich an den Juden vollstreckt: Jerusalem wurde zerstört und das Volk in alle Welt zerstreut.

Die dritte Einladung zum Fest symbolisiert die Verkündigung des Evangeliums unter den Heiden. Der König sagte: „Die Hochzeit ist zwar bereit, aber die Gäste waren's nicht wert. Darum geht hinaus auf die Straßen und ladet zur Hochzeit ein, wen ihr findet." (Matthäus 22,8.9)

„Und die Knechte gingen auf die Straßen hinaus und brachten zusammen, wen sie fanden, Böse und Gute." (Matthäus 22,10) Es wurde also eine recht gemischte Gesellschaft. Manche hatten vor dem Gastgeber auch nicht mehr Respekt als jene, die vorher abgesagt hatten. Die zuerst Eingeladenen hatten gemeint, sie könnten es sich nicht leisten, nur wegen des königlichen Mahls auf weltliche Vorteile zu verzichten. Einige von denen, die dann tatsächlich zu dem Bankett erschienen, wollten nur aus Egoismus teilnehmen, um einmal gut speisen zu können. Sie dachten aber nicht daran, den König zu ehren.

Als der König hereinkam und sich die Gäste ansah, durchschaute er sofort jeden Einzelnen von ihnen. Jedem hatte er festliche Kleidung geschenkt. Wer sie trug, zeigte damit, dass er den Gastgeber achtete. Nun war da auch ein Mann, der seine Alltagskleidung anhatte. Er war nicht daran interessiert gewesen, sich in der geforderten Weise auf das Fest vorzubereiten, und verschmähte die kostbare Kleidung vom König. Damit beleidigte er seinen Herrn! Als der König ihn fragte: „Freund, wie bist du hier hereingekommen und hast doch kein hochzeitliches Gewand an?", da wusste er keine Antwort. So verurteilte er sich selbst. „Da sprach der König zu seinen Dienern: Bindet ihm die Hände und Füße und werft ihn in die Finsternis hinaus!"

Wenn der König im Gleichnis die Gäste prüfend ansieht, so bedeutet dies Gericht. Die Gäste beim Evangeliumsfest sind die Menschen, die von sich behaupten, Gott zu dienen, und deren Namen im Buch des Lebens verzeichnet sind. Aber nicht alle sind wahre Christen. Ehe die endgültige Belohnung ausgeteilt werden kann, muss erst festgestellt werden, wer wirklich dafür geeignet ist, am Erbe der Gerechten Anteil zu haben. Die Entscheidung darüber muss vor der Wiederkunft Christi in den Wolken des Himmels getroffen werden, denn dann wird er kommen, „einem jeden zu geben, wie seine Werke sind" (Offenbarung 22,12). Schon vor Jesu Kommen wird also von jedem Menschen feststehen, „wie seine Werke sind", und dementsprechend wird auch jeder Nachfolger Christi seinen Lohn erhalten.

Während die Menschen noch hier auf der Erde leben, findet im Himmel das Untersuchungsgericht statt. Alle, die seine Nachfolger sein wollen, beurteilt Christus nach dem, was in den Lebensbüchern über sie festgehalten ist. Nach ihren Taten entscheidet sich dann ihr Schicksal.

Das hochzeitliche Kleid im Gleichnis symbolisiert das reine Herz, das Christi Nachfolger auszeichnet. Die Gemeinde kann sich „mit schönem reinem Leinen" kleiden, und braucht keine „Flecken oder Runzel" zu haben. „Das Leinen aber ist die Gerechtigkeit der Heiligen." (Offenbarung 19,8; Epheser 5,27) Die Gerechtigkeit Christi, also sein in jeder Weise vollkommenes Wesen, wird durch den Glauben allen verliehen, die ihn als ihren persönlichen Heiland annehmen.

Die ersten Menschen trugen dieses weiße Gewand der Unschuld, als Gott sie im Garten Eden ansiedelte. Sie lebten in völliger Übereinstimmung mit dem Willen Gottes und liebten ihren himmlischen Vater von ganzem Herzen. Ein wunderbar sanftes Licht, das Licht Gottes, umhüllte das erste Menschenpaar. Dieses Lichtkleid war ein Symbol ihrer Unschuld und hätte sie auch weiterhin bekleidet, wenn sie Gott treu geblieben wären. Doch durch den Sündenfall lösten sie ihre Verbindung zu Gott, und damit verschwand auch sein Licht, das sie umgeben hatte. Nackt und beschämt versuchten sie das verlorene Himmelskleid durch einen Schurz aus Feigenblättern zu ersetzen.

Genau dies haben alle, die Gottes Gebote nicht halten wollen, seit den Tagen Adams und Evas immer wieder getan. Sie flechten Feigenblätter zusammen – im übertragenen Sinn –, um ihre Nacktheit, also die Folgen ihrer Sünde, zu verstecken. Sie tragen selbstgefertigte Gewänder – das heißt, durch eigene Werke wollen sie ihre Sünden bedecken, um von Gott wieder angenommen zu werden. Doch das wird ihnen nie gelingen. Keine Erfindung der Menschen kann das verloren gegangene Kleid der Unschuld ersetzen. Kein Schurz aus Feigenblättern, kein Kleidungsstück dieser Welt wird von denen getragen werden, die einmal mit Christus und den Engeln am himmlischen Hochzeitsmahl teilnehmen. Nur das Gewand, das Christus selbst für uns bereithält, berechtigt uns, vor Gott zu erscheinen. Mit diesem Kleid seiner eigenen Gerechtigkeit will Christus jeden bußfertigen, gläubigen Menschen anziehen. „Ich rate dir, dass du Gold von mir kaufst … und weiße Kleider, damit du sie anziehst und die Schande deiner Blöße nicht offenbar werde.“ (Offenbarung 3,18)

Ein solches himmlisches Gewand enthält nicht einen Faden menschlicher Erfindung. Als Christus Mensch war, entwickelte er einen vollkommenen Charakter, an dem wir nun teilhaben sollen. „Alle unsre Gerechtigkeit ist wie ein beflecktes Kleid.“ (Jesaja 64,5)

Was wir aus eigener Kraft tun, ist von Sünde gezeichnet. Doch der Sohn Gottes wurde Mensch, „damit er – der ohne jede Sünde ist – uns von unseren Sünden befreit“. Sündigen heißt: „Gottes Gebote missachten“ (1. Johannes 3,5.4 Hfa). Christus aber gehorchte allen Forderungen des Gesetzes; er konnte von sich sagen: „Deinen Willen, mein Gott, tue ich gern, und dein Gesetz hab ich in meinem Herzen.“ (Psalm 40,9)

Als er auf der Erde lebte, forderte er seine Jünger auf, seine Gebote zu halten, „wie ich meines Vaters Gebote halte“ (Johannes 15,10). Durch seinen vollkommenen Gehorsam zeigte er, dass es jedem Menschen möglich ist, nach Gottes Gesetz sein Leben zu gestalten. Wenn wir uns Christus ausliefern, schlägt unser Herz wie das seine, unser Wille geht in seinem Willen auf, unsere Gedanken richten sich ganz auf ihn und er selbst lebt in uns. Dann sind wir wirklich mit dem Gewand der Gerechtigkeit bekleidet, und wenn uns der Herr anschaut, sieht er nicht den Schurz aus Feigenblättern, nicht die hässliche Nacktheit der Sünde, sondern sein eigenes Kleid der Gerechtigkeit, nämlich vollkommenen Gehorsam gegenüber seinen Geboten.

Der König prüft seine Festgäste sehr genau. Eingang bei ihm finden sie nur, wenn sie seinen Vorschriften entsprechend festliche Kleidung tragen. Den Gästen beim Evangeliumsfest ergeht es nicht anders. Der große König sieht sich jeden einzeln an, und nur jene werden angenommen, die das Gewand der Gerechtigkeit Christi angelegt haben.

Gerechtigkeit heißt, das Richtige zu tun. Jeder wird also nach seiner Handlungsweise, die ja ein Spiegel seines Charakters ist, gerichtet werden. Unser Leben zeigt, ob unser Glaube echt ist.

Es genügt nicht, davon überzeugt zu sein, dass Jesus kein Betrüger war und die Bibel keine raffiniert ausgedachte Geschichte ist. Selbst wenn wir glauben, dass allein Christus die Menschen erretten kann, so bedeutet das noch keineswegs, dass wir ihn auch im Glauben zu unserem persönlichen Heiland gemacht haben. Es genügt nicht, der Wahrheit zuzustimmen, sich zu Christus zu bekennen und in die Gemeindeliste eingetragen zu sein. „Und wer seine Gebote hält, der bleibt in Gott und Gott in ihm. Und daran erkennen wir, dass er in uns bleibt: an dem Geist, den er uns gegeben hat.“ (1. Johannes 3,24) „Und daran merken wir, dass wir ihn kennen, wenn wir seine Gebote halten.“ (1. Johannes 2,3) Das ist der Beweis dafür, dass wir wirklich bekehrt sind. Unser Glaubensbekenntnis ist nämlich ohne Bedeutung, wenn wir Christus nicht durch Werke der Gerechtigkeit offenbaren.

Wir müssen so von der Wahrheit erfüllt sein, dass sie unser ganzes Denken und Fühlen, unser Herz und Wesen prägt. Das Wort Gottes soll sich auf unseren Alltag ohne Abstriche auswirken können.

Wer am Wesen Gottes teilhat, der lebt in Übereinstimmung mit seinem Gesetz, dem großen Maßstab der Gerechtigkeit. An ihm wird Gott im Gericht die Handlungsweise jedes Menschen und seinen Charakter messen.

Viele vertreten die Ansicht, beim Tod Christi sei das Gesetz abgeschafft worden, aber damit stellen sie sich in Widerspruch zu Christi eigenen Worten: „Ihr sollt nicht meinen, dass ich gekommen bin, das Gesetz oder die Propheten aufzulösen … Bis Himmel und Erde vergehen, wird nicht vergehen der kleinste Buchstabe noch ein Tüpfelchen vom Gesetz ...“ (Matthäus 5,17.18) Gerade weil die Menschen das Gesetz übertreten hatten, starb Christus den Opfertod. Das wäre aber unnötig gewesen, wenn man das Gesetz hätte ändern oder abschaffen können. Während seines ganzen Lebens auf dieser Erde hielt Christus das Gesetz Gottes hoch, durch seinen Tod bestätigte und erfüllte er es. Er opferte sein Leben nicht, um Gottes Gesetz aufzulösen oder dessen Forderungen herunterzuschrauben, sondern um der Gerechtigkeit Genüge zu tun und zu zeigen, dass dieses Gesetz für immer unveränderlich ist.

Satan hatte damals die Behauptung aufgestellt, dass es für den Menschen völlig unmöglich sei, die Gebote Gottes zu befolgen. Tatsächlich sind wir dazu aus eigener Kraft auch nicht im Stande. Doch Christus wurde Mensch, um uns durch seinen vorbildlichen Gehorsam zu zeigen, dass auch wir mit Gottes Hilfe das Gesetz halten können.

„Wie viele ihn aber aufnahmen, denen gab er Macht, Gottes Kinder zu werden, denen, die an seinen Namen glauben.“ (Johannes 1,12) Diese Macht hat keinen menschlichen Ursprung; sie kommt von Gott. Wer Christus annimmt, dem wird auch die Kraft gegeben, nach seinem Vorbild zu leben.

Gott möchte, dass seine Kinder vollkommen sind. Das Gesetz spiegelt sein Wesen wider und ist gleichzeitig der ewig gültige Maßstab für unseren eigenen Charakter, sodass kein Zweifel darüber bestehen kann, welche Art von Menschen Gott in seinem Reich haben will. Christus richtete sein Leben auf dieser Erde ganz nach dem Gesetz Gottes aus. Wer also wie Christus leben will, wird wie er auch den Geboten Gottes gehorsam sein. Solchen Menschen kann der Herr sein Vertrauen schenken und sie einmal in der himmlischen Familie willkommen heißen. Bekleidet mit dem herrlichen Gewand der Gerechtigkeit Christi, werden sie am Fest des Königs teilnehmen, denn sie haben ihre Kleider im Blut Christi gewaschen (Offenbarung 7,14).

Der Mann, der in seiner Alltagskleidung zum Fest kam, steht für viele Zeitgenossen, die sich zwar zu Christus bekennen und die angenehmen Seiten des Evangeliums in Anspruch nehmen möchten, es andererseits aber nicht für nötig halten, sich zu ändern. Sie wissen weder, was es heißt, Buße zu tun, noch ist ihnen bewusst, wie sehr sie Christus brauchen und im Glauben an ihn noch wachsen müssen. Deshalb bemühen sie sich auch nicht, ihre ererbten und anerzogenen Neigungen zur Sünde zu überwinden. Mit sich selbst vollauf zufrieden, verlassen sie sich lieber auf ihre eigenen Verdienste als auf Christus. Sie haben zwar die Evangeliumseinladung gehört, kommen aber zur Hochzeit, ohne die Gerechtigkeit Christi angezogen zu haben.

Viele bezeichnen sich als Christen, die man eher moralisch hochstehende Humanisten nennen könnte. Vom Wirken des Heiligen Geistes halten sie nicht viel und verzichten damit gerade auf die Gabe, die sie allein dazu befähigen würde, der Welt eine Vorstellung vom Wesen Christi zu vermitteln. Sie sind also keine Täter des Wortes. Nur noch schwach kann man in ihrem Leben die göttlichen Grundsätze erkennen, die einen Christen eigentlich vom Nichtchristen unterscheiden.

Die Nachfolger Christi sind nicht länger ein besonderes Volk, das sich deutlich abgrenzt. Die Grenze ist fließend geworden. Immer mehr so genannte Christen ordnen sich Forderungen der Welt unter und schwimmen mit dem Strom. Die Kirche hat sich durch Übertretung des Gesetzes Gottes immer mehr der Welt angepasst, obwohl sie doch die Ungläubigen durch ihren vorbildlichen Gehorsam hätte zu Jesus führen sollen. Täglich neu findet diese Hinwendung zur Welt in der Gemeinde statt.

Sie alle leben in dem Glauben, durch den Opfertod Christi errettet zu sein. Auf der anderen Seite hält es keiner von ihnen für nötig, so selbstlos wie Christus zu werden. Sie reden viel von der Gnade Gottes und geben sich gern den Anschein von Gerechtigkeit, um ihre schwachen Seiten zu verbergen; doch all dies wird ihnen im letzten Gericht nichts nützen.

Die Gerechtigkeit Christi bedeckt keine Sünde, an der wir bewusst festgehalten haben. Wenn sich jemand nach außen hin nichts zu Schulden kommen lässt, mag er vor der Welt als rechtschaffen gelten, obwohl er vielleicht in seinem Herzen ein Gesetzesbrecher ist. Gott jedoch sieht auch das, was wir gerne verbergen möchten, und beurteilt alles, was wir tun, nach unseren Beweggründen. Nur was mit den Grundsätzen von Gottes Gesetz übereinstimmt, wird im Gericht bestehen können.

Gott ist Liebe. Diese Liebe hat er uns durch das Geschenk Christi bewiesen. Als „er seinen eingeborenen Sohn gab, damit alle, die an ihn glauben, nicht verloren werden, sondern das ewige Leben haben“ (Johannes 3,16), da enthielt er seinem erkauften Eigentum nichts vor. Er schenkte uns die Kraft des Himmels, damit der große Widersacher uns nicht zurückwerfen oder besiegen kann. Doch alle Liebe kann Gott nicht dazu verleiten, die Sünde als solche zu entschuldigen. Das tat er weder bei Satan noch bei Adam und Kain; und auch bei keinem anderen Menschen wird er das je tun. Er wird nicht „eben mal ein Auge zudrücken“, wenn wir sündigen, oder unsere Charakterfehler einfach übersehen. Vielmehr erwartet er, dass wir mit seiner Hilfe alles Schlechte überwinden.

Wer das Geschenk der Gerechtigkeit Christi zurückweist, lehnt damit die Charaktermerkmale ab, die einen Menschen zum Sohn oder zur Tochter Gottes machen. Er verzichtet damit auf die einzige Möglichkeit, würdig zu werden für die Teilnahme an der Hochzeitsfeier.

Als der König im Gleichnis fragte: „Freund, wie bist du hier hereingekommen und hast doch kein hochzeitliches Gewand an?“, da konnte der Mann darauf nichts erwidern. Genauso wird es auch am großen Gerichtstag sein. Jetzt haben die Menschen für ihre Charakterfehler immer Entschuldigungen bereit, aber am Jüngsten Tag werden sie keine Ausrede mehr vorbringen können.

Die christlichen Kirchen unserer Tage sind in hohem Maße geistlich gesegnet, mehr noch als das alte Volk Israel; denn der Herr offenbart sich uns in immer hellerem Licht. Wir besitzen heute ja nicht nur das helle Licht, das Israel gegeben worden war, sondern haben darüber hinaus die sichere Erkenntnis, dass Christus uns erlöst hat. Was den Juden Vorbild und Symbol blieb, ist für uns Wirklichkeit. Sie besaßen das Alte Testament; wir haben dazu noch das Neue Testament und mit ihm die Gewissheit, dass der Heiland auf die Welt gekommen und gekreuzigt worden ist, dass er vom Tod auferstanden ist und von sich sagen konnte: „Ich bin die Auferstehung und das Leben.“ (Johannes 11,25)

Wenn wir Christus und seine Liebe erkennen, wird das Reich Gottes mitten unter uns aufgerichtet. Jesus wird uns in Predigten und Liedern immer wieder nahe gebracht. Das geistliche Festmahl ist uns bereitet, und jedem wird ein überaus kostbares Feierkleid als Geschenk angeboten. Mitarbeiter Gottes weisen uns hin auf die Gerechtigkeit Christi, die Rechtfertigung durch den Glauben, die großartigen und wunderbaren Verheißungen des Wortes Gottes, den freien Zugang zum Vater durch Christus, den Beistand des Heiligen Geistes und die Zusage, dass wir einmal im Reich Gottes das ewige Leben erhalten werden. Was hätte

Gott bei der Zubereitung des großen himmlischen Festmahles darüber hinaus überhaupt noch tun können?

Im Himmel sagen die dienenden Engel: Wir haben unseren Auftrag ausgeführt und das Heer der bösen Engel zurückgedrängt. Wir haben den Menschen Licht und Klarheit geschenkt; wir haben sie an die Liebe Gottes erinnert, die sich in Jesus offenbart. Wir haben ihr Augenmerk auf das Kreuz Christi gelenkt. Die Erkenntnis, dass die Sünde den Sohn Gottes ans Kreuz brachte, hat viele tief bewegt und sie erkennen lassen, dass sie umkehren sollten. Sie haben die Kraft des Evangeliums erfahren, und die Liebe Gottes hat ihr Herz berührt. Sie wissen um das vollkommene Wesen Christi. Leider war aber bei den meisten dennoch alles umsonst. Sie wollen ihre alten Gewohnheiten und Fehler nicht aufgeben, wollen ihr Alltagskleid nicht ablegen, um das Kleid der Gerechtigkeit Christi anzuziehen. Sie haben sich ganz und gar der Jagd nach Geld verschrieben und lieben die Welt mehr als Gott.

Der Tag der endgültigen Entscheidung wird sehr ernst sein. In prophetischer Schau beschreibt ihn der Apostel Johannes so: „Und ich sah einen großen, weißen Thron und den, der darauf saß; vor seinem Angesicht flohen die Erde und der Himmel, und es wurde keine Stätte für sie gefunden. Und ich sah die Toten, groß und klein, stehen vor dem Thron, und Bücher wurden aufgetan. Und ein andres Buch wurde aufgetan, welches ist das Buch des Lebens. Und die Toten wurden gerichtet nach dem, was in den Büchern geschrieben steht, nach ihren Werken." (Offenbarung 20,11.12)

Traurig wird die Rückschau sein an dem Tag, an dem die Menschen der Ewigkeit gegenüberstehen. Dann sehen sie ihr Leben so, wie es wirklich gewesen ist. Sie erkennen, dass Vergnügen, Reichtum und Ehre der Welt völlig unwichtig sind und dass es allein auf die Gerechtigkeit ankommt, die sie so leichtfertig ausgeschlagen haben. Sie merken, wie sehr sie sich von den trügerischen Verlockungen Satans haben prägen lassen und dass die Kleider, die sie wählten, ein Ausdruck ihrer Treue zum Bösen sind. Erst jetzt wird ihnen bewusst, wohin ihr Leben geführt hat, und sie müssen nun in aller Bitterkeit erfahren, was es heißt, die

Gebote Gottes übertreten zu haben. Danach wird es keine weitere Bewährungszeit für die Ewigkeit geben. In diesem Leben müssen wir das Gewand der Gerechtigkeit Christi anziehen. Nur dann sind wir fähig, uns charakterlich so zu entwickeln, dass wir einmal dort wohnen können, wo Christus alle erwartet, die seine Gebote halten.

Die Gnadenzeit nähert sich schnell ihrem Ende. Christus warnt uns: „Hütet euch aber, dass eure Herzen nicht beschwert werden mit Fressen und Saufen und mit täglichen Sorgen und dieser Tag nicht plötzlich über euch komme wie ein Fallstrick." (Lukas 21,34) Hüten wir uns davor, unvorbereitet und ohne hochzeitliches Kleid angetroffen zu werden, wenn das königliche Mahl bereit ist.

„Denn der Menschensohn kommt zu einer Stunde, da ihr's nicht meint." (Matthäus 24,44) „Selig ist, der da wacht und seine Kleider bewahrt, damit er nicht nackt gehe und man seine Blöße sehe." (Offenbarung 16,15)

Teil VII

Bereit zur Mitarbeit

„Der Menschensohn ist nicht gekommen,
dass er sich dienen lasse,
sondern dass er diene und gebe sein Leben
zu einer Erlösung für viele.“
Matthäus 20,28

Kapitel 25

Die anvertrauten Zentner

Auf dem Ölberg hatte Christus den Jüngern von seiner Wiederkunft erzählt. Er hatte sie auf bestimmte Zeichen aufmerksam gemacht, die seinem Kommen vorangehen sollten, und die Jünger ermahnt, zu wachen und vorbereitet zu sein. Nachdrücklich wiederholte er die Warnung: „Deshalb seid wach und haltet euch bereit! Denn ihr wisst weder an welchem Tag noch zu welchem Zeitpunkt ich kommen werde." (Matthäus 25,13 Hfa) Dann erklärte er ihnen, wie sie ihn erwarten sollten: nicht untätig, sondern fleißig bei der Arbeit. Zur Verdeutlichung erzählte er das Gleichnis von den anvertrauten Zentnern.

„Es ist wie mit einem Menschen, der außer Landes ging: er rief seine Knechte und vertraute ihnen sein Vermögen an; dem einen gab er fünf Zentner Silber, dem andern zwei, dem dritten einen, jedem nach seiner Tüchtigkeit, und zog fort." (Matthäus 25,14.15)

Der Mann, der weit fort reist, ist Christus. Er erzählte das Gleichnis, kurz bevor er die Erde verließ und in den Himmel zurückging. Die Knechte im Gleichnis sind seine Nachfolger. Wir gehören nicht uns selbst, sondern sind, wie Sklaven, „teuer erkauft" (1. Korinther 6,20), „nicht mit vergänglichem Silber oder Gold ... sondern mit dem teuren Blut Christi" (1. Petrus 1,18.19), „damit die da leben, hinfort nicht sich selbst leben, sondern dem, der für sie gestorben und auferstanden ist" (2. Korinther 5,15).

Alle Menschen sind zu diesem unermesslich hohen Preis erkauft worden. Gott gab uns nicht nur alle Schätze des Himmels, sondern in Christus auch den Himmel selbst. So erwarb er das

Anrecht auf Willen und Zuneigung, auf Geist und Seele eines jeden Menschen. Gläubige wie Ungläubige sind also Eigentum des Herrn und damit verpflichtet, ihm zu dienen. Darüber, wie er dieser Pflicht nachgekommen ist, wird jeder Einzelne am Gerichtstag Rechenschaft ablegen müssen. Nicht alle anerkennen Gottes Ansprüche. Die Knechte im Gleichnis symbolisieren Menschen, die nach eigenem Bekunden im Dienst Christi stehen.

Die Nachfolger Christi wurden erlöst, damit sie ihm dienen können. Der wahre Sinn des Lebens, so sagt uns der Herr, besteht darin, für andere da zu sein. Christus selbst war uns auch in dieser Hinsicht ein Vorbild, und von seinen Nachfolgern erwartet er das Gleiche – Dienst für Gott und an den Mitmenschen. Damit hat er der Welt ein höheres Lebensideal vermittelt, als diese jemals zuvor besaß. Ein Leben im Dienst für andere bringt uns in enge Verbindung mit Christus. Unsere Mitarbeit wird zum Bindeglied zwischen uns und Gott sowie unseren Mitmenschen.

Seinen Knechten vertraut Christus „seine Habe" an, die sie für ihn nutzbringend verwenden sollen. Er gibt „einem jeden seine Arbeit" (Markus 13,34). Jeder hat seinen Platz im Plan Gottes und ist dazu aufgerufen, gemeinsam mit Christus seine ganze Kraft dafür einzusetzen, um Menschen für die Ewigkeit zu retten. So gewiss, wie uns ein Platz in den himmlischen Wohnungen ist, so gewiss haben wir hier auf der Erde unsere ganz bestimmten Aufgaben zu erfüllen.

Gaben des Heiligen Geistes

Die Zentner, die Christus seiner Gemeinde anvertraut, sind in erster Linie die Gaben und Segnungen des Heiligen Geistes. „Dem einen wird durch den Geist gegeben, von der Weisheit zu reden; dem andern wird gegeben, von der Erkenntnis zu reden, nach demselben Geist; einem andern Glaube, in demselben Geist; einem andern die Gabe, gesund zu machen, in dem einen Geist; einem andern die Kraft, Wunder zu tun; einem andern prophetische Rede; einem andern die Gabe, die Geister zu unterscheiden; einem andern mancherlei Zungenrede; einem andern die Gabe, sie auszulegen. Dies alles aber wirkt derselbe eine Geist und teilt einem jeden das Seine zu, wie er will." (1. Korinther 12,8-11) Nicht alle Menschen empfangen also die gleichen Gaben, doch ist jedem Mitarbeiter Gottes eine besondere Gabe zugesichert.

Bevor Christus seine Jünger verließ, „blies er sie an und spricht zu ihnen: Nehmt hin den heiligen Geist!" (Johannes 20,22) Und er versprach ihnen: „Siehe, ich will auf euch herabsenden, was mein Vater verheißen hat." (Lukas 24,49) Doch erst nach seiner Himmelfahrt empfingen die Jünger diese Gabe in ihrer ganzen Fülle. Erst als sie sich gläubig und unter Gebet ganz dem Werk Gottes geweiht hatten, wurde der Heilige Geist über sie ausgegossen, und die Güter des Himmels wurden den Nachfolgern Christi in besonders reichem Maße zugeteilt. „Er ist aufgefahren zur Höhe und hat Gefangene mit sich geführt und hat den Menschen Gaben gegeben." „Einem jeden aber von uns ist die Gnade gegeben nach dem Maß der Gabe Christi." (Epheser 4,8.7) „Dies alles aber wirkt derselbe eine Geist und teilt einem jeden das Seine zu, wie er will." (1. Korinther 12,11) Durch Christus gehören uns diese Gaben zwar schon, aber nur durch den Heiligen Geist können wir sie endgültig und für immer besitzen.

Die Verheißung des Geistes wird leider oft nicht genügend geschätzt. Deshalb erfüllt sie sich auch nicht so, wie es eigentlich möglich wäre. Weil aber der Heilige Geist fehlt, wird das Evangelium oft so kraftlos verkündigt. Bildung, Begabung, Beredsamkeit und noch viele andere Fähigkeiten mögen zwar vorhanden sein, aber ohne den Geist Gottes wird dadurch kein Herz berührt und kein Sünder für Christus gewonnen. Auf der anderen Seite zeigt Gott uns gerade darin seine Kraft, dass er es selbst dem ärmsten, ungebildetsten Jünger ermöglicht, durch die Verbindung mit Christus und die Gabe des Heiligen Geistes Menschen zu ihm zu führen und damit ein Kanal zu sein, durch den der beste Einfluss des ganzen Universums geleitet werden kann.

Andere Gaben

Nicht nur die Gaben des Geistes sind mit den „Zentnern" des Gleichnisses gemeint, sondern darüber hinaus alle Fähigkeiten auf weltlichem oder geistlichem Gebiet, die wir von Natur aus mitbringen oder uns angeeignet haben. Sie alle sollen im Dienst für Christus eingesetzt werden. Sobald wir seine Jünger werden, stellen wir ihm alles zur Verfügung, was wir sind und haben. Jesus gibt uns dann unser Geschenk geläutert und veredelt zurück, damit wir es zu seiner Ehre und zum Segen unserer Mitmenschen anwenden können.

Gott hat jedem Menschen Gaben gegeben „nach seiner Tüchtigkeit“ und die Zentner keineswegs willkürlich verteilt. Wer im Stande ist, fünf Zentner zu nutzen, der bekommt fünf; wer zwei anlegen kann, erhält zwei. Und dem, der nur mit einem sinnvoll arbeiten kann, wird einer zugeteilt. Niemand braucht sich also zu beklagen, dass er zu wenig erhalten habe, denn Gott, der die Gaben verteilt hat, wird dadurch geehrt, dass das Anvertraute – sei es nun viel oder wenig – genutzt wird. Wer fünf Zentner zu verwalten hat, muss einmal den Ertrag von fünfen abliefern; wer nur einen hat, entsprechend weniger. Gott erwartet von jedem Menschen Leistungen „nach dem, was einer hat, nicht nach dem, was er nicht hat“ (2. Korinther 8,12).

Im Gleichnis „ging der hin, der fünf Zentner empfangen hatte, und handelte mit ihnen und gewann weitere fünf dazu. Ebenso gewann der, der zwei Zentner empfangen hatte, zwei weitere dazu.“ (Matthäus 25,16.17)

Gaben müssen genutzt werden, selbst wenn sie noch so gering sind. Es geht nicht darum, wie viel wir bekommen haben, sondern ob wir unsere Gaben richtig einsetzen. Gott und unseren Mitmenschen sind wir es schuldig, unsere Fähigkeiten weiterzuentwickeln. Wer nicht täglich dazulernt und immer nützlicher wird, der versäumt seine Lebensaufgabe. Durch unser Bekenntnis zu Christus legen wir gleichzeitig das Versprechen ab, all unsere Kräfte in seinen Dienst zu stellen. Deshalb wollen wir das, was uns an Fähigkeiten geschenkt worden ist, bis zur höchsten Stufe ausbilden, damit wir recht viel Gutes dadurch tun können.

In Gottes Werk gibt es viel zu tun. Wer ihm jetzt treu und willig dient, wird in der Ewigkeit überreich belohnt werden. Der Herr wählt sich seine Mitarbeiter selbst aus und gibt ihnen jeden Tag auf andere Weise Gelegenheit, sich in der Arbeit für ihn zu bewähren. Er stellt Menschen, die nach seinem Plan fragen, in seinen Dienst – nicht, weil sie schon vollkommen wären, sondern weil sie durch die Verbindung mit ihm vollkommen werden können.

Gott nimmt nur die an, die sich selbst ein hohes Ziel setzen. Deshalb ist jeder von uns verpflichtet, sein Bestes zu geben und sich um sittliche Vollkommenheit zu bemühen. Nie dürfen wir den Maßstab der Gerechtigkeit unserer ererbten oder erworbenen Neigung zur Sünde anpassen. Eins muss uns klar sein: Ein unvollkommener Charakter ist Sünde. Gott vereinigt als absolut vollkommenes Wesen alle Eigenschaften der Gerechtigkeit in sich; und jeder, der Christus als seinen persönlichen Heiland annimmt, hat das Vorrecht, diese Eigenschaften ebenfalls zu besitzen.

Wer ein Mitarbeiter Gottes sein will, muss danach streben, sämtliche physischen und psychischen Fähigkeiten zu vervollkommnen. Wahre Erziehung bedeutet, die leiblichen, geistigen und sittlichen Kräfte jeder Aufgabe gewachsen zu machen und den ganzen Menschen auf den Dienst für Gott vorzubereiten. Eine solche Erziehung behält ihren Wert bis ins ewige Leben.

Von uns allen erwartet der Herr, dass wir immer fleißiger und leistungsfähiger werden. Christus hat uns im Voraus durch sein Blut und seine Leiden unseren Lohn dafür ausbezahlt, dass wir ihm zuverlässig und willig dienen. Er kam auf die Welt, um uns ein Beispiel dafür zu geben, wie und mit welcher Einstellung wir für ihn wirken sollen. Er möchte, dass wir die besten Arbeitsmethoden anwenden und so seinem Namen in der Welt Ehre machen. Darüber hinaus sollen wir seinem Vater unsere Liebe und Hingabe zeigen, denn „also hat Gott die Welt geliebt, dass er seinen eingeborenen Sohn gab, damit alle, die an ihn glauben, nicht verloren werden, sondern das ewige Leben haben" (Johannes 3,16).

Christus hat nicht behauptet, dass es leicht sei, an sich selbst zu arbeiten, um vollkommen zu werden. Wir alle sind weder von Natur aus fehlerlos, noch fällt uns die Vollkommenheit von selbst zu. Sie erreichen wir nur in persönlichem Bemühen durch die Gnade Christi. Gott schenkt uns Fähigkeiten und Geistesgaben; unseren Charakter prägen wir selbst, und zwar in einem harten, unnachgiebigen Kampf mit allen schlechten Veranlagungen. Gegen sie müssen viele Schlachten geschlagen werden. Wir müssen so selbstkritisch sein, dass kein einziger negativer Charakterzug bestehen bleibt.

Niemand soll von sich sagen, dass er seine schwachen Seiten nicht überwinden kann. Wer so denkt, wird das ewige Leben ganz gewiss nicht erhalten. Denn es liegt doch an unserem Wollen, wenn es uns unmöglich ist. Wer nicht überwinden will, wird auch nicht überwinden können. Schwierigkeiten entstehen immer dort, wo die Verderbtheit eines ungeheiligten Herzens die Oberhand gewinnen kann und die Bereitschaft fehlt, sich Gott ganz unterzuordnen.

Viele hat Gott dazu befähigt, Großes zu leisten; doch sie erreichen nur wenig, weil sie sich nicht anstrengen. Nicht wenige leben in den Tag hinein, ziellos und ohne Ehrgeiz, etwas zu erreichen. Solche Menschen werden dann auch eine Belohnung bekommen, die ihren Leistungen entspricht.

Wir werden kein höheres Ziel erreichen, als wir uns gesteckt haben. Deshalb ist es das Beste, sein Ziel so hoch wie möglich anzusetzen und ihm Schritt für Schritt, selbst unter Schmerzen, Selbstverleugnung und Aufopferung, entgegenzustreben, ohne sich durch irgendetwas aufhalten zu lassen. Kein Mensch ist seinem Schicksal so hilflos ausgeliefert, dass er selbst nichts mehr tun könnte. Widrige Umstände sollten für jeden von uns ein Ansporn sein, sie zu überwinden. Wer ein Hindernis besiegt, gewinnt neue Kraft und neuen Mut, auf seinem Weg weiterzugehen. Wenn wir fest entschlossen in die richtige Richtung streben, dann helfen uns auch die äußeren Umstände, statt uns zu behindern.

Zur Ehre Gottes wollen wir uns darum bemühen, jede gute Eigenschaft auszubilden. Dabei ist es wichtig, dass wir in allen Phasen unserer Entwicklung nach seinem Willen fragen, damit wir wie damals Henoch Gott gefallen können. Henoch lebte ja auch in einer Zeit des sittlichen Verfalls, und es gibt heute noch Menschen wie Henoch.

Lasst uns standhaft sein wie der treue Staatsmann Daniel, der sich durch keine Versuchung vom rechten Weg abbringen ließ. Wir wollen doch den Einen nicht enttäuschen, der uns alle so sehr liebt, dass er sein Leben gab, um unsere Sünden auszulöschen. Er sagt: „Ohne mich könnt ihr nichts tun." (Johannes 15,5) Lasst uns daran denken. Selbst wenn wir gesündigt haben, können wir dadurch noch siegreich sein, dass wir unsere Fehler einsehen und aus ihnen lernen. So verwandelt man eine Niederlage in einen Sieg, zur Enttäuschung des Feindes und zur Ehre unseres Erlösers.

Entsprechend dem göttlichen Ebenbild geworden zu sein, ist der einzige Reichtum, den wir aus dieser Welt in die zukünftige mitnehmen können. Wer hier in die Schule Christi gegangen ist, wird mit dem Erreichten in die himmlischen Wohnungen eingehen, um sich dort noch weiter auszubilden. Wie unendlich wichtig ist also der Charakter, den wir in diesem Leben entwickeln.

Vernunftbegabte Wesen, die in der Wirklichkeit Gottes zu Hause sind, stehen allen zur Seite, die gläubig und entschlossen an sich selbst arbeiten, um jene Vollkommenheit des Charakters zu erlangen, die eine vollkommene Handlungsweise zur Folge hat. Ihnen allen verspricht Christus Hilfe und Beistand.

Der menschliche Wille wird – wenn er mit dem Willen Gottes übereinstimmt – allmächtig. Denn was der Herr auch immer von uns zu tun erwartet, wird durch seine Kraft möglich. So enthält jede Aufgabe zugleich auch die Befähigung dafür.

Geistige Fähigkeiten

Gott erwartet, dass wir unsere geistigen Fähigkeiten ausbilden. Es ist seine Absicht, dass die Menschen in seinem Dienst mehr Verstand und ein besseres Urteilsvermögen besitzen sollen als die anderen, die nicht nach ihm fragen. Wer zu gleichgültig oder zu träge ist, um für ihn etwas zu leisten und sein Wissen zu vertiefen, missfällt ihm.

Wir sind dazu aufgerufen, ihn von ganzem Herzen, von ganzer Seele und mit all unseren Kräften zu lieben. Das schließt auch die Verpflichtung mit ein, unseren Verstand zu entfalten, damit wir den Schöpfer wirklich mit allen Kräften kennen und lieben können.

Unter der Herrschaft des Heiligen Geistes kann unser Verstand im Dienst für Gott um so brauchbarer werden, je mehr er geschult wird. Wenn jemand nur wenig Bildung genossen hat, sich aber Gott weiht und anderen Menschen zum Segen werden möchte, dann wird der Herr ihm auch eine Aufgabe geben. Wer aber darüber hinaus noch eine gründliche Ausbildung genossen hat, kann von daher gesehen mehr für Christus leisten, hat also einen großen Vorteil.

Der Herr will, dass wir uns um die bestmögliche Ausbildung bemühen, damit wir später anderen unsere Kenntnisse vermitteln können. Niemand von uns weiß im Voraus, an welchem Platz und auf welche Weise er einmal für Gott zu arbeiten oder zu sprechen berufen sein wird. Unser himmlischer Vater allein sieht im Voraus, was aus einem Menschen werden kann. Vor uns liegen Möglichkeiten, von denen wir nicht einmal zu träumen wagen. Wir müssen unseren Geist schulen, um gegebenenfalls die biblische Wahrheit vor den höchsten irdischen Mächten so darstellen zu können, dass Gottes Name geehrt wird. Lasst uns deshalb keine Gelegenheit ungenutzt lassen, uns weiterzubilden, damit wir dann umso besser für Gott arbeiten können.

Wenn du als Jugendlicher eine Ausbildung brauchst, dann bemühe dich entschlossen darum, sie auch zu erhalten. Warte nicht, bis sich dir eine Tür öffnet, sondern öffne sie selbst! Nutze jede Gelegenheit, die sich dir bietet. Sei sparsam und gib kein Geld für teure Vergnügungen aus. Sei fest entschlossen, so nützlich und tüchtig zu werden, wie Gott dich haben will. Erledige deine Arbeit gründlich und gewissenhaft. Nimm jede sich bietende Gelegenheit wahr, um deinen Verstand zu schulen. Dabei möchte ich dir empfehlen, dich als Ausgleich zur geistigen Arbeit in nützlicher Weise körperlich zu betätigen. Durch stetes Bemühen, Wachsamkeit und Gebet wird dir Weisheit von oben geschenkt werden. Auf diese Weise eignest du dir eine umfassende Bildung an. Das wirkt sich auch auf deinen Charakter aus und schenkt dir Einfluss auf andere Menschen, sodass du ihnen den Weg zur Gerechtigkeit und Heiligung zeigen kannst.

Wir könnten uns selbst viel mehr Wissen aneignen, wenn wir nur alle Möglichkeiten und Vorrechte, die uns geboten werden, wahrnehmen wollten. Echte Bildung ist mehr als das, was die Universität vermitteln kann. Zwar dürfen wir das Studium der Wissenschaften nicht vernachlässigen, doch Bildung (im höheren Sinne) erhalten wir nur durch eine lebendige Verbindung mit Gott. Jeder Studierende sollte deshalb durch die Bibel enge Gemeinschaft mit dem großen Lehrer suchen. Wer sein Denken geschult hat, ist dann auch in der Lage, sich auf der Suche nach der göttlichen Wahrheit selbst mit schwierigen Problemen auseinander zu setzen.

Wer nach Erkenntnis hungert, um seinen Mitmenschen helfen zu können, der wird von Gott gesegnet werden. Durch das Studium seines Wortes wird unser Denken angeregt, unsere Fähigkeiten können sich entfalten, und wir werden auf geistigem Gebiet immer leistungsfähiger.

Wer für Gott arbeiten will, muss Selbstdisziplin gelernt haben. Damit erreicht er mehr als durch gewandte Rede und beeindruckende Fähigkeiten. Ein einfacher Mensch, der sich selbst in der Gewalt hat, kann mehr und Wertvolleres leisten als einer, der trotz ausgezeichneter Bildung und großartiger Begabung unfähig ist, sich zu beherrschen.

Redegabe

Die Redegabe ist ein Talent, das sorgfältig gepflegt zu werden verdient. Von allen Gaben Gottes kann sie am meisten Segen stiften, denn mit ihrer Hilfe überzeugen wir andere, beten wir und danken Gott oder erzählen unseren Mitmenschen von der Liebe des Erlösers. Wie wichtig ist es also, diese Fähigkeit optimal zu schulen! Selbst intelligente, engagierte Christen vernachlässigen oft die Stimmbildung. Viele sprechen oder lesen so leise oder hastig vor, dass man sie kaum verstehen kann. Einige haben eine breite, undeutliche Aussprache; andere dagegen sprechen in einem so scharfen und schrillen Tonfall, dass es in den Ohren schmerzt. Bibeltexte, Lieder, Berichte und Bekanntmachungen werden in großen Versammlungen oft in einer Weise vorgetragen, dass alle Wirkung und aller Nachdruck verloren gehen, ja, dass man manchmal so gut wie nichts versteht.

Hier kann und muss Abhilfe geschaffen werden. Die Bibel macht dazu eine klare Aussage. Die Leviten, die zur Zeit Esras dem Volk aus der Heiligen Schrift vorlasen, „legten das Buch des Gesetzes Gottes klar und verständlich aus, sodass man verstand, was gelesen worden war.“ (Nehemia 8,8)

Jeder von uns kann, wenn er sich nur darum bemüht, laut und deutlich vorlesen und klar und verständlich sprechen. Auf diese Weise werden wir in der Arbeit für Christus weitaus leistungsfähiger.

Jeder Christ hat den Auftrag, anderen Menschen den unerforschlichen Reichtum Christi zu erschließen, deshalb muss er sich bemühen, seine Redegabe zu vervollkommnen. Das Wort Gottes soll ja so verkündigt werden, dass es die Zuhörer anspricht. Gott will auf keinen Fall, dass seine unermessliche Gnade, die er der Welt zugedacht hat, durch das unbeholfene Verhalten seiner menschlichen Mitarbeiter in ihrer Kraft beeinträchtigt oder gar herabgewürdigt wird.

Lasst uns auf Jesus, unser vollkommenes Vorbild, sehen und um den Beistand des Heiligen Geistes bitten. Seine Kraft wird es uns ermöglichen, in jeder Hinsicht ein vollkommener Mitarbeiter für ihn zu werden.

Das gilt besonders für alle, die zur Arbeit mit Menschen berufen sind. Prediger und Lehrer müssen sich bewusst sein, dass sie eine Botschaft verkündigen, die Bedeutung für die Ewigkeit hat. Am Jüngsten Tag werden sie einmal nach der Wahrheit gerichtet werden, die sie gepredigt haben. Bei manchen Menschen kommt alles darauf an, wie ihnen die Botschaft gebracht wird. Bei ihnen muss der Verstand ebenso wie das Herz angesprochen werden. In solchen Fällen ist es besonders wichtig, keinesfalls hastig, sondern einprägsam und dem Ernst des Inhalts angemessen zu sprechen.

In allen Bereichen christlicher Arbeit ist die Pflege und der rechte Gebrauch der Redegabe wichtig. Lasst uns auch im Familienleben, ja überhaupt im Umgang miteinander einen freundlichen Ton und eine korrekte Ausdrucksweise pflegen. Liebenswürdige Worte sind für unser Seelenleben das, was Tau und Regen für das Land bedeuten. Von Christus sagt die Schrift: „Voller

Huld sind deine Lippen“ (Psalm 45,3), und er „wisse mit den Müden zu rechter Zeit zu reden“ (Jesaja 50,4). Der Herr fordert uns auf: „Eure Rede sei allezeit freundlich“ (Kolosser 4,6), „damit es Segen bringe denen, die es hören“ (Epheser 4,29).

Gerade, wenn wir andere zum Guten beeinflussen wollen, sollten wir sorgfältig auf jedes unserer Worte achten. Sie können ja dafür entscheidend sein, ob jemand den Weg zum Leben oder den zum Tod wählt. Manche sprechen mit anderen scharf und streng, wenn sie tadeln oder gute Ratschläge geben wollen; das ist aber ganz und gar nicht geeignet, ein wundes Herz zu heilen. Ein falsches Wort kann den Betroffenen zum Zorn reizen oder ihn rebellisch machen. Wer deshalb für die Grundsätze der Wahrheit eintreten will, benötigt die Kraft der himmlischen Liebe. Zurechtweisung muss unter allen Umständen von Liebe geprägt sein, denn nur so kann sie helfen, statt den anderen zu verbittern. Christus wird uns durch seinen Heiligen Geist dazu die Kraft geben.

Kein Wort darf unbedacht geäußert werden. Üble Nachrede, seichtes Geschwätz, mürrisches Herumnörgeln oder anzügliche Zweideutigkeiten kommen keinem über die Lippen, der Christus wirklich nachfolgt. Der Apostel Paulus schrieb unter dem Einfluss des Heiligen Geistes: „Lasset kein faules Geschwätz aus eurem Mund gehen.“ (Epheser 4,29) Damit sind nicht nur wirklich abscheuliche Worte gemeint, sondern jeder Ausdruck, der unvereinbar ist mit den heiligen Grundsätzen und dem reinen, unbefleckten Wort Gottes. Außerdem sollen wir alle Anspielungen auf das Böse vermeiden, denn wenn man ihnen nicht energisch entgegentritt, können sie zu großer Sünde verleiten.

Jede Familie und jeder einzelne Christ ist dazu aufgerufen, schlechtes Gerede zu unterlassen. In Gesellschaft von Leuten, die bedenkenlos klatschen, haben wir die Pflicht, wenn möglich dafür zu sorgen, dass sich das Gesprächsthema ändert. Mit Gottes Gnade können wir dem Gespräch ganz unmerklich eine positive Wendung geben.

Es ist Aufgabe der Eltern, ihre Kinder auch in dieser Hinsicht verantwortungsbewusst zu erziehen. Gerade in der Familie wird ja zuerst der Grund dafür gelegt, welche Sprache Kinder gebrauchen. Von klein auf können wir sie dazu anhalten, mit uns als Eltern und untereinander mit Achtung und Liebe zu reden. Ihnen sollte beigebracht werden, dass nur wahre, anständige und freundliche Worte über ihre Lippen kommen sollten. Wenn wir selbst bereit sind, täglich von Christus zu lernen, dann können wir auch den Kindern vorleben, was es heißt, immer bei der Wahrheit zu bleiben und „mit heilsamem und untadeligem Wort" zu reden (Titus 2,8). Das ist eine Aufgabe mit großer Verantwortung.

Als Nachfolger Christi wollen wir uns auch mit Worten gegenseitig im Glaubensleben helfen und ermutigen. Viel mehr als bisher sollten wir einander unsere wunderbaren Erfahrungen mit Gottes liebevoller Güte und der unermesslich tiefen Liebe des Heilandes erzählen. Lasst uns den Herrn loben und ihm danken. Wenn unser Herz erfüllt ist von Gottes Liebe, zeigt sich das auch in unseren Gesprächen. Dann wird es uns nicht schwer fallen, an andere das weiterzugeben, was unser geistliches Leben so reich gemacht hat.

Wir brauchen uns nur mit großartigen Gedanken zu beschäftigen, uns hohe Ziele zu stecken, einen klaren Begriff von der Wahrheit und selbstlose Motive sowie den Wunsch nach Frömmigkeit und Heiligung zu haben, dann werden unsere Worte deutlich zeigen, welchen Schatz wir im Herzen tragen. Christus prägt dann unsere Gespräche, und wir haben dann auf diese Weise auch die Kraft, Menschen für ihn zu gewinnen.

Lasst uns zu den Menschen über Christus reden, die ihn noch nicht kennen. Auch darin hat er uns ein Vorbild gegeben. Wo immer er war, in der Synagoge, unterwegs, im Boot auf dem See Genezareth, auf dem Fest des Pharisäers oder am Tisch des Zöllners – überall sprach er mit den Menschen über das ewige Leben. Die Natur und der Alltag der Menschen boten ihm genügend Anknüpfungspunkte, um seine Botschaft der Wahrheit zu verdeutlichen. Die Menschen fühlten sich zu ihm hingezogen, weil er ihre Kranken heilte, sie in ihrem Kummer tröstete und ihre Kinder auf den Arm nahm und segnete. Er brauchte nur den Mund zu öffnen, um ihre Aufmerksamkeit zu gewinnen. Viele wurden durch seine Worte zum ewigen Leben geführt.

Wir sollen es genauso machen und jede Gelegenheit nutzen, um anderen vom Heiland zu erzählen. Wenn wir wie Christus Gutes tun, dann werden sich uns die Herzen öffnen wie damals ihm, und wir können, ohne aufdringlich zu sein, von dem erzählen, der „auserkoren unter vielen Tausenden" ist und über den es heißt: „Alles an ihm ist lieblich." (Hohelied 5,10.16) Das ist die höchste Aufgabe, wozu wir unsere Redegabe benutzen können. Sie wurde uns geschenkt, damit wir Christus als den Heiland verkünden können, der die Sünden vergibt.

Einfluss

Christus übte während seines Lebens auf dieser Erde einen unbegrenzt wirkenden Einfluss aus, der ihn mit Gott und der ganzen menschlichen Familie verband. Durch Christus hat Gott in den Menschen eine Kraft geweckt, die es ihnen unmöglich macht, nur für sich selbst zu leben. Wir Menschen sind alle ein Teil von Gottes großer Schöpfung, deshalb gehören wir zusammen und sind uns gegenseitig verpflichtet. Niemand lebt völlig unabhängig für sich allein; ob es jemandem gut oder schlecht geht, hat auch auf die Menschen in seiner Umgebung bestimmte Auswirkungen. Nach Gottes Vorstellungen soll sich jeder für das Glück des anderen verantwortlich fühlen.

Jeder Mensch hat seine eigene Ausstrahlung. Beim einen ist sie geprägt von der Leben spendenden Kraft des Glaubens, von Lebensmut, Hoffnung und Liebe. Beim anderen dagegen sehen wir bedrückende Unzufriedenheit und Selbstsucht oder gar eine Lebenshaltung, die durch bewusstes sündigen vollkommen vergiftet ist. Die Ausstrahlung, die uns umgibt, beeinflusst jeden, der mit uns in Berührung kommt, auch wenn wir das gar nicht merken.

Damit haben wir eine Verantwortung, der wir uns nicht entziehen können. Was wir sagen oder tun, wie wir uns kleiden und benehmen, ja selbst unser Gesichtsausdruck übt einen Einfluss aus, dessen Wirkung, ob gut oder schlecht, nicht abgeschätzt werden kann. Jeder Eindruck, den wir hinterlassen, ist wie ein Same, der aufgehen wird, oder wie ein Glied in der langen Kette menschlicher Ereignisse, deren Ende nicht abzusehen ist. Wenn wir anderen mit gutem Beispiel vorangehen, vermitteln wir ihnen die Kraft, selbst Gutes zu tun. Sie ihrerseits beeinflussen wieder andere, und so weiter. So können, ohne dass wir davon wissen, durch unseren Einfluss unzählige Menschen gesegnet werden.

Wirf einen Stein ins Wasser, und sofort entsteht eine Welle, dann noch eine und noch eine. Je mehr es werden, desto weiter wird der Kreis, bis er schließlich das Ufer erreicht. Mit unserem Einfluss verhält es sich nicht anders. Mehr als wir ahnen oder es in der Hand haben, wird er für andere zum Segen oder zum Fluch.

Charakter ist Macht. Das stille, treue Leben in Gott voll Selbstlosigkeit übt einen fast unwiderstehlichen Einfluss aus. Wir helfen mit, Menschen für die Ewigkeit zu retten, wenn in unserem Leben die Gesinnung Christi zum Tragen kommt. Dies ist überhaupt die einzige Möglichkeit für uns, Christi Mitarbeiter zu sein. Und je weiter unser Einfluss reicht, desto mehr Gutes können wir tun. Wenn alle, die Gott zu dienen vorgeben, wie Christus nach den Grundsätzen des göttlichen Gesetzes leben, wenn sie wirklich Gott mehr als alles andere und ihren Nächsten wie sich selbst lieben, dann hat die Gemeinde auch die Kraft, die ganze Welt zu beeinflussen und zu ändern.

Wir dürfen aber auch nicht übersehen, dass es ebenso einen Einfluss zum Schlechten gibt. Es ist schlimm genug, einmal selbst verloren zu gehen; viel schlimmer ist es aber noch, die Ursache dafür zu sein, dass andere verloren gehen. Was für ein schrecklicher Gedanke, dass unser Einfluss andere zum Tode führen könnte! Und doch ist dies durchaus möglich. Viele behaupten, für Christus zu arbeiten, und arbeiten doch in Wirklichkeit gegen ihn. Deshalb ist die Gemeinde so schwach. Sie können gar nicht genug kritisieren und anklagen. Mit ihren Unterstellungen, Eifersüchteleien und ihrer Unzufriedenheit machen sie sich selbst zu Werkzeugen Satans. Bevor sie überhaupt merken, was sie tun, hat der Feind bereits durch sie sein Ziel erreicht: Der schlechte Eindruck ist gemacht, der Schatten gefallen, Satans Pfeile haben getroffen. Misstrauen, Unglaube und offener Abfall treten bei denen zu Tage, die sonst vielleicht Christus angenommen hätten. Unterdessen blicken Satans menschliche Helfer selbstzufrieden auf jene, für deren Unglauben sie mitverantwortlich sind und die jetzt weder mit Bitten noch mit Ermahnungen erreicht werden können. Sie sind stolz darauf, im Vergleich zu den Betreffenden rechtschaffen zu sein, übersehen dabei aber ganz, dass sie durch ihr unbesonnenes Gerede und ihr böses Herz diese Menschen, die ohnehin schon großen Versuchungen ausgesetzt waren, zu Fall gebracht haben.

Die Leichtfertigkeit, Genusssucht und sorglose Gleichgültigkeit von Menschen, die sich Christen nennen, bringen so manchen vom Weg des Lebens ab. Viele Christen werden einmal Angst bekommen, wenn sie vor dem Richterstuhl Gottes mit den Folgen ihres Einflusses konfrontiert werden.

Nur die Gnade Gottes kann uns helfen, diese Gabe in die richtige Bahn zu lenken. Wir selbst besitzen ja nichts, womit wir andere positiv beeinflussen könnten. Haben wir unsere Hilflosigkeit und Abhängigkeit von der göttlichen Kraft erst einmal erkannt, dann vertrauen wir nicht mehr auf uns selbst. Wir wissen nicht, welche Folgen ein Tag, eine Stunde, ein Augenblick haben kann. Deshalb wollen wir nie einen Tag beginnen, ohne uns dem himmlischen Vater zu unterstellen. Seine Engel sind beauftragt, über uns zu wachen, und unter ihrer Obhut können wir jederzeit auf ihre Hilfe rechnen. Sie verhindern, dass wir unbewusst einen schlechten Einfluss ausüben, bringen uns auf bessere Wege, wählen unsere Worte aus und lenken unser Tun. So wird unser Einfluss eine stille, unmerkliche, aber doch mächtige Kraft, die andere Menschen zu Christus führt und ihnen den Himmel öffnet.

Zeit

Unsere Zeit, ja, jeder Augenblick gehört Gott, und es ist unsere heiligste Pflicht, sie zu seiner Ehre zu nutzen. Über keinen der uns anvertrauten Zentner verlangt er genauere Rechenschaft als über die Zeit.

Sie ist von unschätzbarem Wert. Für Christus war jeder Augenblick kostbar, und so sollte es uns auch gehen. Das Leben ist zu kurz, um es mit Belanglosigkeiten zu verbringen. Nur wenige Tage der Bewährung sind uns zur Vorbereitung auf die Ewigkeit geschenkt. Wir haben weder Zeit zum Vergeuden, noch für die Jagd nach dem Vergnügen oder um uns auf die Sünde einzulassen. Gerade jetzt sollen wir uns ja auf das zukünftige Leben in der Ewigkeit, aber auch auf das Untersuchungsgericht vorbereiten.

Kaum ist der Mensch geboren, da beginnt er schon wieder zu altern und geht dem Tod entgegen. Sein Leben unaufhörlicher Arbeit endet im Nichts, wenn er sich nicht rechtzeitig auf die Ewigkeit besinnt. Wer seine Zeit aber sinnvoll nutzt, der bereitet sich in ihr auf die Unsterblichkeit vor und ist deshalb nicht umsonst geboren.

Wir werden ermahnt, die Zeit auszukaufen. Einmal vergeudete Zeit ist für immer verloren. Keinen einzigen Augenblick davon können wir zurückholen. „Auskaufen" können wir sie nur, indem wir aus der uns noch verbleibenden Zeit das Beste machen, also Mitarbeiter Gottes in seinem großartigen Erlösungsplan werden.

Wer das tut, wird feststellen, dass sich sein Wesen ändert. Er wird ein Kind Gottes, ein Angehöriger der königlichen Familie, ein Kind des himmlischen Herrschers; er wird würdig, bei den Engeln aufgenommen zu werden.

Jetzt ist für uns die Zeit, um Menschen den Weg zur Erlösung zu zeigen. Manche Leute meinen, es sei schon genug, wenn sie Geld für die Sache Christi spenden; mehr werde nicht von ihnen verlangt. Ihre kostbare Zeit, in der sie persönlich Evangelisationsarbeit leisten könnten, bleibt ungenutzt. Jeder gesunde Christ hat die Aufgabe, Gott mit allen seinen Kräften zu dienen, um Menschen für Christus zu gewinnen. Geldspenden sind kein Ersatz für persönliche Arbeit.

Weil jeder Augenblick wichtig ist für unser ewiges Schicksal, müssen wir immer dienstbereit sein. Möglicherweise kommt die Gelegenheit nie wieder, einem bestimmten Menschen das Wort des Lebens zu bringen, denn Gott könnte ja zu ihm sagen: „Diese Nacht wird man deine Seele von dir fordern." (Lukas 12,20) Dann sind wir vielleicht mitschuldig, wenn er nicht bereit ist, vor Gott zu treten. Wie aber sollen wir uns am großen Gerichtstag rechtfertigen?

Das Leben ist zu wichtig, um es nur mit irdischen Angelegenheiten auszufüllen und selbst von der Sorge und Angst um Dinge besessen zu sein, die im Vergleich zur Ewigkeit völlig bedeutungslos sind. Gott fordert uns allerdings auf, ihm auch im Alltagsleben zu dienen. Gewissenhaftigkeit in dieser Hinsicht gehört ebenso zu wahrer Frömmigkeit wie Andacht und Gebet. Die Bibel kennt keine Entschuldigung fürs Nichtstun. Faulheit ist der schlimmste Fluch, der unsere Welt heimsucht. Wer wirklich bekehrt ist, wird auch fleißig und sorgfältig arbeiten.

Vom rechten Gebrauch der Zeit hängt es ab, welche Kenntnisse und Bildung wir uns aneignen. Armut, niedrige Herkunft und andere ungünstige Umstände brauchen kein Hinderungsgrund zu sein, wenn wir nur jeden Augenblick richtig nutzen. Hier ein paar Minuten, da ein paar Minuten – wie leicht sind sie mit nutzlosem Gerede vergeudet! Morgens kommt man nicht aus dem Bett. Dann verstreicht kostbare Zeit ungenutzt, während wir im Bus oder in der Bahn sitzen oder an der Haltestelle warten. Wir sitzen tatenlos herum, bis das Essen serviert wird oder jemand, mit dem wir verabredet sind, eintrifft. Diese Zeit wäre für uns nutzbringend, wenn wir ein Buch zur Hand hätten und sie so mit Studieren, Lesen oder Nachdenken ausfüllen würden. Was könnten wir so nicht alles schaffen! Wer seine Zeit richtig einteilt, wer fleißig und zielstrebig ist, der kann sich Wissen und eine geistige Gewandtheit aneignen, die ihn zu fast jeder einflussreichen Position befähigt.

Jeder Christ hat die Pflicht, systematisch, gründlich und schnell zu arbeiten. Es gibt keine Entschuldigung für Trödelei und Stümperhaftigkeit. Wenn jemand ständig beschäftigt ist und trotzdem nie etwas zu Wege bringt, dann ist er wahrscheinlich nicht ganz bei der Sache. Der Betreffende muss sich darüber klar werden, dass er sein falsches Verhalten unbedingt korrigieren und lernen muss, mit dem geringst möglichen Zeitaufwand den größtmöglichen Erfolg zu erzielen. Mit der richtigen Methode kann man es schaffen, für eine Arbeit nur noch halb so viel Zeit wie vorher zu benötigen. Manche Frauen beispielsweise sind pausenlos im Haushalt beschäftigt – aber nicht, weil so viel zu tun wäre, sondern weil sie nicht Zeit sparend vorgehen. Langsam und umständlich wie sie sind, machen sie aus einer Kleinigkeit eine Riesenarbeit. Aber hier kann man umlernen. Man muss sich nur bei dem, was man tut, ein Ziel setzen und sich an einen festen Zeitplan halten. Entscheidend ist der feste Wille, flink zu arbeiten, dann kann man es auch schaffen.

Wem es an der Bereitschaft fehlt, sich zusammenzureißen und zu ändern, bei dem setzen sich leicht falsche Arbeitsmethoden unausrottbar fest. Andererseits kann jemand, der seine Begabungen nutzt, in bestmöglicher Weise die ihm gestellten Aufgaben erfüllen. Überall nimmt man seine Dienste gern in Anspruch; er ist geachtet und geschätzt.

Viele Kinder und junge Leute vertrödeln ihre Zeit, statt bei der Hausarbeit mitzuhelfen und damit den Eltern ihre Liebe zu zeigen. Gerade die älteren unter ihnen könnten schon manche Aufgabe übernehmen, die sonst ein anderer ausführen muss.

Von frühester Kindheit an war das Leben Christi mit ernsthafter Arbeit ausgefüllt. Er lebte nicht zu seinem Vergnügen. Obwohl er der Sohn Gottes war, arbeitete er mit seinem Vater Joseph als Zimmermann. Dieser Beruf symbolisierte zugleich, dass er als Charakterbaumeister in die Welt gekommen war, der jede Arbeit vollkommen ausführte. In seiner ganzen beruflichen Tätigkeit erbrachte er dieselbe makellose Leistung, wie in der Umwandlung der Charaktere durch seine göttliche Kraft. Er ist unser großes Vorbild.

Als Eltern haben wir die Aufgabe, unseren Kindern den Wert der Zeit zu erklären und ihnen zu zeigen, wie man sie richtig ausnutzt. Sie sollen lernen, dass es die Mühe wert ist, sich für etwas anzustrengen, das Gott ehrt und den Menschen Segen bringt. Schon die ganz Kleinen können Gottes Mitarbeiter sein.

Es ist eine schwere Sünde, wenn Eltern dulden, dass ihre Kinder faul sind. Kinder gewöhnen sich schnell an das Nichtstun und wachsen so zu nutzlosen, unfähigen Menschen heran. Im Berufsleben sind sie dann bei der Arbeit träge, erwarten aber dieselbe Bezahlung wie andere, die tüchtig sind. Es besteht ein himmelweiter Unterschied zwischen solchen Menschen und anderen, die sich ihrer Verantwortung als Haushalter Gottes bewusst sind.

Faulheit und Sorglosigkeit bei der täglichen Arbeit wirken sich auch auf das Glaubensleben aus. Sie machen uns unfähig dazu, für Gott etwas zu leisten. Viele hätten durch fleißige Arbeit der Welt zum Segen werden können, aber durch ihre Trägheit haben sie ihr Leben verpfuscht. Mangelnder Einsatz und fehlende Entschlusskraft öffnen Tür und Tor für tausend Versuchungen. Schlechte Gesellschaft und üble Gewohnheiten verderben den Menschen und das Resultat besteht aus zerstörten Hoffnungen für Zeit und Ewigkeit.

Für jede Aufgabe, in der wir stehen, gilt uns die Aufforderung aus Gottes Wort: „Seid nicht träge in dem, was ihr tun sollt. Seid brennend im Geist. Dient dem Herrn." (Römer 12,11) „Alles, was dir vor die Hände kommt, es zu tun mit deiner Kraft, das tu." (Prediger 9,10) „Ihr wisst, dass ihr von dem Herrn als Lohn das Erbe empfangen werdet. Ihr dient dem Herrn Christus!" (Kolosser 3,24)

Gesundheit

Gesundheit ist ein Segen, den nur wenige zu schätzen wissen; und doch hängt von ihr weitgehend unsere geistige und körperliche Leistungsfähigkeit ab. Unsere stärksten Triebe und Empfindungen haben ihren Sitz im Körper. Deshalb müssen wir ihn in der bestmöglichen Verfassung erhalten und ihn geistlichen Einflüssen unterordnen, denn nur so können wir die in uns angelegten Fähigkeiten auf optimale Weise entfalten.

Alles, was unsere körperlichen Kräfte mindert, schwächt auch unseren Geist und die Fähigkeit, zwischen Recht und Unrecht zu unterscheiden. Wir sind dann immer weniger in der Lage, das Gute zu wählen, und unsere Willenskraft, das Richtige zu tun, nimmt ab.

Der Missbrauch der Körperkräfte verkürzt unsere Lebenszeit, die wir sonst zur Ehre Gottes nutzen könnten, und macht uns unfähig, seinen Auftrag auszuführen. Falsche Angewohnheiten – wie etwa, die Nacht zum Tag zu machen oder auf Kosten der Gesundheit zu essen, was und wie viel einem schmeckt – beeinträchtigen unser körperliches Wohlbefinden.

Mangelnde Bewegung sowie geistige und körperliche Überarbeitung bringen leicht das Nervensystem aus dem Gleichgewicht. Wer auf diese Weise sein Leben verkürzt und so für den Dienst Gottes unbrauchbar wird, weil er die Naturgesetze nicht beachtet, der beraubt Gott und Mitmenschen, weil er selbst schuld daran ist, dass er anderen nicht zum Segen wird, obwohl Gott ihn doch mit diesem Auftrag in die Welt gesandt hat. Mit der Zeit können solche Menschen selbst ganz leichte Aufgaben nicht länger übernehmen. Wenn wir aber infolge schädlicher Gewohnheiten der Welt Gutes vorenthalten, dann machen wir uns vor Gott schuldig.

Wer das Naturgesetz übertritt, verstößt gleichzeitig gegen das Sittengesetz; Gott ist ja der Urheber von beiden. Sein Gesetz steht auf jedem unserer Muskeln und auf jeder Fähigkeit. Missbrauchen wir irgendeinen Teil unseres Organismus, dann ist dies eine Verletzung des göttlichen Gesetzes.

Alle sollten den Bau des menschlichen Körpers so gut kennen, dass sie sich selbst für die Arbeit in Gottes Werk bei Kräften halten können. Unsere Gesundheit muss sorgfältig gepflegt werden, damit wir die göttliche Natur in ihrer Fülle widerspiegeln können.

Die enge Beziehung zwischen körperlicher Verfassung und geistlichem Leben bietet Stoff für ein ganzes Unterrichtsfach und sollte auch im Elternhaus immer wieder hervorgehoben werden. Es ist für jeden wichtig, sich Grundkenntnisse in Anatomie anzueignen und nach den Gesetzen zu fragen, die dahinterstehen. Wer in freiwilliger Unwissenheit gegen diese Gesetze verstößt, der versündigt sich gegen Gott. Jeder muss bestrebt sein, so gesund wie möglich zu leben. Das wird dann möglich, wenn wir unsere Gewohnheiten vom Verstand leiten lassen, der seinerseits unter Gottes Leitung steht.

„Oder wisst ihr nicht“, schreibt der Apostel Paulus, „dass euer Leib ein Tempel des heiligen Geistes ist, der in euch ist und den ihr von Gott habt, und dass ihr nicht euch selbst gehört? Denn ihr seid teuer erkauft; darum so preist Gott mit eurem Leibe.“ (1. Korinther 6,19.20)

Kraft

Wir werden aufgefordert, Gott nicht nur von ganzem Herzen und von ganzer Seele, sondern auch mit all unseren Kräften zu lieben. Das schließt ein, dass wir unsere Körperkräfte sinnvoll gebrauchen.

Christus erledigte seine irdischen Aufgaben genauso gewissenhaft wie die geistlichen. Er ging an alles mit dem Vorsatz heran, den Willen seines Vaters zu erfüllen. Himmlisches und Irdisches ist viel enger miteinander verbunden und steht viel unmittelbarer unter der Aufsicht Christi, als viele meinen. Von Jesus stammte der Plan für das erste irdische Heiligtum, die Stiftshütte. Auch für den Bau des salomonischen Tempels gab er genaue Anweisungen. Während seines Erdenlebens arbeitete er als Zimmermann in Nazareth und war doch zugleich der himmlische Baumeister, der den Plan des heiligen Gebäudes entworfen hatte, in dem sein Name geehrt werden sollte.

Kein anderer als Christus schenkte den Erbauern der Stiftshütte die Gabe, jenes einmalige Meisterwerk zu errichten. Er sagte: „Siehe, ich habe mit Namen berufen Bezalel, den Sohn Uris, des Sohnes Hurs, vom Stamm Juda, und habe ihn erfüllt mit dem Geist Gottes, mit Weisheit und Verstand und Erkenntnis und mit aller Geschicklichkeit … Und siehe, ich habe ihm beigegeben Oholiab, den Sohn Ahisamachs, vom Stamm Dan, und habe allen Künstlern die Weisheit ins Herz gegeben, dass sie alles machen können, was ich dir geboten habe.“ (2. Mose 31,2.3.6)

Nach Gottes Willen sollen seine Mitarbeiter in ihm den Ursprung aller Talente sehen, die sie besitzen. Alle guten Erfindungen und Verbesserungen gehen aus „vom Herrn Zebaoth; sein Rat ist wunderbar, und er führt es herrlich hinaus“ (Jesaja 28,29). Der Arzt verdankt seine geschickte Hand, sein Wissen um die Funktion der Nerven und Muskeln sowie sein Verständnis für die feinen Zusammenhänge innerhalb des Organismus allein der Vollmacht von Gott. Sie ist ihm geschenkt worden, damit er in der Lage ist, kranken Menschen zu helfen.

Der Zimmermann hat die Geschicklichkeit, mit der er mit dem Hammer umgeht, ebenso von Gott, wie der Schmied die Kraft, den Amboss zum Klingen zu bringen. Der Herr hat uns Gaben anvertraut und erwartet nun von uns, dass wir ihn fragen, wie wir sie richtig gebrauchen können. Er will unser Denken beeinflussen, was immer und wo wir auch arbeiten, damit wir Vollkommenes leisten können.

Unseren Glauben können wir nicht aus dem Berufsleben heraushalten; beide gehören zusammen. Was immer wir tun oder sagen, sollte Ausdruck unserer bibelorientierten Überzeugung sein. Gott möchte bei weltlichen wie bei geistlichen Vorhaben mit uns zusammenarbeiten, sei es nun in der Industrie oder in der Landwirtschaft, im kaufmännischen Bereich oder auf wissenschaftlichem Gebiet. Ein Christ ist in jeder Hinsicht auf Gottes Mitwirken angewiesen.

Gott hat bereits aufgezeigt, unter welchen Voraussetzungen eine solche Zusammenarbeit möglich ist. Sein Ruhm muss unser einziger Beweggrund sein. Dann führen wir unsere Aufgaben aus Liebe zu Gott aus und sind in Übereinstimmung mit seinem Willen.

Den Willen Gottes zu tun, ist ebenso wichtig beim Bau eines Hauses beispielsweise wie beim Besuch des Gottesdienstes. Wer sein Wesen von den richtigen Grundsätzen prägen lässt, der wird auch bei seiner täglichen Arbeit an Gnade und Erkenntnis zunehmen.

Allerdings verzichtet Gott selbst auf die glänzendsten Begabungen und den beeindruckendsten Gottesdienst, wenn Menschen nicht bereit sind, ihr eigenes Ich zu opfern. Die Wurzel muss heilig sein, damit eine Frucht wachsen kann, die Gott gefällt.

Der Herr machte Daniel und Joseph zu tüchtigen Verwaltern. Sie konnte er gebrauchen, weil sie nicht für ihr eigenes Vergnügen, sondern für ihn lebten.

Gerade von Daniel können wir manches lernen. Sein Leben zeigt uns, dass auch ein Mann in der Wirtschaft nicht notwendigerweise ein rücksichtsloser Stratege sein muss, sondern bei jeder Entscheidung Gott um Rat fragen kann. Als oberster Regierungsbeamter des Babylonischen Reiches war Daniel zugleich ein Prophet Gottes, der das Licht der himmlischen Offenbarung empfing. Die ehrgeizigen Staatsmänner der Welt vergleicht die Bibel mit dem Gras, das schnell wächst, aufblüht und verdorrt. Trotzdem braucht der Herr intelligente Mitarbeiter für die verschiedensten Aufgaben innerhalb seines Werkes. Er sucht Geschäftsleute, die die großartigen Grundsätze der Wahrheit in ihren Unternehmungen verwirklichen und ihre Fähigkeiten durch gründliche Weiterbildung ständig vervollkommnen.

Wenn es Leute gibt, die in jeder Hinsicht alle Möglichkeiten nutzen sollten, um so klug und tüchtig wie möglich zu werden, dann sind es jene, die ihre Fähigkeiten dafür zur Verfügung stellen, dass das Reich Gottes in dieser Welt aufgerichtet werden kann!

Von Daniel heißt es, dass auch die genaueste Untersuchung seiner Verwaltungstätigkeit keinen einzigen Irrtum oder Fehler zum Vorschein brachte. Darin kann er jedem, der eine leitende Stellung innehat, als Vorbild dienen. Sein Beispiel zeigt, was man erreichen kann, wenn man Verstand, Herz und alle Kräfte in den Dienst Gottes stellt.

Geld

Auch Besitz vertraut Gott den Menschen an, denn von ihm haben sie die Kraft, Wohlstand zu erwerben. Er erfrischt die Erde mit dem Tau des Himmels und mit Regen; er lässt die Sonne scheinen, die das Land erwärmt, überall in der Natur neues Leben weckt und es zum Blühen und Reifen bringt. Dann bittet er uns, dass wir ihm von seinem Besitz etwas zurückgeben.

Wir haben unser Geld nicht bekommen, um uns damit groß zu tun. Als treue Haushalter sollen wir es zur Ehre und zum Ruhm Gottes verwenden. Manche Leute vertreten die Ansicht, nur ein Teil ihres Besitzes gehöre Gott. Haben sie eine bestimmte Summe für religiöse und mildtätige Zwecke gegeben, dann betrachten sie das übrige Geld als ihr Eigentum, über das sie nach Belieben verfügen können.

Damit sind sie aber einem Irrtum erlegen. Alles, was wir besitzen, gehört dem Herrn, und ihm sind wir dafür verantwortlich, wie wir seine Gaben nutzen. Jeder Pfennig, den wir ausgeben, zeigt auch etwas davon, ob wir Gott über alles und unseren Nächsten wie uns selbst lieben.

Geld hat einen großen Wert, weil man damit viel Gutes tun kann. In den Händen der Kinder Gottes wird es zu Speise, Trank und Kleidung für die Bedürftigen. Wir können damit die Entrechteten unterstützen und den Kranken helfen. Geld ist allerdings nur dann mehr wert als zum Beispiel Sand, wenn es für die elementaren Bedürfnisse des täglichen Lebens, zum Segen der Mitmenschen und zur Förderung des Werkes Gottes ausgegeben wird.

Angehäufter Reichtum erweist sich mit der Zeit nicht nur als nutzlos, sondern sogar als Fluch, weil er uns leicht von den himmlischen Schätzen ablenkt. Am Jüngsten Tag wird er als Beweis für ungenutzte Möglichkeiten gelten und damit über seinen Besitzer Verdammnis bringen. Die Schrift sagt: „Und nun, ihr Reichen: Weint und heult über das Elend, das über euch kommen wird! Euer Reichtum ist verfault, eure Kleider sind von Motten zerfressen. Euer Gold und Silber ist verrostet, und ihr Rost wird gegen euch Zeugnis geben und wird euer Fleisch fressen wie Feuer. Ihr habt euch Schätze gesammelt in diesen letzten Tagen! Siehe, der Lohn der Arbeiter, die euer Land abgeerntet haben, den ihr ihnen vorenthalten habt, der schreit, und das Rufen der Schnitter ist gekommen vor die Ohren des Herrn Zebaoth.“ (Jakobus 5,1-4)

Doch Christus redete auch keinem verschwenderischen, leichtsinnigen Geldausgeben das Wort. Allen seinen Nachfolgern gilt der Aufruf zur Sparsamkeit: „Sammelt die übrigen Brocken, damit nichts umkommt.“ (Johannes 6,12) Wer erkannt hat, dass auch sein Geld eine Gabe Gottes ist, der geht sparsam damit um und kann dann anderen, die es brauchen, davon geben.

Je mehr wir für unseren eigenen Luxus ausgeben, umso weniger bleibt uns, um Menschen in Not zu helfen. Jeder unnütz verbrauchte Pfennig schmälert unsere Möglichkeiten, Gutes zu tun, und damit bringen wir Gott um den Ruhm und die Ehre, die uns anvertrauten Gaben richtig verwendet zu haben.

Ein freundliches, offenes Wesen

Ein freundliches Wesen sowie die Fähigkeit, geistliche Dinge schnell zu erfassen, sind wertvolle Gaben und bringen für den, der sie besitzt, eine große Verantwortung mit sich. Auch sie sollen im Dienst Gottes angewandt werden. Doch hier machen viele Menschen einen Fehler: Sie freuen sich zwar über ihre Fähigkeiten, versäumen aber, sie für andere einzusetzen. Sie reden sich ein, dass sie natürlich viel Gutes leisten würden, wenn sie nur Gelegenheit dazu hätten. Ein Leben lang warten sie auf günstige Umstände. Für den knickerigen Geizkragen, der einem Bedürftigen auch noch das kleinste Almosen missgönnt, haben sie nur Verachtung übrig, denn sie sehen wohl, dass er nur für sich selbst lebt und in voller Verantwortung die ihm anvertrauten Gaben missbraucht. Mit einer gewissen Selbstgefälligkeit vergleichen sie sich mit ihm und kommen zu der Überzeugung, dabei viel besser abzuschneiden.

Aber sie täuschen sich. Auch sie haben ja Gaben, die sie nicht nutzen; dafür tragen sie die Verantwortung. Menschen, die auf andere zugehen und ihre Zuneigung zeigen können, sollen nach dem Willen Gottes mit dieser Gabe nicht nur ihren Freunden begegnen, sondern allen, die ihre Hilfe brauchen. Kontaktfreudigkeit ist eine Gabe, die allen Menschen in unserem Einflussbereich zugute kommen soll. Wenn wir nur einigen wenigen freundlich begegnen, ist dies keine echte Liebe, sondern Selbstsucht. Auf diese Weise bringen wir weder andere Menschen zu Gott, noch tragen wir zu seiner Ehre bei. Wer so die Gaben Christi ungenutzt lässt, der macht sich noch schuldiger als jener Geizige, für den er nur Verachtung übrig hatte. Zu Menschen wie ihm wird einmal gesagt werden: Ihr habt den Willen Gottes gekannt und trotzdem nicht danach gehandelt (Matthäus 7,21.23).

Gaben vervielfältigen sich durch Gebrauch

Gaben, die eingesetzt werden, vervielfältigen sich. Erfolg hängt nicht von Zufall oder Schicksal ab, sondern ist das Ergebnis göttlicher Fügung und der Lohn für Treue und Umsicht, Hingabe und ganzen Einsatz. Der Herr will, dass wir jede Gabe, die wir empfangen haben, auch nutzen. Wenn wir das tun, wird er uns mit noch größeren Fähigkeiten segnen. Qualifikationen, die uns noch fehlen, schenkt Gott uns nicht auf übernatürliche Weise; aber wenn wir die nutzen, die uns zur Verfügung stehen, wird er uns helfen, unsere Fähigkeiten weiterzubilden und darin tüchtig zu werden. Jedes ehrliche Opfer im Dienst Christi bringt uns dabei weiter. Wenn wir den Heiligen Geist an uns arbeiten lassen, können wir durch die Gnade Gottes schlechte Veranlagungen überwinden und zu einem neuen Lebensstil finden. Geführt vom Geist Gottes, kann unser Herz immer mehr von seiner Kraft aufnehmen, und wir arbeiten immer wirkungsvoller für unseren Herrn. Versteckte Energien werden wach und schlummernde Talente neu entdeckt.

Wer in demütigem Gehorsam dem Ruf des Herrn folgt, darf sicher sein, dass der Himmel ihm beisteht. Eine große, heilige Verantwortung wirkt sich günstig auf die Charakterbildung aus, fordert all unsere geistigen und geistlichen Kräfte und reinigt unser Denken und Fühlen. Der Glaube an die Kraft Gottes kann auch einen schwachen Menschen auf wunderbare Weise stark werden lassen, ihm Entschiedenheit und Erfolg schenken. Wer sein bescheidenes Wissen gern an andere weitergibt und zugleich darum bemüht ist, immer noch dazuzulernen, dem stehen alle Schätze des Himmels zur Verfügung. Je mehr Licht er zu vermitteln bereit ist, desto mehr empfängt er selbst; je intensiver er sich bemüht, seinen Mitmenschen in Liebe das Wort Gottes zu bringen, desto klarer wird es ihm selbst. Unser Wissen und unsere Kraft wachsen dadurch, dass wir sie gebrauchen.

Alles, was wir für Christus unternehmen, wird uns selbst zum Segen. Setzen wir unsere Mittel zu seiner Ehre ein, dann gibt er uns noch mehr davon. Suchen wir andere für ihn zu gewinnen und bringen wir dies als Anliegen im Gebet vor ihn, dann ergreift der belebende Einfluss der Gnade Gottes unser Herz und schenkt unserer Liebe den göttlichen Eifer. Unser Glaubensleben wird echter, ernsthafter und ist mehr vom Gebet geprägt.

Der Wert des Menschen wird im Himmel danach bemessen, wie groß die Fähigkeit seines Herzens ist, Gott zu erkennen. Diese Erkenntnis ist die Quelle aller Kraft. Gott schuf den Menschen, um seinen Schöpfergeist in jeder menschlichen Begabung sichtbar werden zu lassen, immer möchte er das menschliche Denken mit dem göttlichen in eine enge Verbindung bringen. Es ist eine hohe Auszeichnung, dass wir zusammen mit Christus der Welt seine Gnade offenbaren dürfen, um selbst die himmlischen Dinge besser zu verstehen.

Wenn wir zu Jesus aufschauen, wird unsere Vorstellung von Gott immer klarer, und gleichzeitig ändert sich unser ganzes Wesen, das dann von Güte und Nächstenliebe geprägt ist. Auf diese Weise werden wir dem Bild Gottes immer ähnlicher und vertiefen ständig unsere Gotteserkenntnis. Wir treten in enge Gemeinschaft mit dem Himmel und erhalten die wachsende Fähigkeit, den Reichtum der Erkenntnis und Weisheit des Ewigen in uns aufzunehmen.

Der eine Zentner

Der Mann, der den einen Zentner erhalten hatte, „ging hin, grub ein Loch in die Erde und verbarg das Geld seines Herrn" (Matthäus 25,18).

Ausgerechnet er, der die kleinste Gabe erhalten hatte, ließ sie ungenutzt. Dies ist eine Warnung für alle, die meinen, vom Dienst für Christus befreit zu sein, weil ihnen nur wenig anvertraut wurde. Gäbe es etwas Großes für sie zu tun, wie gern wären sie nach eigenen Worten dazu bereit. Aber weil sie nur kleine Aufgaben übernehmen können, glauben sie, das Recht zu haben, gar nichts zu tun. Damit sind sie aber im Irrtum. Mit der Art, wie der Herr seine Gaben verteilt, prüft er unseren Charakter. Der Mann, der es unterließ, den ihm anvertrauten Zentner Gewinn bringend anzulegen, erwies sich als unzuverlässig. Mit fünf Zentnern hätte er es höchstwahrscheinlich nicht anders gemacht. Sein Verhalten zeigte deutlich, dass er die Gaben des Himmels verachtete.

„Wer im Geringsten treu ist, der ist auch im Großen treu." (Lukas 16,10) Die Bedeutung der kleinen Dinge wird oft verkannt, und doch bestimmen sie in entscheidender Weise die Ordnung unseres Alltags. Im Leben eines Christen gibt es keine Belanglosigkeiten. Wir gefährden unsere charakterliche Entwicklung, wenn wir die Bedeutung der kleinen Dinge unterschätzen.

„Wer im Geringsten ungerecht ist, der ist auch im Großen ungerecht.“ (Lukas 16,10) Wenn jemand auch nur die kleinsten Pflichten vernachlässigt, verweigert er damit seinem Schöpfer den schuldigen Dienst. Auf diese Weise schadet er sich selbst, weil er so weder die Gnade noch die Kraft und Charakterstärke erhalten kann, die man durch rückhaltlose Hingabe an Gott erfährt. Fern von Christus ist er Satans Versuchungen ausgeliefert und macht im Dienst für den Meister schwerwiegende Fehler. Weil er sich im Kleinen nicht an die richtigen Grundsätze hält, kann er Gott auch bei den bedeutenden Aufgaben, zu denen er sich berufen fühlt, nicht gehorchen. Die Fehler, die er bei alltäglichen Kleinigkeiten beging, machen sich auch bei wichtigen Angelegenheiten bemerkbar. Er handelt eben so, wie er es gewohnt ist. Was man immer wieder tut, wird zur Gewohnheit, die den Charakter prägt, und der wiederum entscheidet über unser Schicksal in Zeit und Ewigkeit.

Nur Zuverlässigkeit im Kleinen befähigt einen Menschen dazu, auch größere Verantwortung zu übernehmen. Gott brachte Daniel und seine Freunde mit den führenden Persönlichkeiten Babylons zusammen, damit diese Heiden die Grundsätze des wahren Glaubens kennen lernen konnten. Inmitten eines ganzen Volkes von Götzendienern sollte Daniel das Wesen Gottes deutlich machen. Warum konnte der Herr ihm so viel Vertrauen und Ehre erweisen? Weil sein ganzes Leben von der Treue im Kleinen geprägt war! Er ehrte Gott auch bei der unbedeutendsten Aufgabe, und der Herr arbeitete mit ihm zusammen. Ihm und seinen Freunden „gab Gott Einsicht und Verstand für jede Art von Schrift und Weisheit. Daniel aber verstand sich auf Gesichte und Träume jeder Art.“ (Daniel 1,17)

Wie Gott Daniel den Auftrag erteilte, für ihn in Babylon zu wirken, so ruft er auch uns heute dazu auf, seine Zeugen in der Welt zu sein. In den kleinsten wie in den bedeutendsten Angelegenheiten des Lebens sollen wir den Menschen die Grundsätze seines Reiches vorleben.

Christus selbst zeigte während seines Lebens auf dieser Erde, wie wichtig es ist, auch bei Kleinigkeiten Sorgfalt walten zu lassen. Die große Aufgabe der Erlösung lastete schwer auf ihm. Seine Lehr- und Heiltätigkeit beanspruchte seine ganze geistige und körperliche Kraft bis aufs Äußerste, und doch hatte er Augen auch für die unscheinbarsten Dinge im Alltag und in der Natur. Er benutzte sie, um seinen Zuhörern in besonders eindringlicher Weise die großartigen Wahrheiten des Reiches Gottes zu veranschaulichen. Er wusste um die Bedürfnisse auch des einfachsten Menschen und hörte jeden Hilferuf. Er spürte sogar in der Menschenmenge, wie ihn die kranke Frau berührte. Selbst das kleinste Anzeichen von Glauben fand Erwiderung. Nachdem er die Tochter des Jairus von den Toten auferweckt hatte, erinnerte er ihre Eltern daran, ihr etwas zu essen zu geben. Ja sogar als er selbst in Vollmacht aus dem Grab auferstanden war, erachtete er es nicht als Nebensächlichkeit, die Grabtücher, in denen er gelegen hatte, sorgfältig zusammengefaltet an ihren richtigen Platz zu legen.

Wir sind als Christen dazu aufgefordert, mit Christus zusammen Menschen für die Ewigkeit zu retten. Dazu haben wir uns in einem Bund mit ihm verpflichtet. Vernachlässigen wir diese Aufgabe, dann erweisen wir uns als untreu. Um ihr aber nachkommen zu können, müssen wir seinem Beispiel folgen und auch die kleinsten Dinge gewissenhaft beachten. Das ist das Erfolgsgeheimnis allen christlichen Strebens und Einflusses.

Der Herr will, dass sein Volk so viel wie möglich erreicht, um ihn durch die Fähigkeiten zu verherrlichen, die er ihnen gerne schenken möchte. In seiner Gnade hat er alle Vorkehrungen getroffen, die uns den Beweis ermöglichen, dass wir nach besseren Vorstellungen und Einsichten handeln als die Welt. Wir können an Intelligenz, praktischer Geschicklichkeit und Wissen überlegen sein, weil wir an Gott glauben und daran, dass seine Kraft Menschenherzen zu ändern vermag.

Auch wer keine großen Gaben erhalten hat, braucht deshalb den Mut nicht zu verlieren. Er muss eben das, was ihm geschenkt wurde, nutzen und seine Schwächen im Auge behalten, die ja Gottes Gnade in Stärke verwandeln kann. Was immer wir tun, sollte Ausdruck unserer Zuverlässigkeit und Treue sein. Lasst uns alle Eigenschaften pflegen, die uns dabei helfen, gute Arbeit zu leisten.

Gegen unsere Nachlässigkeit müssen wir energisch angehen. Viele entschuldigen sich auch für die gröbsten Schnitzer mit ihrer Vergesslichkeit. Aber verfügen sie nicht genauso wie andere über bestimmte geistige Fähigkeiten? Sie brauchen ihr Gedächtnis nur zu trainieren. Vergesslich zu sein, ist eine Sünde, nachlässig zu sein ebenso. Wo diese Haltung vorherrscht, geht man auch leichtfertig mit der eigenen Errettung um, sodass wir uns nicht mehr genügend auf das Reich Gottes vorbereiten.

Große Wahrheiten müssen auch in den kleinen Dingen zum Ausdruck kommen. Selbst bei unbedeutenden Alltagspflichten kann sich der Glaube praktisch bewähren. Die größte Fähigkeit überhaupt, die ein Mensch erreichen kann, ist unbedingter Gehorsam gegenüber dem Wort Gottes.

Viele, die nicht unmittelbar im Werk Gottes beschäftigt sind, fühlen sich nutzlos und meinen, keinen Beitrag zur Aufrichtung seines Reiches zu leisten. Doch das stimmt nicht. Wenn sie einer Arbeit nachgehen, die einfach getan werden muss, dann brauchen sie sich auch nicht vorzuwerfen, im großen Haushalt Gottes nutzlos zu sein. Auch die geringste Pflicht darf nicht missachtet werden. Ehrliche Arbeit ist immer ein Segen, und Treue in ihr kann sich einmal als Vorbereitung für weit verantwortungsvollere Aufgaben herausstellen.

Gott freut sich über den kleinsten Dienst, den wir mit Hingabe leisten, nicht weniger als über den größten. Kein Opfer erscheint klein, wenn es aufrichtig und freudig dargebracht wird.

Christus fordert uns dazu auf, an jedem Ort die Arbeit zu verrichten, die uns aufgetragen wird. Bist du Hausfrau, dann gestalte dein Heim so, dass sich jeder darin wohl fühlen kann. Hast du Kinder, so erziehe sie im Geist Christi; damit leistest du für Gott nicht weniger als der Prediger auf der Kanzel. Ist die Küche dein Aufgabenbereich, dann bemühe dich, so gut wie möglich zu kochen. Achte bei der Zubereitung der Speisen darauf, dass sie gesund, nahrhaft und appetitlich sind. Und wie du dabei nur die besten Zutaten auswählst, so lenke auch deine Gedanken auf schöne und edle Dinge. Ob du als Landwirt den Acker bestellst oder ob du irgendeinen anderen Beruf ausübst – erfülle deine Aufgabe ganz. Konzentriere dich auf deine Arbeit. Offenbare Christus in all deinem Tun und handle so, wie er es an deiner Stelle getan hätte.

Wie klein deine Gabe auch sein mag, Gott kann sie doch gebrauchen. Wenn man den einen Zentner klug anwendet, wird er seine Dienste tun. Während wir durch Treue in den kleinen Pflichten gewissermaßen auf der Ebene des rechnerischen Addierens tätig sind, multipliziert Gott unsere Leistungen. Diese geringen Dinge erhalten in seinem Werk einen hohen Stellenwert.

Lebendiger Glaube durchzieht wie ein goldener Faden auch die unscheinbarste Arbeit, die pflichtbewusst ausgeführt wird. Auf diese Weise fördert unser täglicher Aufgabenbereich das christliche Wachstum. Unser Blick ist auf Jesus gerichtet, und die Liebe zu ihm schenkt uns Kraft bei allem, was wir tun. Wenn wir unsere Fähigkeiten richtig gebrauchen, binden sie uns gleichsam wie eine goldene Kette an die himmlische Welt. Das ist wahre Heiligung. Sie besteht ja in der frohen Erfüllung der einzelnen täglichen Pflichten bei vollkommenem Gehorsam gegenüber dem Willen Gottes.

Aber viele Christen warten darauf, dass ihnen irgendeine *große* Aufgabe übertragen wird. Und weil sie keinen Platz finden können, der ihrem Ehrgeiz entspräche, versäumen sie es, ihre alltäglichen Pflichten gewissenhaft zu erfüllen, denn die erscheinen ihnen uninteressant. Tag für Tag lassen sie Gelegenheiten ungenutzt verstreichen, ihre Treue gegenüber Gott zu zeigen. Während sie auf den erträumten großen Einsatz warten, vergeht die Zeit und eilt ihr Leben dahin, ohne dass sie ihr Lebensziel erreichen und ihre Lebensaufgabe erfüllen.

Die Rückgabe der Zentner

„Nach langer Zeit kam der Herr dieser Knechte und forderte Rechenschaft von ihnen.“ (Matthäus 25,19) Bei der Abrechnung mit seinen Dienern prüft der Herr den Ertrag jedes Zentners. Die erbrachte Leistung zeigt deutlich, was für einen Charakter der betreffende Mitarbeiter hat. Die Knechte, die fünf beziehungsweise zwei Zentner erhalten hatten, gaben sie ihrem Herrn zusammen mit dem erzielten Gewinn zurück, ohne für sich selbst etwas zu beanspruchen. Die Zentner waren ihnen nur leihweise überlassen worden. Ohne dieses Kapital wäre es ihnen gar nicht möglich gewesen, Zinsen zu erwirtschaften. Ihnen ist bewusst, dass sie nur ihre Pflicht getan haben. Das Kapital gehört dem Herrn, folglich auch der Ertrag. Hätte der Heiland ihnen nicht seine Liebe und Gnade erwiesen, dann wären sie auf ewig zu Grunde gerichtet.

Doch als der Meister die Zentner an sich nimmt, da lobt und belohnt er die Knechte, als ob ihr Erfolg ausschließlich dem eigenen Verdienst zuzuschreiben wäre. Er zeigt Freude und Genugtuung und ist überglücklich, dass er ihnen seinen Segen zuteil werden lassen kann. Jeden Dienst und jedes Opfer belohnt er ihnen – nicht weil er ihnen das schuldig wäre, sondern weil sein Herz von Liebe und Güte überfließt.

„Recht so, du tüchtiger und treuer Knecht, du bist über wenigem treu gewesen, ich will dich über viel setzen; geh hinein zu deines Herrn Freude!“ (Matthäus 25,21)

Treue zu Gott und Dienst aus Liebe finden bei ihm Anerkennung. Wann immer wir uns vom Heiligen Geist zum Guten anregen und zu Gott führen lassen, wird dies in den Himmelsbüchern genau verzeichnet. Am Jüngsten Tag werden alle gelobt werden, durch die der Geist wirken konnte. Mit Gott dürfen sie sich freuen, wenn sie im Himmel Menschen begegnen, denen sie den Weg zur Erlösung zeigten. Sie erhalten das Vorrecht, auch dort im Werk Gottes mitzuarbeiten, weil sie sich die Fähigkeiten dazu schon in diesem Leben erworben haben. Was wir einmal im Himmel sein werden, entspricht genau dem, was wir schon jetzt in unserem Wesen und Wirken sind. Christus sagte von sich: „Der Menschensohn ist nicht gekommen, dass er sich dienen lasse, sondern dass er diene.“ (Matthäus 20,28) Sein Wirken auf dieser Erde war das gleiche wie sein Wirken im Himmel. Für unsere Zusammenarbeit mit Christus in dieser Welt werden wir mit noch größerer Kraft und mit der Ehre belohnt, auch in der zukünftigen Welt seine Mitarbeiter sein zu dürfen.

„Da trat auch herzu, der einen Zentner empfangen hatte, und sprach: Herr, ich wusste, dass du ein harter Mann bist: du erntest, wo du nicht gesät hast, und sammelst ein, wo du nicht ausgestreut hast; und ich fürchtete mich, ging hin und verbarg deinen Zentner in der Erde. Siehe, da hast du das Deine." (Matthäus 25,24.25)

So versuchen sich die Menschen herauszureden, wenn sie Gottes Gaben gering geschätzt haben. Sie halten Gott für einen hartherzigen Tyrannen, der nur darauf warte, bei ihnen einen Fehler zu entdecken, um sie dann schwer zu bestrafen. Sie tun so, als fordere er von ihnen Dinge, die er ihnen nie gegeben habe, und als wolle er ernten, ohne gesät zu haben.

Viele werfen Gott in ihrem Herzen vor, ein harter Herr zu sein, weil er ihren Besitz und ihren Dienst fordert. In Wirklichkeit aber können sie Gott nichts geben, was eigentlich nicht schon sein Eigentum wäre: „Von dir ist alles gekommen", sagte der König David, „und von deiner Hand haben wir dir's gegeben." (1. Chronik 29,14)

Alle Dinge gehören Gott, weil er die Welt erschaffen und erlöst hat. Alles Gute, was wir in Zeit und Ewigkeit erfahren dürfen, trägt das Siegel des Kreuzes von Golgatha. Deshalb entbehrt der Vorwurf, Gott sei ein harter Herr, der ernte, wo er nicht gesät habe, jeder Grundlage.

Doch der Herr weist den ungerechtfertigten Vorwurf des untreuen Knechts nicht zurück. Er benutzt ihn vielmehr, um zu zeigen, dass dessen Verhalten durch nichts zu entschuldigen ist. Der Knecht hätte Mittel und Wege gehabt, um den anvertrauten Zentner zu Gunsten des Eigentümers zu vermehren. Der sagte: „Dann hättest du mein Geld zu den Wechslern bringen sollen, und wenn ich gekommen wäre, hätte ich das Meine wiederbekommen mit Zinsen." (Matthäus 25,27)

Unser himmlischer Vater verlangt von uns nicht mehr und auch nicht weniger, als wir durch unsere Fähigkeiten leisten können. Er fordert nichts von seinen Knechten, was über ihr Vermögen ginge. „Denn er weiß, was für ein Gebilde wir sind; er gedenkt daran, dass wir Staub sind." (Psalm 103,14) Alles, was er von uns verlangt, können wir durch seine Gnade auch erbringen.

„Denn wem viel gegeben ist, bei dem wird man viel suchen." (Lukas 12,48) Jeder Einzelne wird sich verantworten müssen, wenn er auch nur etwas weniger leistet, als es seinen Fähigkeiten entspricht. Der Herr sieht genau jede Gelegenheit, die sich uns bietet, um ihm zu dienen. Ungenutzte Gaben zieht er genauso in Rechnung wie solche, die wir nutzbringend angewendet haben. Ihm sind wir dafür verantwortlich, was wir durch den rechten Gebrauch unserer Talente alles erreichen könnten.

Wir werden einmal danach beurteilt werden, was wir hätten tun sollen, aber nicht geleistet haben, weil wir unsere Kräfte nicht zur Ehre Gottes einsetzten. Selbst wenn wir dadurch unser Seelenheil nicht verlieren sollten, werden wir doch in der Ewigkeit feststellen müssen, was wir mit unserer Nachlässigkeit angerichtet haben. Denn alles Wissen und Können, das wir uns aus Trägheit nicht angeeignet haben, wird ein Verlust für die Ewigkeit sein.

Andererseits übernimmt Gott, wenn wir uns ihm völlig hingeben und bei unserer Arbeit seinen Anweisungen folgen, die gesamte Verantwortung für deren Gelingen. Wir sollen keinen Augenblick im Zweifel darüber sein, dass unseren aufrichtigen Bemühungen auch Erfolg beschieden sein wird. Misserfolg brauchen wir nicht zu befürchten, denn wir sind ja Mitarbeiter dessen, bei dem es keinen Fehlschlag gibt.

Lasst uns nicht immer von unserer Schwachheit und unserem Unvermögen reden. Damit zeigen wir doch nur, wie wenig wir Gott und seinem Wort vertrauen. Wer über zu große Belastungen klagt oder sich weigert, Verantwortung zu übernehmen, der bringt damit zum Ausdruck, dass er Gott als harten Herrn sieht, der Dinge von uns verlangt, für deren Ausführung er uns keine Kraft geschenkt hat.

Wir verwechseln die Einstellung des faulen Knechtes leicht mit Demut. Echte Demut sieht aber ganz anders aus. Sie hat nichts zu tun mit geistiger Beschränktheit, mit Ziellosigkeit, mangelnder Zivilcourage und einem Zurückschrecken vor Aufgaben aus Angst, nicht erfolgreich zu sein. Echte Demut erreicht durch die Abhängigkeit von Gottes Kraft alles, was der Herr aufträgt.

Gott wirkt, durch wen er will. Nicht selten wählt er für die bedeutendsten Aufgaben ganz unscheinbare Leute. Seine Kraft wird ja gerade in der Schwachheit des Menschen mächtig. Wir betrachten nach unseren Maßstäben die eine Sache als groß, die andere als klein; aber Gott setzt ein anderes Maß an. Was uns groß erscheint, braucht es für ihn keineswegs auch zu sein – und umgekehrt. Wir sind nicht befugt, über den Wert unserer Gaben zu urteilen oder uns die Aufgaben selbst auszusuchen. Wir sollten vielmehr die Last, die Gott uns zuweist, aufnehmen und zu seiner Ehre tragen. Wenn wir Ruhe brauchen, dürfen wir zu ihm kommen. Bei aller Arbeit ehren wir Gott dadurch, dass wir ihm freudig und von ganzem Herzen dienen. Er möchte so gern, dass wir unsere Aufgaben freudig anpacken, im dankbaren Bewusstsein, seine Mitarbeiter sein zu dürfen.

Der eine Zentner wird wieder weggenommen

Das Urteil über den faulen Knecht lautete: „Nehmt ihm den Zentner ab und gebt ihn dem, der zehn Zentner hat.“ (Matthäus 25,28) Wie bei der Belohnung der treuen Arbeiter ist dies nicht nur ein Hinweis auf das Endgericht, sondern zeigt auch, wie Gott uns nach und nach schon in diesem Leben unser Handeln vergilt. Im geistlichen Bereich ist es wie in der Natur: Ungenutzte Kraft schwächt sich ab und geht schließlich verloren. Tätigkeit ist das Gesetz des Lebens, Müßiggang bedeutet Tod. „In einem jeden offenbart sich der Geist zum Nutzen aller.“ (1. Korinther 12,7) Wenn wir unsere Gaben zum Segen für andere anwenden, erhalten wir immer mehr davon; benutzen wir sie dagegen nur für unsere egoistischen Zwecke, dann werden sie weniger und schließlich ganz von uns genommen. Wer nicht weitergeben will, was er empfangen hat, der wird eines Tages feststellen müssen, dass er gar nichts mehr zu verteilen hat. Er lässt es zu, dass seine seelische Kraft verkümmert und schließlich ganz zerstört wird.

Niemand soll glauben, er könne ein Leben lang seinen eigenen Interessen nachgehen, um dann einmal am Freudenfest seines Herrn teilzunehmen. Solche Menschen hätten gar kein Verständnis für die Freude selbstloser Liebe und wären deshalb im

Himmel fehl am Platz. Die reine Atmosphäre der Liebe, die den Himmel erfüllt, haben sie ja nie schätzen gelernt. Mit dem Lobpreis der Engel könnten sie nichts anfangen, und die Weisheit des Himmels bliebe ihnen ein unverständliches Rätsel.

Am Jüngsten Tag wird jeder, der nichts für Christus geleistet hat, sich treiben ließ und keine Verantwortung tragen wollte, weil er nur an sich und seinen Vorteil dachte, zusammen mit den Gottlosen verurteilt werden.

Viele angebliche Christen ignorieren einfach Gottes Forderungen und finden nicht einmal etwas Unrechtes dabei. Dass Lästerer, Ehebrecher und Mörder Strafe verdienen, ist für sie selbstverständlich. Sie selbst aber gehen ja schließlich zum Gottesdienst, hören gern das Evangelium und halten sich folglich für Christen. Wenn sie auch ihr ganzes Leben lang nur an sich selbst gedacht haben, werden sie einmal nicht weniger erstaunt sein als der faule Knecht im Gleichnis, wenn sie das Urteil hören: „Nehmet von ihm den Zentner." Wie die Juden erkennen sie nicht, dass es ein Unterschied ist, ob man Gottes Segnungen nur für sich selbst in Anspruch nimmt oder andere daran teilhaben lässt.

Viele, die sich um die Mitarbeit im Werk Gottes drücken, bringen die Ausrede vor, sie seien dafür nicht geeignet. Aber hat Gott ihnen wirklich keine Fähigkeiten geschenkt? Das können sie gewiss nicht behaupten! Ihre Unfähigkeit kommt nur daher, dass sie so lange mutwillig nichts getan haben. Schon jetzt wirkt sich bei ihnen der Urteilsspruch aus: „Nehmet von ihm den Zentner!" Der ständige Missbrauch ihrer Gaben führt schließlich dazu, dass sich der Heilige Geist, der ja das einzige Licht ist, zurückzieht. Mit dem Befehl „Und den unnützen Knecht werft in die Finsternis hinaus!" (Matthäus 25,30) besiegelt der Himmel die Wahl, die diese Menschen für die Ewigkeit getroffen haben.

Kapitel 26

„Macht euch Freunde mit dem ungerechten Mammon"

Als Christus in die Welt kam, lebten die Menschen ganz für das Diesseits. Das Zeitliche war ihnen wichtiger als die Ewigkeit. Gedanken an das zukünftige Leben wurden zu Gunsten der Gegenwart zurückgestellt. Sie konnten nicht mehr zwischen Einbildung und Wirklichkeit unterscheiden. Die Welt des Unsichtbaren im Glauben zu erfassen, war ihnen unmöglich. Satan stellte ihnen die Dinge dieser Welt als allein lohnend und befriedigend dar, und sie fielen prompt darauf herein.

Diese Wertvorstellungen wollte Christus grundlegend ändern; er wollte den Bann brechen, der die Menschen betörte und gefangen hielt. In seinen Predigten war er bemüht, seinen Zuhörern die unterschiedliche Gerechtigkeit von Göttlich-Ewigem und Irdisch-Materiellem aufzuzeigen und ihr Denken auf das Zukünftige hinzulenken. Er rief sie auf, nicht so sehr dem Vergänglichen nachzujagen, sondern vor allem Vorkehrungen für die Ewigkeit zu treffen.

„Er sprach aber auch zu seinen Jüngern: Es war ein reicher Mann, der hatte einen Verwalter; der wurde bei ihm beschuldigt, er verschleudere ihm seinen Besitz." (Lukas 16,1) Der reiche Mann hatte ihm sein ganzes Vermögen anvertraut, doch der Verwalter war unzuverlässig. Sein Herr gewann schließlich die Überzeugung, systematisch bestohlen zu werden. So entschloss er sich, ihn zu entlassen, und rief ihn zu sich, um seine Rechnungsbücher zu prüfen. „Was höre ich da von dir?" fragte er. „Gib Rechenschaft über deine Verwaltung; denn du kannst hinfort nicht Verwalter sein.“ (Lukas 16,2)

Die Entlassung war dem Verwalter sicher. Er hatte nur drei Möglichkeiten vor sich: eine andere Arbeit zu suchen, zu betteln oder zu verhungern. Da überlegte er: „Was soll ich tun? Mein Herr nimmt mir das Amt; graben kann ich nicht, auch schäme ich mich zu betteln. Ich weiß, was ich tun will, damit sie mich in ihre Häuser aufnehmen, wenn ich von dem Amt abgesetzt werde. Und er rief zu sich die Schuldner seines Herrn, einen jeden für sich, und fragte den ersten: Wie viel bist du meinem Herrn schuldig? Er sprach: Hundert Eimer Öl. Und er sprach zu ihm: Nimm deinen Schuldschein, setz dich hin und schreib flugs fünfzig. Danach fragte er den zweiten: Du aber, wie viel bist du schuldig? Er sprach: Hundert Sack Weizen. Und er sprach zu ihm: Nimm deinen Schuldschein und schreib achtzig.“ (Lukas 16,3-7)

Der untreue Verwalter verführte auch andere zum Betrug. Auf Kosten seines Herrn verschaffte er ihnen Vorteile und verpflichtete sie so, ihn als Freund bei sich zu Hause aufzunehmen.

„Und der Herr lobte den ungetreuen Verwalter, weil er klug gehandelt hatte.“ (Lukas 16,8) Weil er selbst materialistisch eingestellt war, imponierte dem reichen Mann das Verhalten seines Verwalters. Gott sieht das allerdings ganz anders.

Christus lobte den betrügerischen Verwalter keineswegs; er wollte nur an einem damals allgemein bekannten Vorfall veranschaulichen, was er dann seinen Zuhörern riet: „Macht euch Freunde mit dem ungerechten Mammon“, sagte er, „damit, wenn er zu Ende geht, sie euch aufnehmen in die ewigen Hütten.“ (Lukas 16,9)

Die Pharisäer nahmen es dem Heiland übel, dass er sich mit Zöllnern und Sündern abgab, trotzdem ließ er sich nicht davon abhalten, sich um diese Menschen zu bemühen. Er sah genau, wie ihre tägliche Arbeit sie in Versuchung brachte, denn sie waren den Verlockungen der Sünde besonders ausgesetzt. Der erste Schritt zum Bösen war leicht getan, und wie schnell waren sie dann in immer schlimmere Betrügereien und kriminelle Delikte verstrickt! Christus versuchte mit allen Mitteln, diese Menschen für höhere Ziele und ehrliche Grundsätze zu gewinnen. Deshalb erzählte er auch die Geschichte vom untreuen Verwalter. Unter den Zöllnern hatte es gerade einen ähnlichen Fall gegeben, und im Gleichnis Christi erkannten sie ihre eigenen Praktiken wieder. Das fesselte ihre Aufmerksamkeit. Als sie ihre eigenen unehrlichen Praktiken angeprangert sahen, wurde vielen eine Lehre von ewiger Wahrheit bewusst.

Allerdings war das Gleichnis in erster Linie für die Jünger bestimmt. Sie erhielten den Sauerteig der Wahrheit zuerst; durch sie sollte er die anderen Menschen erreichen. Vieles von dem, was Christus ihnen sagte, blieb den Jüngern anfangs unverständlich, und oft schien es, dass sie es schon wieder vergessen hatten. Doch unter dem Einfluss des Heiligen Geistes erinnerten die Jünger sich später wieder deutlich an diese Wahrheiten, sodass sie diese in lebendiger Weise den neubekehrten Gemeindegliedern vortragen konnten.

Der Heiland wandte sich mit diesem Gleichnis aber auch an die Pharisäer. Nie gab er die Hoffnung auf, dass sie sich einmal von der Macht seiner Worte überzeugen lassen würden. Viele waren es ja in ihrem tiefsten Herzen bereits. Wenn sie nun unter dem Einfluss des Heiligen Geistes die Wahrheit hörten, würden nicht wenige von ihnen seine Nachfolger werden.

Die Pharisäer hatten versucht, Christus dadurch in Misskredit zu bringen, dass sie von ihm sagten, er gebe sich mit Zöllnern und Sündern ab. Jetzt drehte dieser den Spieß um: Was sich bei den Zöllnern zugetragen hatte, das hielt er den Pharisäern als Spiegel ihres eigenen Handelns vor, zeigte ihnen aber gleichzeitig, wie sie für sich selbst doch noch etwas gutmachen könnten.

Für wohltätige Zwecke hatte der Herr im Gleichnis seinem unehrlichen Verwalter das Vermögen anvertraut, doch der hatte alles für sich selbst verwendet – genau wie Israel im übertragenen Sinn. Gott hatte die Nachkommen Abrahams erwählt und sie durch seine Kraft aus der Knechtschaft Ägyptens befreit. Von ihm waren sie zu Verwaltern der heiligen Wahrheit gemacht worden, um diesen Segen der ganzen Welt zukommen zu lassen. Sie hatten die lebendigen Verheißungen erhalten, damit sie dieses Licht an andere weitergeben konnten. Doch Gottes Verwalter hatten diese Gaben lediglich benutzt, um sich zu bereichern und ihr Ansehen zu stärken. Selbstgerecht und eingebildet wie sie waren, missbrauchten die Pharisäer das Vermögen, das Gott ihnen anvertraut hatte, um es zu seinem Ruhm zu verwenden.

Der Knecht im Gleichnis hatte überhaupt nicht für die Zukunft vorgesorgt. Als er das Vermögen verschleuderte, das ihm zum Wohl anderer anvertraut worden war, hatte er nur an die Gegenwart gedacht. Jetzt sollte er sein Amt verlieren und war völlig mittellos. Doch noch verfügte er über die Güter seines Herrn, und so beschloss er, mit ihrer Hilfe seine Zukunft zu sichern. Dazu musste er nach einem völlig neuen Plan handeln: Statt für sich selbst etwas beiseite zu schaffen, wollte er nun anderen etwas zukommen lassen und sich so Freunde sichern, die ihn nach seiner Entlassung aufnehmen würden. Die Pharisäer befanden sich in einer ähnlichen Lage. Weil sie bald ihre Verwalterstellung verlieren sollten, standen sie vor der Notwendigkeit, für die Zukunft zu sorgen. Nur dadurch, dass sie anderen Menschen Gutes erwiesen, konnten sie sich selbst nützen; nur wenn sie die Gaben Gottes in diesem Leben weiterreichten, konnten sie für die Ewigkeit vorsorgen.

Zum Abschluss des Gleichnisses sagte Christus: „Die Kinder dieser Welt sind unter ihresgleichen klüger als die Kinder des Lichts.“ (Lukas 16,8) Das bedeutet: Materialistisch eingestellte Menschen zeigen bei ihren egoistischen Bestrebungen mehr Klugheit und Entschlossenheit als die Kinder Gottes in ihrem Dienst für den Herrn. Das gilt heute nicht weniger als zur Zeit Christi. Beobachten wir nur einmal, was für ein Leben viele führen, die sich zu Christus bekennen! Der Herr hat ihnen Fähigkeiten, Kraft und Einfluss geschenkt; er hat ihnen Geld anvertraut, damit sie seine Mitarbeiter im großen Werk der Erlösung sein können. Alle diese Gaben Gottes sollen sie zum Segen der Menschen, zum Besten der Notleidenden und Armen verwenden. Unsere Aufgabe ist es, die Hungrigen zu speisen, die Nackten zu kleiden, die Witwen und Waisen zu versorgen und Menschen in seelischer Not beizustehen. (Jesaja 58,6.7)

Das weit verbreitete Elend auf dieser Welt entspricht nicht Gottes Willen. Er möchte bestimmt nicht, dass ein Einzelner alles im Überfluss besitzt, während die Kinder anderer Leute hungern müssen. Wer mehr besitzt, als er unbedingt zum Leben braucht, soll damit Gutes tun und der Menschheit zum Segen werden. Der Herr fordert uns auf: „Verkauft, was ihr habt, und gebt Almosen.“ (Lukas 12,33) Wir sollen „Gutes tun, reich werden an guten Werken, gerne geben, behilflich“ sein (1. Timotheus 6,18). „Wenn du ein Mahl machst, so lade Arme, Verkrüppelte, Lahme und Blinde ein.“ (Lukas 14,13) „Lass los, die du mit Unrecht gebunden hast, lass ledig, auf die du das Joch gelegt hast! Gib frei, die du bedrückst, reiß jedes Joch weg! Brich dem Hungrigen dein Brot, und die im Elend ohne Obdach sind, führe ins Haus! Wenn du einen nackt siehst, so kleide ihn!“ (Jesaja 58,6.7) Wir sollen den Elenden sättigen. (Jesaja 58,10) „Geht hin in alle Welt und predigt das Evangelium aller Kreatur.“ (Markus 16,15) So lauten die Gebote des Herrn. Aber richtet sich die große Masse der Christen danach?

Ach, wie viele verwenden doch die Gaben Gottes nur für sich selbst! Manche erwerben ein Haus und ein Grundstück nach dem anderen, verschwenden ihr Geld für Vergnügungen, Gaumenkitzel, extravagante Wohnungen, kostspielige Möbel und Kleidung. Ihren Nächsten aber überlassen sie dem Elend und Verbrechen, der Krankheit und dem Tod. Tausende sterben, ohne je einen freundlichen Blick, ein Wort der Anteilnahme, eine Geste der Hilfsbereitschaft erfahren zu haben.

Die Menschen machen sich des Diebstahls an Gott schuldig. Weil sie ihre Mittel nur für sich selbst verwenden, verhindern sie, dass Gott durch die Hilfe an der leidenden Menschheit und die Rettung von Seelen geehrt wird. Sie veruntreuen seine Güter. Deshalb warnt sie der Herr: „Und ich will zu euch kommen zum Gericht und will ein schneller Zeuge sein gegen die Zauberer, Ehebrecher, Meineidigen und gegen die, die Gewalt und Unrecht tun den Tagelöhnern, Witwen und Waisen und die den Fremdling drücken ... Ist’s recht, dass ein Mensch Gott betrügt, wie ihr mich betrügt! Ihr aber sprecht: ‚Womit betrügen wir dich?‘ Mit dem Zehnten und der Opfergabe! Darum seid ihr auch verflucht; denn ihr betrügt mich allesamt.“ (Maleachi 3,5.8.9) „Und nun, ihr Reichen ... Euer Reichtum ist verfault, eure Kleider sind von Motten zerfressen. Euer Gold und Silber ist verrostet, und ihr Rost wird gegen euch Zeugnis geben ... Ihr habt euch Schätze gesammelt in diesen letzten Tagen! ... Ihr habt geschlemmt auf Erden und geprasst ... Siehe, der Lohn der Arbeiter, die euer Land abgeerntet haben, den ihr ihnen vorenthalten habt, der schreit, und das Rufen der Schnitter ist gekommen vor die Ohren des Herrn Zebaoth." (Jakobus 5,1-5)

Jeder wird einmal aufgefordert werden, die ihm anvertrauten Gaben zurückzugeben. Gehorteter Reichtum wird am Tag des Endgerichts wertlos sein, denn wir alle können dann nichts mehr unser Eigen nennen.

Wer sein Leben damit verbringt, weltliche Schätze anzuhäufen, zeigt noch weniger Klugheit und Umsicht für sein ewiges Wohlergehen als der unehrliche Verwalter im Gleichnis für sein irdisches. Die angeblichen Kinder des Lichts sind noch leichtsinniger als die Menschen, die nicht nach Gott fragen. Von ihnen sagte der Prophet in seiner Vision vom großen Gerichtstag: „An jenem Tag wird jedermann wegwerfen seine silbernen und goldenen Götzen, die er sich hatte machen lassen, um sie anzubeten, zu den Maulwürfen und Fledermäusen, damit er sich verkriechen kann in die Felsspalten und Steinklüfte vor dem Schrecken des Herrn und vor seiner herrlichen Majestät, wenn er sich aufmachen wird, zu schrecken die Erde." (Jesaja 2,20.21)

„Macht euch Freunde mit dem ungerechten Mammon", sagt Christus, „damit, wenn er zu Ende geht, sie euch aufnehmen in die ewigen Hütten." (Lukas 16,9) Gott, Christus und die Engel wollen allen Menschen in Not und Sünde helfen. Als Gottes Mitarbeiter wollen wir ihm unsere Gaben zur Verfügung stellen. Dadurch werden wir Partner der himmlischen Wesen und sind wie sie mit ganzem Herzen bei der Sache. Im Charakter werden wir ihnen immer ähnlicher, sodass diese sündlosen Bewohner des Himmels für uns keine Fremden mehr sind. Wenn alles Irdische vergangen ist, werden uns die heiligen Wächter am Himmelstor willkommen heißen.

Mittel, die zum Segen anderer benutzt werden, erhalten wir irgendwie zurück. Richtig angewandter Reichtum kann viel Gutes bewirken; dadurch können sogar Menschen für Christus gewonnen werden. Wer sich in seinem Leben an Christi Plan hält, wird einmal bei Gott all die Menschen wieder sehen, für die er Anstrengungen und Opfer auf sich genommen hat. Dankbar werden sich diese Erlösten erinnern, wer ihnen als Werkzeug Gottes den Weg zur Erlösung wies. Der Himmel wird eine herrliche Erfahrung sein für alle, die treu zur Rettung ihrer Mitmenschen beigetragen haben.

Das Gleichnis vom unehrlichen Verwalter hat allen etwas zu sagen. Jeder wird einmal Verantwortung darüber ablegen müssen, ob er die Gnade weitergegeben hat, die ihm Christus schenkte. Das Leben ist viel zu wichtig, um es nur mit irdischen Dingen auszufüllen. Es ist unser Auftrag, andere an dem teilhaben zu lassen, was die Welt des Ewigen und Unsichtbaren uns gegeben hat.

Jedes Jahr stehen Millionen Menschen der Ewigkeit gegenüber, ungewarnt und deshalb verloren. Wie oft ergibt sich für uns in ganz verschiedenartigen Situationen die Gelegenheit, Menschen anzusprechen und für die Ewigkeit zu retten. Solche Gelegenheiten kommen und gehen immer wieder, und Gott will, dass wir sie nutzen. Jeder Tag, jede Woche, jeder Monat, die verrinnen, bedeuten für uns auch weniger Zeit, um unsere Arbeit zu vollenden. Noch ein paar Jahre haben wir höchstens, bis wir die Stimme hören, der wir die Antwort nicht schuldig bleiben können: „Gib Rechenschaft über deine Verwaltung!“

Christus fordert jeden auf, dies zu bedenken. Rechne einmal genau und ehrlich nach! Lege in die eine Waagschale Jesus – das bedeutet: Reichtum in Ewigkeit, Leben, Wahrheit und die Freude Christi über jeden erlösten Menschen; in die andere Waagschale lege alle Verlockungen dieser Welt. In die eine Schale lege aber auch den Verlust des ewigen Lebens für dich und die Menschen, zu deren Rettung du als Gottes Mitarbeiter beitragen könntest; in die andere Schale lege ein Leben für dich und für sie, das mit Gottes Maß gemessen ist. Wäge Zeit und Ewigkeit gegeneinander ab. Christus sagt dann zu dir: „Was hülfe es dem Menschen, wenn er die ganze Welt gewönne und nähme an seiner Seele Schaden?“ (Markus 8,36)

Gott will, dass wir uns für die Ewigkeit entscheiden und nicht für das Vergängliche. Er ermöglicht es uns, einen Schatz im

Himmel anzulegen, ermuntert uns zu den hoch gesteckten Zielen und bietet uns Sicherheit für unseren kostbaren Schatz. Er verheißt uns, „dass ein Mann kostbarer sein soll als Feingold und ein Mensch wertvoller als Goldstücke aus Ophir“ (Jesaja 13,12). Wenn der irdische Reichtum von Motten und Rost zerfressen und vergangen sein wird, dann können die Nachfolger Christi sich über ihren himmlischen Schatz freuen, der ihnen ewig sicher ist.

Besser als alle Freundschaft der Welt ist die Freundschaft zu denen, die Christus erlöst hat; besser als das Anrecht auf den prächtigsten Palast dieser Erde ist das Anrecht auf die Wohnungen, die der Herr für uns vorbereitet; und besser als jedes irdische Lob werden die Worte des Heilands zu seinen treuen Mitarbeitern sein: „Kommt her, ihr Gesegneten meines Vaters, ererbet das Reich, das euch bereitet ist von Anbeginn der Welt!“ (Matthäus 25,34)

Denen, die seine Güter verschwendet haben, gibt Christus immer noch Gelegenheit, sich unvergänglichen Reichtum zu sichern. Er verspricht: „Gebt, so wird euch gegeben.“ (Lukas 6,38) „Macht euch Geldbeutel, die nicht veralten, einen Schatz, der niemals abnimmt, im Himmel, wo kein Dieb hinkommt und den keine Motten fressen.“ (Lukas 12,33) „Den Reichen in dieser Welt gebiete, dass sie nicht stolz seien, auch nicht hoffen auf den unsicheren Reichtum, sondern ... dass sie Gutes tun, reich werden an guten Werken, gerne geben, behilflich seien, sich selbst einen Schatz sammeln als guten Grund für die Zukunft, damit sie das wahre Leben ergreifen.“ (1. Timotheus 6,17-19)

Lass deinen Reichtum schon vor dir in den Himmel gehen. Lege ihn am Thron Gottes nieder, und sichere dir dein Anrecht auf den unermesslichen Schatz Christi. „Machet euch Freunde mit dem ungerechten Mammon, damit, wenn er zu Ende geht, sie euch aufnehmen in die ewigen Hütten.“ (Lukas 16,9)

Kapitel 27

„Wer ist denn mein Nächster?"

Die Frage: „Wer ist denn mein Nächster?" war bei den Juden ein beliebter Aufhänger für endlose Streitgespräche. Hinsichtlich der Heiden und Samariter gab es keinen Zweifel: Das waren Fremde und Feinde. Wo sollte man aber im eigenen Volk, bei den verschiedenen Gesellschaftsschichten die Trennungslinie ziehen? Wer war für den Priester, die Rabbis und Ältesten der Nächste? Ihr Leben war ausgefüllt mit kultischen Handlungen der Reinigung. Sie vertraten ja die Auffassung, dass der Kontakt mit dem ungebildeten Volk, das es mit Gesetzen nicht so genau nahm, Verunreinigung bedeute, die nur mit großem Aufwand wieder beseitigt werden könne. Sollten etwa solche „Unreinen" ihre Nächsten sein?

Diese Frage beantwortete Jesus mit dem Gleichnis vom barmherzigen Samariter. Er zeigte, dass unser Nächster nicht unbedingt unserer Religionsgemeinschaft angehören muss, dass es auch nicht auf seine Rasse, Hautfarbe oder Gesellschaftsschicht ankommt. Der Nächste ist jeder Mensch, der unsere Hilfe braucht. Wen Satan verwundet und zerschlagen hat, der ist unser Nächster – also jeder, der Gottes Eigentum ist.

Den Anstoß zur Erzählung vom barmherzigen Samariter gab die Frage eines Gesetzeslehrers, die er Christus stellte, als der Heiland lehrte, „da stand ein Schriftgelehrter auf, versuchte ihn und sprach: Meister, was muss ich tun, dass ich das ewige Leben ererbe?" (Lukas 10,25)

Die Pharisäer hatten ihn zu dieser Frage gedrängt, weil sie hofften, Christus mit seinen eigenen Worten fangen zu können.

Daher warteten sie gespannt auf seine Antwort. Der Heiland ließ sich aber auf keine Auseinandersetzung ein, sondern stellte dem Mann die Gegenfrage: „Was steht im Gesetz geschrieben? Was liest du?“ (Lukas 10,26) Die Juden beschuldigten Christus noch immer, das Gesetz vom Sinai nicht ernst genug zu nehmen; doch er machte das ewige Leben vom Halten der Gebote abhängig.

Der Schriftgelehrte erwiderte: „Du sollst den Herrn, deinen Gott, lieben von ganzem Herzen, von ganzer Seele, von allen Kräften und von ganzem Gemüt, und deinen Nächsten wie dich selbst ... Du hast recht geantwortet“, bestätigte Jesus, „tu das, so wirst du leben.“ (Lukas 10,27.28)

Den Schriftgelehrten befriedigte der Standpunkt und die Handlungsweise der Pharisäer nicht. Er hatte die Schrift studiert, weil er sie wirklich verstehen wollte. Es war ihm ein aufrichtiges Anliegen, als er fragte: „Was muss ich tun, dass ich das ewige Leben ererbe?“ In seiner Antwort ging der Gesetzeslehrer bezeichnenderweise überhaupt nicht auf die Masse der zeremoniellen und rituellen Gebote ein, da er ihnen keinen großen Wert beilegte. Stattdessen betonte er die beiden wesentlichen Grundsätze, auf denen das Gesetz und die Aussagen der Propheten beruhen.

Weil der Heiland dieser Antwort zustimmte, gewann er an Boden gegenüber den Rabbis, die es ihm ja schwerlich zum Vorwurf machen konnten, wenn er die Aussage eines Schriftgelehrten anerkannte.

„Tu das, so wirst du leben“, antwortete Christus. In all seinen Reden stellte er das göttliche Gesetz immer wieder als eine Einheit dar und zeigte, dass man unmöglich ein Gebot halten, das andere aber brechen kann, denn derselbe Grundsatz liegt ja allen zu Grunde. Das Schicksal des Menschen hängt ab von seinem Gehorsam gegenüber dem heiligen Gesetz.

Christus wusste, dass niemand das Gesetz aus eigener Kraft halten kann. Er wollte den Schriftgelehrten zu tieferem, kritischerem Forschen anregen, damit er die Wahrheit finden könne. Nur wenn wir die Kraft und Gnade Christi annehmen, sind wir im Stande, die Gebote zu befolgen; nur wenn wir glauben, dass Jesus unsere Sünden gesühnt hat, ist es uns gefallenen Menschen möglich, Gott von ganzem Herzen und unseren Nächsten wie uns selbst zu lieben.

Dem Schriftgelehrten war völlig klar, dass er weder die ersten vier noch die übrigen sechs Gebote gehalten hatte. Er fühlte sich durch Christus überführt, doch statt dies zuzugeben, versuchte er sich zu entschuldigen und zu zeigen, wie schwer erfüllbar das Gesetz sei. So wollte er verschleiern, dass er eigentlich überführt war, und sich obendrein in den Augen der Leute rechtfertigen. Obwohl der Heiland ihm bewiesen hatte, wie überflüssig seine Frage in Wirklichkeit war – er hatte sie ja selbst beantworten können –, fragte der Schriftgelehrte daraufhin: „Wer ist denn mein Nächster?“ (Lukas 10,29)

Wieder vermied es Christus, sich in ein Streitgespräch hineinziehen zu lassen, und antwortete stattdessen mit der Schilderung eines Ereignisses, das seinen Zuhörern noch gut in Erinnerung war: „Es war ein Mensch, der ging von Jerusalem hinab nach Jericho und fiel unter die Räuber; die zogen ihn aus und schlugen ihn und machten sich davon und ließen ihn halbtot liegen.“ (Lukas 10,30)

Wer von Jerusalem nach Jericho reisen wollte, musste einen Teil der Wüste Judäas durchqueren. Der Weg führte durch eine wilde Felsschlucht, in der Räuber ihr Unwesen trieben und es immer wieder zu Verbrechen kam. Auch der Reisende im Gleichnis wurde hier überfallen, beraubt und dann halb tot am Wegrand liegen gelassen. Kurz danach kam ein Priester vorbei und sah den Verwundeten in seinem Blut liegen, ohne ihm zu helfen. „Als er ihn sah, ging er vorüber.“ Als nächstes erschien ein Levit, der neugierig anhielt und den Verletzten betrachtete. Er wusste genau, was eigentlich seine Pflicht war, aber die Sache war ihm unangenehm, und er wünschte, nie hier vorbeigekommen zu sein. Er sagte sich schließlich, dass er sich am besten aus der Sache heraushalten wollte, und so „ging er vorüber“ (Lukas 10,31.32).

Doch ein Samariter, der dieselbe Straße benutzte und ebenfalls den Verletzten sah, tat das, was die anderen unterlassen hatten. Liebevoll kümmerte er sich um den übel zugerichteten Mann. „Und als er ihn sah, jammerte er ihn; und er ging zu ihm, goss Öl und Wein auf seine Wunden und verband sie ihm, hob ihn auf sein Tier und brachte ihn in eine Herberge und pflegte ihn. Am nächsten Tag zog er zwei Silbergroschen heraus, gab sie dem Wirt und sprach: Pflege ihn; und wenn du mehr ausgibst, will ich dir's bezahlen, wenn ich wiederkomme." (Lukas 10,33-35)

Der Priester und der Levit gaben zwar vor, fromm zu sein, doch der Samariter zeigte, dass er wirklich gläubig war. Ihm fiel es bestimmt nicht leichter als den beiden anderen, dem Verletzten zu helfen, aber er bewies in Gesinnung und Handlungsweise, dass er in Einklang mit Gott lebte.

Mit diesem Gleichnis umriss Christus die Grundsätze des Gesetzes auf eindrucksvolle Weise. Gleichzeitig zeigte er seinen Zuhörern, dass sie nicht wirklich nach diesen Grundsätzen handelten. Das war so deutlich, dass keiner der Anwesenden – auch nicht der Schriftgelehrte – etwas dagegen einwenden oder daran kritisieren konnte. Ja, der Gesetzeslehrer hatte sogar sein Vorurteil gegenüber Christus aufgegeben. Nur sein nationales Vorurteil konnte er nicht ganz verleugnen, als er auf die Frage Christi: „Wer von diesen dreien, meinst du, ist der Nächste gewesen dem, der unter die Räuber gefallen war?" den Samariter nicht als solchen bezeichnete, sondern umschreibend antwortete: „Der die Barmherzigkeit an ihm tat. Da sprach Jesus zu ihm: So geh hin und tu desgleichen!" (Lukas 10,36.37) Kümmere dich liebevoll um Menschen in Not, dann hältst du das Gesetz wirklich vollständig.

Juden und Samariter trennte vor allem die unterschiedliche Auffassung darüber, worin wahrer Gottesdienst bestehe. Die Pharisäer ließen an den Samaritern nichts Gutes, sondern verwünschten sie mit den schlimmsten Flüchen. So ausgeprägt war die Abneigung zwischen beiden Völkern, dass die Samariterin geradezu befremdet war, als Christus sie um einen Schluck Wasser bat. „Wie, du bittest mich um etwas zu trinken", fragte sie, „der du ein Jude bist und ich eine samaritische Frau?" Der Evangelist setzt hier erklärend hinzu: „Denn die Juden haben keine Gemeinschaft mit den Samaritern." (Johannes 4,9) Und als die Juden sich im Tempel erhoben, um Christus in ihrem mörderischen Hass zu steinigen, da wussten sie diesen Hass nicht treffender auszudrücken als mit den Worten: „Sagen wir nicht mit Recht, dass du ein Samariter bist und einen bösen Geist hast?" (Johannes 8,48) Dennoch waren es der Pharisäer und der Levit, die sich weigerten, Gottes Gebot der Nächstenliebe zu befolgen. Sie überließen es einem verhassten und verachteten Samariter, für ihren verwundeten Landsmann zu sorgen.

Der Samariter lebte das Gebot aus: „Du sollst deinen Nächsten lieben wie dich selbst." Damit bewies er, dass er gerechter war als alle, die ihn verachteten. Er setzte sein eigenes Leben aufs Spiel und behandelte den Verletzten wie seinen Bruder. Damit ist er ein Symbol für Christus, der uns in wahrhaft übermenschlicher Liebe begegnet ist. Als wir durch die Sünde zerschlagen waren und im Sterben lagen, erbarmte er sich. Er ging nicht an uns vorüber, um uns hilf- und hoffnungslos dem Verderben zu überlassen. Er blieb nicht in seinem heiligen, glücklichen Lebensraum, wo er von der Liebe der himmlischen Heerscharen umgeben war, sondern machte unsere menschliche Sache, unsere Not und Bedürfnisse zu den seinen. Man kann sagen, dass er starb, um seine Feinde zu retten, und er betete für seine Mörder. Seine Nachfolger weist er auf sein eigenes Beispiel hin: „Das gebiete ich euch, dass ihr euch untereinander liebt." (Johannes 15,17) „Ein neues Gebot gebe ich euch, dass ihr euch untereinander liebt, wie ich euch geliebt habe." (Johannes 13,34)

Der Priester und der Levit waren im Tempel zum Gottesdienst gewesen, so wie Gott ihn angeordnet hatte. Es war ein ganz großes Vorrecht, daran teilnehmen zu dürfen. Deshalb hielten es die beiden Geistlichen für unter ihrer Würde, einem unbekannten Menschen in Not irgendwo am Straßenrand zu helfen. Sie missachteten die besondere Gelegenheit, die Gott ihnen bot, um einem Mitmenschen zum Segen zu werden.

Auch heute begehen viele einen ähnlichen Fehler. Sie unterscheiden zwei Arten von Pflichten: Die erste umfasst all die großen Dinge, die das Gesetz Gottes fordert; die anderen Pflichten sind die so genannten Kleinigkeiten, bei denen das Gebot „Liebe deinen Nächsten wie dich selbst" nicht so wichtig genommen wird. Gutes zu tun macht man von der eigenen Laune abhängig. Das beeinträchtigt aber die charakterliche Entwicklung des Betreffenden und vermittelt anderen Menschen außerdem einen falschen Eindruck vom christlichen Glauben.

Manche Leute meinen, es tue ihrer Würde Abbruch, Menschen in Not zu helfen. Viele schauen gleichgültig oder voller Verachtung auf andere, die ihre eigene Seele zerstört haben. Sie übersehen die Bedürftigen und zwar aus ganz unterschiedlichen Beweggründen – auch deswegen, weil sie glauben, für die Sache Christi unerhört wichtige Aufgaben erfüllen zu müssen. Aufgrund dieser hochrangigen Angelegenheiten können sie sich nicht damit aufhalten, die Nöte der Armen und Verzweifelten wahrzunehmen. Es ist sogar möglich, dass sie zugunsten ihres vermeintlich großen Werkes die Armen unterdrücken, in unerträgliche Situationen bringen, ihre Menschenrechte missachten oder ihre grundlegenden Bedürfnisse einfach übersehen. Und dabei glauben sie noch, wenn es der Sache Christi diene, sei ihr Verhalten gerechtfertigt.

Viele sehen tatenlos zu, wie ein Verwandter oder Nachbar gegen widrige Umstände ankämpft. Weil sie sich als Christen ausgeben, könnte jener leicht denken, ihr kaltherziger Egoismus sei ein Wesenszug Christi. Weil viele angebliche Kinder Gottes nicht mit ihm zusammenarbeiten, erreicht seine Liebe, die sie weitergeben sollten, zu einem großen Teil die anderen Menschen gar nicht. So kommt es, dass Gott nicht mehr Lob und Dank dargebracht wird. Gott erhält weder den Ruhm, der seinem Namen gebührt, noch die Seelen, für die Christus starb und die er so gern in sein Reich führen möchte, damit sie in seiner Gegenwart ewig leben können.

Die göttliche Wahrheit hat nur geringe Auswirkungen auf die Weltereignisse, dabei könnte sie durch uns zu einer großen Macht werden. Es gibt viel Namenschristentum, aber das fällt im Alltag kaum ins Gewicht. Wenn wir Nachfolger Christi sein wollen und angeblich jeder Wahrheit im Wort Gottes zustimmen, so nützt das unserem Nächsten überhaupt nichts, solange unser Glaube sich nicht in der Praxis bewährt. Auch wenn wir uns noch so lautstark zu Gott bekennen, so rettet das weder uns noch unsere Mitmenschen, wenn wir keine echten Christen sind. Ein gutes Beispiel ist viel mehr wert als jedes Lippenbekenntnis.

Selbstsüchtiges Handeln kann der Sache Christi niemals dienen; denn er ist auf der Seite der Unterdrückten und Armen. Wie vielen vorgeblichen Nachfolgern Christi fehlt sein liebevolles Einfühlungsvermögen und Liebe zu denen, die er für wertvoll genug hielt, um sein Leben für ihre Rettung zu opfern! Diese Menschen sind viel mehr wert als jede andere Gabe, die wir Gott bringen können. Gott möchte nicht, dass wir alle unsere Kraft auf ein vermeintlich großes Werk verwenden, dabei aber die Menschen in Not übersehen und Ausländer um ihre Rechte betrügen.

Heiligung durch den Geist Gottes bedeutet, dass Christi Wesen in uns sichtbar wird. Das ist die frohe Botschaft: Christus lebt in mir – nicht ich, sondern er prägt mein Leben. Die Gnade Christi formt unser Wesen und zeigt sich in guten Werken. Die Grundsätze des Evangeliums können von keinem Bereich des praktischen Lebens ausgeklammert werden. Christliches Handeln und christliche Erfahrung müssen immer vom Wesen Christi geprägt sein.

Liebe ist die Grundlage aller Gemeinschaft mit Gott. Wir lieben Gott nur dann wirklich – allen Lippenbekenntnissen zum Trotz –, wenn wir unserem Bruder selbstlose Liebe entgegenbringen. Aus eigener Kraft schaffen wir das allerdings nicht. Wir brauchen dazu die Liebe Christi im Herzen. Wenn unser Ich in Jesus aufgeht, dann zeigt sich seine Liebe ganz von selbst. Es ist ein Zeichen christlicher Charaktervollkommenheit, wenn wir ständig anderen helfen und ihnen zum Segen werden möchten, wenn der Sonnenschein des Himmels unser Herz erfüllt und uns aus den Augen leuchtet.

Wer Christus im Herzen trägt, kann nicht ohne Liebe sein. Wenn wir Gott lieben, weil er uns zuerst geliebt hat, dann bringen wir auch allen Liebe entgegen, für die Christus gestorben ist. Wir können Gott nicht nahe kommen, ohne zugleich Gemeinschaft mit anderen Menschen zu haben. In ihm, der auf dem Thron des Universums sitzt, sind ja Gottheit und Menschheit vereint.

Die Verbundenheit mit Christus bindet uns durch die goldene Kette der Liebe auch an unsere Mitmenschen. Dann wird in unserem Leben die mitfühlende Barmherzigkeit Christi sichtbar. Wir warten nicht mehr, bis Menschen in Not zu uns kommen, und lassen uns auch nicht lange bitten, wenn wir gebraucht werden. Anderen zu helfen ist dann für uns eine Selbstverständlichkeit, wie es das ja auch für Christus war.

Liebevolles Verständnis für andere und der Wunsch, Menschen zum Segen zu werden, sind immer ein Zeichen für das Wirken des Heiligen Geistes. Selbst im finstersten Heidentum gab es Menschen, die noch nie etwas von Gottes Gesetz oder von Christus gehört hatten und dennoch seine Diener freundlich aufnahmen, ja manchmal für ihren Schutz sogar das eigene Leben aufs Spiel setzten. Hier zeigte sich klar, dass Gottes Kraft am Wirken war. Der Heilige Geist füllt auch das Herz eines Heiden mit der Gnade Christi und weckt in ihm ein Mitgefühl, das weder seiner Natur noch den Sitten seines Stammes entspricht. „Das wahrhaftige Licht, welches alle Menschen erleuchtet, die in diese Welt kommen“ (Johannes 1,9), scheint in sein Herz und führt ihn, wenn er ihm folgt, ins Reich Gottes.

Der Ruhm Gottes ist deshalb so groß, weil er Menschen, die am Boden liegen und großes Leid erfahren haben, aufrichtet und tröstet. Wer Christus im Herzen trägt, wird genauso handeln. Der Glaube an Christus wirkt sich auf andere segensreich aus und schenkt den Menschen Licht.

Für Gott gibt es keinen qualitativen Unterschied zwischen den einzelnen Nationen, Rassen oder Gesellschaftsschichten. Er ist der Schöpfer aller Menschen, die durch Schöpfung und Erlösung eine einzige Familie bilden. Christus kam, um jede Trennwand niederzureißen und alle Räume des Tempels zugänglich zu machen, sodass jeder ungehindert vor Gott treten kann. Seine Liebe ist so groß und reich, dass sie überallhin dringt. Sie holt die Menschen, die sich von Satan täuschen ließen, aus dem Einflussbereich des Bösen und bringt sie vor den Thron Gottes, den der Regenbogen der Verheißung überspannt.

Für Christen gibt es keinen Unterschied zwischen Juden und Griechen, Sklaven und Freien (Galater 3,28), denn sie sind einander alle „nahe geworden durch das Blut Christi“ (Epheser 2,13).

Auch bei unterschiedlicher Glaubensauffassung müssen wir Menschen in Not helfen. Gerade der persönliche Einsatz kann mancher feindlichen Haltung, die durch Glaubensdifferenzen aufgekommen ist, ein Ende bereiten. Liebevolle Hilfsdienste beseitigen Vorurteile und gewinnen Menschen für Gott.

Wir brauchen einen Blick für die Sorgen, Schwierigkeiten und Nöte anderer Menschen. Lasst uns Anteil nehmen an Freude und Leid aller sozialen Schichten. „Umsonst habt ihr's empfangen, umsonst gebt es auch.“ (Matthäus 10,8) Überall in unserer Nachbarschaft gibt es Menschen mit schwerem Schicksal, die Verständnis und praktische Hilfe brauchen. Da hat eine Frau den Mann verloren und braucht einmal unser Gespräch oder einen Rat. Nach Gottes Willen sollen wir uns auch für ihre Kinder verantwortlich fühlen, um die sich sonst vielleicht niemand kümmert. Selbst wenn sie uns einen verwahrlosten und keinen viel versprechenden Eindruck machen sollten, so sind sie doch Gottes Eigentum, teuer erkauft und in seinen Augen nicht weniger wertvoll als wir. Auch sie gehören zu Gottes großer Familie, und als Christen sind wir für sie verantwortlich. „Ihr Blut“, sagt er, „will ich von deiner Hand fordern.“ (Hesekiel 3,18)

Die Sünde ist das größte aller Übel; schon deshalb muss es unsere Aufgabe sein, anderen aus diesem Teufelskreis herauszuhelfen. Doch nicht alle Menschen erreichen wir auf die gleiche Weise. Viele gestehen es sich selbst nicht ein, dass sie nach der Wahrheit hungern. Ihnen hilft man am besten mit einem freundlichen Wort oder einer Geste, die ihnen zeigt, dass sie nicht vergessen sind. Andere sind in tiefster Not, ohne es selbst zu wissen. Sie merken gar nicht, wie tief sie geistlich gesunken sind. Wie viele sind doch so sehr in die Sünde verstrickt, dass sie den Sinn für die Wirklichkeit des Ewigen völlig verloren und ihre Gottähnlichkeit eingebüßt haben! Sie wissen kaum noch, dass auch ihnen die Erlösung angeboten wird, und glauben weder an Gott, noch schenken sie Menschen ihr Vertrauen. Nur mit Gesten uneigennütziger Freundlichkeit können sie in der Regel noch erreicht werden. Zuerst muss man für ihr körperliches Wohl sorgen, also ihnen Essen und Kleidung geben. Solche selbstlose Liebe wird es ihnen leichter machen, an die Liebe Christi zu glauben.

Viele sind auf dem falschen Weg, die sich dessen schämen, weil sie sehen, wohin ihre Torheit führt. Sie haben immer nur ihre Verfehlungen vor Augen und werden allmählich zur Verzweiflung getrieben. Auch um solche Menschen müssen wir uns kümmern. Wer gegen den Strom schwimmen muss, wird von der ganzen Gewalt des Wassers zurückgetrieben. Reich du ihm eine helfende Hand wie Jesus damals, als Petrus versank. Mach ihm wieder Hoffnung, damit er Vertrauen fassen kann und deine Liebe spürt.

Dein geistlich kranker Bruder braucht dich, so wie ja auch du früher auf die Liebe eines Bruders angewiesen warst. Er braucht die Erfahrung eines Menschen, der einmal genauso schwach gewesen ist wie er und ihm daher Verständnis und Hilfe entgegenbringen kann. Gerade das Bewusstsein unserer eigenen Schwäche sollte uns Anlass sein, anderen zu helfen. Lasst uns an keinem Menschen in Not vorübergehen, ohne zu versuchen, ihn damit zu trösten, womit Gott auch uns getröstet hat.

Persönliche Gemeinschaft mit Christus, unserem lebendigen Heiland, gibt uns die Kraft, über das Böse zu triumphieren. Erzähle dem suchenden Menschen, dass der Allmächtige ihm helfen will und dass Christus in seiner unendlichen Liebe auch an ihn denkt. Gerade er braucht ja mehr als nur Glauben an Recht und Macht, an Dinge also, die kein Mitleid empfinden und keinen Hilferuf vernehmen. Er braucht eine gütige Hand, die ihm Halt gibt, und ein liebevolles Herz, dem er sich anvertrauen kann. Sage ihm immer wieder, dass Gott ihn nie verlässt, sondern mit verständnisvoller Liebe auf ihn blickt. Hilf ihm, an seinen Vater zu glauben, den die Sünde schmerzt, der uns aber die Hand entgegenstreckt und uns auffordert, bei ihm Frieden zu suchen und mit ihm Frieden zu schließen (Jesaja 27,5).

Bei dieser Aufgabe haben wir unsichtbare Helfer. Engel des Himmels begleiteten den Samariter, als er für den verwundeten Fremden sorgte, und sie stehen allen zur Seite, die im Dienst für Gott ihrem Nächsten helfen. Christus selbst arbeitet mit uns zusammen. Er ist der Heiland der Welt, unter dessen Leitung wir ungeahnte Erfolge erleben werden.

Von unserer Treue bei dieser Arbeit hängt nicht nur das Wohlergehen anderer, sondern auch unser eigenes Schicksal ab. Christus möchte alle, die dazu bereit sind, zu seinen Mitarbeitern machen, sodass sie eins werden mit ihm, wie er eins ist mit dem Vater (Johannes 17,20-23). Er lässt uns mit Leid und Unrecht in Berührung kommen, um uns aus unserem Egoismus herauszureißen; er möchte, dass in uns seine Charaktereigenschaften – Mitgefühl, Güte und Liebe – zur Entfaltung kommen. Übernehmen wir diese Aufgaben, dann werden wir auf diese Weise vorbereitet, einmal bei Gott in der Ewigkeit zu sein. Lehnen wir sie aber ab, dann verweigern wir uns auch dieser Vorbereitung und entscheiden uns damit für ewiges Getrenntsein von ihm.

„Wirst du in meinen Wegen wandeln und meinen Dienst recht versehen, so ... will [ich] dir Zugang zu mir geben mit diesen, die hier stehen“, verspricht uns der Herr (Sacharja 3,7). Unsere Zusammenarbeit mit den Engeln hier auf der Erde bereitet uns darauf vor, einmal im Himmel mit ihnen Gemeinschaft zu haben. Sie sind ja „dienstbare Geister, ausgesandt zum Dienst um derer willen, die das Heil ererben sollen“ (Hebräer 1,14). Im Himmel werden sie jeden willkommen heißen, der – wie Christus – auf Erden nicht lebte, „dass er sich dienen lasse, sondern dass er diene“ (Matthäus 20,28). In dieser gesegneten Gemeinschaft erfahren wir dann zu unserer ewigen Freude alles, was in der Frage eingeschlossen ist: „Wer ist denn mein Nächster?“

Kapitel 28

Belohnung aus Gnade

Dass die Gnade Gottes ein Geschenk ist, hatten die Juden fast vergessen. Die Rabbis lehrten nämlich, man müsse sich Gottes Gunst verdienen, und hofften, den Lohn der Gerechten durch eigene Werke zu erhalten. Ihre Gottesverehrung entsprang also der Gewinnsucht. Von dieser Einstellung waren auch die Jünger Christi nicht ganz frei, und deshalb nahm der Heiland jede Gelegenheit wahr, um ihnen ihren Irrtum zu zeigen. Bevor er das Gleichnis von den Arbeitern im Weinberg erzählte, hatte er eine Begegnung mit einem jungen Mann, die es ihm ermöglichte, zu zeigen, worauf es wirklich ankommt.

Er war gerade unterwegs, als ein junger Oberster zu ihm trat, niederkniete und ihn ehrfürchtig grüßte. „Guter Meister", sagte er, „was muss ich tun, damit ich das ewige Leben ererbe?"

Der Oberste redete Jesus nur wie einen verehrten Rabbi an, ohne in ihm den Sohn Gottes zu erkennen. Deshalb erwiderte der Heiland: „Was nennst du mich gut? Niemand ist gut als Gott allein." (Lukas 18,18.19) Wie kommst du darauf, mich gut zu nennen? Gott allein ist gut! Wenn du mich als gut bezeichnest, musst du mich auch als seinen Sohn und Stellvertreter anerkennen. „Willst du aber zum Leben eingehen", fuhr er dann fort, „so halte die Gebote." (Matthäus 19,17) Das Wesen Gottes kommt in seinem Gesetz zum Ausdruck. Wer in Einklang mit Gott leben möchte, muss sein Handeln von den Grundsätzen dieses Gesetzes prägen lassen.

Christus spielt die Forderung des Gesetzes nicht herunter. Er sagt unmissverständlich, dass Gehorsam die Grundvoraussetzung für das ewige Leben ist – die gleiche Bedingung also, der schon Adam vor dem Sündenfall unterworfen war. Der Herr erwartet vom Menschen heute nicht weniger als damals im Paradies: vollkommenen Gehorsam, makellose Gerechtigkeit. Der Bund der Gnade hat also dieselbe Bedingung, wie sie damals im Garten Eden herrschte: Übereinstimmung mit Gottes Gesetz, das „heilig, recht und gut“ (Römer 7,12) ist.

Als Jesus ihn aufforderte: „Halte die Gebote!“, fragte der junge Mann: „Welche?“ Er dachte dabei wohl an irgendwelche Vorschriften oder Regeln der Rabbis. Christus meinte jedoch das Gesetz vom Sinai, zitierte auch einige Gebote von der zweiten Tafel des Dekalogs und fasste sie dann alle zusammen in der Regel: „Du sollst deinen Nächsten lieben wie dich selbst.“ (Matthäus 19,19)

Der junge Mann erwiderte ohne Zögern: „Das habe ich alles gehalten; was fehlt mir noch?“ (Matthäus 19,20) Er verstand das Gesetz nur oberflächlich. Nach menschlichem Ermessen war sein Charakter zwar tadellos und sein Leben frei von Schuld. So glaubte er allen Ernstes, er sei immer vollkommen gehorsam gewesen. Trotzdem war da eine geheime Furcht, zwischen ihm und Gott könnte doch nicht alles in Ordnung sein. Daher seine Frage: „Was fehlt mir noch?“

„Jesus sprach zu ihm: Willst du vollkommen sein, so geh hin, verkaufe, was du hast, und gib's den Armen, so wirst du einen Schatz im Himmel haben; und komm und folge mir nach! Als der Jüngling das Wort hörte, ging er betrübt davon; denn er hatte viele Güter.“ (Matthäus 19,21.22)

Egoismus ist Gesetzesübertretung, das wollte Jesus dem jungen Mann klarmachen. Er stellte ihn auf eine Probe, die alle Selbstsucht seines Herzens offenbaren musste. Da war der wunde Punkt in seinem Leben. Plötzlich hatte der junge Mann keine weiteren Fragen mehr. In seinem tiefsten Inneren betete er einen Götzen an, nämlich den Götzen Welt. Zwar behauptete er, die Gebote gehalten zu haben, doch gerade den Grundsatz, der diesen eigentlich erst Geist und Leben gibt, befolgte er nicht; ihm fehlte die aufrichtige Liebe zu Gott und den Menschen. Damit fehlte ihm aber gerade die entscheidende Voraussetzung dafür, ins

Reich Gottes zu kommen. Sein Egoismus und seine Gewinnsucht waren unvereinbar mit dem Prinzip der himmlischen Liebe.

Der aufrichtige Ernst des jungen Mannes gefiel dem Heiland: „Jesus sah ihn an und gewann ihn lieb." (Markus 10,21) Er sah, dass dieser junge Mann aus vornehmem Haus durchaus die Fähigkeiten hatte, ein Verkündiger der göttlichen Gerechtigkeit zu werden. Gern hätte er ihn ebenso in seinen Dienst gestellt wie die ärmlichen Fischer, die ihm nachfolgten. Wäre der junge Mann bereit gewesen, seine Fähigkeiten für die Rettung von Seelen einzusetzen, dann hätte er sicherlich eine erfolgreiche Arbeit geleistet.

Doch zuerst wurden ihm bestimmte Bedingungen gestellt, wenn er ein echter Jünger werden wollte: Er wurde aufgefordert, sich rückhaltlos Gott anzuvertrauen. Als beispielsweise Matthäus den Ruf des Heilands erhielt, „verließ [er] alles, stand auf und folgte ihm nach" (Lukas 5,28). Nicht anders hatten es Johannes, Petrus und ihre Freunde gemacht. Eine solche Hingabe forderte Christus nun von dem Obersten, und er verlangte damit kein größeres Opfer, als er selbst gebracht hatte, denn „obwohl er reich ist, wurde er doch arm um euretwillen, damit ihr durch seine Armut reich würdet" (2. Korinther 8,9). Damit hatte der junge Mann ein Beispiel, dem er nur zu folgen brauchte.

Wie gerne hätte Christus den jungen Mann für sich gewonnen, um durch ihn andere Menschen segnen zu können. Für alles das, was er aufgeben sollte, bot Christus ihm seine Gemeinschaft an. „Folge mir nach", forderte er ihn auf. Petrus, Jakobus und Johannes waren dem freudig nachgekommen. Auch der junge Mann verehrte Christus und fühlte sich zu ihm hingezogen, doch er war nicht bereit zur Selbstaufgabe. Sein Reichtum war ihm wichtiger als Jesus. Er wünschte sich zwar ewiges Leben, wollte auf der anderen Seite sein Wesen aber nicht von jener selbstlosen Liebe prägen lassen, die allein zum Leben führt. Traurig wandte er sich von Christus ab.

Da sagte Jesus zu seinen Jüngern: „Wie schwer werden die Reichen in das Reich Gottes kommen!" (Markus 10,23) Diese Worte schockierten die Jünger, denn man hatte ihnen immer gesagt, dass die Reichen vom Himmel besonders begünstigt seien.

Sie hofften ja, im Reich des Messias einmal selbst zu weltlicher Macht und Reichtum zu kommen. Wenn nun schon die Reichen nicht in den Himmel kommen konnten, welche Hoffnung blieb dann noch für die anderen?

„Aber Jesus antwortete wiederum und sprach zu ihnen: Liebe Kinder, wie schwer ist's, ins Reich Gottes zu kommen! Es ist leichter, dass ein Kamel durch ein Nadelöhr gehe, als dass ein Reicher ins Reich Gottes komme. Sie entsetzten sich aber noch viel mehr." (Markus 10,24-26) Jetzt erkannten sie, dass diese Warnung auch ihnen galt. Jesus hatte ihnen ihr eigenes geheimes Verlangen nach Macht und Reichtum klargemacht. Tief besorgt fragten sie: „Wer kann dann selig werden? Jesus aber sah sie an und sprach: Bei den Menschen ist's unmöglich, aber nicht bei Gott; denn alle Dinge sind möglich bei Gott." (Markus 10,26.27)

Wer reich ist, kann nicht schon deshalb in den Himmel kommen. Geld verschafft kein Anrecht auf das Erbe der Heiligen im Licht. Nur die unverdiente Gnade Christi lässt uns Eingang finden in die Stadt Gottes.

Reichen wie Armen gelten die Worte des Heiligen Geistes: „Wisst ihr nicht, dass ihr nicht euch selbst gehört? Denn ihr seid teuer erkauft." (1. Korinther 6,19.20) Wer das glaubt, versteht seinen Besitz nur als anvertrautes Gut, das nach dem Willen Gottes dazu dienen soll, Menschen aus der Sünde zu retten und die Not in der Welt zu lindern. Für einen unbekehrten Menschen ist dies unmöglich, weil sein Herz am Irdischen hängt. Wer Geld über alles stellt, ist blind für jede menschliche Not. Doch bei Gott ist nichts unmöglich. Wenn wir uns die unvergleichliche Liebe Christi vor Augen halten, dann schwindet unser Egoismus, und auch der Reiche fühlt sich gedrängt, mit dem Pharisäer Saulus zu bekennen: „Aber was mir Gewinn war, das habe ich um Christi willen für Schaden erachtet. Ja, ich erachte es noch alles für Schaden gegenüber der überschwänglichen Erkenntnis Christi Jesu, meines Herrn." (Philipper 3,7.8) Dann wissen wir, dass nichts uns selbst gehört, und sind stattdessen glücklich, für Christus die Gnade Gottes weitergeben und anderen dienen zu dürfen.

Petrus fand als Erster seine Fassung wieder, nachdem sie alle von Jesus wegen ihrer falschen Einstellung überführt worden waren. Selbstzufrieden dachte er daran, wie viel er und seine Glaubensbrüder für Christus aufgegeben hatten. „Siehe", sagte er, „wir haben alles verlassen und sind dir nachgefolgt." (Matthäus 19,27) Weil er gerade die – allerdings an eine Bedingung geknüpfte – Verheißung gehört hatte: „So wirst du einen Schatz im Himmel haben", erkundigte er sich, welche Belohnung er und seine Freunde für ihre Opfer erwarten konnten.

Die Antwort des Heilands ließ das Herz der galiläischen Fischer höher schlagen, denn da war von Ehren die Rede, die alle ihre Träume übertrafen: „Wahrlich, ich sage euch: Ihr, die ihr mir nachgefolgt seid, werdet bei der Wiedergeburt, wenn der Menschensohn sitzen wird auf dem Thron seiner Herrlichkeit, auch sitzen auf zwölf Thronen und richten die zwölf Stämme Israels. Und wer Häuser oder Brüder oder Schwestern oder Vater oder Mutter oder Kinder oder Äcker verlässt um meines Namens willen, der wird's hundertfach empfangen und das ewige Leben ererben." (Matthäus 19,28.29)

Die Frage des Petrus: „Was wird uns dafür gegeben?" (Matthäus 19,27) bewies allerdings, dass sich an seiner Einstellung noch einiges ändern musste, ehe er ein Botschafter für Christus sein konnte. Jetzt redete er wie einer, der nur einen lukrativen Job sucht. Obwohl die Liebe Jesu sie anzog, waren die Jünger nicht völlig frei von pharisäerhaftem Denken. Immer noch waren sie auf eine Belohnung aus, die ihren Verdiensten entsprechen sollte. Stolz und selbstgefällig verglichen sie sogar untereinander ihre Leistungen. Musste einer von ihnen einen Misserfolg hinnehmen, dann fühlten die anderen sich ihm überlegen.

Weil die Jünger die Grundsätze des Evangeliums nicht vergessen sollten, erzählte Christus ihnen ein Gleichnis, das zeigt, wie Gott seine Mitarbeiter behandelt und welche Gesinnung er von ihnen erwartet.

„Das Himmelreich", begann er, „gleicht einem Hausherrn, der früh am Morgen ausging, um Arbeiter für seinen Weinberg einzustellen." (Matthäus 20,1) Es war damals üblich, dass man auf den Marktplatz ging, wenn man Arbeit suchte. Dahin konnten die Grundbesitzer sich wenden, wenn sie Leute brauchten. Der Mann im Gleichnis wirbt zu verschiedenen Tageszeiten solche Arbeiter an. Die ersten, die ganz früh morgens angestellt werden, einigen sich mit dem Weinbergsbesitzer auf einen bestimmten Lohn. Die anderen, die mit der Arbeit später beginnen, überlassen die Höhe ihrer Entlohnung dem Weinbergbesitzer.

„Als es nun Abend wurde, sprach der Herr des Weinbergs zu seinem Verwalter: Ruf die Arbeiter und gib ihnen den Lohn und fang an bei den letzten bis zu den ersten. Da kamen, die um die elfte Stunde eingestellt waren, und jeder empfing seinen Silbergroschen. Als aber die ersten kamen, meinten sie, sie würden mehr empfangen; und auch sie empfingen ein jeder seinen Silbergroschen.“ (Matthäus 20,8-10)

Die Art und Weise, wie der Weinbergbesitzer seinen Arbeitern begegnet, ist ein Bild dafür, wie Gott uns Menschen behandelt – nämlich ganz anders, als wir es erwarten. Im Berufsleben richtet sich die Bezahlung im Allgemeinen nach der erbrachten Leistung. Ein Arbeiter erwartet nur so viel Lohn, wie er von Rechts wegen beanspruchen kann. Im vorliegenden Gleichnis jedoch veranschaulicht Christus die Grundsätze seines Reiches, das nicht von dieser Welt ist und mit keinem menschlichen Maßstab gemessen werden kann. „Denn meine Gedanken sind nicht eure Gedanken, und eure Wege sind nicht meine Wege, spricht der Herr, sondern so viel der Himmel höher ist als die Erde, so sind auch meine Wege höher als eure Wege und meine Gedanken als eure Gedanken.“ (Jesaja 55,8.9)

Im Gleichnis vereinbarten die Arbeiter, die am frühen Morgen angestellt wurden, einen bestimmten Lohn und erhielten ihn auch – aber keinen Pfennig mehr. Die später Hinzugekommenen vertrauten der Zusage des Arbeitgebers, er werde sie gerecht bezahlen, und hatten dazu keine Frage mehr (Matthäus 20,7). Sie zweifelten seinen Sinn für Gerechtigkeit nicht an. Und tatsächlich wurden sie nicht nach der Menge ihrer geleisteten Arbeit, sondern entsprechend der Freigebigkeit des Weinbergbesitzers entlohnt.

Gott möchte, dass auch wir in gleicher Weise ihm vertrauen, der die Sünder gerecht macht und uns nicht nach unserem Verdienst belohnt, sondern nach seinem Vorsatz. „Diesen ewigen Vorsatz hat Gott ausgeführt in Christus Jesus, unserm Herrn.“ (Epheser 3,11) „Nicht um der Werke der Gerechtigkeit willen, die wir getan hatten, sondern nach seiner Barmherzigkeit“ rettet er uns (Titus 3,5). Denen, die ihm vertrauen, will er „überschwänglich tun … über alles hinaus, was wir bitten oder verstehen“ (Epheser 3,20).

Nicht wie viel wir geleistet haben oder wie erfolgreich wir gewesen sind, zählt vor Gott, sondern die innere Einstellung, die wir für unsere Arbeit mitbringen. Die Arbeiter, die erst in der elften Stunde im Weinberg eintrafen, waren von Herzen dankbar für die Gelegenheit, die sich ihnen doch noch bot. Als der Weinbergbesitzer ihnen zum Feierabend nun den Lohn für einen ganzen Tag auszahlen ließ, überraschte sie das außerordentlich, denn so viel hatten sie ja nicht verdient. Die freundliche Art, mit der ihnen der Weinbergbesitzer begegnete, machte sie glücklich, und nie vergaßen sie seine Großzügigkeit. Genauso ergeht es dem Sünder, der sich seiner eigenen Unwürdigkeit bewusst ist und um die elfte Stunde in den Weinberg des Herrn kommt. Er weiß, dass er für Gott wirklich nicht mehr lange genug arbeiten kann, um eine Belohnung dafür zu verdienen. Aber er ist froh, dass Gott ihn überhaupt annimmt. Demütig und vertrauensvoll erfüllt er seinen Auftrag und ist dankbar für das Vorrecht, ein Mitarbeiter Christi zu sein. Diese Einstellung gefällt Gott.

Der Herr will, dass wir uns ganz auf ihn verlassen, ohne nach unserem Lohn zu fragen. Für den, der Christus im Herzen hat, ist die Belohnung auch gar nicht das Wichtigste und erst recht nicht das Motiv seines Dienstes. Gewiss dürfen wir den künftigen Lohn schon im Auge haben; wir sollen uns ja über die verheißenen Segnungen freuen. Aber Gott möchte nicht, dass wir nur noch vom Gedanken daran erfüllt sind und gewissermaßen eine Belohnung für jede gute Tat erwarten. Es darf uns nicht so sehr darum gehen, belohnt zu werden, als vielmehr darum, das Richtige zu tun, ohne nach unserem Vorteil zu fragen. Die Liebe zu Gott und zu unserem Mitmenschen muss unser Beweggrund sein.

Das Gleichnis ist keine Entschuldigung für die, denen zuerst Arbeit angeboten wurde, die es aber ablehnten, in den Weinberg des Herrn zu gehen. Als der Weinbergbesitzer in der elften Stunde auf dem Marktplatz unbeschäftigte Männer vorfand, fragte er sie: „Was stehet ihr den ganzen Tag müßig da? Sie sprachen zu ihm: Es hat uns niemand eingestellt." (Matthäus 20,6.7) Keiner dieser Arbeitslosen hatte schon am Morgen dort gestanden und das Angebot des Weinbergbesitzers abgelehnt. Wer dies allerdings tut und später bereut, ist gut beraten, zu bereuen; aber es ist gefährlich, den ersten Gnadenruf auf die leichte Schulter zu nehmen.

Als die Weinbergarbeiter alle ihren Silbergroschen empfingen, ärgerten sich die, die schon frühmorgens mit der Arbeit begonnen hatten. Waren sie nicht zwölf Stunden lang fleißig gewesen? argumentierten sie. War es nicht ihr gutes Recht, mehr als die anderen zu bekommen, die nur eine einzige Stunde gearbeitet hatten, noch dazu, als es schon kühler war? Ihrem Unmut machten sie Luft mit den Worten: „Diese letzten haben nur eine Stunde gearbeitet, doch du hast sie uns gleichgestellt, die wir des Tages Last und Hitze getragen haben." (Matthäus 20,12)

„Mein Freund", antwortete der Arbeitgeber einem von ihnen, „ich tu dir nicht Unrecht. Bist du nicht mit mir einig geworden über einen Silbergroschen? Nimm, was dein ist, und geh! Ich will aber diesem letzten dasselbe geben wie dir. Oder habe ich nicht Macht zu tun, was ich will, mit dem, was mein ist? Siehst du scheel drein, weil ich so gütig bin? So werden die Letzten die Ersten und die Ersten die Letzten sein." (Matthäus 20,13-16)

Die Arbeiter der ersten Gruppe im Gleichnis stehen für all die Menschen, die auf Grund ihrer Verdienste vor anderen bevorzugt werden möchten. Bei dem, was sie leisten, denken sie nur an sich selbst und bringen keinen Opfergeist auf. Vielleicht haben sie einmal versprochen, Gott ihr Leben lang zu dienen, und waren sogar bei den Ersten, die große Strapazen, Entbehrungen und Versuchungen durchgemacht haben. Deshalb glauben sie, das Recht auf eine besondere Belohnung zu haben. Für sie ist es mehr Verdienst als Vorrecht, Christi Mitarbeiter sein zu dürfen. In ihren Augen haben sie sich durch Mühen und Opfer das Anrecht darauf verdient, mehr als andere geehrt zu werden. Sie sind beleidigt, wenn Gott diesen Anspruch nicht anerkennt. Durch

Hingabe und Vertrauen bei ihrer Arbeit können sie auch weiterhin die Ersten sein, doch ihre Neigung, zu klagen und zu nörgeln, ist völlig unchristlich und beweist, dass sie nicht vertrauenswürdig sind. Nur um ihr eigenes Fortkommen bemüht, misstrauen sie Gott, sind eifersüchtig und dem Bruder gegenüber neidisch. Die Güte und Freigebigkeit unseres Herrn nehmen sie zum Anlass, sich zu beschweren, und das zeigt, dass sie mit ihm keine Gemeinschaft haben. Sie wissen nichts von der Freude, mit dem Meister zusammenarbeiten zu dürfen.

Nichts beleidigt Gott mehr als eine solch egoistische Engstirnigkeit. Mit Menschen, die so eingestellt sind, kann Gott nicht zusammenarbeiten. Sie sind ja unempfänglich für das Wirken seines Geistes.

Die Juden waren als Erste in den Weinberg des Herrn gerufen worden. Das hatte sie stolz und selbstgerecht gemacht. Sie glaubten wirklich, die langen Jahre ihres Dienstes berechtigten sie zu einer größeren Belohnung als andere. Darum waren sie erbittert, als sie erfuhren, dass den Heiden die gleichen Segnungen zuteil werden sollten wie ihnen.

Christus warnte die Jünger, die er zuerst berufen hatte, vor einer ähnlich negativen Reaktion. Er sah voraus, dass Selbstgerechtigkeit und Egoismus der Gemeinde nur schadeten, dass die Menschen glaubten, sie könnten selbst viel dazu beitragen, sich einen Platz im Himmelreich zu verdienen. Der Herr, so bildeten sie sich ein, werde ihnen beistehen, wenn sie nur erst einige Fortschritte von allein gemacht hätten. Auf diese Weise würden sie selbst das meiste tun, und Christus brauchte ihnen nur hin und wieder zu helfen. Auf jeden kleinsten Fortschritt würden solche Leute stolz sein und sich dadurch anderen überlegen fühlen. Sie wollten gelobt werden und wären eifersüchtig, wenn man ihnen nicht genügend Beachtung schenkte. Vor dieser Gefahr wollte Christus seine Jünger bewahren.

Wenn es um unsere Verdienste geht, ist Eigenlob fehl am Platz: „Ein Weiser rühme sich nicht seiner Weisheit, ein Starker rühme sich nicht seiner Stärke, ein Reicher rühme sich nicht seines Reichtums. Sondern wer sich rühmen will, der rühme sich dessen, dass er klug sei und mich kenne, dass ich der Herr bin, der Barmherzigkeit, Recht und Gerechtigkeit übt auf Erden; denn solches gefällt mir, spricht der Herr." (Jeremia 9,22.23)

Belohnt werden wir nicht auf Grund unserer Verdienste – damit sich niemand rühmen kann –, sondern aus Gnade. „Was sagen wir denn von Abraham, unserm leiblichen Stammvater? Was hat er erlangt? Das sagen wir: Ist Abraham durch Werke gerecht, so kann er sich wohl rühmen, aber nicht vor Gott. Denn was sagt die Schrift? ‚Abraham hat Gott geglaubt, und das ist ihm zur Gerechtigkeit gerechnet worden.' Dem aber, der mit Werken umgeht, wird der Lohn nicht aus Gnade zugerechnet, sondern aus Pflicht. Dem aber, der nicht mit Werken umgeht, glaubt aber an den, der die Gottlosen gerecht macht, dem wird sein Glaube gerechnet zur Gerechtigkeit." (Römer 4,1-5) Es besteht also gar kein Anlass, sich für besser zu halten als andere oder missgünstig zu sein. Kein Vorrecht stellt uns über andere Menschen, und niemand hat überhaupt einen Anspruch auf Belohnung.

Die Ersten und die Letzten werden in der Ewigkeit gleichermaßen belohnt werden, und die Ersten sollen die Letzten freudig willkommen heißen. Wer anderen die Belohnung missgönnt, vergisst, dass er selbst nur aus Gnade gerettet ist. Das Gleichnis von den Arbeitern verdammt alle Eifersucht und allen Neid. Wer liebt, der freut sich über die Wahrheit und stellt keine neidvollen Vergleiche an; wer liebt, vergleicht einzig die Vollkommenheit Christi mit der eigenen Unvollkommenheit.

Dieses Gleichnis ist eine Warnung für alle Mitarbeiter Christi, ganz gleich, wie lange sie schon dienen und wie viel sie geleistet haben: Ohne Liebe zum Bruder, ohne Demut vor Gott ist alles dies nichts wert. Wer an Christus glaubt, kann nicht gleichzeitig sein eigenes Ich vergöttern, sonst wird er bald feststellen, dass ihm die Gnade fehlt, die im Dienst Christi allein Erfolg schenkt. Wo sich Stolz und Selbstgefälligkeit breit machen, leidet die Arbeit für Gottes Reich.

Nicht wie lange, sondern wie treu und willig wir für ihn arbeiten, zählt bei Gott. Dazu ist völlige Hingabe notwendig. Wenn eine noch so unbedeutende Aufgabe treu und selbstlos wahrgenommen wird, ist das in Gottes Augen mehr wert als die beeindruckendste Leistung, die von Egoismus geprägt ist. Er achtet darauf, wie viel wir vom Geist Christi besitzen und wie ähnlich wir ihm geworden sind. Liebe und Treue sind ihm wichtiger als die Größe unserer Leistung.

Erst wenn die Selbstsucht in uns gestorben und jedes Geltungsbedürfnis verbannt ist, wenn Dankbarkeit unser Herz erfüllt und die Liebe unser Leben prägt – erst dann wohnt Christus wirklich in uns, und erst dann sind wir Gottes anerkannte Mitarbeiter.

So hart die Arbeit auch sein mag, betrachten die wahren Diener Gottes sie doch nicht als eine Last. Gern sind sie bereit, sich aufzuopfern, und sie bewahren sich dabei ihr fröhliches Herz. Mit Jesus können sie sagen: „Meine Speise ist die, dass ich tue den Willen dessen, der mich gesandt hat, und vollende sein Werk.“ (Johannes 4,34) Das Bewusstsein, mit dem Herrn der Herrlichkeit zusammenarbeiten zu dürfen, nimmt jeder Last ihr Gewicht, stärkt den Willen und baut den Geist auf für alles, was noch geschehen mag. In ihrer Selbstlosigkeit dürfen Christi Mitarbeiter Anteil haben an seinen Leiden, aber auch an seinem mitfühlenden Wesen. So tragen sie dazu bei, der Welt die Frohe Botschaft zu bringen, und geben damit Gott die Ehre.

Diese Einstellung müssen wir als Gottes Mitarbeiter zeigen. Wo sie fehlt, werden die scheinbar Ersten einmal die Letzten sein. Wer sie besitzt, mag zwar zu den Letzten gezählt werden, doch später einmal bei den Ersten sein.

Viele haben ihr Leben Christus anvertraut, sehen aber keine Möglichkeit, in seinem Dienst etwas Großes zu leisten oder große Opfer zu bringen. Sie dürfen wissen, dass es für Gott nicht unbedingt darauf ankommt, uns als Märtyrer zu sehen. Vielleicht steht auch der Missionar, der täglich Tod und Gefahr ins Auge blickt, nicht einmal an erster Stelle in den Himmelsbüchern. Wer sich im Alltag als Christ bewährt, in täglicher Hingabe um Reinheit im Denken und Handeln bemüht ist, wer selbst dann demütig bleibt, wenn er provoziert wird, wer gläubig und treu im Kleinen ist und auch zu Hause das Wesen Christi widerspiegelt – der ist in Gottes Augen vielleicht wertvoller als ein weltbekannter Missionar oder Märtyrer.

Wie verschieden sind doch die Maßstäbe, nach denen Gott und die Menschen den Charakter bewerten! Gott weiß von vielen überwundenen Versuchungen, von denen oft nicht einmal gute Freunde etwas ahnen – Versuchungen in der Familie, im eigenen Herzen. Er sieht es, wenn wir angesichts unserer Fehlerhaftigkeit ganz niedergeschlagen sind und selbst Reue über einen bösen Gedanken empfinden. Ungeteilte Hingabe im Dienst für ihn bleibt ihm nicht verborgen. Er weiß, wie wir mit dem eigenen Ich gekämpft und dabei gesiegt haben. Gott und den Engeln ist all dies bekannt. Ein Buch der Erinnerung ist vor dem Herrn für die geschrieben, die ihn fürchten und seinen Namen heiligen.

Weder Bildung noch gesellschaftliche Position, weder die Anzahl der uns Gleichgesinnten noch die uns anvertrauten Gaben oder gar unser menschlicher Wille sind für den Erfolg unserer Arbeit ausschlaggebend. Lasst uns im Bewusstsein unserer eigenen Unzulänglichkeit auf Christus sehen! Durch ihn, der die Kraft aller Kräfte, der Gedanke aller Gedanken ist, werden wir, sofern wir willig und gehorsam sind, Sieg um Sieg erringen.

Wie kurz unser Dienst und wie bescheiden unsere Arbeit auch sein mag, wenn wir in kindlichem Glauben Christus nachfolgen, werden wir hinsichtlich der Belohnung nicht enttäuscht werden. Was der Größte und Weiseste aus sich heraus nicht erreichen kann, wird gerade dem Schwächsten und Bescheidenen angeboten. Das goldene Himmelstor bleibt dem Überheblichen verschlossen. Auch für die geistlich Stolzen öffnet es sich nicht; doch auf das zaghafte Pochen eines kleinen Kindes öffnet es sich weit. Wer in schlichtem Glauben und voll Liebe für Gott gewirkt hat, wird den Lohn aus Gnade erhalten.

Kapitel 29

„Dem Bräutigam entgegen"

Christus sitzt mit den Jüngern am Ölberg. Die Sonne ist hinter den Bergen untergegangen. Abendschatten senken sich auf die Erde. Vor ihnen liegt ein festlich erleuchtetes Haus. Die offenen Türen und erwartungsvollen Gesichter der Gäste lassen darauf schließen, dass bald ein Hochzeitszug erscheinen muss. In vielen Gegenden des Orients finden Hochzeitsfeierlichkeiten am Abend statt. Dann holt der Bräutigam die Braut vom Haus ihres Vaters ab und führt sie in sein Heim, wo für die Hochzeitsgäste, die das Paar mit Fackeln begleitet haben, ein Fest vorbereitet ist. Jesus und die Jünger sahen nun gerade einige Leute auf den Hochzeitszug warten, um sich ihm anzuschließen.

In der Nähe des Elternhauses der Braut, so beginnt Jesus mit seiner Erzählung, stehen zehn Jungfrauen in weißen Kleidern. Jede trägt eine brennende Lampe und ein Ölfläschchen bei sich. Alle warten gespannt auf die Ankunft des Bräutigams, die sich verzögert. Stunde um Stunde verrinnt, bis die Mädchen vor Müdigkeit einschlafen. Plötzlich, um Mitternacht, ertönt der Ruf: „Siehe, der Bräutigam kommt; gehet hinaus, ihm entgegen!" (Matthäus 25,6) Die Mädchen erwachen, springen auf und sehen den Brautzug herankommen, von Fackeln erleuchtet und von fröhlicher Musik begleitet. Schon können sie die Stimmen des Bräutigams und der Braut unterscheiden. Eilig greifen die zehn Jungfrauen nach ihren Lampen, um sie herzurichten, denn nun wollen sie schnell fort. Doch fünf haben vergessen, das Fläschchen mit Öl zu füllen, weil sie nicht mit einer so langen Wartezeit gerechnet haben. Darauf waren sie nicht vorbereitet. In ihrer Not bitten sie nun die anderen, die klüger waren: „Gebt uns von eurem Öl, denn unsre Lampen verlöschen.“ Doch die haben das Öl aus den Flaschen bereits in die Lampen gefüllt und deshalb nichts mehr übrig. So sagen sie: „Nein, sonst würde es für uns und euch nicht genug sein; geht aber zum Kaufmann und kauft für euch selbst.“ (Matthäus 25,7-9)

Während die fünf gedankenlosen Mädchen nun einkaufen gingen, zog die Hochzeitsgesellschaft weiter und ließ sie weit zurück. Die Mädchen mit den brennenden Lampen schlossen sich dem Zug an und betraten das Haus, das anschließend zugeschlossen wurde. Als schließlich die törichten Jungfrauen den Festsaal betreten wollten, wurden sie völlig unerwartet abgewiesen. Der Hausherr erklärte ihnen: „Ich kenne euch nicht.“ (Matthäus 25,12) So mussten sie im Dunkel der Nacht auf der menschenleeren Straße bleiben.

Diese Geschichte von den zehn Jungfrauen erzählte Christus, als er die Hochzeitsgesellschaft beobachtete, die auf den Bräutigam wartete. Sie sollte veranschaulichen, was die Gemeinde unmittelbar vor seiner Wiederkunft erleben wird.

Die beiden Gruppen wartender Mädchen symbolisieren die beiden Arten von Menschen, die vorgeben, auf den Herrn zu warten. Als Jungfrauen werden sie bezeichnet, weil sie sich zum reinen Glauben an Christus bekennen. Die Lampen stellen das Wort Gottes dar, von dem der Psalmist sagt: „Dein Wort ist meines Fußes Leuchte und ein Licht auf meinem Wege.“ (Psalm 119,105) Das Öl ist ein Symbol für den Heiligen Geist, der auch in der Weissagung Sacharjas so dargestellt wird: „Und der Engel, der mit mir redete, weckte mich abermals auf, wie man vom Schlaf erweckt wird, und sprach zu mir: Was siehst du? Ich aber sprach: Ich sehe, und siehe, da steht ein Leuchter, ganz aus Gold, mit einer Schale oben darauf, auf der sieben Lampen sind und sieben Schnauzen an jeder Lampe, und zwei Ölbäume dabei, einer zu seiner Rechten, der andere zu seiner Linken. Und ich hob an und sprach zu dem Engel, der mit mir redete: Mein Herr, was ist das? ... Und er antwortete und sprach zu mir: Das ist das Wort des Herrn an Serubabel: Es soll nicht durch Heer oder Kraft, sondern durch meinen Geist geschehen, spricht der Herr Zebaoth ... Und ich sprach weiter zu ihm: Was sind die beiden Zweige der Ölbäume bei den zwei goldenen Röhren, aus denen das goldene Öl herabfließt? ... Und er sprach: Es sind die zwei Gesalbten, die vor dem Herrscher aller Lande stehen.“ (Sacharja 4,1-14)

Von den beiden Olivenbäumen floss das goldene Öl durch die goldenen Röhren in die Leuchterschale und von dort in die goldenen Lampen, die das Heiligtum erhellten. So strömt auch von den heiligen Wesen, die in Gottes Gegenwart leben, der Heilige Geist zu den Menschen, die sich seinem Dienst geweiht haben. „Die zwei Gesalbten“ haben die Aufgabe, dem Volk Gottes die himmlische Gnade zu vermitteln, die allein sein Wort zu unseres Fußes Leuchte und zu einem Licht auf unserem Weg machen kann. „Es soll nicht durch Heer oder Kraft, sondern durch meinen Geist geschehen, spricht der Herr Zebaoth.“

Im Gleichnis Jesu machten sich alle zehn Jungfrauen auf, um den Bräutigam zu treffen. Sie alle hatten Lampen und Ölfläschchen bei sich. Zunächst gab es also zwischen ihnen keinen erkennbaren Unterschied. So ist es auch mit dem Volk Gottes kurz vor der Wiederkunft Christi. Alle kennen die Heilige Schrift, haben die Botschaft, dass Jesus bald wiederkommen wird, gehört und warten zuversichtlich auf ihn. Doch wie im Gleichnis, so kommt es auch heute zu einer unvermutet langen Wartezeit, die unseren Glauben auf die Probe stellt. Und wenn schließlich der Ruf ertönt: „Siehe, der Bräutigam kommt! Geht hinaus, ihm entgegen!“, sind viele nicht darauf vorbereitet. Sie haben kein Öl bei sich, um ihre Lampen zu füllen; ihnen fehlt der Heilige Geist.

Ohne den Geist Gottes ist es nutzlos, sein Wort zu kennen. Allein das theoretische Wissen um die Wahrheit kann uns weder geistlich beleben noch unser Herz heiligen. Alle Kenntnis der Gebote und Verheißungen der Bibel reicht nicht aus, unseren Charakter zu ändern, wenn der Geist Gottes uns diese Wahrheit nicht nachdrücklich einprägt. Ohne seine Hilfe sind wir nicht in der Lage, Wahrheit und Irrtum zu unterscheiden, sodass wir leicht den raffinierten Versuchungen Satans zum Opfer fallen.

Die törichten Jungfrauen symbolisieren nicht die Heuchler, sondern jene Menschen, die die Wahrheit durchaus schätzen, sich sogar für sie einsetzen und auf der Seite derer zu finden sind, die an sie glauben. Aber sie lassen den Heiligen Geist nicht an sich wirken. Sie sind nicht auf den Felsen Jesus Christus gefallen, um ihr altes Wesen zerbrechen zu lassen. Es sind dieselben Menschen, die an anderer Stelle mit dem steinigen Boden verglichen werden: Sie nehmen das Wort bereitwillig an, leben aber nicht nach seinen Grundsätzen, sodass sein Einfluss nur vorübergehend spürbar ist. Der Heilige Geist wirkt an unserem Herzen, wenn wir es ihm erlauben, und schenkt uns ein neues Wesen. Die Menschen, die durch die törichten Jungfrauen dargestellt werden, lassen ihn allerdings nur an die Oberfläche. Sie kennen Gott nicht wirklich, weil sie nie über sein Wesen nachgedacht und nie mit ihm in Verbindung gestanden haben. Deshalb wissen sie auch nicht, wie sie ihm vertrauen, zu ihm aufschauen und wie sie überhaupt leben sollen. Ihr Dienst für Gott ist reine Formsache: „Und sie werden zu dir kommen, wie das Volk so zusammenkommt, und vor dir sitzen als mein Volk und werden deine Worte hören, aber nicht danach tun, sondern ihr Mund ist voll von Liebesweisen, und danach tun sie, und hinter ihrem Gewinn läuft ihr Herz her.“ (Hesekiel 33,31)

Der Apostel Paulus weist darauf hin, was besonders kennzeichnend für die Menschen sein wird, die kurz vor der Wiederkunft Christi leben: „Das sollst du aber wissen, dass in den letzten Tagen schlimme Zeiten kommen werden. Denn die Menschen werden viel von sich halten, geldgierig sein, prahlerisch, hochmütig, Lästerer, den Eltern ungehorsam, undankbar, gottlos, lieblos, unversöhnlich, verleumderisch, zuchtlos, wild, dem Guten feind, Verräter, unbedacht, aufgeblasen. Sie lieben die Wollust mehr als Gott; sie haben den Schein der Frömmigkeit, aber deren Kraft verleugnen sie.“ (2. Timotheus 3,1-5)

Das sind die Menschen, die in Krisenzeiten rufen: „Es ist Friede, es hat keine Gefahr.“ (1. Thessalonicher 5,3) Sie wiegen sich in Sicherheit und ahnen die Gefahr nicht einmal. Erst wenn sie aus ihrer Trägheit herausgerissen werden, merken sie, was die Stunde geschlagen hat, und bitten andere, ihnen zu geben, was sie selbst nicht haben. In geistlichen Dingen kann aber niemand das Defizit eines anderen wettmachen. Die Gnade Gottes wird allen angeboten; die Frohe Botschaft ist laut verkündigt worden: „Und wen dürstet, der komme; und wer da will, der nehme das Wasser des Lebens umsonst." (Offenbarung 22,17) Charakter ist nicht übertragbar. Es gibt keinen stellvertretenden Glauben, und weil niemand für einen anderen den Geist Gottes empfangen kann, ist es auch unmöglich, die als Frucht des Heiligen Geistes bezeichneten Merkmale weiterzugeben. „Oder wenn ich ... meinen Grimm darüber ausschütten würde ... und Noah, Daniel und Hiob wären darin [in dem Land] – so wahr ich lebe, spricht Gott der Herr: sie würden durch ihre Gerechtigkeit weder Söhne noch Töchter retten, sondern allein ihr eigenes Leben." (Hesekiel 14,19.20)

Erst in einer Krise zeigt sich, wes Geistes Kinder wir sind. Als es um Mitternacht hieß: „Siehe, der Bräutigam kommt; geht hinaus, ihm entgegen!", da wurde deutlich, welche der so unsanft geweckten Jungfrauen sich auf dieses Ereignis vorbereitet hatten. Überrascht waren sie alle; aber die einen waren eben vorbereitet und die anderen nicht. So ist es auch heute: Eine plötzliche, unerwartete Notsituation, die uns vielleicht sogar dem Tod ins Auge blicken lässt, kann zeigen, ob wir wirklich an die Verheißungen Gottes glauben und von seiner Gnade getragen werden. Die letzte große Prüfung findet am Ende der Gnadenzeit statt, wenn es keine Gelegenheit mehr geben wird, sich mit geistlichem Nachschub zu versorgen.

Die zehn Jungfrauen sind die Wartenden am Abend der Weltgeschichte. Sie nennen sich ausnahmslos Christen. Alle sind berufen und haben eine Lampe; alle behaupten von sich, Gott zu dienen. Alle warten ganz offensichtlich auf die Ankunft Christi. Fünf jedoch sind nicht richtig vorbereitet. Deshalb werden sie erstaunt und bestürzt feststellen müssen, dass sie den Festsaal nicht betreten dürfen.

Am Jüngsten Tag werden viele Zugang zum Reich Christi fordern mit der Begründung: „Wir haben vor dir gegessen und getrunken, und auf unsern Straßen hast du gelehrt." (Lukas 13,26) „Herr, Herr, haben wir nicht in deinem Namen geweissagt? Haben wir nicht in deinem Namen böse Geister ausgetrieben? Haben wir nicht in deinem Namen viele Wunder getan?" (Matthäus 7,22) Doch er wird ihnen antworten: „Ich kenne euch nicht; wo seid ihr her? Weichet alle von mir, ihr Übeltäter!“ (Lukas 13,27) Weil sie in diesem Leben keine Gemeinschaft mit Christus gehabt haben, kennen sie die Sprache des Himmels nicht, und sein Glück muss ihnen fremd bleiben. „Denn welcher Mensch weiß, was im Menschen ist, als allein der Geist des Menschen, der in ihm ist? So weiß auch niemand, was in Gott ist, als allein der Geist Gottes.“ (1. Korinther 2,11)

Das Traurigste, was je ein Mensch zu hören bekommen wird, sind die vernichtenden Worte: „Ich kenne euch nicht.“ Nur die Gemeinschaft des Heiligen Geistes, auf die so viele gar keinen Wert legen, lässt uns teilhaben an dem fröhlichen Hochzeitsfest im Himmel. Sonst haben wir keine Möglichkeit, daran teilzunehmen, weil wir ohne ihn das Licht nicht sehen und die Musik nicht hören können. Seine Liebe und Freude würde keine Saite unseres durch Liebe zur Welt unempfindlich gewordenen Herzens zum freudigen Mitschwingen anregen können. So schließen sich viele selbst vom Himmel aus, denn sie haben sich nicht genügend darauf vorbereitet.

Wir können unmöglich bereit sein für die Ankunft des Herrn, wenn wir erst, aufgeweckt durch den Ruf: „Siehe, der Bräutigam kommt!“, unsere leeren Lampen ergreifen, um sie füllen zu lassen. Wir können Christus heute nicht aus unserem Leben heraushalten und trotzdem einmal in der Ewigkeit Gemeinschaft mit ihm haben.

Die klugen Jungfrauen im Gleichnis hatten außer ihren Lampen auch volle Ölfläschchen bei sich. Ihr Licht brannte unvermindert die ganze Nacht. Mit seinem Schein trug es zur Ehre des Bräutigams bei und erhellte außerdem den Weg zu seinem Haus, wo das Hochzeitsfest stattfand.

So sollen auch die Christen Licht in das Dunkel der Welt bringen. Durch den Heiligen Geist wirkt Gottes Wort wie ein Licht und erweist sich im Leben des Menschen, der es annimmt, als eine Kraft, die alles verändert. Wenn der Heilige Geist den Menschen die Grundsätze des Wortes einprägt, bringt er in ihnen die Wesensmerkmale Gottes zur Entfaltung. Das Licht seiner Herrlichkeit – also sein Wesen – sollen seine Nachfolger ausstrahlen. Damit verherrlichen sie Gott und erhellen gleichzeitig den Weg zum Haus des Bräutigams in der Stadt Gottes, wo das Hochzeitsmahl des Lammes vorbereitet ist.

Der Bräutigam kam um Mitternacht, zur dunkelsten Stunde also! Ebenso wird auch die Wiederkunft Christi in die dunkelste Phase der Weltgeschichte fallen. Eine Vorstellung von den Zuständen kurz vor dem Kommen des Menschensohns vermitteln die Tage Noahs und Lots. Die Bibel prophezeit, dass Satan „mit jeglicher Verführung zur Ungerechtigkeit“ (2. Thessalonicher 2,10) am Werk sein wird. Das zeigt sich deutlich an der schnell zunehmenden allgemeinen Verfinsterung, an den vielen Irrtümern und Irrlehren sowie an der Verblendung der Menschen dieser unserer letzten Tage.

Satan nimmt nicht nur die Welt gefangen, sondern verführt mit seinen Betrügereien sogar die Gemeinden unseres Herrn Jesus Christus. Wenn so viele von Gott abfallen, wird das zu einer Finsternis führen, die dunkel wie die Mitternacht und undurchdringlich wie ein härener Sack ist. Für das Volk Gottes wird es eine Nacht der Versuchung, der Tränen und der Verfolgung um der Wahrheit willen sein. Aber aus dieser Finsternis wird Gottes Licht hervorbrechen.

Gott lässt „das Licht aus der Finsternis hervorleuchten“ (2. Korinther 4,6). „Die Erde war wüst und leer, und es war finster auf der Tiefe und der Geist Gottes schwebte auf dem Wasser. Und Gott sprach: Es werde Licht! Und es ward Licht.“ (1. Mose 1,2.3) So ergeht Gottes Wort auch in der finsteren Zeit des Unglaubens: „Es werde Licht!“ Er ruft seinem Volk zu: „Mache dich auf, werde licht; denn dein Licht kommt, und die Herrlichkeit des Herrn geht auf über dir!“ (Jesaja 60,1)

„Denn siehe“, heißt es weiter, „Finsternis bedeckt das Erdreich und Dunkel die Völker; aber über dir geht auf der Herr, und seine Herrlichkeit erscheint über dir.“ (Jesaja 60,2)

Die Dunkelheit in der Welt beruht auf der falschen Vorstellung von Gott. Die Menschen wissen nicht mehr, wie er wirklich ist, und deuten sein Wesen falsch. In dieser Zeit muss deshalb eine Botschaft Gottes verkündigt werden, die einen positiven Einfluss ausübt und sich als rettende Kraft erweist. Gottes Wesen muss deutlich dargestellt werden. Es gilt, die Finsternis der Welt mit dem Licht seiner Herrlichkeit, Güte, Gnade und Wahrheit zu erhellen.

Genau das meint der Prophet Jesaja, wenn er sagt: „Jerusalem, du Freudenbotin, erhebe deine Stimme mit Macht; erhebe sie und fürchte dich nicht! Sage den Städten Judas: Siehe, da ist euer Gott, siehe, da ist Gott der Herr! Er kommt gewaltig, und sein Arm wird herrschen. Siehe, was er gewann, ist bei ihm, und was er sich erwarb, geht vor ihm her.“ (Jesaja 40,9.10)

Alle, die auf den Bräutigam warten, haben die Aufgabe, den Menschen zu sagen: „Siehe, da ist euer Gott!“ Die letzten Strahlen des Gnadenlichts, die letzte Botschaft der Barmherzigkeit sollen der Welt das liebevolle Wesen Gottes offenbaren. Gleichzeitig sind seine Kinder dazu aufgerufen, in ihrem Lebensstil und Wesen die Gnade Gottes deutlich werden zu lassen, um so anderen Menschen Gottes Herrlichkeit zu offenbaren.

Das Licht, das uns die Sonne der Gerechtigkeit schenkt, können und sollen wir durch Gutestun, Aufrichtigkeit und Heiligung an andere weitergeben.

Christus, der Abglanz der Herrlichkeit des Vaters, kam zu uns als Licht der Welt. Er wollte den Menschen zeigen, wie Gott wirklich ist. Die Bibel berichtet von ihm, dass Gott ihn „gesalbt hat mit heiligem Geist und Kraft; der ist umhergezogen und hat Gutes getan“ (Apostelgeschichte 10,38). In der Synagoge von Nazareth sagte Jesus: „Der Geist des Herrn ist auf mir, weil er mich gesalbt hat, zu verkündigen das Evangelium den Armen; er hat mich gesandt, zu predigen den Gefangenen, dass sie frei sein sollen, und den Blinden, dass sie sehen sollen, und den Zerschlagenen, dass sie frei und ledig sein sollen, zu verkündigen das Gnadenjahr des Herrn.“ (Lukas 4,18.19) Diese Aufgabe erteilte er auch seinen Jüngern: „Ihr seid das Licht der Welt ... So lasst euer Licht leuchten vor den Leuten, damit sie eure guten Werke sehen und euren Vater im Himmel preisen.“ (Matthäus 5,14.16)

Auch der Prophet Jesaja umreißt diese Aufgabe so: „Brich dem Hungrigen dein Brot, und die im Elend ohne Obdach sind, führe ins Haus! Wenn du einen nackt siehst, so kleide ihn, und entzieh dich nicht deinem Fleisch und Blut! Dann wird dein Licht hervorbrechen wie die Morgenröte, und deine Heilung wird schnell voranschreiten, und deine Gerechtigkeit wird vor dir hergehen, und die Herrlichkeit des Herrn wird deinen Zug beschließen." (Jesaja 58,7.8) So soll also die Gemeinde in der Nacht des Unglaubens das Licht Gottes ausstrahlen, indem sie sich um die sozial Schwachen kümmert und Menschen in Leid und Not nicht allein lässt.

Es gibt heute so viel Elend auf der Welt. Wo wir auch hinsehen, sind Menschen in großen Schwierigkeiten oder kämpfen gar ums Überleben. Da ist es an uns, ihnen Hilfe und Erleichterung anzubieten. Dabei ist es natürlich viel wirkungsvoller, praktische Arbeit zu leisten, als bloß fromme Reden zu halten. Wir sollen den Hungrigen zu essen geben, die Nackten kleiden und die Obdachlosen beherbergen – und wir sollen noch mehr tun als das. Nur die Liebe Christi kann den Hunger der Seele stillen. Wohnt Jesus in uns, dann haben wir im Herzen göttliches Erbarmen, und bislang verschüttete Quellen echter christlicher Liebe brechen hervor.

Gott will, dass wir nicht nur materielle Hilfe leisten, sondern darüber hinaus ein freundliches Wesen zeigen, Hoffnung verbreiten und den anderen unsere Anteilnahme spüren lassen. Wenn Christus Kranke heilte, legte er ihnen die Hände auf. Auch wir müssen in enge Berührung mit allen kommen, denen wir helfen wollen. Viele sind verzweifelt; gib ihnen neue Hoffnung! Viele haben den Lebensmut verloren; muntere sie auf! Bete für sie! Manche hungern nach dem Brot des Lebens; mache sie mit dem Wort Gottes bekannt! Viele leiden seelisch, ohne dass irdische Medizin oder ärztliche Kunst etwas ausrichten könnten; bete für sie, führe sie zu Jesus! Sag ihnen, dass eine „Salbe in Gilead" ist und ein „Arzt"! (Jeremia 8,22)

Das natürliche Licht ist ein Segen für die ganze Welt, auch für die Undankbaren, Gottlosen und Verdorbenen. Genauso ist es mit dem Licht Jesu, der Sonne der Gerechtigkeit. Die ganze Erde, eingehüllt in die Finsternis der Sünde, in Leid und Qual, muss durch das Wissen um die Liebe Gottes erleuchtet werden. Keine Glaubensgemeinschaft, keine Bevölkerungsschicht darf ausgeschlossen bleiben von dem Licht, das vom Thron Gottes ausstrahlt.

Bis ans Ende der Erde muss die Hoffnungs- und Gnadenbotschaft getragen werden. Wer immer dazu bereit ist, darf die Hand ausstrecken, mit Gott Frieden machen und ihn um seine Kraft bitten. Auch die Heiden sollen nicht länger in mitternächtlichem Dunkel bleiben. Die hellen Strahlen der Sonne der Gerechtigkeit sind auch für sie bestimmt; denn die Macht Satans ist gebrochen.

Kein Mensch kann jedoch weitergeben, was er nicht zuerst selbst empfangen hat. Im Dienst Gottes vermag menschliche Kraft gar nichts auszurichten. Niemand wird durch eigene Bemühungen zu einem Träger des Lichts für unseren Herrn. Allein das Öl, das die Engel in die goldenen Röhren gossen und das aus der goldenen Schale in die Lampen des Heiligtums floss, macht es möglich, dass ununterbrochen ein helles Licht leuchtet. Die Liebe Gottes, die wir jeden Tag erfahren, macht es uns möglich, sein Licht an andere weiterzugeben. In reichem Maße fließt das goldene Öl der Liebe ins Herz aller Menschen, die im Glauben mit Gott verbunden sind, um von dort in guten Werken und echtem Dienst für Gott die Welt zu erhellen.

Die unschätzbare Gabe des Heiligen Geistes umfasst den ganzen Reichtum des Himmels. Wenn auf dieser Erde seine Gnade nicht in ihrer Fülle sichtbar wird, dann liegt das nicht daran, dass Gott mit ihr geizt. Bei allen Menschen möchte der Heilige Geist einkehren, wenn sie nur dazu bereit sind.

Jeder Mensch hat das Vorrecht, der Welt die Schätze der Gnade Gottes und den unerforschlichen Reichtum Christi zu vermitteln. Nichts wünscht Christus sich mehr als menschliche Mitarbeiter, die die Sünder auf den Heiligen Geist und sein Wesen hinweisen. Nichts braucht die Welt dringender als Menschen, die die Liebe unseres Erlösers in ihrem Leben Gestalt gewinnen lassen. Der ganze Himmel wartet darauf, dass er durch uns das heilige Öl der Freude und des Segens den Menschen zukommen lassen kann.

Christus hat alle Vorkehrungen dafür getroffen, dass seine Gemeinde umgestaltet, mit dem Licht der Welt erleuchtet werden und die Herrlichkeit Immanuels besitzen kann. Er will, dass wir Christen in einer geistlichen Atmosphäre von Licht und Frieden leben und seine Freude im Alltag offenbaren.

Wer vom Geist Gottes erfüllt ist, strömt über von himmlischer Liebe und gibt seinen Segen an andere weiter. Die Sonne der Gerechtigkeit hat „Heil unter ihren Flügeln“ (Maleachi 3,20). Genauso soll von jedem echten Nachfolger Christi Leben, Mut, Hilfsbereitschaft und echte Heilkraft ausgehen.

Glaube an Christus bedeutet mehr, als dass uns nur die Sünden vergeben werden. Die Sünden werden tatsächlich von uns genommen und das so entstandene Vakuum mit den Gaben des Heiligen Geistes gefüllt. Wir erfahren göttliche Erleuchtung und Freude im Herrn, überwinden unsere Selbstsucht und genießen den Segen der ständigen Gegenwart Christi, durch die unser Leben von Reinheit und Befreiung aus der Sünde geprägt ist. Die ganze Herrlichkeit des Erlösungsplanes wird an uns sichtbar. Wer den Heiland annimmt, erfährt vollkommenen Frieden, allumfassende Liebe und unerschütterliche Gewissheit. Wo immer die Schönheit und Reinheit Christi sich im Leben eines Menschen offenbaren, ist das ein Zeugnis dafür, dass Gott seinen Sohn tatsächlich als Heiland in diese Welt gesandt hat.

Christus verlangt von seinen Nachfolgern nicht, dass sie danach *streben* sollen, zu leuchten. Er sagt vielmehr: „Lasst euer Licht leuchten.“ Wer die Gnade Gottes angenommen hat, der hat Licht in sich. Beseitige die Hindernisse, und bald wird die Herrlichkeit des Herrn auch aus dir strahlen! Dann leuchtet dein Licht, durchdringt und vertreibt die Finsternis. Du kannst gar nicht anders, als für deine Umgebung ein heller Schein zu sein.

Die Offenbarung der Herrlichkeit Gottes in menschlicher Natur bringt uns den Himmel so nahe, dass die Schönheit des göttlichen Heiligtums in jedem Menschen sichtbar wird, der Jesus als seinen Erlöser angenommen hat. Wenn die Herrlichkeit Christi unser Herz erfüllt, dann kann sie Menschen überwältigen und für Gott gewinnen. Sie loben, preisen und danken dann dem Geber aller Gaben.

„Mache dich auf, werde licht; denn dein Licht kommt, die Herrlichkeit des Herrn geht auf über dir!“ (Jesaja 60,1) Diese Botschaft gilt allen, die sich aufmachen, um den Bräutigam zu treffen. Christus kommt mit großer Macht und Herrlichkeit: mit seiner eigenen Herrlichkeit und der seines Vaters. Alle heiligen

Engel werden ihn begleiten. Auch wenn die ganze Welt in Finsternis versunken ist, wird es doch in der Umgebung der Heiligen licht sein. Auf sie werden die ersten hellen Strahlen der Wiederkunft fallen, das ungetrübte Licht der glanzvollen Erscheinung Christi. Alle, die Jesus gedient haben, werden ihn dann als ihren Erlöser anbeten. Während die Gottlosen vor ihm fliehen, dürfen seine Nachfolger sich freuen. Der Erzvater Hiob sagte im Hinblick auf die Wiederkunft Christi: „Ich selbst werde ihn sehen, meine Augen werden ihn schauen und kein Fremder.“ (Hiob 19,27) Seinen treuen Nachfolgern war Christus ein täglicher Begleiter und vertrauter Freund. Sie lebten in ständiger, enger Verbindung mit Gott. Über ihnen war die Herrlichkeit des Herrn aufgegangen; in ihnen hatte das Licht der Erkenntnis Gottes sich widergespiegelt. Jetzt sind sie glücklich im Glanz des Königs aller Könige, vorbereitet auf die Gemeinschaft des Himmels, weil sie den Himmel schon im Herzen tragen.

Erhobenen Hauptes, unter den hellen Strahlen der Sonne der Gerechtigkeit und froh darüber, dass ihre Erlösung sich naht, gehen sie dem Bräutigam entgegen und sagen: „Siehe, das ist unser Gott, auf den wir hofften, dass er uns helfe.“ (Jesaja 25,9)

„Und ich hörte etwas wie eine Stimme einer großen Schar und wie eine Stimme großer Wasser und wie eine Stimme starker Donner, die sprachen: Halleluja! Denn der Herr, unser Gott, der Allmächtige, hat das Reich eingenommen! Lasst uns freuen und fröhlich sein und ihm die Ehre geben; denn die Hochzeit des Lammes ist gekommen, und seine Braut hat sich bereitet. Und es wurde ihr gegeben, sich anzutun mit schönem reinem Leinen. Das Leinen aber ist die Gerechtigkeit der Heiligen. Und er sprach zu mir: Schreibe: Selig sind, die zum Hochzeitsmahl des Lammes berufen sind.“ (Offenbarung 19,6-9) „Das Lamm … ist der Herr aller Herren und der König aller Könige, und die mit ihm sind, sind die Berufenen und Auserwählten und Gläubigen.“ (Offenbarung 17,14)